易學典籍選刊

周易玩辭集解

上

〔清〕查慎行 撰
范道濟 點校

中華書局

圖書在版編目(CIP)數據

周易玩辭集解/(清)查慎行撰;范道濟點校. —北京:中華書局,2020.8(2025.4重印)
(易學典籍選刊)
ISBN 978-7-101-14591-5

Ⅰ.周… Ⅱ.①查…②范… Ⅲ.《周易》-研究
Ⅳ.B221.5

中國版本圖書館CIP數據核字(2020)第096202號

封面題簽:徐 俊
責任編輯:許慶江
封面設計:王銘基
責任印製:韓馨雨

易學典籍選刊

周易玩辭集解

(全二册)

〔清〕查慎行 撰

范道濟 點校

*

中華書局出版發行

(北京市豐臺區太平橋西里38號 100073)

http://www.zhbc.com.cn

E-mail:zhbc@zhbc.com.cn

北京新華印刷有限公司印刷

*

850×1168毫米 1/32·22印張·5插頁·500千字

2020年8月第1版 2025年4月第3次印刷

印數:3901-5100册 定價:78.00元

ISBN 978-7-101-14591-5

周易玩辭集解卷第六

海寧後學查慎行

䷨ 兌下艮上

損有孚元吉无咎可貞利有攸往曷之用二簋可用享。

本義謂損兌澤之深益艮山之高損下益上剝民奉君之象所以爲損愚竊按內卦本乾外卦本坤損乾之三益坤之上以陽之有餘補陰之不足損亦時爲之也所以不損初二而損三者陽之數至三則已盈損者殺其盈也卦體六爻皆應所以有孚象義只是有孚二簋可用享七字盡之中間元吉无咎可貞利有攸往十字多

周易玩辭集解卷六（豐府藏書本・國家圖書館藏）

《周易玩辭集解》卷首有一組十一篇《易》學專論，集中論述查慎行對《易》學相關論題的看法。撮其大要，第一，「河圖爲作《易》之由」辨，朱熹稱河圖爲「聖人作《易》之由」，查慎行力駮其非，認爲《河圖》乃出於讖緯，《河圖》之數非聖人因之以作《易》，乃因之以用蓍，且自漢唐以來未有列圖於《經》前者[一]。第二，説横圖、圓圖、方圖，析六十四卦次序，論其順逆加增、奇偶相錯之理。《横圖》八層，陰陽交錯，位置天然，莫不從一分兩中出。《圓圖》左陽右陰，一順一逆，皆從中起，其次序與《横圖》相合。《方圖》自下而上，有逆無順，亦從中起。要之，「知順逆加減之法，又知奇偶相錯之理，而後可與觀卦，而後可與觀《圖》」[二]。第三，「卦變説」説，漢唐而下，爲卦變説者衆，朱熹尤爲突出，指訟、泰、

[一] 查慎行曾對弟子沈廷芳説：「《易》有卦有辭，足以探索其義藴矣，又胡取乎馬毛之旋、龜文之坼？昔之稱《河圖》者，引《尚書·顧命》篇爲證。若「河圖」爲馬革，而閲數千年，則其毛脱落久矣，尚可與「天球」并陳耶？蓋因《圖》畫卦，其説起於緯書，不足深信。故自漢唐以來，注《易》家未有列《河圖》於《易》之前者。」（沈廷芳《周易玩辭集解序》）

[二] 在詮釋否卦時查慎行直接對京房「卦氣説」提出質疑：「京氏《卦氣》以泰爲正月之卦，順數已往；否爲七月之卦，逆數未來。愚按，《圓圖》，泰以否對，自乾八卦至泰，自泰三十二卦方至否。《方圖》，泰以否繼，自乾八卦至泰，自泰一卦便至否，與京氏之説不相合。其間遠近參差，不知何以不同如此。先儒或謂《圓圖》之義，見泰易而否難；方圖之義，見泰難而否易。究竟所謂難易者，從何處索解，此等圖不作可也。」

否、隨、蠱、噬嗑、賁、无妄、大畜、咸、恒、晋、睽、蹇、解、升、鼎、漸、涣等十九卦爲卦變。查慎行則謂，據《易》例，三百八十四爻，無一爻不變，即無一卦不變。「所謂卦變者，乃九六陰陽二老之爻，主占者臨時而言。作《易》時何曾有某卦自某卦來之説乎」？此卦變乃朱子之《易》，而非孔子之《易》也，故「卦變之説，存而勿論可也」〔一〕。第四，天根月窟考，邵子創天根月窟之説，而蘇浚、程前邨、朱熹、方回、周汝登、鮑雲龍等六家解説各殊，而以一

〔一〕在對相關十九卦的解説中，查慎行反復論説卦變説的不經，如釋訟卦時曰，「《易》中無卦不變，似難指某某爲卦變也」，釋泰卦時斥朱子「卦變自歸妹來，六往居『四』，九來居『三』」曰：據此推之，「亦可云自賁來，六往居『上』，九來居『二』矣。亦可云自豐來，六往居『四』，九來居『二』矣。亦可云自井來，六往居『五』，九來居『初』矣。豈獨《歸妹》耶」？於否卦，朱子指爲自漸來，查慎行據《卦變圖》曰：「三陰之卦，皆自否來，則亦當云漸自否來，不當云否自漸來也。」釋隨卦時更有大段論述：「卦變之説，漢儒只取兩卦中陰陽互易，未有合三卦而言變者。今就本卦推之，若論卦變自乾、坤來，則坤之『初』居『上』而爲兑，乾之『上』居『初』而爲震，是謂剛來下柔，此一解也。若論三陰之卦皆自否來，則應云否外卦『上九』之剛來居下卦之『初』，而剛柔易位，此又一解也。《本義》皆不然，而雜引諸卦，各言一爻之變。然則内卦亦可云自咸九來居『初』，外卦亦可云自益九來居『四』矣，不識朱子何説處此？他如无妄之剛自外來，亦從反對卦得象，謂大畜外卦之艮來居无妄内卦而爲震也。《本義》則云，爲卦自訟而變，九自『二』來，而居於『初』，『初』、『二』兩爻同在内卦，可謂自外來乎？」

陽生爲天根，以一陰生爲月窟則同。查慎行據其師黄梨洲《象數論》，以爲邵氏以天根爲性月窟爲命，乃老氏性命雙修之學，「其理爲《易》所不言，故其數亦於《易》無與」也。第五，辨析八卦相錯之説，相錯之象不在互易，而在對待，所以爲先天。若彼此互易，則爲後天之流行矣。如「否、泰互易，天地無定位矣；既濟、未濟互易，水火乃相射矣；損、咸、恒、益互易，一陰對二陰，一陽對二陽矣。不但方位變遷，且與經文不合」。故相錯只是對待，而非流行，且只八卦相錯而非六十四卦相錯。其他如論辟卦，一論十二月自然之序：上經陽月逆數已往，陰月順推未來；下經陰月逆數已往，陽月順推方來，「此陰陽之多寡，順逆自然之序也」。一論陰陽升降不外乾坤：「每爻各主一候，此辟卦之名所由昉。要而論之，陰陽升降，不外乾、坤十二畫」。析中爻之義，以孔穎達「二五」之説者爲是，而正體則二五居中，所以多譽多功；互體則三四居中，所以多凶多懼；三四之中，由變而成。論説卦，蓋夫子推廣八卦之象，語大語小，引伸觸類，初非義類可拘。查慎行對《説卦》取象的解説極爲圓通：「學者只從近取諸身，遠取諸物，會其大意，可解者，解之；不可解者，毋以己説傅會强解之。君子於其所不知，蓋闕如也」，不可强不知以爲知。十一篇專論立論平實公允，言之有據，故四庫館臣稱「其言皆明白篤實，足破外學附會之疑」〔一〕。

查慎行在《自序》中談到學《易》之經歷：「慎行童而讀《易》，白首而未得其解也，則仍於聖人之辭求之。始而玩《卦辭》、《爻辭》，繼而玩《彖傳》、大小《象辭》」。又闡明詮釋《易》的基本原則：「務於聖人之辭，字字求著落、詮釋。其求諸經文而不得，必先考之《注疏》，復參以諸儒之説，不敢偏狥一解，亦非敢妄立異同。平心和氣，惟是之歸」。《周易玩辭集解》對《周易》經傳之辭的解説，正遵循這種「不偏狥一解，不妄立異同」的原則，「於前儒之言擇焉而精」〔二〕，全書所采輯前儒之説，自《子夏易傳》至清初錢飲光等約四百家，並對前人之説一一檢審，然其所是，駁其所非。

《周易玩辭集解》本不是一部《易》學專論，而是一部對《周易》經傳作全面系統詮釋的著作。查慎行對經傳的詮釋，一般先列前人之説，然後精審分析，或解説大義，或另作發揮，以揭示《易》之大義。如釋乾卦《彖辭》，首列《程傳》之「乾，天也。天者，形體。乾者，性情」，次引楊仲堅之「乾非即天，乃天之所以爲天」，二説略有差異，《程傳》著眼於卦

〔一〕《四庫全書總目·周易玩辭集解提要》。

〔二〕沈起元《周易玩辭集解序》。

之形體、性情，楊仲堅僅略略補充《程傳》未盡之意。而查慎行的大段解説，則從卦義、卦德詳加闡釋：「乾以健爲義，『元』、『亨』、『利』、『貞』四德，周流貫徹，只是形容『乾健』之妙。乾是伏羲第一卦，『元』、『亨』、『利』、『貞』是文王《彖辭》第一句。三百八十四爻，多從六畫中出；六十四卦，《卦辭》多從『元亨利貞』四字中出，全《易》之綱領也。他卦言『元亨利貞』者，多有益辭。或言『元亨利』，而不言『貞』；或言『亨利貞』，而不言『元』；或止言『元亨』；或止言『利貞』；或止言『亨』；或止言『利』。增減一字，便不渾全。惟乾卦六畫純陽，故以『元亨利貞』歸之。孔子發揮文王所未言，析爲四德，以仁、義、禮、智配之。」指出「元亨利貞」爲全《易》之綱領，並在闡釋《文言》時進一步説明孔子以仁義禮智配元亨利貞：「『乾道』所包者廣，有在天之『元、亨、利、貞』，有聖人之『元、亨、利、貞』，有在人所具之『元、亨、利、貞』。此則就人所具而言，『元』即在人之『仁』，『亨』即在人之『禮』，『利』即在人之『義』，『貞』即在人之『知』」。

查慎行徵引前賢之説，絶不盲從權威，每多質疑權威之説〔一〕。《蒙·初六·爻辭》

〔一〕在所有質疑中，針對朱熹《周易本義》的文字最多，如卷一乾卦前八條經文，查慎行就有四次予以委婉批評，如不認同《本義》以「元亨利貞」爲占辭之説，不認同《本義》的「九二剛健中正」之説，尤其是「用九」一爻，《本義》以「用九」一爻爲揲蓍之法，提出「老少進退」之説，而所謂「無首」者，乃「陽（轉下頁）

「發蒙，利用刑人，用説桎梏，以往吝」，《程傳》謂「去昏蒙之桎梏」，《本義》謂「痛懲而暫捨」，楊龜山謂「脱桎梏而聽之往」，查慎行認爲諸説「皆非《爻辭》正解」，詳細分析蒙卦在初爻時的狀態和卦體特點，並引《尚書》、《周禮》和《漢書·刑法志》對《爻辭》「刑」、「桎梏」等字義加以解説，闡明《爻辭》的含義：「蒙在初，不可無以發之，如昆蟲伏地，遇蟄則出，有開豁警動之意。『初』近『二』，中爻互震，凡《易》言『用刑』者，必有『震』象。『刑』即《書》之『朴作教刑』、《禮》之『夏楚收威』是已。《漢書·刑法志》『械在手曰梏』，『在足曰桎』，立教之始，『利用刑人』，然以爲『蒙童』而『發』之，非以爲罪人而『桎梏』之也。其或束縛過嚴，學者將苦難而不知益，如刑人而加以『桎梏』矣。所貴敷教在寬，藏修游息。使其手足有所措，則心思當日開。故又取『用説桎梏』之象。若一味任嚴，以『往』則有

（接上頁）變而陰，剛而能柔，故吉」云云。查慎行以較大篇幅予以駁正，先引蘇軾之説，力闢老少進退之説。再分析爻辭含義：「此一爻兼承上六爻來，群龍未嘗無首，只是屈伸往來，其首不可得而見，所謂善藏其用也。」並非朱熹所謂的以剛變爲柔爲無首也。進而推論「周公《爻辭》只就爻立義，尚未及卜筮」，「乾、坤用九、六，而諸卦之得奇畫者，皆用乾之九；得偶畫者，皆用坤之六，此乃體《易》之人，用《易》之道。謂揲蓍之法亦在其中，則可；謂用九、用六二爻專爲揲蓍而設，則恐未必然」。

『吝』矣，以見立教當寬嚴相濟之意。」至此，《爻辭》「敷教在寬」、「立教當寬嚴相濟」之意可謂申説無疑矣。又如《既濟・九五》「東鄰殺牛，不如西鄰之禴祭，實受其福」，鄭玄注《坊記》此引文云「『東鄰』謂紂國中，『西鄰』謂文王國中」，顔師古注《漢書・郊祀志》亦云，此後儒穿鑿之説，朱子取之，以紂居東土爲君位，文王居西土爲臣位。查慎行認爲，剛中之「九五」何能斥之爲紂？據八卦方位，離東坎西，「東鄰」陽位，爲「九五」之象，指下卦「離」；「西鄰」陰位，爲「六二」之象，指上卦「坎」。「東鄰」殺牛盛祭之作，而「西鄰」禴祭薄祭却能「實受其福」，所謂「東主作而西主成，離則奏『既濟』之功，坎則享『既濟』之福。……時之既至，大福不求而自來也。《漢書》杜鄴謂成帝曰：『德修薦薄，吉必大來。』正是此義」。

先儒釋經，往往衆説紛紜，學經者難曉其義，因而增加學習困難，因此，尤須審慎辨析。如蠱卦《卦辭》「蠱，元亨，利涉大川，先甲三日，後甲三日」，「蠱」字象形，蟲之傷皿，積久而壞。然則，「蠱」何以「元亨」？查慎行解釋「卦之取名，本以『治蠱』爲義。善治『蠱』者，使元氣亨通而已」，「蠱」中含有「治蠱」之道。卦辭中的「先甲」、「後甲」，先儒詮釋不同，王弼以「甲」爲事之始，《程傳》依之。鄭玄以「甲」爲日之始。先於甲三日爲辛，辛諧音新，義取更新。後於甲三日爲丁，義取丁寧。《本義》依之。查慎行於二説均不取，而據八卦方位别爲詮釋：蠱卦卦體巽下艮上，「艮、巽夾震木於東，『甲』於五行屬木。『先甲』言巽先於甲，『後甲』言艮後於甲也。先後『三日』，指本卦六爻。『先三日』者，下三爻，巽也。『後三日』者，上三爻，艮也」。巽柔居下，艮剛居上，柔下而剛上也。巽爲順，艮爲止，下柔順而上蓄止，巽而止也。「下三爻，積巽之柔懦而成『蠱』；上三爻，積艮之止息而成『蠱』，由來非一日矣。文王雖未有《爻辭》，而六爻之義，隱然已具矣」。查慎行認爲，「先甲三日」、「後甲三日」均是指致「蠱」之由，再接下來釋《彖傳》時，查慎行引《雜卦傳》「蠱則飭也」而發揮之：「飭者，修治振刷，百度維新之義。聖人治天下，每釐豐之盈，不怕蠱之壞。曰『往有事』，矯巽之柔懦，則『有事』於剛果；矯艮之止息，則『有事』於奮發。」「『蠱』由前人積弊而成，非一世之事。以繼世言，莫非有事於治蠱者也，『當庸人束手之時，聖人看成絶好機會，正要盡人事，以應天行，豈委諸氣運而已乎』？這正體現了查慎行推《易》道以論人事的特點。

查慎行曾言及解經欲達到之境界爲「字字求著落」，但字字求著落，又何其難也。《周易》難解，世所共知，先儒釋經也每每「不甚明了」、「殊難理會」、「不甚分明」、「大難理會」、「初無定説」，但《周易玩辭集解》從不迴避難題，於先儒不甚明晰或無定説之處力求通釋，其解説明晰而通透。如屯卦「九五」一爻，「先儒詮釋不甚明析」，查慎行細繹爻義而詳説之：「《易》道，莫重於中正，『五』居中處正，本有德有位者。但在坎中，一陽爲二陰所掩。坎爲雨，故有『屯膏』之象。《詩》：『芃芃黍苗，陰雨膏之。』今曰『屯膏』，則不能霖雨天下可知。『初』震體，動而得時。『五』，坎體，陷則失勢。蓋事權在『初』，『五』但有位而已。夫人主之財，當與天下共之。在無事時，謹身節用，不失爲『小貞』之『吉』。時方『屯』難，待澤者多，顧乃恩不下逮，如有司出納之吝，非『大貞凶』乎？所謂『可小事不可大事』者也」。再聯繫《象辭》「未施光」，指出「『五』爲重陰所掩，雖有恩施，而未能光大，與厚藏吝嗇者不同」。人主之財，本當與天下共之，因「九五」被「六二」、「六三」、「六四」以及「上六」重重陰爻所掩蔽，而未能「霖雨天下」，這與吝嗇者是有區别的，其解説可謂通達明晰。又如《睽·初九》「悔亡。喪馬，勿逐自復。見惡人，无咎」，先儒多以「惡人」爲小人，把「九四」一爻太説壞了。查慎行認爲這與「合睽」之義不符，「惡人」不是指小人，是指與我不相好者，「『初九』以剛德居兑體，剛則動而正，兑則悦而和。與『四』敵應而不立異，所以『悔亡』。中爻互坎，馬象，即指『四』。在外卦，『喪馬』象，『惡人』亦指『四』。『喪馬』而『勿逐』，去者不追也。待其『自復』而見之，來者不拒也。此『初』之善於馭『四』處。『惡人』非小人之謂，乃與我不相好者。人情於我不相好者，謂之交惡，往往拒絶而不『見』，所以終『睽』，一『見』，則『睽』情釋矣。『初』泯同異之迹，忘『四』之爲『惡人』，

『四』遂以『初』爲『元夫』，卒成『交孚』之好。『辟咎』者，辟『九四』之『見咎』也。『初』能『辟咎』，『四』因而『无咎』，不以避爲避，而以見爲避。合『異』爲『同』之妙用如此，此聖人合『初』、『四』之『睽』也」，其解釋簡切明了，通俗易懂。

世之説《易》者，有所謂「兩派六宗」之説，《四庫全書總目》曰：「漢儒言象數，去古未遠也。一變而爲京焦，入於機祥，再變而爲陳邵，務窮造化，《易》遂不切於民用。王弼盡黜象數，説以老莊。一變而胡瑗程子，始闡明儒理，再變而李光楊萬里，又參證史事。《易》遂日啓其論端。此兩派六宗，已互相攻駁。」〔一〕《周易》古經的基本結構由伏羲之卦象、文王之卦辭、周公之爻辭構成。「八卦以象告」〔二〕，而「《易》不可見，而假『象』以『像』之」，《易》中藴含的義理假象以寓之。查慎行説《易》，雖涉象數，但都是爲了闡釋義理，絶不入機祥窮造化，不惑圖書之學，不涉讖緯之言。至於參證史事，本《易》中之應有，《爻辭》每言「帝乙歸妹」、「箕子明夷」、「高宗伐鬼方」等等是也。《易》本來就是推天道以明人事，《易》中形上之「象」最終都歸結爲現實之人事處世原則，以史證《易》，不外乎此。

〔一〕《四庫全書總目》卷一《經部一·經部總叙·易類一》。

〔二〕《下繫傳》第十二章。

當然，參證史事最終目的在於論證現實之人事，以史事參證《易》理，也是爲了闡明現實人事日用意義上的本體之理。查慎行也每每以史實參證《易》理。如釋需卦之六爻：申屠蟠絶迹於梁、碭，標榜所不加，此乃「初九」之「需于郊」也；郭林宗周旋京師，亦不及難，此「九二」之「需于沙」也；陳仲弓委蛇宦寺之間，卒能保身，恰如「九三」之「需于泥」也。太王之去邠遷岐，以「六四」之「出穴」爲「需」也；武王遵養時晦，以「九五」之「酒食」爲「需」者也。勾踐棲於會稽，則以「上六」之「入穴」爲「需」者也。這些史實正體現了《易》之義理：「處險難之時，著一點躁急之心不得，惟知其爲險，或遠或近，必先置身事外，乃可徐往而有功，所以需六爻皆無凶咎」。釋遯卦六爻，先儒多以初、二兩爻屬小人。查慎行則以爲六爻均可作君子看，且以歷史人物及其史實一一比附之：「細玩六爻《爻》、《象》，多就君子看亦可」，以柳下惠爲士師、梅子真爲吳門市卒釋「初六」，以季札、子臧釋「六二」，以大夫種釋「九三」，「内三爻艮體，主乎止，故其象如此」。以范少伯之於越、李鄴侯之於唐釋「九四」，以子房、二疏之於漢釋「九五」，以巢、許、務成、四皓、魯二生釋「上九」，「外三爻乾體，主乎行，故其象如此」。

查慎行詮釋經傳，絶不枘鑿冰炭，謹嚴且圓通，時有妙解。如釋《無妄·六三》之「无妄之災，或繫之牛，行人之得，邑人之災」，「无妄」之富，世所必無；而「无妄之災」，則或有之。查慎行先解釋爲何取象於「牛」：離爲牝牛，卦體自「初」至「四」有離象。此卦與大畜反對，「六三」一爻，即大畜「六四」，故皆取象於「牛」。再「假『牛』以明『无妄之災』，非人所自致也」，此災禍純屬偶然，行人得到牛，而邑人却遭受到意外的災禍。「凡人之情，得之便以爲福，失之便以爲災。豈知人得人失，事之適然者耳。《小象》就文作解，曰『行人得牛，邑人災也』。可見人世之得失靡常，非可意料。苟能置身得失之外，『无妄之災』於我何有哉」？面對這突如其來的「無妄之災」，惟有保持清醒的理性，置個人之得失於度外，纔是《易》之處世原則。

最妙的詮釋見於《大過·九五》「枯楊生華，老婦得其士夫，无咎无譽。《象》曰：枯楊生華，何可久也？老婦士夫，亦可醜也」一爻，先解釋一陰在上，爲「華」象，而「華」者，上之枝生也。但本爻以過極之陽，比過極之陰，當云「老夫得其老婦」，而爲何云「老婦得士夫」？乃是因爲「陰居上，故先婦而後夫，與『九二』正相反。『五』以剛居剛，過而易悅，陰反得而乘之也」。小《象》進一步指出「陽氣太過之餘，衰候至矣。『枯楊』已非可久之道，况復『生華』，是速之也。『老婦士夫』，本欲資陰，而身居兑體，乃爲女所悦，失夫道矣。『可醜』在士，不在婦也」。詮釋完《爻辭》與《象辭》之後，查慎行突發聯想，以「九二」的「枯楊生稊，老夫得其女妻」和「九五」的「枯楊生華，老婦得其士夫」與《詩經》對比，稱其爲「古歌謡」、「《三百篇》之祖」：「『二』、『五』《爻辭》若古歌謡，『稊』與『妻』叶，『華』與『夫』叶。古『華』字作『蒡』，方無切，以『六義』合之，若以『枯楊』興起『老夫』『老婦』，以『稊華』興起『女妻』『士夫』，此《三百篇》之祖也。《采菽》第四章『維柞之枝，其葉蓬蓬』，『枝』以興『殿邦』之『君子』，『葉』以興『左右』之『率從』，章法似之」。可謂妙解，令人解頤。

《周易玩辭集解》是一部全面而系統詮釋《周易》經傳的著作，沈廷芳稱其書「析理明暢，象數兼該，援據精洽，而考按總歸實義，洵足羽翼先儒，以裨後學」〔一〕。四庫館臣則稱「其言皆明白篤實，足破外學附會之疑」，「其説經則大抵醇正而簡明，在近時講《易》之家，特爲可取焉」〔二〕。

《周易玩辭集解》成書後，查慎行無力刊印，至乾隆十七年始由其弟子沈廷芳刊行，是爲初刻本（國圖有藏），兩年後又重印之，是爲豐府藏書本（國圖有藏）。初刻本卷首列《參訂

〔一〕沈廷芳《周易玩辭集解序》。

〔二〕《四庫全書總目·周易玩辭集解提要》。

姓氏》、《續訂姓氏》及《參校宗族子姓》，而無序跋，無卷首十一篇專論。豐府藏書本删去初刻本之《參訂姓氏》、《續訂姓氏》及《參校宗族子姓》，補刻了序跋及卷首十一篇專論，正文與初刻本同。本書以乾隆十九年豐府藏書本爲底本，體例悉遵原本〔一〕，以四庫全書本爲參校本。感謝中華書局文學編輯室許慶江先生精心審校，使全書儘可能少出紕漏。然本人學殖淺陋，點校難免錯訛，敬請方家賜教。

范道濟

庚子夏於京城崇外東花市寓所

〔一〕對《周易》之卦名是否用書名號，頗費躊躇。始均以書名號出之，後爲區分經卦與别卦，删去經卦卦名之書名號，别卦卦名用書名號，最後，遵責編意，卦名均不用書名號，乃將卦名之書名號盡去之。

目録

上册

下册

周易玩辭集解參訂姓氏[一]

李光地厚庵 安溪　萬斯大充宗 鄞縣　王士禛貽上 新城
錢澄之飲光 桐城　熊賜履素九 孝感　梅文鼎定九 宣城
陳廷敬子端 澤州　徐元夢善長 滿洲　徐乾學原一 崑山
韓　菼元少 長洲　朱彝尊錫鬯 秀水　胡　渭朏明 德清
徐　倬方虎 德清　田　雯綸霞 德州　趙執信伸符 益都
毛奇齡大可 蕭山　萬斯同季野 鄞縣　姜宸英西溟 仁和
顧圖河書宣 寶應　湯右曾西厓 仁和　張雲章漢瞻 嘉定

[一] 按，原本闕《周易玩辭集解參訂姓氏》、《續訂姓氏》及《參校宗族子姓》三篇，據國家圖書館藏初刻本《周易玩辭集解》補。

王　源崑繩宛平
方　苞靈皋上元
陳鵬年北溟湘潭

朱　軾可亭高安
楊名時賓實江陰
黃叔琳崑圃宛平

楊中訥耑木海寧
陳萬策兼季晉江
劉　巖大山江浦

何　焯屺瞻長洲
汪　份武曹長洲
朱　書字緑宿松

張自超彝歎高淳
魏廷珍君璧景洲
萬　經授一鄞縣

朱　紱巨來臨川
陳世倌秉之海寧
惠士奇仲儒吳縣

徐用錫壇長宿遷
孫嘉淦錫公興縣
蔡世遠聞之漳浦

沈兆乾御六仁和
沈　佳昭嗣仁和
馬思贊仲安海寧

馬翌贊叔靜海寧受業
林　佶吉人侯官
杜　詔紫綸無錫

續訂姓氏

沈樹本厚餘 歸安
宗室德沛濟齋 滿洲
汪由敦師茗 錢唐
陸奎勳聚侯 平湖
沈起元子大 太倉
崔紀南有 永濟
王延年介眉 錢唐
諸錦襄七 秀水
厲鶚太鴻 錢唐
趙昱功千 仁和

柯煜南陔 嘉善
方楘如文輈 淳安
宗室文昭子晉 滿洲
沈元滄麟洲 仁和
吴廷華中林 仁和
楊椿農先 武進
李重華實君 吴江
翁照朗夫 江陰
李清植立侯 安溪
胡天游稚威 山陰

儲大文六雅 宜興
許王猷賓穆 嘉善
王步青漢階 金壇
沈德潛確士 長洲
吴紱方來 宜興
鄭江璣尺 錢唐
王峻次山 常熟
顧成天良哉 南匯
張鵬翀天扉 嘉定
杭世駿大宗 仁和

陳兆崙星齋 錢唐
全祖望紹衣 鄞縣
沈　彤冠雲 吴江
朱　乾贊文 嘉興
劉大魁耕南 桐城
沈廷懷孟公 仁和
沈維材楚望 海寧受業

李清方同侯 安溪
萬松齡星鍾 宜興
丁　敬敬身 錢唐
張　庚浦山 秀水
孫壻許　燉純也 海寧
沈榮仁勉之 歸安
孫壻沈　心房仲 仁和

齊召南次風 天台
張　叙冰璜 太倉
李　鍇眉山 奉天
陳黄中和叔 吴縣
符　曾幼魯 錢唐
趙　信意林 仁和
外曾孫沈世燕芑孫 仁和

參校宗族子姓

伯繼佐伊璜　詩繼二南　培繼王望

兄士標二瞻　容韜荒黄　樞階六　嗣韓荆州

弟嗣珣閭英　嗣瑮德尹　嗣庭潤木　瑾詢安　雲標學庵

姪雍漢園　㬎又微　昇聲山

受業姪祥星南　克復見初　果汝成

子克建求雯　克承坤元　克念惟聖

嫡姪橒吉初　克紹同生　克上升元　基履旋　學七倫

開宣門　銓溪烟

孫恂其武　愔度昭　昌嬉開祖　岐昌藥師　昌禴含章

受業曾姪孫隆禮東木　奕正貞木

周易玩辭集解自序

慎行童而讀《易》，白首而未得其解也，則仍於聖人之辭求之。始而玩《卦辭》、《爻辭》，繼而玩《彖傳》、大小《象辭》，務於聖人之辭，字字求著落、詮釋，其求諸經文而不得，必先考之注、疏，復參以諸儒之説，不敢偏狥一解，亦非敢妄立異同。平心和氣，惟是之歸，管窺蠡測，亦間附一二。

雍正甲辰三月既望，查慎行識，時年七十有五。

周易玩辭集解序

黄叔琳序

漢以來説《易》者多矣，而唐人爲諸經義疏，於《易》獨用王弼之注，何哉？蓋弼之注《易》也，即其辭以推顯其理，凡夫讖緯、納甲、卦氣、卦變、互卦、五行之説，於文、周、孔子之辭無所比附者，悉掃而去之，不使得入焉。其識卓而其功偉矣！世儒於輔嗣之注多未寓目，徒耳剽范甯輕詆之言，妄相訾謷，此何足與辨也。厥後程子之《傳》、朱子之《本義》出，《易》學益以大明。《程傳》專言義理，而《本義》兼論象占。言義理者不能外三聖人之辭而别求其旨，固已。即所謂象占者，亦豈不由辭而得哉？如「潛龍」、「履虎」、「牝牛」、「羸豕」之類，象也。「元」、「亨」、「利」、「貞」、「吉」、「凶」、「悔」、「吝」之類，占也。使非辭以明之，而徒存奇偶二畫之參伍錯綜者，後之人能通其説乎？即爲之説，能必其不差乎？是故由辭以通乎辭之所以然者，輔嗣□也。然以視夫舍辭而外索象者，通而定其指歸，衆説之是非同異，茫然莫辨，則溺於諸儒之辭，而聖人之辭又幾隱。

今先生之用心，其無是二者之失乎！當康熙中，吾師李文貞公奉詔纂《易》，取余家所藏《易解》數十種，以資採擇，又嘗與余言所以去取之意。愧因循未能竟學，中遭憂患，亦自惟未嘗學《易》之故。今老矣，雖幸獲覩此編，第爲之撫卷三歎，而欲學亦有所不能。昔項安世有《周易玩辭》，李鼎祚有《周易集解》，斯編兼二書之名，蓋偶同耳，非合兩書而彙輯之也。

乾隆壬申九月既望，大興黄叔琳序。仁和年家後學沈世煒書。

陳世倌序

明乎處憂患之道者，斯爲善讀《易》之人。《易》，憂患之書也。伏羲際洪荒之世，觀河而畫卦。後更三聖，或拘，或辟，或阨，而有《十翼》。上而天道之陰陽消長，下而人事之得失艱虞，罔不彰察微闡，以示人趨吉而避凶。然所謂趨者非冀倖而邀其福，避者非苟且而免其禍也。是有道焉，惟其貞而已矣！天地之道貞觀，日月之道貞明，天下之動貞夫一。貞則足以幹事，而處憂患之道固在其中矣。

舅氏查悔餘先生素以詩名天下，世之言詩者必宗之，而平生更邃於《易》。晚歲罹憂患，置於叢棘，已歷寒暑。賴先帝仁聖，知其學行，憫其無辜，特詔放還鄉里，以壽考終，人咸謂其邀天佑也。頃先生弟子沈椒園觀察鐫其所著《周易玩辭集解》，囑序於余。余讀之終卷，乃知先生所以處憂患者固自有道，實由於讀《易》而得也。夫天下動之所生，吉一而凶、悔、吝三。究之，吉凶不并立。凶之不能勝吉，猶邪之不能勝正也。而吉之所以勝者，惟有一貞焉。蓋貞者，全《易》之大旨。六十四卦、三百八十四爻，中或曰「利貞」，或曰「可貞」，或曰「永貞」，或曰「貞吉」，惟其貞爲吉，所以得常勝之道耳。人徒知履、謙、復、恒、損、益、困、井、巽之三陳，聖人之處憂患者在斯，而不知和行制禮，自知一德遠害、興利寡怨、辨義行權之所以反身修德者，全在守之以貞，斯能趨吉而避凶。先生一生制行皆本九卦，而要以貞勝，此其所以遇憂患而不驚，而出之如夷也。然則先生之善於讀《易》，即其明於處憂患之道乎！

嘗考漢魏以來談《易》者，各自名家，康成多言象，輔嗣言理，伊川暢其義，晦菴主於占。先生則先考註疏，復參諸儒之説，以求一是之歸，自成童以迄白首，書成而憂患作，卒之有吉而無凶。嗚呼！夫豈近世談《易》者之所能喻哉！

乾隆癸酉孟春月幾望，同里年愚甥陳世倌謹書於燕山邸舍。

沈起元序

堯舜以前無書。《易》始伏羲，有畫無文，非書也。古聖人無著書者，著書自文王、周公始，《彖》、《爻》是已。孔子所著無他書，唯《易經十翼》。是數千年間，合四聖人而始成一書。羲之卦畫，闡於文、周之辭；文、周《彖》、《爻》，傳於孔子之辭。故曰聖人之情見乎辭，則學《易》者舍玩辭曷由？乃後之言《易》者，或舍文、周之辭而求卦畫，或舍孔子之辭自立一解以釋《彖》、《爻》，宜乎《易》道之日晦。

海寧查悔餘先生爲余詞館前輩，蹤跡闊疏，未及一見，向聞有《玩辭集解》稿，嘗從家編脩椒園所索之。椒園，先生高第弟子也。未得即覯。及余纂《周易孔義集説》成，而椒園已梓先生《集解》問世，擕以贈余。讀之，而歎先生之於《易》深矣。先生之學主於玩辭，而於辭也，則曰字求著落，不狥一解，不立異同，平心和氣，唯是之歸。宜於前儒之言擇焉而精，於前儒所未言，或前儒已言而先生偶未及見者，皆有心造默契之妙。可見聖人之情之見於辭者，固極易簡，人人共見，特鹵莽者、依聲附和者失之耳。

余爲《集説》，十年中，易稿者數四。宗費氏之意，以孔《傳》求文、周《彖》、《爻》，而於群言紛淆、徬徨莫從時，輒廢寢食、忘憂樂，乃得渙然冰釋之趣。然念末學謭陋，恐有獲罪於古昔大儒者，惴惴慄慄而不敢安也。今得先生之書，一一印政，始信余書之不盡誣，余見之不大悖於聖經矣。然倘得追隨几杖，以余所纂，質之先生，相與商榷，辨析於銖兩毫忽之際，其樂何如！則又恨余生少晚，未及見也。然讀先生書，又想先生之於是書亦必有如余之廢寢食、忘憂樂者矣。昔歐陽永叔黜《河圖》、《洛書》之不經，謂「千歲後必有同吾説者」。及得廖偁《朱陵編》，意與相合，以爲不相求而相得，因序其文集，意甚喜。今余於先生，亦有不相求而相得者。謹附弁語於簡末，以志景仰云。

乾隆癸酉秋九月，太倉館後學沈起元拜書。

沈廷芳序

廷芳自少執經於悔餘先生之門，先生每爲指示《易》義，於《卦》、《爻》、《彖》、《象》間，硜硜講説，昕夕忘倦。閒嘗曰：「《繫辭》云：『以言者尚其辭』，故程子謂：『吉凶消長之理、進退存亡之道備於辭，推辭考卦，可以知變。君子觀其象而玩其辭，由辭以得其意，則在乎其人。』愚之讀《易》，悉本斯義，務於聖人之辭，字字求著落、詮釋。」又曰：「吾讀《易》，不敢輕改一字。每閱先儒義疏，於《卦》、《爻》、《象辭》，往往有『某字當衍』，『某字當作某字』，鄙意竊不謂然。陸務觀有詩云：『《易》傳三聖至仲尼，炎炎秦火乃見遺。

經中獨無一字疑，正須虚心以受之。』愚敬取斯言爲法。於先儒之説，固不敢求異，亦不敢苟同。」又曰：「《易》有卦有辭，足以探索其義藴矣，又胡取乎馬毛之旋、龜文之坼？昔之稱《河圖》者，引《尚書·顧命》篇爲證。若『河圖』爲馬苹，而閲數千年，則其毛脱落久矣，尚可與『天球』并陳耶？蓋因《圖》畫卦，其説起於緯書，不足深信。故自漢唐以來，注《易》家未有列《河圖》於《易》之前者。愚斯編亦不列《圖》與説。」嗚呼！此先生注《易》之大旨也。

初，先生受《易》於黄梨洲徵君，承其淵緒，采輯數十年，方克成書，題曰「周易玩辭集解」。廷芳雖側聞餘論，受而卒讀，顧資性不敏，鮮能融會。先生既没，問難無由。迄今年已五十，懼先生之業墜而弗傳也，更展帙而潛玩之，乃益歎是書析理明暢，象數兼該，援據精洽，而考按總歸實義，洵足羽翼先儒，以裨後學。爰編排卷目，與同學諸君暨兄弟、門人、子姪互相校讎，并謹記先生注《易》之大凡與授受本末，以告世之讀是書者。

乾隆十七年十月朔日，仁和受業門人沈廷芳謹識。

周易玩辭集解卷首

海寧後學查慎行

河圖説一

注《易》之家，自漢唐以下，未有列圖於經之前者。朱子指《河圖》爲聖人作《易》之由，獨創此例。後來科舉之學，遵用《本義》，遂無敢異辭。愚據《繫傳》考之，竊謂《河圖》之數，聖人非因之以作《易》，乃因之以用蓍者也。《上繫》第九章，程子移「天地之數」於「大衍」之前。《本義》云：「『大衍之數五十』，以《河圖》中宫天五乘地十得之。」則朱子固以《河圖》爲蓍數所從出矣，不知於十一章何復指爲作《易》之由？觀本章經文，首云：「天生神物。」末云：「河出圖，洛出書。」明是先有蓍、龜，後有圖、書。天之生蓍，以爲《易》用。河之出圖列象，以示蓍之用。「聖人則之」者，因圖象而立揲蓍之法也。所以下文接云：「《易》有四象。」在圖爲七、八、九、六，在《易》爲陰、陽、老、少，其數適相符。聖人倚圖之中數，用蓍衍之。自八卦而六十四卦、三百八十四爻，參伍錯綜，以盡其變。圖與卦爻，遂相爲用而不廢。然則《河圖》之出，造化所以通蓍卦之變耳。若論圖象，五十居中，一、二、三、四爲位，六、七、八、九爲數，止有四象，初無八卦也。蓋《易》有《易》之四象，《圖》有《圖》之四象，以七、八、九、六合於陰、陽、老、少，而卦之變以出，而蓍之用以神。顧在伏羲畫卦之初，止是一奇一偶，於奇上再加一奇一偶，於偶上再加一奇一偶，兩儀四象，天造地設，不假安排布置，豈待立《河圖》於前，規仿而畫卦乎？夫畫卦之由，吾夫子固明言之矣：仰觀天，俯察地，近取身，遠取物，於是始畫八卦。果若《河圖》爲作《易》之由，夫子何不云「觀《河圖》而畫卦」乎？夫子所不言者，愚不敢信也。夫子所明言者，愚不敢悖也。

河圖説二

客有難余曰：「因《圖》畫卦，夫子所不言，固已！然則朱子之臆説乎？」曰：「非也。其説出於劉歆，衍於緯書，而傳於邵氏，朱子特篤信弗疑焉爾。」

按，《漢書·五行志》：「劉歆以虙羲受《河圖》，則而畫之，八卦是也。」《春秋緯》云：「《河圖》龍發。」《禮緯含文嘉》云：「伏羲德合上下，地應以《河圖》、《洛書》，則而象之，乃作八卦。」孔氏、劉氏、鄭氏因以《河圖》爲八卦。東漢尚讖緯，其說相沿，無足怪者。晁氏《讀書志》云：「緯書僞起哀、平，光武既以讖立，故篤信之。鄭玄、何休以之通經，曹褒以之定禮，自苻堅以後，其學始絶。厥後韓康伯注《繫傳》，削而弗采也。《孔疏》雖雜引衆說，初不列《圖》於經也。周子於《易》，發太極之義，第云聖人之精，畫卦以示，於《河圖》無一言也。歐陽公深以龍馬、神龜爲不經，嘗力闢之。程子云：「無《河圖》，八卦亦須畫。」陸象山曰：「《河圖》屬象，非作《易》之旨。」袁樞仲亦疑《河圖》爲後人僞作。獨朱子堅信緯書之說，於《河圖》析四方之合，以爲乾、坤、坎、離；補四隅之空，以爲兑、震、巽、艮。此與後世納卦家以文王八卦納入《洛書》者何異哉？蓋朱子於《易》，不宗程而宗邵。邵氏之學則傳自陳希夷，朱子亦自謂：「先天後天圖，其說皆出邵氏。」而康節之子伯温作《經世辨惑》，謂希夷學《易》，止有一圖，以寓陰陽消息之數與卦之生變。則似《河圖》亦傳自希夷者。但自希夷以前，皆爲方士所授受。至希夷傳穆伯長，伯長傳李挺之，挺之傳邵堯夫。《本義》宗邵，始舉圖歸諸《易》耳。

善乎，歸熙甫之言曰：「『河出圖，洛出書』，此《大傳》之所有也。『通乾流坤，天苞地符』之文，非《大傳》之所有也。以彼之名，合此之迹，不與《大易》同時，不藏於博士學官。千載之下，忽出於山人野客，私相付受。雖其說自以爲無所不通，然有《易》則無《圖》

可也。」

或者又援《論語》「河不出圖」之言以相證，此尤傅會之甚者。天下豈有《河圖》既出，復有一《河圖》哉？使後之圖不異乎前，則何煩復出？使前之圖有異乎後，是兩《河圖》矣！夫子「吾已矣夫」之歎，蓋在莫年，即「明王不興，天下孰能宗予」之意。如謂《易》因《圖》作，則前聖人既作《易》矣，《河圖》復出，夫子又將作一《易》耶？

余既作《河圖説》，復細閲《朱子全書》，其中數條，有與鄙見相發明者，因摘附於左。按《語録》云：「仰觀俯察，遠取近取，安知《河圖》非其中一事。」玩此條，則與「《河圖》爲作《易》之由」，朱子已似稍變矣。又，《感興》詩云：「羲皇古神聖，妙契一俯仰。不待龍馬圖，人文已宣朗。」《答王伯禮書》云：「太極、兩儀、四象、八卦，伏羲畫卦之法也。」玩此二條，則作《易》之由，朱子亦自謂不因《河圖》矣。又，《與郭冲晦書》云：「七、八、九、六，所以謂陰、陽、老、少者，其説本於《圖》、《書》，定於四象，大抵《圖》、《書》，七、八、九、六之祖也。」玩此條，則蓍數出於《河圖》，朱子固嘗言之矣。元儒胡雲峰説《易》，專宗《本義》，然於《説卦》第十章謂：「以一索再索爲揲蓍求爻，乃朱子未改定之筆。」愚亦謂因《圖》作《易》之説，詳著於《啓蒙》，得毋行世最蚤，晚年於《本義》遂不復改定歟？慎行年且七十，方有志學《易》，上無師承，旁無朋友之講習。間有所疑，求諸注、疏、程、朱，而未能釋然者，或從先儒語録參稽得之，意在考信而已。管窺錐指，《易》道至大，何所不容，縱受嗤於衆目，冀不獲戾於先聖爾！

横圖圓圖方圖説

伏羲六十四卦次序，《横圖》凡八層，一分二，二分四，四分八，八分十六，十六分三十二，三十二分六十四。以乾始，以坤終。中分復、姤二卦，陽起於復，陰起於姤。陰陽交錯，位置天然，莫不從一分兩中出。康節謂猶根之生榦，榦之生枝。明道謂加一倍法。此圖盡之矣。方、圓二《圖》，形體雖殊，大要不離乎此。

《圓圖》左陽右陰，一順一逆，皆從中起。左自復數，右自姤數，歷四卦而爲震、巽。又自震左數，自巽右數，歷八卦而爲坎、離。自離左數，自坎右數，歷八卦而爲艮、兑。自兑左數，自艮右數，歷八卦而爲純乾、純坤。其次序，與《横圖》相合。

《方圖》自下而上，有逆無順。亦從中起，由震一陽，次離、兑之二陽，而成乾之三陽。由巽一陰，次坎、艮之二陰，而成坤之三陰。其分六十四卦，疊爲八層者，第一層即《横圖》自乾至泰八卦也，第二層即自履至臨八卦也，第三層即自同人至明夷八卦也，第四層即自无妄至復八卦也。推而至第八層，即《横圖》中自否至坤八卦也。

王魯齋云：「中斷《横圖》，左右迴環，是爲《圓圖》。八疊《横圖》，是爲《方圖》。」薛敬軒云：「三《圖》奇偶皆相對。」是已。今合三《圖》觀之，乾得一而夬，倍一而得大壯，倍兩而得泰，倍四而得臨，倍八而得復。坤得一而剥，倍一而得觀，倍兩而得否，倍四而得遯，倍八而得姤。此是加一倍法。初以六十四卦左右上下分之，各三十二，降而爲十六，由十六而八，而四，而二，而一，此是減一倍法。蓋卦順往，故以倍而加；《圖》逆來，故以倍而減。畫卦者，漸分漸多；筮卦者，愈求愈少。反復其道，互相發明也。邵子又云：「月者，日之影。陰者，陽之影。以其彼此交錯也。」然則偶者，其奇之影乎？《横圖》之影，緊相錯者也。《圓圖》之影，遥相錯者也。《方圖》之影，斜相錯者也。知順逆加減之法，又知奇偶相錯之理，而後可與觀卦，而後可與觀《圖》。

卦變説

《大傳》云：「爻者，言乎變者也。」未有爻變而卦不變者。上經三十卦，反對者十二，下經三十四卦，反對者十六。惟乾、坤，頤、大過，坎、離，中孚、小過八卦，正反相同，則反其奇偶以相配。卦體既變，爻則隨卦而變。三百八十四爻，無一爻不變，即無一卦不變。無一卦不變，則必皆有成卦之由。所謂卦變者，乃九六陰陽二老之爻，主占者臨時而言。

作《易》時何曾有某卦自某卦來之說乎？

夫子於《彖傳》，或言「上下」，或言「來往」，或言「内外」，或曰「進而升」，或曰「行而得位」，見於訟、泰、否、隨、蠱、噬嗑、賁、无妄、大畜、咸、恒、晉、睽、蹇、解、升、鼎、漸、渙等十九卦。朱子因指此十九卦爲卦變。今據他卦推之，如比、損、益三卦，亦曰「上下」，《井·彖》亦曰「往來」。胡雲峰著《本義通釋》，皆闡明朱子之言。獨十九卦變，或及或不及。而於《渙·彖傳》明其意，曰：「《本義》以二爻相比者爲變，朱子雖有是疑，而未及改正也。」其亦不足於卦變之說而云然乎？ 如屯以初、上兩爻互換，則成觀；蒙以初、上兩爻互換，則成臨；泰以初、五兩爻互換，則成井；否以三、五兩爻互換，則成旅。又如泰、否二卦，彼此互換，亦可爲四陰四陽之卦；以初爻互換，則爲无妄，爲升；以二爻互換，則爲訟，爲明夷；以三爻互換，則爲臨，爲遯；以四爻互換，則爲大壯，爲觀；以五爻互換，則爲需，爲晉；以上爻互換，則爲萃，爲大畜。引伸觸類，兩體中莫不有上下往來之象。夫子何必舉剛柔相易者，一一明言卦變之由乎？其於六十四卦中，偶舉上下往來之義，言之於十九卦，亦猶豫、隨等十二卦，或言時義，或言時用，或止言時，豈此外諸卦無時、無義、無用乎？

竊考卦變之說，昉於左氏，演於虞仲翔。而仲翔之釋比卦曰：「師，二上之五，得位。」

蜀才《宋景文筆記》引顏之推曰：「范長生自稱蜀才，則蜀人也。」謂「此本師卦〔一〕，動者惟一爻而已」。戴仲培曰：「左氏説卦變，往往不過一爻。」薛文清《讀書録》亦云：「卦變只換一爻。」後李挺之爲《六十四卦相生圖》，則臨、遯兩卦自第二變以後，主變之卦，兩爻皆動，已失虞氏之傳。朱子因李氏之説，別爲《卦變圖》，凡一陰一陽之卦，皆自復、姤來；二陰二陽之卦，皆自臨、遯來；三陰三陽之卦，皆自泰、否來；四陰四陽之卦，皆自大壯、觀來；五陰五陽之卦，皆自夬、剥來。本取一卦之中，剛柔相易，兩爻往來者也。乃其釋十九卦，則又不然。有取諸一卦者；有取諸兩卦者；有云上自某卦來，下自某卦來，又自某卦來，取諸三卦者。非特與虞、李兩家不合，即朱子亦自變其《圖説》矣。

凡卦以上體爲外，下體爲内，自外而内者，爲下，爲來。自内而外者，爲上，爲往。此《易》之通例也。而无妄之「剛自外來」，《本義》謂：「卦自訟而變，九自二而來，居初。」初與二同在内卦，可謂之「自外來」乎？此尤與經顯然不合者。胡雲峰爲之説，曰：「或謂外卦爲乾，震之剛自乾來。」《本義》固未嘗言也。其餘或兩爻互易，並居内體而曰上，曰往，

〔一〕按，天津古籍出版社影印北京大學圖書館藏稿本《查悔餘文集·卦變説》於此句後尚有「六五降二，九二升五，剛往得中，爲『比』之至。朱漢上據之以定虞氏卦變，其法以兩爻相易，主變之卦」一段。

並居外體而曰下，曰來，愚於各體辨之詳矣。薛河東以卦變爲孔子之《易》，愚竊謂卦變乃朱子之《易》也。

又按，《程傳》謂卦變皆自乾、坤來，而闢古注賁自泰來之説。然據其所稱乾、坤者，皆三畫卦，即泰、否所分，上下二體之乾、坤也。下乾上坤，非泰而何？朱子謂依程子變法，則於四陰四陽之卦難通。愚謂，若依《本義》，雜引兩爻、三爻以證一卦之變，亦何難通之有？似未可是此而非彼也。故余於雙溪王氏之言《易》獨有取焉，曰：「卦變之説，存而勿論可也。」

天根月窟考

康節以《先天圖》爲伏羲之方位，創爲「天根月窟」之説。其詩有云：「乾遇巽時觀月窟，地逢雷處見天根。」蘇君禹解之云：「復爲天根，陽含陰也。姤爲月窟，陰含陽也。」愚考先儒有以八卦言者，指坤、震二卦之間爲天根，指乾、巽二卦之間爲月窟。程前邨謂：「天根在卯，離、兑之中；月窟在酉，坎、艮之中。」有以十二辟卦言者，則以十一月爲天根，五月爲月窟，是已。

康節又有詩云：「天根月窟間來往，三十六宫都是春。」所謂三十六宫者，其説凡六。

以八卦言者三：乾一，兑二，離三，震四，巽五，坎六，艮七，坤八之次序，積數爲三十六。又，以乾一對坤八，兑二對艮七，離三對坎六，震四對巽五，積四九之數爲三十六。又，乾畫三，坤畫六，震、坎、艮畫各五，巽、離、兑畫各四，統計八卦，陰陽之畫亦三十六。以六十四卦言者三：朱子曰：「卦之不易者有八乾、坤、坎、離、頤、中孚、大過、小過，反易者二十八，合之成三十六。」方虚谷曰：「復起子，左得一百八十日；姤起午，右得一百八十日。一旬爲一宫，三百六十日爲三十六宫。」周海門曰：「其往也，由姤而遯，而否，而觀，而剥，而坤；其來也，由復而臨，而泰，而大壯，而夬，而乾。每卦六爻，六卦往來，共三十六。」以辟卦言者一：鮑魯齋曰：「自復至乾六卦，陽爻二十一，陰爻十五，合之則三十六。自姤至坤六卦，陰爻二十一，陽爻十五，合之亦三十六。陽爻陰爻，總七十二，以配合言，故云三十六。」

按以上諸説，雖若各殊，其以一陽生爲天根，以一陰生爲月窟，則無不同也。《象數論》曰：「康節以天根爲性，月窟爲命。性命雙修，乃老子之學，其理爲《易》所不言，故其數亦於《易》無與。」今第因邵氏之説而考存之。

八卦相錯説

八卦相錯，邵氏謂，「伏羲先天之學，乾一，兑二，離三，震四，巽五，坎六，艮七，坤八，此先天八卦方位也」。邵子又有詩云：「天地定位，否泰反類。山澤通氣，損咸見義。雷風相薄，恒益起意。水火相射，既濟未濟。」《經》文云：「水火不相射。」詩中删去「不」字以就句法，已失經旨。則又以否、泰、損、咸、恒、益、既濟、未濟爲八卦。愚於此不能無疑焉。

按方位，南與北對，東與西對，東南與西北對，西南與東北對。皆就三畫卦對看，未及重卦。一陰對一陽，二陰對二陽，三陰對三陽，妙在爻爻相錯。一與八錯，乾、坤也；二與七錯，兑、艮也；三與六錯，離、坎也；四與五錯，震、巽也。相錯之象，不在互易，而在對待，所以爲先天。若彼此互易，則爲後天之流行矣。

今據其説推之。否、泰互易，天地無定位矣；既濟、未濟互易，水火乃相射矣；損、咸、恒、益互易，一陰對二陰，一陽對二陽矣。不但方位變遷，且與經文不合。邵子又云：「八卦相交而成六十四卦。」愚謂合觀下文，只是八卦用順逆方得相錯。乾、兑、離、震，前四卦爲往；巽、坎、艮、坤，後四卦爲來。往者順，乾一至震四，皆用順數；來者逆，巽五至坤八，皆用逆數。數往者之順，而知來者之逆。所以巽五不次於震四，而次於乾一。若巽五即次震四之後，則八卦不相錯矣。相錯祇就八卦言，似不當説到六十四卦。蔡虚齋云：「以順逆分判八卦，八卦之位既定，則一卦各管一卦，而六十四卦在其中矣。不可以相錯者爲六十四卦，皆逆數也。」先儒固有言之者矣，亦非某臆説也吴舫翁雲《先後同天説》：先天，圖象也；後天，圖運也。先天乾南坤北，後天居兑之二隅。後天父母之心，比先天更苦。少女易悦，母欲守之；兑金易暴，父欲制之。其過暴，而母又欲解之；其過悦，而父又欲嚴之。蓋西乃陰方，先天防兑，後天防兑，其義一耳。不然，先天乾初，即領少女何爲者乎？至於出震齊巽，即雷風之相薄；見離勞坎，即水火之不相射；悦兑成艮，即山澤之通氣；乾、坤夾兑，即天地之定位。豈有兩樣父母、兩樣男女乎？蓋先後之名有異，而天則一。先天乾南，而後天離南；乾虚其中即離，離即乾也。先天坤北，而後天坎北，坤實其中即坎，坎即坤也。先天離東，而後天震東，木生火，震即離也。先天坎西，而後天兑西，金生水，兑即坎也。先天兑東南，而後天巽東南，轉巽即兑，轉兑即巽也。先天震東北，而後天艮東北，其成終者，正成始也，艮即震也。先天巽西南，而後天坤西南，長女代母，母代長女也，坤即巽也。先天艮西北，而後天乾西北，少男代父，父代少男也，乾即艮也。豈非先天即後天之天、後天即先天之天乎！〔一〕

〔一〕按，原本闕此段文字，據北京大學圖書館藏稿本《查悔餘文集·八卦相錯説》補。

辟卦説一

京房卦氣，以十二卦分配十二月。其源發於《子夏傳》所云：「極六位而反於坤之復，其數七是也。」《本義》於純陽、純陰二卦，不注四月、十月，其餘復、臨、泰、大壯、夬五陽長卦，姤、遯、否、觀、剥五陰長卦，皆分注，云「此某月之卦」，則是祖京房説也。

今按，乾、坤而外，上經泰、否、臨、觀、剥、復六卦，三十六畫，而陰之多於陽者十二。下經遯、大壯、夬、姤四卦，二十四畫，而陽之多於陰者十二。上經自泰正月，臨十二月，復十一月，皆陽月也，則逆數已往。自否七月，觀八月，剥九月，皆陰月也，則順推未來。下經自遯六月，姤五月，皆陰月也，則逆數已往。自大壯二月，夬三月，皆陽月也，則順推方來。此陰陽之多寡順逆，自然之序也。

辟卦説二

十二辟卦，在上經者八，在下經者四，其説亦詳於邵氏。以一歲之月、一日之辰配一元之會、一運之世，皆十二也。陽起十一月，爲復，於辰爲子。十二月爲臨，於辰爲丑。正月爲泰，於辰爲寅。二月爲大壯，於辰爲卯。三月爲夬，於辰爲辰。四月爲乾，於辰爲巳。

陰起五月，爲姤，於辰爲午。六月爲遯，於辰爲未。七月爲否，於辰爲申。八月爲觀，於辰爲酉。九月爲剥，於辰爲戌。十月爲坤，於辰爲亥。十二月三十六旬，分之則七十二候。十二卦三十六陽，分之則七十二畫。一陽之運，息於復，盈於乾，消於姤，虚於坤，此其大略也。

按，《臨·卦辭》曰：「至於八月有凶。」十二月分卦，自文王始，至京房《卦氣圖》，以坎、離、震、兑爲四正卦，主二至二分，以六十卦分辟、侯、大夫、卿，而復、臨、泰、大壯、夬、乾、姤、遯、否、觀、剥、坤十二卦皆屬於辟，每爻各主一候，此辟卦之名所由昉。要而論之，陰陽升降，不外乾、坤十二畫。中辟者，主也。爲之主者，在内故也。吾於辟卦，益明乾、坤之理。

或問：「十二卦體，但有乾、坤、震、巽、艮、兑，而無坎、離，何也？」曰：「震、巽，一陽一陰，坎、離，二陽二陰，所以未便成三陰三陽者。以離中有少陰，而二陽分，必至於兑，則陰在外，而二陽合，始可進而成三陽之乾。坎中有少陽，而二陰分，必至於艮，則陽在外，而二陰合，始可進而成三陰之坤。復、姤，一陰一陽之後，必合諸十六卦，而後成二陽之臨、二陰之遯者，正以其有坎、離故也。觀夫子於治曆明時則獨取諸坎、離者，其義不昭然乎？」

中爻説

中爻之義，《注疏》與《本義》不同。孔穎達分内外卦，以二、五爲中爻，朱子除初、上二爻，而取二、三、四、五。吴草廬則兼二説，爲正體，二爲内卦之中，五爲外卦之中；互體，三爲内卦之中，四爲外卦之中。今合六十四卦《爻》、《象辭》觀之，言中者，多在二、五兩爻，惟復卦「六四」一爻，益卦三、四兩爻，則以三、四爲中行〔一〕。説者以爲此互卦也，因取《左傳·莊公二十二年》周史爲陳侯筮，遇觀之否，曰：「坤，土也；巽，風也；風行於土上山也。」〔二〕杜元凱注云：「自二至五，艮象。」爲互卦占《易》之證。凡卦爻所取象，求之二體不得者，求之互體，往往得之。非中爻不備，其以此歟！然觀下文，二與四同陰位，用柔，又貴得中，四過中，又以近五而多懼。得中者，二也。三與五同陽位，用剛，不用柔，而云「柔危剛勝」者，指三也。五則剛柔皆吉，蓋三、四不中，而二、五中，譽懼功凶之分由此。

〔一〕按，「行」，稿本《查悔餘文集》、四部備要本《敬業堂文集》作「位」。

〔二〕按，四部叢刊本《春秋經傳集釋》作「坤，土也。巽，風也。乾，天也。風爲天於土上」。下文杜注爲「自二至四，有艮象」。

據經文，遠近對五言，貴賤以等言。所謂中爻，仍以二、五爲主，但雜物撰德，辨是與非，則非中四爻互體不備耳。

中爻互體説

邵子云：「卦用六爻，乾、坤主之。爻用四位，坎、離主之。」今據所謂《先天圓圖》取爲互法，去其初、上，用中四位，左方自乾至復，三十二卦。右方自姤至坤，亦三十二卦。取而互之，各得十六卦。皆以兩卦中四位相交，而縮一卦，實由六十四而三十二也。

蓋自太極肇判，氣以成形，由一以生二，及夫兩儀既奠，則形交氣感，復合二而生一，斯造化之機緘，大《易》之精藴也。按其二體之序，上則乾一至坤八，兩兩相對；下則乾一至坤八，四運迭周。自然而然，條理不紊，誰爲之哉？造化之自然也！復以此〔一〕再互之，左右各得八卦，乾、坤、既、未，四四相比，共十六卦。皆以四卦縮成一卦，實由三十二而爲一十六也。夫造化以乾、坤、坎、離爲主，故再互之卦，則乾、坤、坎、離，具八體。在下體則乾、離、坤、坎，分先後以著先天之體，在上體則坎、乾、離、坤，明交錯以終後天之用

〔一〕按，原本闕「此」字，據四部備要本《敬業堂文集·中爻互體説》補。

也。再以十六卦互之，則成乾、坤、坎、離、否、泰六卦。蓋乾、坤乃陰陽之純氣，坎、離得陰陽之中氣，否、泰則陰陽之交合，乾、坤爲《易》之門，於此不更可見哉！統而言之，子午當陰陽之極，故兩互而乾、坤之位皆不易，所以定上下之位也。卯酉當陰陽之中，故一互而坎、離爲姤、復，再互則姤、復歸乾、坤，而十六卦縮成兩卦矣。所云乾、坤爲大父母，坎、離、復、姤爲小父母。以圖按之，其序如此。然互體既分上、下，則上、下亦有中位。正體，則二、五爻居上、下卦之中，所以多譽多功。互體，則三、四爻爲内、外卦之中，所以多凶多懼。三、四之中，乃由變而成，故曰「雜物撰德，辨是與非，則非中爻不備」也。

吾邑張待軒先生極闢中爻互卦之非，謂：「孔子云，非中爻不備者，初、上兩爻所不言，中四爻備言之也。二與四，三與五，乃總論中爻功位，何嘗謂二、三、四爲一卦，三、四、五爲一卦乎？」

廣八卦説

《注疏》於《説卦》取象，字字分疏，難免穿鑿之病。《本義》又失之太略，後學遂靡所折衷。蓋夫子推廣八卦之象，語大語小，引伸觸類，初非義類可拘。有從文、周《彖》、《爻》例者，有自引《大象》例者，又有於《説卦》别取象者。雲峰胡氏云：「周公以乾爲『龍』，夫子以爲『馬』。文王以坤爲『馬』，夫子以爲『牛』。象之不必泥如此。」然而求取《卦》《爻》，亦往往有合者。如乾爲「馬」，則取諸大畜之「良馬逐」，內卦乾體也。巽爲「雞」，則取諸《中孚》之「翰音」，外卦巽體也。坎爲「豕」，則取諸睽之「豕負塗」，中爻互坎也。離爲「雉」，則取諸旅之「射雉」，外卦離體也。兑爲「羊」，則取諸夬之「牽羊」，外卦兑體，又取諸大壯之「羝羊」，中爻互兑也。又如乾爲「首」，於乾卦「用九」得之；坤爲「腹」，於明夷外卦「六四」得之；震爲「足」，於大壯內卦初爻得之；巽爲「股」，於咸中爻互卦得之；坎爲「耳」，於噬嗑中爻互卦得之；離爲「目」，於履中爻互卦，又於歸妹內卦「九二」得之；艮爲「手」，於蒙外卦「上九」得之；兑爲「口」，於咸外卦「上六」得之。

此外，則有徧求《卦》、《爻》，而終不得其義者。如《坤・卦辭》言「馬」，《爻辭》言「冰」，今則取爲《乾・象》；蒙言「金夫」，《困》言「金車」，鼎言「金鉉」、「玉鉉」；卦中無乾體也，此以《乾・象》言之。《坤・文言》言「天玄地黄」，此則言「於地爲黑」。乾於《爻》言「龍」，此則入《震・象》。賁四、上兩《爻》言「白」，卦中無巽體也，此於巽言之。坎初用事，稱「雲」，稱「雨」，稱「泉」，此則稱「月」，未嘗見於《卦》、《爻》也。頤言「靈龜」，損、益言「十朋之龜」，未嘗有離體也；晉言「鼫鼠」，未嘗有艮體也，此則於離、艮言之。《爻》有「兑雨」、「兑月」，而《兑・象》不及；巽之「用巫」，鼎之「得妾」，亦無兑體也，

《兑·象》則言之。又如乾「馬」，坤「牛」，震「龍」，艮「狗」，兑「羊」，皆重舉；而巽「雞」，坎「豖」，離「雉」，則不重舉。乾言爲「圜」、爲「君」，坤不言爲「方」、爲「臣」。凡若此者，難以悉殫，類非後人所能窺測。楊龜山云：「《説卦》取類，亦不止此，爲之發其端，使學者觸類取之耳。」此言得之。學者只從近取諸身，遠取諸物，會其大意。可解者，解之；不可解者，毋以己説傅會强解之。「君子於其所不知，蓋闕如也」，聖人且云然，學者顧欲强不知以爲知乎哉？

周易玩辭集解卷第一

海寧後學查慎行

上經

愚按，《易》歷三聖，謂伏羲畫卦，文王繫辭，孔子《十翼》。自漢以下，司馬遷、班固、鄭康成、皇甫謐皆云然。至孔穎達作《注疏》，始據《左傳》「韓宣子適魯，見《易象》，云：『吾乃知周公之德。』」斷爲《卦辭》文王所作，六《爻辭》周公所作，其説乃定。又按，古《易》，經文與《翼傳》各自成書。《乾》卦之先《彖辭》，次《爻辭》，次《彖傳》，次《大象》，次《小象》，則鄭康成本，王輔嗣因之，而以《文言》附於後。自《坤》以下諸卦，輔嗣又以《彖傳》附卦《彖》後，以《大象》次《彖傳》後，以《小象》附各《爻》後。《石經注疏》從之，俗本通行已久，今次第不復改更，取便觀覽。

☰乾下乾上

乾：元、亨、利、貞。

《程傳》曰：「乾，天也。天者，形體。乾者，性情。」楊仲堅曰：「乾非即天，乃天之所以爲天。」愚按：乾以健爲義，「元」、「亨」、「利」、「貞」四德，周流貫徹，只是形容「乾健」之妙。乾是伏羲第一卦，「元」、「亨」、「利」、「貞」是文王《彖辭》第一句。三百八十四爻，多從六畫中出；六十四卦《卦辭》，多從「元亨利貞」四字中出，全《易》之綱領也。他卦言「元亨利貞」者，多有益辭。又，或言「元亨利」，而不言「貞」；或言「亨利貞」，而不言「元」；或止言「元亨」；或止言「利貞」；或止言「亨」；或止言「利」。增減一字，便不渾全。惟乾卦六畫純陽，故以「元亨利貞」歸之。孔子發揮文王所未言，析爲四德，以仁、義、禮、智配之。《彖傳》、《文言》凡九百餘字，又從天道推之人事，反覆贊嘆不窮。朱子則云：「若論文王之《易》，大通而利於正，只作兩字説，孔子見得此四字好，便挑開説了。」故《本義》例以「元亨利貞」爲占辭。竊謂聖人觀象繫辭，初不專爲占者設也。卜筮乃《易》中一事，故曰「以卜筮者尚其占」。《黄氏日抄》謂：「伊川專主於辭以明理，乃《易》之要，日用常行，無往非《易》。」此語得之。

按，京氏《易》以十二辟卦配十二月，《本義》於泰、否等十卦多引其説，乾爲四月之卦，不言於本卦而言於姤，坤爲十月之卦，不言於本卦而言於復。

以上《彖辭》。

初九，潛龍勿用。

《孔疏》：「陽爻稱『九』，陰爻稱『六』者，老陽數九，老陰數六。老陰老陽皆變，《周易》以變者爲占也。」蔡伯静云：「初、二、三、四、五、上爲位之陰陽，九、六爲爻之陰陽。」李子思曰：「陰陽之氣，自下而上，各分爲六層。卦之六爻似之，故畫卦自下起。」愚按，第一爻言「初」，第六爻當言「終」；第六爻言「上」，第一爻當言「下」。所以文不同者，下言「初」，則上有「末」義，《大過・象》云「本末弱」是也。六言「上」，則初有「下」義，本卦《小象》云「陽在下」是也。互文相通。

愚按，《説卦傳》以震爲龍，乃乾之初畫也。乾是陽生之世，故六爻皆取象於龍。自「潛」至「亢」，一龍也。初「潛」在下，先儒或以爲舜始漁於雷澤之象，《孔疏》云「若漢高帝生於暴秦之世，隱居爲泗上亭長」是已。愚更以後世事證之，《元史・王約傳》：仁宗在東宫，「家令薛居敬上言陝西分地事，因被命往理。約謂居敬曰：『太子，潛龍，勿用之時，而爲飛龍之事，可乎？』」以太子爲潛龍，於義似尤當。邵子有云：「龍能大能小，然受制於陰陽之氣，得時則能變化，失時則不能。」今初陽在「潛」，陰氣正盛。「勿用」者，謂非用事之時，而非世之不我用也。「勿」字大有執持在，陸庸成所云：「勿者，我勿之也。」

九二，見龍在田，利見大人。上「見」字，音「現」。

遯世爲「潛」，出世爲「見」。「九二」，陽氣發見，故曰「見龍」。以六畫言，二地位，有「田」象；以三畫言，二人位，有「人」象。「二」、「五」皆陽，「大人」象，天下皆尊仰之之謂「見」，皆蒙其澤之謂「利」，卦體純陽，自然剛健。若論中正，惟「九五」一爻而已。九居「二」，則中而不正，其象昭然。《本義》謂「九二剛健中正」，初甚疑之，後看《胡雲峰集》，陳定宇櫟問曰：「《本義·乾》『九二剛健中正』，莫是剛健得中否？」胡答云：「凡言『九五』剛健中正，《易》之正例，乾『九二』，變例也。」雲峰《本義通釋》恪遵朱子，故云爾。其實，《易》取中正，六十四卦一定不移者，似不應於第一卦先成變例。《程傳》：「大德之君，『九五』也，乾坤純體，不分剛柔，而以同德相應。」《本義》云：「『九二』雖未得位，而大人之德已著。」王陽明云：「乾六爻只作一人看。蓋乾卦無臣位，所以《爻辭》與『九五』皆稱『大人』。同爲物所『利見』。」來矣鮮謂：「『利見』九五之君，以行其道，則仍以『二』爲臣位矣。」

九三，君子終日乾乾，夕惕若。厲，无咎。「无」，俗作「无」，非。

《程傳》曰：「理無形也，故假象以顯義。」乾六爻皆然，可見六爻無非龍象，「君子」即「大人」，亦龍德也。因「九三」重剛不中，在下之上，居危懼之地，則當有警惕之義，故托君子以發之。世稱龍嗜睡，而物莫能害，惟其善「惕」也。有「三」之「惕」，而後能「躍」能「飛」。觀《文言》曰「上不在天，下不在田」，固以龍德稱「九三」矣。若以「君子」指占者言，餘五爻豈無占者乎？陽爲日，居下乾之「終」，「日」、「終」而「夕」之象，「三」當二乾之交，故曰「乾乾」。「惕若」，老氏所云「惕兮若驚」也。王伯厚曰：「危者使平，易者使傾，《易》之道也。乾以惕无咎，震以恐致福。」愚又謂，聖人無危機，「惕若」是其危機，常存此心，反復其道，謀始要終，何「咎」之有？凡言「无咎」者，本宜有「咎」，處之得其道，故「无咎」。獨於「三」、「四」言之者，「三」多凶，「四」多懼也。

九四，或躍在淵。无咎。

已離下體，故曰「躍」。猶在上體之下，故曰「淵」。「淵」卑於田，「二」言「在田」，「四」曰「在淵」者，「田」乃發見之處，「淵」乃安身之處。在「田」未能變，在「淵」則可變之時矣。「或」者，未定也，亦詳審之辭。時當變革，更加詳審。安其身而後動，何「咎」之有？

九五，飛龍在天。利見大人。

陽氣自下而上，「龍」之由「潛」而「見」，而「惕」而「躍」，至於「飛」，則陽剛極盛之時。「九五」中正，而居尊位，「在天」之象。鄭康成曰：「『五』於三才爲天道。清明無形，而龍在焉，飛之象也。」愚謂，「飛」者，龍之本體。「天」者，龍之本位。雲雷風雨，翕然交集，萬物皆見，四海咸蒙其利。非「九五」，孰能當之？此乾之主爻。

上九，亢龍，有悔。

位以「九五」爲中正，過是則「亢」矣。大旱爲亢旱，龍居「上九」，不能致雨，「亢」之象。陽極盛，則陰將生。龍既飛，則必至於「亢」，故「有悔」。謂所處適當其會，宜有此「悔」也。潘雪松曰：「惟『亢』而後天者盡，惟『悔』而後天者還。」程敬承曰：「乾道豈遂以『亢』終？其妙在『悔』。識時通變，從『有悔』得也。」黄石齋曰：「『亢』者，『上九』之遇。『悔』者，『上九』之德。」多不説壞《爻》《象》，方與《文言》「純粹精」之義合。《洪範筮占》：「曰『貞』曰『悔』，先儒多以内卦爲『貞』，外卦爲『悔』。」胡雲峰曰：「『乾』『上九』，外卦之終，曰『有悔』，坤『六三』，内卦之終，曰『可貞』，於此發諸卦凡例。」愚按，屯、需之「九五」皆曰「貞」，豫之「六三」、蠱之「九三」皆曰「悔」，亦有不盡然者。《易》固難拘一例也。

用九，見群龍，无首。吉。

朱子以此爻爲揲蓍之法，故其言曰：「五行成數，去其地十之土而不用，則用七、八、九、六而已。陽奇陰偶，故七、九爲陽，六、八爲陰。陽進陰退，故九、六爲老，七、八爲少。然陽極於九，則退八而爲陰。陰極於六，則進七而爲陽。一進一退，循環無端。凡占法，皆用變爻。揲蓍所以用九、六，取其變也。『見群龍』，謂值此六爻皆九也。『无首』，謂陽變而陰也。剛而能柔，故吉。」愚按，《左傳》蔡墨云：「在乾之坤曰〔一〕：『見群龍，无首。吉。』」杜元凱注亦如此説。又按，蘇子瞻力闢老少進退之説，其言曰：「謂陽極於九，其次則七，極者爲老，其次爲少，則陰當老於十而少於八。謂陰不可加於陽，故十不用，猶當老於八而少於六也。」則又曰：「陽順而上，其成數極於九，陰逆而下，其成數極於六。夫自下而上，陰陽均也。稚於子午，而壯於巳亥。始於姤、復，而終於乾、坤，陰猶陽也。曷嘗有進退順逆之别乎？」且此自然者，天地且不能知，豈聖人得制其予奪哉？」愚竊謂，此一爻兼承上六爻來，故不但曰「龍」，而曰「群龍」，「群龍」未嘗「无首」，只是屈伸往來，其首不可得而見，所謂善藏其用也。故曰「吉」。《易》主於用，用

〔一〕按，「之坤」，四部叢刊本《春秋經傳集解》「昭公二十九年」作「其坤」。

《易》在人，似非以剛變爲柔、爲「无首」也。若論周公《爻辭》只就爻立義，尚未及卜筮，「用九」、「用六」，只當單指乾、坤六爻説。至於老少之説，四聖人所不言，乃卜筮家欲改動爻之變，始分别老少言之耳。或者難曰：「六十二卦皆無用爻，何獨於乾、坤有之？」應之曰：「乾、坤爲《易》之門，所以獨稱『用九』、『用六』者，九、六有象，七、八無象也。以卦，則六子之卦皆從乾、坤中出；以畫，則六子皆乾、坤之畫。如震之『初』，乾畫也；震之『二』、『三』，坤畫也。乾、坤用九、六，而諸卦之得奇畫者，皆用乾之九；得偶畫者，皆用坤之六，此乃體《易》之人，用《易》之道。謂揲蓍之法亦在其中，則可；謂用九、用六二爻專爲揲蓍而設，則恐未必然。

臨川鄒氏以「用九」節總爲「上九」之《爻辭》，屬於「亢龍有悔」之下，王氏亦云然，竊采其説，以備一解。

以上《爻辭》。

《彖》曰：大哉乾元！萬物資始，乃統天。「元」與「天」叶。

照古本，「《彖》曰」當作「《彖傳》曰」。程子所云：「卦下之辭爲《彖》，夫子從而釋之。」《本義》亦云：「後凡言《彖》者，倣此。」今刻本多削去「傳」字，似以夫子釋《彖》之辭爲《彖》矣。凡《彖傳》，以《易》象與天道雜言，見《易》之取象，皆天道也。以人事終之者，見《易》之天道，言人事也。此六十四卦之例。

《本義》：「此一節首釋『元』義。」愚按，《卦辭》「元亨利貞」四字並言，夫子獨提出「元」字，而贊之曰：「大哉乾元！」蓋一元之氣，流行無間，而物物於焉「資始」，始萬物，亦始天地，故曰「統天」。「乾」之爲天，文、周所未言，至夫子乃以天道發明「乾」義。「元」者，大也，始也。「資始」，專就氣言，有是氣，方有是形。故下文説到「流形」。

雲行雨施，品物流形。以下四節叶。

《象》言「元亨利貞」，《傳》獨不言「亨」。《本義》謂「此釋乾之『亨』也」。楊誠齋云：「『雲行雨施』，氣之亨也。『品物流形』，形之亨也。」愚謂，萬物皆「資始」於氣，氣之發洩，則爲「雲雨」，所謂神氣風霆也。不曰「萬」，曰「品」者，資生以後，形質已具，物各分類，可爲區别矣。「流形」者，如水之流，有生生不息之機。蔡虚齋謂「『品物』只是植物，若飛潛等物，豈待『雲雨』然後『流形』耶？」愚竊謂不然。「形」對「氣」言，氣以成形，飛潛動植，多在「品物」之内，若但作植物看，則解之「雷雨作」而「草木甲拆」矣，非「乾元」「統天」之道也。

大明終始，六位時成，時乘六龍以御天。「天」字叶「汀」。

張彦陵曰：「『萬物』由『元』而『亨』，人見其爲始而已。聖人心通造化，默契夫循環之運會，『終始』於一元，而不生分別之見。」愚謂陽大陰小，陽明陰暗，故曰「大明」。「乾元資始」者也，有始則有終。乾之「六位」也，只據卦畫言之，始於一畫，終於六畫。「九三」，下乾之終；「九四」，上乾之始。「終始」者，時也，而六位成乎其中矣。「六位」，言六畫之定分；「六龍」，言六爻之變象。六位以「時成」，六爻因以「時乘」，一剛加於初位，是乘以一龍；一剛加於二位，是乘以二龍。餘四位準此，天之六陽時序如此。聖人加畫乾卦，其序亦如此。一無成心，惟「潛」、「見」、「惕」、「躍」、「飛」、「亢」之時而已。「時」字，首於乾象發之。上以「元」「始」總明乾德曰「統天」，此「六龍」各分其位曰「御天」。「統天」，言乾之體，如身之統四體；「御天」，言乾之用，如心之御五官。《本義》謂「是乃聖人之元亨」。

乾道變化，各正性命，保合太和，乃利貞。

《孔疏》云：「變者，以漸改移。化者，忽然而改。」《本義》云：「變者化之漸，化者變之成。」愚謂「變」者，自無而有，萬物之出機；「化」者，自有而無，萬物之入機。陽變陰化，統而歸諸「乾」。「乾道變化」，而萬物「各正性命」，所謂氣化相催也。以物所受謂之「性」，以天所賦謂之「命」。「各正」者，有分別而不相侵奪，萬物各具一元也。「保」者，常存而不虧；「合」者，翕聚而不散。「太和」即「資始」之氣，以其運而不息，謂之道；以其融而無偏，謂之和。萬物得是氣而生，有生則有成，凡「資始」於「元」，「流形」於「亨」者，至此無少欠缺，萬物統會一元也。《本義》云：「此以釋『利貞』之義。」愚竊謂此節須從「元亨」説到「利貞」，細玩「乃」字可見。

首出庶物，萬國咸寧。

《本義》：「此言聖人之『利貞』也。」程敬承曰：「『首』即『乾元』所云『始』也，聖人體元以治世，首萬物即能終萬物。」愚按，《爻辭》以「无首」爲「吉」，《象傳》云「首出」者，龍之「潛」、「見」、「惕」、「躍」、「飛」、「亢」，皆時爲之。六龍以時乘，雖「首出」，猶「无首」也。「首出」，不專指飛龍，如夫子雖不得位，而爲萬世師，非「潛龍」之「首出」者乎？「庶物」「各正性命」，聖人又何事焉？猶爲之領袖云爾。雖有一切制作，不過順其自然，非謂功業既成，萬國始各得其所而「咸寧」也。

張待軒曰：「羲皇六畫，萬法皆備，以一字名之，曰『乾』；以四字形容之，曰『元亨利貞』。夫子《彖傳》，止以『乾元』二字提綱，而『亨利貞』錯綜點綴其間，知『元』之爲『元』，則『亨利貞』，特張弛闔闢之節候耳。説《易》者，謂此是『元』，此是『亨』，此是『利貞』，逐節界斷，意味索然矣。」

以上《彖傳》。

《彖傳》、《小象》，皆夫子贊《易》之辭，往往作韻語，舉乾、坤二卦，餘可知。

《象》曰：天行健，君子以自彊不息。

每卦《大象》，夫子別從卦體取義，與文、周絶不同。乾與他卦又不同，不曰「重乾」，曰「天行健」。「健」者，乾之德。故以卦德易卦名，用冠六十四卦之首。「天」之運行，一日一周。「健」者，運而不息也。卦體上下純陽，無一毫陰柔以雜之，故「健」。在人，爲無欲則剛，「君子」以之「自强不息」。「以」者，體《易》而用之也。用《易》之人，稱名非一，大約前時創典，則稱先王；因時經世，則稱后；用之身心學問，則稱「君子」。

胡翼之曰：「『天』，南極入地下三十六度，北極出地上三十六度，狀如倚杵。其用，則一晝一夜行九十餘萬里。人一呼一吸爲一息，一息之間，天行八十餘里。人一晝一夜，有萬三千六百餘息，故天行九十餘萬里。『天』之『行健』可知。故君子法之，以自强不息」云。愚謂「君子」與「天」共一乾德。「乾」者，「健」也。「自强」便是「健」，「不息」便是「行」。一刻不行，即一刻失其健矣。

按，此爲《大象傳》。而釋六爻者，爲《小象傳》，皆夫子所繫。六爻之辭，乃周公所繫也。《本義》謂「此周公所繫辭」。本連上作一氣讀，王弼削去「傳」字，但稱「象曰」，以致《經》、《傳》淆亂。

胡雲峰曰：「上經，乾曰『天行』，坤曰『地勢』，坎曰『水洊』，至離曰『明兩作』，先體後用也。下經，震曰『洊雷』，艮曰『兼山』，巽曰『隨風』，兑曰『麗澤』，先用而後體也。」

以上《大象傳》。

「**潛龍勿用**」，**陽在下也**。「下」，音户，與「普」叶。

以下六節，當有「《象傳》曰」三字，以别於《文言》。「陽」，謂「龍」；「下」謂「潛」。周公取象於龍，大是奇特，夫子恐人泥於跡象，涉於奇怪，故詮之，云「陽在下」，明《經》之稱龍，即陽氣也。《孔疏》云：「第一爻言『陽在下』，是舉自然之象。」

胡庭芳云：「《易》卦《爻辭》，無陰陽字，夫子於乾『初』，曰『陽在下』；於坤『初』，言『陰始凝』。『陰陽』之稱始此，即太極所生兩儀之一，以爲諸卦通例，陰陽之名一立，而動静、健順、剛柔、奇偶、大小、尊卑、變化、進退、往來，由是著矣。」

「**見龍在田**」，**德施普也**。

「在田」，則龍德已見。表出「德」字，明「九二」所謂「大人」，雖未得君位，已具君德矣。「德施普」，從「見」字看出，如日之方升，光已徧照矣。

「**終日乾乾**」，**反復道也**。以下三節叶。

「反」者，自上而下；「復」者，自下而上。如云反反復復，同在一條路上。《易》之變化不窮，只是「反復」其道。「反復」，莫密乎晝夜。君子日乾夕愓，如晝夜之往來，總在道理上盤旋而已。道本無止息，君子體道之精神，亦與道同其無息也。

「或躍在淵」，進「无咎」也。「咎」，音如「咎繇」之「咎」，上聲，讀與「道」、「造」叶。

「四」當進退之位，《爻》言「或躍」，乃疑而未定之詞。夫子決之，曰「進无咎」，所以破其疑也。《本義》謂「可以進而不必進」，似與《小象》不合。

「飛龍在天」，大人造也。古韻「蕭豪」與「尤侯」通用，平仄皆同。

「九二」之「大人」，有德而無位；「九五」，則有德有位矣。張横渠云：「成性則躋聖而開天，乃大人自造之地位。」《本義》云：「『造』，猶作也。」言作而在上，非制作之「作」也。愚按，「大人」，釋「龍」字；「造」，釋「飛」字，止是釋「飛龍在天」之義。世稱天地曰「造化」，曰「大造」，聖人居天位，而行天道，其有「造」於天下萬世者，大矣！

「亢龍，有悔」，盈不可久也。「久」與「首」叶。

陽氣至上而極，故曰「盈」。天道虧盈，人道惡盈，豈是可久之理？「亢」者，時之盈，盈不可以久居。「悔」者，幾之微，幾不可以久滯。處「亢」之道，只在不盈而已。非但氣不可盈，德亦不可盈。盈其德，是昂其首以爲龍矣。合下節看更明。

用九，天德不可爲首也。

「天德」即「乾道」也。吕東萊曰：「乾者，萬物之首。非有心於首萬物也，雖有首而未嘗爲首。」《本義》謂「陽剛不可爲物先」。愚按，「不可爲首」，爲「用九」者言也，不好處在「爲」字。「上九」一爻，在五爻之上，翹然自以爲首，聖人揭出「不可爲」三字以示戒，此「用九」者所當知。

朱啓莊曰：「周公《爻辭》取象，離奇險怪。夫子作《小象傳》，不於取象處下一注脚，斷章摘句，一一歸之於理。或提掇其要，或推原其故，或疏解其義，或申明言外意，或發爲感嘆，或寄諸調笑。離奇險怪，悉歸平淡。」

以上《小象傳》。

《文言》曰：元者，善之長也；亨者，嘉之會也；利者，義之和也；貞者，事之幹也。君子體仁，足以長人；嘉會，足以合禮；利物，足以和義；貞固，足以幹事。君子行此四德者，故曰：「乾，元、亨、利、貞。」「長」，上聲。

自此至末，皆《文言》也。《釋文》引梁武語，以《文言》爲文王所作，觀辭中屢稱「子曰」，其爲孔子無疑。《程傳》云：「他卦，《彖》、《象》而已，獨乾、坤更設《文言》，推乾坤之道，施於人事也。」愚按，施於人事，不獨《文言》，他《彖傳》往往有之。但諸卦皆從乾、坤中出，故於此反覆發其藴耳。「元者，善之長也」至「足以幹事」八句，出《左傳·襄九年》：「穆姜薨於東宫，始往而筮之。遇艮之隨，是於《周易》曰：『隨，元、亨、利、貞，无咎。』元，體之長也；亨，嘉之會也；利，義之和也；貞，事之幹也。體仁足以長人，嘉德足以合禮，利物足以和義，貞固足以幹事」云云，中間惟「體」、「德」兩字不同。歐陽永叔謂穆姜筮時，去孔子之生尚十三年，因疑《文言》先孔子而有。愚竊意此八句本古隨卦《繇辭》，夫子引之以贊乾耳，其分「元」、「亨」、「利」、「貞」爲四德，亦出穆姜語。張待軒曰：「『元亨利貞』四字，潔静精微，未易窺測。夫子不得已，以天道明其一二。至於人如何法天，如何學《易》，不别下注脚，只用穆姜相傳之語稱述一番，而結之曰：『君子行此四德者，故曰：「乾，元、亨、利、貞。」』以見乾道雖精深莫測，只行此『四德』，便叫做『元、亨、利、貞』。『四德』散見於諸卦者，或分或合，體例不一，其純粹以精者，獨乾而已，故於此首發明之。」

愚按，「乾道」所包者廣，有在天之「元、亨、利、貞」，有聖人之「元、亨、利、貞」，有在人所具之「元、亨、利、貞」。此則就人所具而言，「元」即在人之仁，「亨」即在人之禮，「利」即在人之義，「貞」即在人之知。此四句，説天德之自然。「體仁」以下四句，説人事之當然，直指君子身上，所謂「行此四德」者也。《孔疏》謂「元、亨、利、貞」即「仁」、

「義」、「禮」、「信」，「不論智者，行此四事，並資於智」也。文中子亦以「貞」屬「信」，獨朱子以「智」爲「貞」。愚謂「智」與「信」合，方爲「貞」。《孟子》所云「知斯二者弗去」是也。「知」是智，「弗去」是信，若知不真，則信亦不堅，焉得爲「貞」？

張彦陵曰：「四德雖分屬，要以一元爲主。『元』者，生生大德，萬善之所始也。『亨、利、貞』三者，總謂之善，合『亨、利、貞』而統於一『元』，則謂之『長』。『嘉』即善之通，生機發越，其彪炳者聚會在此。『利』即善之宜，生理充足，其整肅者調和在此。『貞』即善之成，生機完固，其紛紜者植立於此。」袁了凡曰：「前言『元者善之長』，『長』在理也。後言『體仁足以長人』，又推理之長以長天下也。前言『嘉之會』，以美之所聚爲『亨』也。『嘉會足以合禮』，又推『合禮』以爲美也。『利者義之和』，是即『義』以明『利』，『利物足以和義』，是因『利』以成『義』也。『貞者事之幹』，是以立事爲『貞』；『貞固足以幹事』，是謂『貞』能立事也。」

朱子又嘗以「健」「順」分配四德，其言曰：「仁禮健而義知順。」又曰：「禮者，仁之著；知者，義之藏。」見《玉山講義》，當時學徒，無深究其説者，惟李孝述問曰：「以仁爲動之始，猶春之生物；禮爲動之極，猶夏之長物；義爲静之始，猶秋之收；而去華就實，智爲静之極，猶冬之藏而歸根復命。」朱子荅之曰：「此『元、亨、利、貞』所以循環無端也。」

以上第一節，申《彖辭》之意。

初九曰「潛龍勿用」，何謂也？子曰：「龍德而隱者也。不易乎世，不成乎名，遯世无悶，不見是而无悶。樂則行之，憂則違之。確乎其不可拔，潛龍也。」

「何謂也」，是自相問答之詞。後倣此。此以人事釋「勿用」之義。「勿用」者何？「隱」也。惟有「龍德」，故能「隱」。夫子恐人將《爻辭》「勿用」作「不爲時所用」解，故又深贊之。著三箇「不」字、兩箇「无」字、兩箇「則」字，以見内斷於心，審時之未可有爲，故確乎不拔如此。《困學記》曰：「『不易乎世』，是第一層。到『不成名』，纔是真『遯』。『不見是而无悶』，是名心盡處也。『遯世』如龍之蟄，猶可測其爲龍，『不見是』則爲魚、爲蛇、爲蝘蜓，不得以龍目之矣。」《説統》曰：「道可以易世，『不易』者，無必用之心。『隱』可以成名，『不成』者，無潔身之跡。」愚謂兩「悶」字，猶從己起見，到「樂行」「憂違」處，全是萬物一體之懷，有「憂」有「樂」，所以爲堯、舜，若僅「無悶」而不「憂」，則巢、許一流矣。

九二曰「見龍在田，利見大人」，何謂也？子曰：「龍德而正中者也。庸言之信，庸行之謹，閑邪存其誠，善世而不伐，德博而化。《易》曰：『見龍在田，利見大人。』君德也。」「行」，去聲。

九居「二」，據爻例，中而不正者也，所以夫子稱「龍德」。不曰「中正」，而曰「正中」，蓋謂初爻在下，三爻在上，「二」所處之位，正在内卦之中耳。程子謂：「中重於正，正有不中，中無不正。」朱子亦以「九二」爲中正，余於《爻辭》下辨之詳矣。

夫子恐人以二爻爲臣位，故再以君德表之。「中」、「庸」二字發於此。「庸言之信」，「庸行之謹」，皆中德也。兩「庸」字跟「龍德」説來，人知「龍德」之變化，而不知所以變化處，只在平常日用之間，「謹」、「信」便是「閑邪」，「閑邪」便是「存誠」。「邪」自外入，故曰「閑」。「誠」自我有，故曰「存」。如此，則不徒善一身，兼可以善一世。無智、名、勇、功之跡，故「不伐」。非近功小效之比，故「博」而「化」。

九三曰「君子終日乾乾，夕惕若，厲，无咎」，何謂也？子曰：「君子進德修業。忠信，所以進德也。修辭立其誠，所以居業也。知至至之，可與幾也。知終終之，可與存義也。是故居上位而不驕，在下位而不憂。故乾乾因其時而惕，雖危，『无咎』矣。」

「君子終日乾乾」，何所事乎？「進德修業」是已。日新之謂盛德，故曰「進」。富有之謂大業，故曰「居」。「忠信」所以爲「進德」之基，「修辭立誠」所以爲「居業」之地。「幾」者，心之初動。「義」者，事之得宜。知時之當進，而至乎上，則奮然至之，而不失事機之會；知時當退，而終乎下，則確然終之，而不拂分義之正。「三」在内卦之上，故曰「居上位」。在外卦之下，故曰「在下位」。知至而至，非爲位也，故居上而「不驕」。知終而終，不出位也，故在下而「不憂」。去「驕」「憂」之根，而「乾惕」之精神自因時而露，正見進修工夫無歇手處。此君子所以「終日乾乾」也。

九四曰「或躍在淵，无咎」，何謂也？子曰：「上下无常，非爲邪也；進退无恒，非離群也。君子進德修業，欲及時也。故无咎。」

《本義》：「内卦以德學言，外卦以時位言。」愚按，「上」、「進」二字，釋「躍」字義。「下」、「退」二字，釋「淵」字義。「无常」、「无恒」，釋「或」字義。「非爲邪」、「非離群」，釋「无咎」義。「非」字與「欲」字應。「四」居可上可下、可進可退之時，故曰「无常」、「无恒」，「上下无常」，似乎「爲邪」，而「非爲邪」。「進退无恒」，似乎「離群」，而「非離群」。當躍而躍，乃其時矣。「進德修業」，承上説來。「三」之「進」「修」，正欲及此時而「上」「進」也。故「无咎」。

九五曰「飛龍在天，利見大人」，何謂也？子曰：「同聲相應，同氣相求。水流溼，火就燥。雲從龍，風從虎。聖人作而萬物覩。本乎天者親上，本乎地者親下。則各從其類也。」

「同聲相應」以下七句，總以「聖人作而萬物覩」一句爲主。「聖人作」「飛龍在天也」；「萬物覩」「利見大人也」，《孔疏》所謂：「上陳數事，本以明此，此亦同類相感也。」「本乎天者親上」二句，則統說天地間同類感應之義。《本義》謂「『本乎天』者，動物；『本乎地』者，植物」。《正蒙》曰：「有息者，根於天；無息者，根於地。此動植之分也。」「息」謂呼吸。錢飲光曰：「聖人上有天道，故本天之類親聖人如天。聖人下有地道，故本地之類親聖人如地。『九五』具天德，居天位，故一以聖神功化之妙言之。」楊誠齋曰：「所謂『各從』者，一物親一物而已。至於『聖作』『物覩』，無一物之不親，所謂出乎其類也。出乎其類，故統乎萬類。」

上九曰「亢龍，有悔」，何謂也？子曰：「貴而无位，高而无民，賢人在下位而无輔，是以動而有悔也。」

楊誠齋曰：「六龍之首，故曰『貴』，曰『高』；非君非臣，故曰『无位』；陽剛無陰，故曰『无民』；自『四』以下皆從『九五』，故曰『无輔』。」今按，「高」、「貴」以品格言，「无位」、「无民」、「无輔」以時地言。

六位時成，「亢」亦龍之一位。而云「无位」者，「五」居君位。唐、虞之世，自有巢、許也。人豈有不動之時？曰「動而有悔」，妙在一「動」字。天下極重難反之勢，只在聖人一反掌間。致「悔」之由，止在一動。處「亢」之道，止在一「悔」而已。

以上第二節，申《爻辭》之意，不釋「用九」一節，不知何意？

歐陽永叔以「初九曰」以下六節，爲漢時傳經師弟子問答之辭。疑《經》之原文未必如此。存其説，俟再考。

「潛龍勿用」，下也。以下二爻叶。

胡庭芳曰：「前『陽在下』，以氣言。此『下也』，以位言。」

「見龍在田」，時舍也。「舍」，去聲，與「下」叶。

《本義》：「言未爲時用也。」「舍」字，作「用捨」之義。馮奇之謂與「出舍於郊」之「舍」同。適止於此，非久安也。蓋龍既「在田」，視初潛之時，又進一位矣。似不當作「捨」字解。

「終日乾乾」，行事也。以下四爻叶。

以「乾惕」之心，施之於事，則爲「行」。道外無「行」，反復其道，只是「行」所當

「行」而已。

「或躍在淵」，自試也。

上下進退之宜，内度諸己，非人所能喻，故曰「自試」。蔡虚齋曰：「『試』其時，非『試』其才也。」

「飛龍在天」，上治也。

不徒曰「治」，而曰「上治」，所謂有德、有位，操制禮作樂之權者也。

「亢龍，有悔」，窮之災也。「災」，叶兹，去聲。

龍至於上，「亢」亦時爲之也。陽窮於九，天運適然，於龍何病？故曰「窮之災」。

「乾元」「用九」，天下治也。

釋「用九」，而稱「乾元」，何也？一百九十二陽爻，皆「用九」，此與諸卦不同，其治亂關係天下，非一身一家之事，故曰「天下治」。《孔疏》云：「『九五』只是一爻，故云『上治』。『乾元』總包六爻，故云『天下治』。」

以上第三節，以人言。

「潛龍勿用」，陽氣潛藏。内卦，三爻叶。

「藏」字有不可輕洩之意，「藏」之而爲氣，顯之而爲光，此「初」、「二」兩爻之别也。

「見龍在田」，天下文明。

陰晦陽明，陽光發見，「文明」之象也。

「終日乾乾」，與時偕行。

「時」者，天行也。天行晝夜一周，日乾夕愓，法天行也。

「或躍在淵」，乾道乃革。外卦，三爻叶。

曰「自試」，猶有斟酌進退意。曰「革」，陽氣離下而上，天道至此一變矣。此就卦畫發取象之意。

「飛龍在天」，乃位乎天德。

潘雪松曰：「『龍潛』、『龍見』、『龍躍』，皆非其本位。惟『在天』，乃還其本位。人皆以『九五』爲位乎天位，聖人曰，此『乃位乎天德』，可見雖有其位，苟無其德，不過位乎天位而已。」

「亢龍，有悔」，與時偕極。

「極」者，盡也。一陽生於子，六陽盡於巳，皆時爲之。下乾「與時偕行」，上乾「與時偕極」，龍至於「亢」，宜其「有悔」，適當其時也。此就文詮釋之辭。

「乾元」「用九」，乃見天則。

龍之變化，無定形，亦無定用，顧無定之中有一定不易者存焉，是謂「天則」。「天則」不可見，於「用九」而見之。「潛」、「見」、「惕」、「躍」、「飛」、「亢」，何在非「用」？而皆統於「乾元」，故曰：「乾元用九，乃見天則。」

以上第四節，以時言。

乾元者，始而亨者也。利貞者，性情也。乾始能以美利利天下，不言所利，大矣哉！

《文言》首論人事，既分「元、亨、利、貞」爲四德矣。至此復論天道，故以「元、亨、利、貞」合言之。再提「乾元」者，以「元」統四德也。「始亨」、「乾始」，兩「始」字，與「元」同義。《彖》所謂「乾元者」，即氣化之始而「亨」，非別有「乾元」也。《彖》所謂「利貞」者，即「乾元」之性情，非別有「利貞」也。何以知之？於「乾元」之所能者知之。蓋物生於春，非「亨利貞」之所能，惟「元」爲生物之始，「以美利利天下」者，「乾」之能也。而到得「利貞」之時，收斂歸藏，已是「坤道」用事，萬物之享其利者，以爲「坤」之功也。而不知皆「乾」之功，此之謂「不言所利」，「乾」之所以爲大。

《彖傳》曰「性命」，此曰「性情」。蘇氏《易傳》曰：「情者，性之動也。泝而上至於命，沿而下至於情，無非性者。《卦》以言其性，《爻》以言其情，情以爲利，性以爲貞。」愚謂有生以後情用事而性日漓，「利貞」者，歛情以歸性也。

大哉乾乎！剛健中正，純粹精也。六爻發揮，旁通情也。時乘六龍，以御天也。雲行雨施，天下平也。本節叶。

「元、亨、利、貞」，文王所已言，夫子復以「剛健中正」贊「乾」之「大」。純陽之謂「剛健」，無俟詮解矣。「中正」二字，全《易》要領，夫子於乾卦發之。「中」者，「二」、「五」所同。「中正」者，「九五」所獨。三百八十四爻，中而正者，六十四。中而不正者，亦六十四。正而不中者，百二十八。不中不正者，亦百二十八。湛元明謂：「陰陽剛柔，器也。得其『中正』者，道也。」羅整庵闢之云：「但以得『中正』者爲道，不過六十四爻而已，餘爻三百二十，以爲非道，可乎？」夫子贊純「乾」爲「中正」，意蓋如此。又以「乾德」之妙，非「剛健中正」所能盡，復加「純粹精」三字。《孔疏》謂「六爻皆陽，是『純粹』」。《本義》云：「『純』者，不雜於陰柔。『粹』者，不雜於邪惡。」王凝齋云：「『純』，言其不二；『粹』，言其不雜；『精』則進乎『粹』矣。」趙汝楳曰：「兩卦不雜曰『純』，八純卦是也。剛柔不雜曰『粹』，乾坤是也。」愚更以《説卦》爲證，「爲玉，爲金」，即「純粹」之義。金取其不雜，故言「純」；玉取其無瑕，故言「粹」；「精」者，「純粹」之至也。

趙汝楳曰：「聖人於《乾·彖》，三釋之，取義各殊。此章專主爻畫言，結束在『六爻發揮』一句。『性』者，爻之剛柔；『情』者，爻之好惡。聖人因乾以發諸卦玩爻之例。」愚謂《卦》以言其「性」，《爻》以言其「情」，「發揮」者，陳列其象，「旁通」者，曲盡其情也。聖人立六爻以通乎「乾」之情，乘六龍以行乎「乾」之道，「雲行雨施」，以沛乎「乾」之澤，則「乾道」之大，不在「乾」而在聖人矣。

以上第五節，重贊「乾道」，以及聖人御天之功。

君子以成德爲行，日可見之行也。潛之爲言也，隱而未見，行而未成，是以君子弗用也。「未見」，「見」字音「現」，「弗」，疑當作「勿」。

三箇「行」字要細玩。「德」未「成」，未可以「行」；「德」既「成」，然後「可見之行」，君子「成德」之稱。「初九」德已成矣，「可見之行」矣。《爻辭》謂之「潛」者，時當「隱而未見」，是以「行而未成」。朱子云：「如伊尹耕於有莘之野，便是行而未成，此『潛龍』所以『勿用』。」

君子學以聚之，問以辨之，寬以居之，仁以行之。《易》曰：「見龍在田，利見大人。」君德也。

《程傳》：「學、聚、問、辨，進德也。寬居、仁行，修業也。」《困學記》曰：「學貴多聞見，故曰聚；問以析精粗，故曰辨；寬居，則有優游不迫之功；仁行，則有天理流行之樂。《書》贊成湯，曰『克寬、克仁』。『九二』之爲『君德』，審矣！」愚竊謂「仁以行之」一句爲主，聖人雖具天德，亦由學問而成。功夫全在行仁，「君德」之成以此。君子體仁，足以長人，故「仁以行之」，便是「君德」。

九三重剛而不中，上不在天，下不在田。故乾乾因其時而惕，雖危无咎矣。

「重」，平聲，後同。

九四重剛而不中，上不在天，下不在田，中不在人，故或之。或之者，疑之也，故无咎。

兩節當合看。「三」居下卦之上，「四」居上卦之下，「三」、「四」兩爻，以剛遇剛，故皆曰「重剛」。猶離言「重明」，巽言「重巽」，非陽爻居陽位之謂也。所以「九四」居陰位者，亦曰「重剛」。統六爻而論，取其純陽；析「三」、「四」兩爻而論，則嫌其「重剛」也。《黄氏日抄》云：「『三』居内卦之極，『四』居外卦之始。兩陽交際之地，故皆爲『重剛』。」其説甚明。《本義》謂「『九四』非『重剛』，『重』字疑衍」者，似未可依。下卦以「二」爲中，「三」則已過；上卦以「五」爲中，「四」則不及，故皆不中。「九四」只多「中不在人」一句，前言「進退无恒，非離群也」，此云「不在人」，「非離群」乎？蓋「三」、

「四」皆人位，四之「躍」、「淵」，離「三」而近「五」，對「天」而言，故曰「人」。非謂人事已盡，可以聽天。正見天人交際之會，舉動不可不慎。「或」者，據其跡，「疑」者，指其心。惟其「疑」，必審時以進矣，故「无咎」。

夫大人者，與天地合其德，與日月合其明，與四時合其序，與鬼神合其吉凶。先天，而天弗違；後天，而奉天時。天且弗違，而況於人乎？況於鬼神乎？

「同聲相應」一節，釋「利見大人」之義已備矣。此言「大人」與造化合德。「天地」者，造化之主宰；「日月」者，造化之精華；「四時」者，造化之流行；「鬼神」者，造化之功用。覆載無私之謂「德」，容光必照之謂「明」，寒暑不忒之謂「序」，禍福先見之謂「吉凶」。「大人」無不一一與之合，以其創所未有，曰「先天」；以其時至事起，曰「後天」。要之，「先天」妙用，即在「後天奉時」中。「天」之「弗違」大人，即「先天」；大人之奉天時，即「後天」。《程傳》所云：「大人心通天地之先，而用必『後天』。事起天地之後，而知必『先天』也。」

亢之爲言也，知進而不知退，知存而不知亡，知得而不知喪。其惟聖人乎！知進退存亡，而不失其正者，其惟聖人乎！ 「喪」，去聲。

胡雲峰曰：「『初九』、『潛之爲言也』二句釋『潛』字，而言『君子』者再，必君子而後能安於『潛』也。『上九』、『亢之爲言也』三句釋一『亢』字，而言『聖人』者再，必聖人而後不至於『亢』也。」愚竊謂「亢」乃時之所必至，聖人豈能避？但當進退、存亡、得喪之會，自有處「亢」之道，其知有此而不知有彼者，道在故也。道者，正而已。以進爲正，安得顧其退？以存爲正，安得慮其亡？其「知進不知退，知存不知亡」，乃所謂「知進退存亡，而不失其正」也。此時一有「知退」「知亡」之心，則失其正道矣。若作以退爲進、以亡爲存解，又是老氏之學，與聖人亦無涉。「其惟聖人乎」兩句，總是贊嘆處「亢」之道，非謂聖人不至於「亢」也。

以上第六節，復據《爻辭》，發不盡之意。

按，胡雲峰《本義通釋》，乾坤二卦，自「《文言》曰」起至末，別爲一卷，編在《說卦傳》之前。竊意《本義》原本當如是，而《通釋》遵之，今原本不復見矣。

䷁坤下坤上

坤：元、亨，利牝馬之貞。君子有攸往，先迷句，後得主句，利句。西南得朋，東北喪朋。安貞吉。「喪」，去聲。

《說文》：「土位在申。」坤字「从土，从申」。愚按，陰起於午，至申而三。本卦三畫皆陰，「坤」象也。「元亨利貞」與乾同，中多「牝馬」之象。《説卦》：「乾爲馬，坤爲牛。」「牝馬」者，從乾而稱之也。馬，取其健。牝馬，取其順。「利牝馬之貞」，「坤」道以從「乾」爲正也。「天行健」，而「坤」從之，「有攸往」之象。「君子有攸往」以下，開示其例，以明「牝馬貞」之意，不必專就人事説。「往」則宜審「先後」，「坤」從「乾」，則以「乾」爲主矣。「先」乾而往，則「迷」而不利。「後」乾而往，則「得主」而「利」。「利」者，順也。「得主」，是「迷」之反。「後得主」三字，當連讀，觀《文言》自明。蘇氏《易傳》云：「先則迷而失道，後則順而得主。」張横渠曰：「『東北喪朋』，雖得主有慶，而不可懷也，故曰『安貞吉』。」楊慈湖曰：「迷爲失道，後而得主，利莫大焉。」午亭陳氏曰：「陽爲陰主，得主故利。」《參同契》於坤卦亦云：「先迷失軌，後爲主君。」「利」字，當另爲一句。《本義》謂「先迷後得而主於利」，以「主利」二字爲句，似與《文言》不合。

「西南」、「東北」，據方位言，見於《大傳》。「西南」，乃坤之本位，兑、離、巽三陰，與坤居之，故曰「得朋」。「東北」，則乾與震、坎、艮皆陽位，非陰之朋矣，故曰「喪朋」。惟喪其三陰之朋，絶類以從陽，乃安於正而吉也。邵子所云：「坤統三女於西南，乾統三男於東北。」即是此象。《像抄》云：「何以西南言得？得兑所以承艮，得離所以承坎，得巽所以承震，合之，皆爲坤承乾。何以東北欲喪？巽喪成歸於震，而巽乃終；離喪成歸於坎，而離乃終；兑喪成歸於艮，而兑乃終，合之，皆爲成歸於乾而坤乃終。」一説，「西南」爲地，陰土也。「東北」爲山，陽土也。據卦體，只有西南，無東北，故一曰「得」，一曰「喪」。愚又謂，陰數偶，二畫相比，便是「朋」象。故《易》之言「朋」者，在陰位居多。本卦六畫皆陰，陰往求陽，交一陽而爲復，則群陰相繼隨陽。復卦所來之「朋」，即坤卦所喪之「朋」也。合觀全卦，總不外「以陰從陽」四字之義。

《彖》曰：至哉坤元！萬物資生，乃順承天。本節「元」與「天」叶。

「乾元」資始，「坤」承「乾」之資，始以生物，故亦稱「元」。始之者，氣也。氣至而生，即「坤元」矣。纔「資始」，便「資生」，始之之氣機，在「乾」而行於「坤」，故並「資生」，亦即承其始氣，而發育萬物，故曰「乃順承天」。「順」字爲全卦要領。夫子贊「乾元」曰「大哉」，贊「坤元」曰「至哉」。「大」者，廣言之也。「至」者，究言之也。分量固自有别，「大」則無所不統，「至」只是就他分量，亦到極處也。先儒或謂「乾」是吾儒之學，「坤」是老氏之學。儒者以剛爲用，故稱「大人」。老氏以柔爲用，故稱「至人」。

此節釋「坤元」二字。

坤厚載物，德合无疆。含弘光大，品物咸亨。以下四節叶。

承上文來，「坤」積順而成「厚」，凡其所生之物，即其所載之物也。「乾」不言覆物，而「坤」言「載物」。地之所載，何一非天之所覆？故曰「德合无疆」，謂與「乾」之「不息」「合德」也。游定夫曰：「『含』，言無所不包；『弘』，言無所不有；『光』，言無所不著；『大』，言無所不被。『含弘』，以静翕言；『光大』以動闢言。」愚按，「含弘光大」四字，正極贊「坤」德之厚，以其虚而受，故曰「含弘」；以其美而章，故曰「光大」。正萬物潔齊相見之象，「品物咸亨」，隨「坤」而亨也。

此節釋「亨」字。

牝馬地類，行地无疆。柔順利貞，君子攸行。

「牝馬地類」，「類」字與後「類行」義同，猶云陰類也。《程傳》：「『行地无疆』，謂健也。乾健坤順，坤亦健乎？曰：非健何以配乾？其動也剛，不害其爲柔也。」《本義》亦以「行地无疆」爲順而健。愚竊謂「坤」之貞，只在「順」，似不必添出「健」字。以象言，則爲「牝馬行地」；以德言，則爲「柔順利貞」。可見「順」以從陽，乃「坤」之正道。以「柔順」爲「利貞」，則「君子」之所「行」也。「行」字與上「行地」相應。

此節釋「利牝馬之貞」、「君子有攸往」二句。

先迷失道，後順得常。「西南得朋」，乃與類行。「東北喪朋」，乃終有慶。 叶羌，《三百篇》皆如此讀。

柔者不爲物先，先之斯述，失坤道矣。處後以順，隨而不倡，乃得坤道之常。陽與陰非類也，陰當從陽，《彖辭》所謂「得朋」者，不過同類爲朋耳。惟喪其同類之朋而從陽，則有得主之慶，可以有終矣。聖人之惡朋黨若此。項平庵曰：「『乃終有慶』，所以發文王言外之意。臣之事君，婦之從夫，皆『喪朋』之『慶』也。」

此節釋「先迷」以下五句。

安貞之吉，應地无疆。

「安貞吉」，從人事言。張彥陵曰：「人有才而不露，於分之所在，無成而代終，德器深厚，直與『厚德載物』者一般。故與地之『无疆』相應。」《彖傳》三箇「无疆」，曰「德合」是「坤」配「乾」，曰「行地」是「坤」之本德，曰「應地」是人法「坤」之德。

此節釋「安貞吉」句。

《象》曰：地勢坤，君子以厚德載物。

「地」者，形體。「坤」乃地之性情。李去非曰：「『天以氣運，故曰『行地』。以形載，故曰『勢』。」愚按，凡以高臨卑，以上臨下，則謂之「勢」。地居卑下，而曰「勢」者，以其順也。「坤」字，只作「順」字解，與「乾」之「健」相配。地之大勢，西北高，東南下，水皆就下，其順可知。就「勢」以見其順，由順而知其「厚」。「君子以厚德載物」，自處於萬物之下，卑而法地，與「坤厚載物」同，所謂「應地无疆」也。

初六，履霜，堅冰至。《象》曰：「履霜堅冰」，陰始凝也，馴致其道，至堅冰也。

凡卦初爻，取象於「履」者，自坤起例。《説卦》：「乾爲寒，爲冰。」此何以取坤象？王伯厚曰：「乾『初九』，復也。『潛龍勿用』，即閉關之義。坤『初六』，姤也。『履霜，堅冰』，即『女壯』之戒。」愚謂，坤初爻，自陽變陰，冰霜畢竟是陰氣所結。然惟陽消於内，故陰凝於外。聖人於乾曰「爲冰」，正可作此處注脚。陰陽之氣，皆自下而上。震爲足，陽在下也。巽爲股，陰在下也。「履霜」者，陰從足下起也。「霜」，一陰之象；「冰」，重陰之象。當「履霜」之始，即厪「堅冰」之防。《爻》曰「堅冰至」，要其終也。《象》曰「至堅冰」，原其始也。「始」字最重，陽主發散，陰主收斂，故曰「凝」。《大戴禮》：「霜，陰陽之氣也，氣盛則凝爲霜。」《廣韻》：「霜，凝露也。」「馴」者，狎順之意。其「道」，小人道長之「道」，積漸馴習，以致陰道盛長，豈一朝一夕之故哉？一説，陰以「凝」爲道，「凝」又要堅。《乾·初》曰「陽在下」，《坤·初》曰「陰始凝」。陽惟下，然後能發生；陰惟凝，然後能收斂。此兩爻，乃三百八十四爻之根蔕。不説壞坤道，别是一解。

「凝」與「冰」叶。

郭京《易舉正》曰：「按，『陰始凝也』，上誤增『堅冰』字。『履霜』與『堅冰』，時候頗異，不合相連結。」愚又按，《三國志·魏文帝紀》注，太史許芝引此《象辭》，「履霜」上加「初六」二字，而無「堅冰」字，古本當然。郭所云，殆唐以後本也。似當從古，衍「堅冰」二字，作「初六履霜」。

《本義》：「陰陽者，造化之本，不能相無；而消長有常，亦非人所能損益也。然陽主生，陰主殺，則其類有淑慝之分。聖人作《易》，於其不能相無者，既以健順仁義之屬明之，而無所偏主。至其消長之際，淑慝之分，未嘗不致其扶陽抑陰之意。所以贊化育而參天地者，其旨深矣。」

朱疊庵曰：「坤與乾，陰陽相反。夫子於乾，取象於冰；周公於坤，取象於冰者，乾以時令，坤以氣質也。以此知《説卦》取象，第舉一隅，則剛柔健順，雖各有據依，而義可相通，惟變所適。康成、令升之徒，既失之膠固，即輔嗣謂『馬取其健，牛取其順』者，亦得其一説，而不知其又有一説也。屯、賁、明夷以陰爻而稱『馬』，何取於『健』？革、既濟以陽爻而稱『牛』，何取於『順』乎？」

六二，直、方、大，不習无不利。《象》曰：六二之動，直以方也。「不習无不利」，地道光也。「方」與「光」叶。

「乾道」莫盛於「九五」，「坤道」莫盛於「六二」。八卦正位，坤居二，「六二」柔順中正，坤之主爻也。先儒謂陽主進，進至上卦之中而止。陰主退，退至下卦之中而止。天數五，地數五，乾進止五，坤退止二，自上而下數之，則仍五也。五者，中數也。《河圖》之説，本此。

「直、方、大」三字，程子謂「至大至剛以直」。《本義》謂「其德內『直』外『方』，而又盛『大』」，蔡節齋謂，「『直』者，發於內而無私曲；『方』者，止於外而有定則。內直外方，其德乃『大』」。來矣鮮曰：「『直』字，即『至柔而動也剛』之『剛』也。『方』字，即『至靜而德方』之『方』也。『大』字，即『含弘光大』之『大』也。」張待軒曰：「自其承天之氣，有施即生，更無曲撓，曰『直』；自其因物賦形，整齊畫一，曰『方』；自其厚德載物，配合無疆，曰『大』。」愚按，三字當分三德看。以是三德，承天而動，毫無造作，則曰「不習無不利」。蘇紫溪曰：「『不習』，非不假於學也，曰『敬』、曰『義』，皆學中事，然緝熙敬止，初非矜持。是之謂聖學。」

愚又按，乾，其動也「直」。「二」得坤道之純，故《小象》以承天而動之事屬之。「直以方」，「以」字，只作「而」字解。「直方」以「大」，居然配乾，乾曰「天道」，坤曰「地道」，是以全坤歸此一爻矣。「光」者，發越之象，人但知日月星辰爲天道之光，不知地之爲道，萬物資生，百穀草木，莫不有光輝發越之盛，非「地道光」乎？

六三，含章可貞，或從王事，无成有終。《象》曰：「含章可貞」，以時發也。「或從王事」，知光大也。「大」與下節「害」叶，「知」，去聲。

陽爲「章」，陰爲「含」。「三」位陽而爻陰，「含章」之象。凡人露才揚己，最是薄德。「章」而能「含」，厚德士也。「含章」，乃「可貞」之道，其或出而「從王事」，但當盡臣道，而不可自專其成。曰「有終」，則不爲事始可知。「三」居下卦之上，故云「終」。夫子懼人誤認「可貞」，而一意「株守」也，故申之曰「以時發」，言「含章」，非終於韜晦，乃待時而發。「發」者何？爲「乾」用也。「乾」知「坤」行，惟行之而知之，「光大」始著，是之謂「從王事」，是之謂代「乾」有終也。「王」指「乾」，與他卦以君道屬「五」者不同，坤六爻皆臣道也。吕伯恭曰：「惟其『知光大』，故能含晦。尋常人胸中淺狹，纔有一功一善，便無安著處矣！」

六四，括囊，无咎无譽。《象》曰：「括囊，无咎」，慎不害也。

「囊」所以貯物，「括」者結其口，使不得出。「六四」重陰不中，天地閉塞時也，「括囊」之象。人之處世，「无咎」則有譽，「无譽」則有咎，二者往往迭相得失。顧當「六四」之地，「无咎」又須「无譽」，乃爲藏身之固。東漢諸賢，只爲名心未忘，互相標榜，致成黨錮之禍，非不慎之害與？《象》但舉「无咎」者，君子處末世，不求有功，但求無害。「譽」者，「咎」之招也。「六四」之所以「无咎」者，殆由「无譽」與？

六五，黄裳，元吉。《象》曰：「黄裳，元吉」，文在中也。「中」下與「窮」、「終」叶。

乾爲玄，坤爲黄，乾爲衣，坤爲裳，「黄」，中色。「裳」，下飾。「六五」，柔順居中，「黄裳」之象。「元吉」與大吉不同，「元吉」者，大善之吉也，蓋吉有大而未必善者矣。「文在中」與「六三含章」不同，「三」所居之位不中，「章」須「含」而不露。「五」則柔順在中，「含章」「時發」，正其時矣，故曰「元吉」。坤六爻，無君位，猶乾六爻無臣位。《程傳》謂此乃「婦人居尊位之戒」，竊恐未然。

此《小象》言「中」之始，「九五」爲剛中正，「六二」爲柔中正。此外，或言「剛中」，或言「柔中」，或言「正中」，或言「得中」，或言「以中」，或言「中行」、「中道」，皆其例也。

上六，龍戰于野，其血玄黄。《象》曰：「龍戰于野」，其道窮也。

以陰從陽，順之至也。當純陰用事時，忽然説到「龍戰」，取象大是奇特。「戰」者，逆也，順之反也。胡雲峰曰：「不言陰與陽戰，而曰『龍戰于野』，與《春秋》『王師敗績于茅戎』、『天王狩于河陽』同一書法。」干令升曰：「坤位未申之維，而氣溢酉戌之間，故曰『于野』。」王介甫云：「陰盛於陽，故與陽俱稱『龍』。陽衰於陰，故與陰俱稱

『血』。」蘇君禹云：「『其血玄黃』，直是血戰，猶言血流漂杵。」愚按，此爻變艮爲剥，陰陽相薄，「戰」之象。以寒凝之極，而微陽薄之，雖欲不戰，得乎？往戰之地，未離乎陰，而來戰之龍，已乘乎陽。「龍」當指陽，「血」當指陰。言「玄黃」者，此震一索，爲長男之候，故《大傳》云「震爲龍，爲玄黃」，此其證也。《乾·上九》曰「窮之災」，《坤·上六》曰「其道窮」，《易》窮則變，「上」是當變之爻也。

用六，利永貞。《象》曰：「用六永貞」，以大終也。

「用六」與「用九」同，説見《乾》卦。「貞」即「牝馬之貞」，「坤」德也。用「坤」之柔，則當法「坤」之「貞」，「利」在長久而「貞」固，此「用六」之道也。《象》曰「以大終」，「大」謂陽，「終」即「乃終有慶」、「无成有終」之「終」。程沙隨云：「乾以『元』爲本，所以『資始』；坤以『貞』爲本，所以『大終』。」胡仲虎云：「坤安貞變而乾，則爲『永貞』。『安』者，順而不動；『永』者，健而不息。」愚又謂，乾以「上」爲首，坤以「上」爲終。變乾「上」之陽爲陰，則陽不爲首；變坤「上」之陰爲陽，則陰以「大終」。乾以大始，而坤以大終，終不失「順承天」之意。凡窮於上者反於下，故坤變則爲復，乾變則爲姤。先儒或謂乾六爻變爲全坤，坤六爻變爲全乾，而後占「用九」、「用六」之二爻，愚亦未敢謂然。

《文言》曰：坤至柔而動也剛，至静而德方。後得主而有常，含萬物而化光。

坤道其順乎！承天而時行。叶「杭」。

「至柔」二句，《本義》謂此是「釋『牝馬之貞』」。胡雲峰曰：「《乾·文言》釋『元、亨、利、貞』，乾以君之，所主在『元』也。《坤·文言》則首釋『牝馬之貞』，坤以藏之，所主在『貞』也。」愚又按，乾卦《文言》將「元、亨、利、貞」四字一一分疏，坤卦於《彖辭》，但取「後得主」三字，其餘多作贊辭，歸重在「順承天」三字。「乾」剛「坤」柔，定體也，「坤道」固至柔矣。然「乾」之「雲行雨施」，至「坤」而生物之機，不可遏止屈撓，則又柔而能剛。「乾」動「坤」静，定體也，「坤德」固至静矣。及其承「乾」之施，陶鎔萬類，各有定形，不可移易，則又静中之方。此皆「坤」隨「乾」後，得「乾」以爲主，乃「坤道」之常也，故云「後得主而有常」，先儒以此句爲釋坤之「利」。「含弘光大」，《彖傳》所已言，此復言「含萬物而化光」，先儒云此句釋坤之「亨」。「含萬物」，貞元之交也。愚謂地之成物，不翕聚則不能發生。以草木驗之，凡果核，其仁必兩瓣，偶而屬陰，其中生意，則奇而屬陽。生意妙在能「含」，含而後能「化」，化而後有「光」。所以「含」之、「化」之者，陰也。所以爲「光」者，陽也。總之，只是順，只是「承天時行」而已。故以唱嘆結之。

蘇子瞻曰：「物非剛者能剛，惟柔者能剛。蓄而不發，其極必决。故曰『沈潛剛克』。」又云，「物圓則好動，故至静所以爲方」，亦有理解。

蔡虚齋謂：「其『動也剛』，承乾而動。」愚竊謂，坤一爻動則爲震，故曰其「動也剛」。又，據《説卦傳》：「立地之道曰柔與剛。」其静也翕，其動也闢，是地自有剛有動。但天包地外，地旋於天中，質不動而氣則動，是爲「承天」耳。「時行」者，時未至，不敢先。時既至，不敢後。正見坤道之順。

積善之家，必有餘慶；積不善之家，必有餘殃。臣弑其君，子弑其父，非一朝一夕之故，其所由來者漸矣，由辨之不早辨也。《易》曰：「履霜，堅冰至」，蓋言順也。「慶」，叶平聲。

《乾·文言》：「元者，善之長。」坤則兼善不善言之。善惡之「積」，其初由於一身，不曰「身」而曰「家」者，家之中不止一人也。吕伯恭云：「胸中有容著善處，善自然積；胸中無容著惡處，不善自然不積。」愚竊謂本節「積」字、「漸」字、「順」字，理解相通。「積善之家」，子順其父，妻順其夫，以陰順陽者也。「積不善之家」，父順其子，夫順其妻，以陽順陰者也。同一順也，以「漸」而「積」，善不善遂分焉。是不可不辨，辨之早，則「積善」而有「餘慶」；辨之不早，則「積不善」而有「餘殃」。上文兼言善不善，下獨言「弑父」、「弑君」者，非惡其順，惡其順乎陰也。夫子目擊春秋時事，故於坤初爻發之。「蓋言順也」，「順」字，《本義》云「當作慎」。按，《小象》於「六四」，一則曰「慎不害」，再則曰「蓋言謹矣」。此處只當作「順」,《經》文未必訛也。「順」者,積漸使然,非一朝一夕之故,即所謂「馴致其道」。呂伯恭所云「大凡惡念,最不可順他」,得其解矣。

直,其正也;方,其義也。君子敬以直内,義以方外,敬義立而德不孤。「直方大,不習无不利」,則不疑其所行也。

《爻辭》曰「直」,曰「方」,本自明白,夫子恐人以率意徑行爲直,故復申釋之曰,「直」者,心無私曲,所謂正也。恐人以拘攣固執爲方,故復申釋之曰,「方」者,處置合宜,所謂義也。兩「其」字,乃推原周公之意如此,「敬」、「義」二字,即「直方」之注脚。「敬」以養其「直」於内,「義」以行其「方」於外。内「直」則旁引不得,外「方」則移易不得。内外交養,表裏相資,則「德不孤」矣。何大如之? 何不利之有? 「不疑所行」,與乾「可見之行」義同,皆成德之事,非勉强而行者。朱子有云,「立吾心於不疑之地,然後若决江河,以利吾往」,即其解也。

李子思曰:「《乾·九三》言『誠』,《坤·六二》言『敬』。誠敬者,乾、坤之别也。後儒言誠敬之學,本於此。《乾·九二》言『仁』,《坤·六二》言『義』。仁義者,陰陽之辨也。後儒論仁義之用,本諸此。」

陰雖有美,含之以從王事,弗敢成也。地道也,妻道也,臣道也。地道无成,而

代有終也。

臣子雖有才美，含藏而不自表暴，以之「從王事」，非才不足而不能有「成」，乃分所「弗敢」也。試看地出雲爲雨，起氣爲風，而必上之於天，地道之當然也。妻道、臣道，何獨不然？地道以承天爲順，故無專「成」，「代有終」者，乾始能以「美利利天下」，坤承其後而「終」之，則地之所以「有終」者，乃「代」天而有其「終」也。

天地變化，草木蕃。天地閉，賢人隱。《易》曰：「括囊，无咎无譽」，蓋言謹也。

「天地變化」二句，乃引起下文之辭。上二句，言草木而不言賢人；下二句，言賢人而不言草木，互文也。「草木蕃」，《召南序》所謂「朝廷既治」、「庶類蕃殖」是也。「賢人隱」，《洪範傳》所謂「百穀不成，俊民用微」是也。坤本陰卦，「六四」以陰居陰，不中不正，天地閉塞之象。賢人當此，身將隱矣，焉用文之？故必「无咎」而又「无譽」，所謂慎密而不出也。吕東萊曰：「人與天地萬物同是一氣，『泰』則見，『否』則隱，猶春生秋落，氣至則應。衆人强自隔絶，故與天地之氣不相通。氣至而覺者，賢人而已。」愚竊謂陰遇陽則爲泰，陽遇陰則爲否，陰遇陰則曰「閉」，天地閉塞時，賢人之見幾獨早，其「隱」與龍德同。不曰「聖人」曰「賢人」者，聖人遯世因乎天，賢人避世因乎地也。「賢人」是開闢啓鑰之人，亦是扃户逃名之人。聖人不然，闢則爲乾，闔則爲坤矣。

君子黄中通理，正位居體。美在其中，而暢於四支，發於事業，美之至也。

愚按，此節極贊中德之妙。「黄中」者，「文在中」也。有諸中而應乎外，則爲「通」。應乎外而得其當，則爲「理」。「正位」謂「五」之位，「居體」謂「六」之體，雖居尊位，而以下體自居。「美在其中」，自然英華外發。「暢於四支」者，日新之德，四體不言而喻也。凡其發揮於事業，無一非臣道所當爲，而不嫌其僭。「坤德」之至，合「乾」之大，故曰「美之至也」。如周公相成王，而制禮作樂，此足以當之。

陰疑於陽必戰，爲其嫌於无陽也，故稱龍焉。猶未離其類也，故稱血焉。夫玄黄者，天地之雜也。天玄而地黄。

愚按，全卦多是以陰從陽。到末節，大發扶陽抑陰之義，一部《易經》本旨也。陰豈宜與陽敵？夫子於「上六」《爻辭》闡透周公之意，開口便説「陰疑於陽」，蓋坤自「西南得朋」至此，陰氣極盛，目中幾「无陽」矣。其與「陽戰」，乃勢所必然。周公嫌其目中「无陽」也，故獨稱「龍戰」。若曰陰犯順，而龍與之戰，以討陰之義與陽，不許陰爲敵也。然陽雖「稱龍」，而陰猶未離其類。論理，陰雖盛必傷。論勢，陽孤亦必見傷。遂成兩敗俱傷之象。於斯時也，忠臣義士，剖肝而露膽；庸夫豎子，駢首而就戮。不辨風塵，焉知天地？周公獨云「其血玄黄」者，「血」，陰物也，見得陰恃其類，而敢與「陽戰」，咎不在陽可知。夫曰「玄黄」，則天地之色，幾乎「雜」矣。殊不知「天玄而地黄」者，兩間之定分也。陰其可雜陽乎？觀象玩辭，直無一字虚設。季彭山云：「當陰陽有定位之時，天玄地黄。今陰陽相雜，猶理欲未明也。故曰其血玄黄。」於《經》文虚字，似尚欠理會。

愚按，聖人於乾六爻，極著陽德之盛，始終無異象。於坤六爻，微防陰勢之漸，各因其德、位之當否，以斷其「利」「咎」，與六十二卦例略同，而不同於乾卦。其於乾同者，《文言》耳。蓋天地間只有陰陽二氣，乾居其「大」，坤居其「至」，故亦反覆申釋之。但《乾·文言》凡兩釋「用九」，坤卦於「用六」一爻，略而不釋，蓋義已盡於《彖傳》、爻《象》中矣。

周易玩辭集解卷第二

海寧後學查慎行

䷂震下坎上

屯：元、亨、利、貞。勿用有攸往，利建侯。

楊誠齋曰：「氣始交未暢曰『屯』，物勾萌未舒曰『屯』，世多難未泰曰『屯』。」張待軒曰：「乾、坤之後，繼之以屯。冰霜甫消，戰血已盡，龍起雲興，萬物逡逡然將春矣，故謂之屯。」愚按，屯之時，天地初闢，元氣未漓。震、坎二男起而用事，非具天德，何以濟「屯」？故亦以「元亨利貞」歸之。「勿用有攸往」，便是「貞」處，「利貞」二字，似是戒辭。「利建侯」者，言更無他事，只願聖人早即大位，便可濟世安民也。《程傳》謂「屯難之世，當建侯以自輔」。《本義》云：「利建以爲侯。」楊龜山云：「使人各有主，而天下定。」王伯厚云：「封建與天地並立，一旅復夏，共和存周，封建之效也。」愚竊謂，卦之主爻在「初九」，震爲長子，帝出乎震，「侯」即帝也。《注疏》所云「得主則定」是已。自民心言，則涣散無主，利「初九」之爲君。自「初九」言，則事業方新，利樹人以廣助，必兼此二者，「建侯」之義始備。

《彖》曰：屯，剛柔始交而難生。動乎險中，大亨貞。雷雨之動滿盈，天造草昧。宜建侯而不寧。「難」，去聲。

乾、坤二卦，贊辭皆言「陰陽」，自《屯》以下，皆言「剛柔」。乾坤，陰陽未交也。剛柔之交，自震「初」、「二」兩畫始。坎在上，險體也，故曰「難生」。震在下，動體也，故曰「動乎險中」。「動」，未便能出險之外，只在「中」而能「動」，便見出險之才，故曰「大亨貞」。「雷雨滿盈」，又從上「動」字説來，蓋水在雷上，一滴不漏，此時山川震盪，日月晦暝，若天别造一草昧世界者。聖賢處此，正當審時觀變，未可輕動。《卦辭》云「勿用有攸往」，夫子却將此句略過，重在「利建侯」，不言「利」而言「宜」者，當「屯」時，「建侯」所以慰群望，人情皆以爲「宜」，非一己之「利」也。「不寧」，謂王者心不自安，亦從「動」字來。「不寧」之心，即起於「勿用攸往」之日，其始不輕「動」者，其後決不自安於小成也。此夫子發文王未盡之意。一説，「難」，讀平聲，險在下，震從上「動」，「動」之易，故爲解。險在上，震從下「動」，「動」之難，故爲屯。亦是一解。

《象》曰：雲雷屯，君子以經綸。

《象傳》言其磅礴之勢，則曰「雷雨」；《大象》摹其經營之意，則曰「雲雷」。坎在上體，故言「雲雷」，而不言水。水氣方上騰，猶未爲雨也。卦之名「屯」以此。需卦坎居上體，亦曰「雲」。蒙卦坎在下體，則曰「泉」，可以義推。「君子以經綸」者，徹始徹終，通盤打算，不在雨勢滂沱之後，而在精神停蓄之時，如雷之斂而未發，如雲之聚而未散，方是取象於「屯」，一雨即爲雷水解矣。

初九，磐桓，利居貞，利建侯。《象》曰：雖磐桓，志行正也。以貴下賤，大得民也。

「磐桓」，持重不輕動之義，人多作「盤旋」解。張横渠則云：「『磐桓』，猶言柱石。」按，《字書》：「磐，大石。桓，柱也。」「初」爲屯主爻，如全卦之柱石。於義亦通。所云「利建侯」者，即其人矣。「利居貞」即「勿用攸往」之義。「貞」者，正也。以剛居剛，得位之正，雖持重而不輕動，乃其志則在濟世安民，欲以行正也。《象傳》、《小象》凡六十五「志」字，於此爻發之。「初」以一陽居二陰之下，故曰「以貴下賤」，即「行正」之實際處。凡巖穴之士，煢獨之人，無一不延攬，無一不矜恤，有不大得民心者乎？「得民」，乃「建侯」之根本。夫子於《爻辭》，只釋「磐桓」二字，餘皆發周公未盡之意，《小象》之變例也。午亭陳氏曰：「天下大勢决於民而已，『初』能『大得民』，宜爲成卦之主也。」胡雲峰曰：「乾、坤初爻提出『陰陽』二字，此則以陽爲貴，陰爲賤；陽爲君，陰爲民，尊陽之義嚴矣。」

六二，屯如，邅如，乘馬班如，匪寇，婚媾。女子貞，不字，十年乃字。《象》曰：**六二之難，乘剛也。「十年乃字」，反常也。**

《易簡録》曰：「陽動而上，『雲雷』則『屯』矣。陰乘於陽，不交而乘矣，『乘剛』始此。剛不是論德，只據『二』所乘之位言之。」愚竊按，「二」與「初」，所謂「剛柔始交」者，正應在「五」，而近與「初」比，志在從「五」，而内忌於「初」。曰「屯」「邅」，曰「寇」，皆「難」生之象。夫「初」爲卦主，本非「寇」也，乃求「二」爲「婚媾」耳，此人情之難却者。而「二」守貞不許，知有「五」而已。「不字」者，不字於「初」。「乃字」者，終字於「五」，至於「十年」，而後復其陰陽相應之常道。「二」之「屯」「邅」如此。又按，「二」、「四」、「上」三陰爻，「二」取震「馬」，「四」與「上」取坎「馬」，「二、四、上」俱言「班如」，「二」獨多「屯」「邅」者，只爲以柔乘剛，故遇始交之難。「屯如」，以時言，塞而未通也。「邅如」，遲回不前之象。「班如」，分布不進之象。

六三，即鹿无虞，惟入于林中。君子幾，不如舍，往吝。《象》曰：**「即鹿无**

虞」，以從禽也。君子舍之，「往吝」句。**窮也。**

張彦陵云：「『六三』，躁進者也。」愚謂凡陰必資陽以有爲，君子志在濟世，須得人相助。「六三」，陰居陽位，才弱志剛，「即鹿无虞」之象。在二陰之中，「入于林中」之象，群雄逐鹿，上有「五」，而下有「初」，識時務者見幾則當舍，昧事機者「往吝」必致「窮」。《爻》曰「不如舍」，猶有斟酌之意。《象》曰「舍之」，直是決去之詞，更不必商量矣。《周易舉正》云：「『以從禽也』，『以』字上當增『何』字。」愚竊按，凡獵者，必用虞人，設驅逆之車，使禽趨田，然後有獲。「即鹿无虞」，而可以「從禽」乎？「以從禽也」，大似調笑語，不直言其事之無成，而無成之意，隱然言外。若增一「何」字，便非活句矣。

六四，乘馬班如，求婚媾。往吉，无不利。《象》曰：求而往，明也。

先儒多謂「四」以陰輔「五」，才不足濟「屯」，故下求正應之「初」，與之俱往。愚竊謂「初」方求賢共濟，「四」又近君，新舊從違之間，進退未決，故有「乘馬班如」之象。「求婚媾」者，非「四」往求「初」，乃是「初」來求「四」，所謂「以貴下賤」也。以卦言，自内之外爲「往」，自外之内爲「來」。以爻言，則我之人爲「往」，人之我爲「來」。「四」必待「初」來求而後往者。「二」下「初」爲「婚媾」，非正應，故「不字」。「四」下「初」爲「婚媾」，正應也，故「往吉」。《小象》贊之以「明」，見得觀時識變，内度之己，外度之人，非明哲者不能也。

九五，屯其膏，小貞吉，大貞凶。《象》曰：「屯其膏」，施未光也。

此爻先儒詮釋不甚明析。愚竊取其義而詳説之。蓋《易》道莫重於中正，「五」居中處正，本有德有位者。但在坎中，一陽爲二陰所掩。坎爲雨，故有「屯膏」之象。《詩》：「芃芃黍苗，陰雨膏之。」今曰「屯膏」，則不能霖雨天下可知。「初」震體，動而得時。「五」坎體，陷則失勢。蓋事權在「初」，「五」但有位而已。夫人主之財，當與天下共之。在無事時，謹身節用，不失爲「小貞」之「吉」。時方「屯」難，待澤者多，顧乃恩不下逮，如有司出納之吝，非「大貞凶」乎？所謂「可小事不可大事」者也。按，《周禮·小宗伯之職》：「若國大貞，則奉玉帛以詔號。」《大卜》注云：「大貞，大事求正於龜也。」「貞」字，亦釋作「事」字。《象》置「吉凶」於勿論，特原其情，曰「施未光」，以「五」爲重陰所掩，雖有恩施，而未能光大，與厚藏吝嗇者不同。

上六，乘馬班如，泣血漣如。《象》曰：「泣血漣如」，何可長也！

呂伯恭曰：「『屯』極則當通。『上』，正是一機會。然以陰柔居之，雖欲有爲，而才不足，徒爲無益之泣而已。」愚又謂，「二」，「乘馬」以應「五」也。「四」「乘馬」，往而應「初」之求也。「上」居屯極，陰柔無應。「乘馬」將安往乎？坎爲血卦，「泣血」之象。

劈頭難到底，迅雷轟霆，動於坎下，「四」之所媾，爲彌天之雨。「上」之所泣，爲盈坎之血。當此之時，不能變「屯」爲治，則入於亂亡而已。曰「何可長」，猶云「豈是久計」，要人思「可長」之道也。卓去病曰：「『上』勢窮力弱，有心『泣血』，無力回天。蓋遺老孤臣，如漢末楊彪以司徒擁大位，至不能庇其子，求長久之計而不可得者也。」

愚按，自屯至比六卦，皆有坎，聖人防危虞險之微意。

又按，六十四卦，上經除乾、坤、頤、大過、坎、離六卦，下經除中孚、小過二卦，無反對外，自屯、蒙至既濟、未濟，凡五十六卦，《象傳》多從反對二卦，發剛柔互易之義而已。觀《雜卦傳》，兩兩對舉，其義昭然。至京房、虞翻輩，推而衍之，極六十四卦之變，遂成四千九十六卦。雖《易》道之大，變化無方，而由其説，竊恐流爲小知小數，無關於大源大本，故是編於諸家言卦變者，間采一二，即《本義》所釋十九卦云「某爻自某卦來」，亦未敢據爲定論。即如屯，可云自坎來，「初」、「二」兩爻互易而成震；亦可云自震來，「四」、「五」兩爻互易而爲坎；亦可云自觀來，「初」、「上」兩爻互易而爲屯；亦可云自萃來，「初」、「四」兩爻互易而爲屯。莫不有卦變在其中，餘可類推。聖人所不言者，似不必多生枝節也。

䷃坎下艮上

蒙：亨。匪我求童蒙，童蒙求我。初筮告，再三瀆，瀆則不告。利貞。「告」，入聲，下同。

《序卦傳》：「蒙，昧也，不明之義。」〔一〕愚按，凡物之被掩蔽者，謂之「蒙」。如鏡之蒙垢，目之蒙瞖。而其本體之明自在。「亨」，乃蒙之本體，下是養蒙之道。先儒謂屯、蒙二卦反對，屯取「建侯」之義，作之君也；蒙取「求我」之義，作之師也。愚又按，震變艮，爲少男「童蒙」象，「蒙」而曰「童」，天性未漓，爲教易入，故「亨」。《本義》謂「『亨』以下，皆占辭。『筮』者明，則人當求我，而『亨』在人。『筮』者暗，則我當求人，而『亨』在我」。愚竊謂，「匪我求童蒙」，即「不憤不啓，不悱不發」之謂。此其義，如「筮」者之揲蓍，「初筮」必「告」，由其一念之誠「求」也，至再至三，則煩「瀆」矣。「不告」者，問此而答彼之謂。「筮」字，借作「求」字影子，不必主卜筮言。兩「我」字，皆指「九二」。「童蒙」指「六五」。「五」來求「二」，「二」爲卦主，故曰「我」。「利貞」者，教之以正也。

〔一〕按，此條引文不見於《序卦傳》。

《彖》曰：蒙，山下有險，險而止，蒙。「蒙，亨」，以亨行時中也。「匪我求童蒙，童蒙求我」，志應也。「初筮告」，以剛中也。「再三瀆，瀆則不告」，瀆蒙也。蒙以養正，聖功也。

蒙之所以不終「蒙」者，自有可「亨」之道。以「險而止」，必以「亨」而「行」。「行」則「亨」，不行則「止」，「行」對「止」説。時止則止，時行則行，便是「時中」，兼指二、五兩爻。「五」爲「蒙童」，「二」則「養蒙」者。非「亨行」，必不能以正養。非「時中」，必不能及其蒙而養，下文多是「以亨行時中」處。「時中」二字，乃「聖功」張本。《京氏傳》云：「蒙自觀來，『志應』者『二』、『五』，蓋往來之爻，故有相求之象。」吕伯恭云：「教者，雖不先求學者，自有樂育精神，感發來學處。此無以感之，彼安得而應之？應生於感也。」愚按，此諸卦言「應」之始。「剛中」專指「二」，「告」字從「應」字來。洪鐘在懸，隨叩隨應，「初筮」所以「告」也。「再三」之「瀆」，似是「蒙」來「瀆」發蒙者。何以云「瀆蒙」？吕伯恭曰：「至理不容擬議，一言之下，便當領會。苟未領解，吾置而『不告』，彼雖未達，其胸中天理固完然不動，若再三告之，則彼將入於擬議測度，反『瀆』其天真矣。瀆童之義如此。然所云『不告』者，非棄之也，乃養之耳。即《孟子》『養不中，養不才』之義。『蒙』自有其良知良能，所謂正也。從渾沌立根基，不使鑿竅，入聖之功由此。不曰『正以養蒙』，而曰『蒙以養正』，張子所云『使蒙不失其正，教者之功也』。」

《象》曰：山下出泉，蒙。君子以果行育德。「行」，去聲。

真西山曰：「艮之象山，其德止也。山惟静止，故泉之出者無窮，有止而後有行也。」吴草廬曰：「童蒙，猶山麓初出之泉，汩之則清者渾，閼之則通者塞。養之，導之，而後可。『果行』者，導之之方，『育德』者，養之之方。」愚按，蒙養在初，猶泉之始達。故不曰「水」，而曰「泉」，周子所云「静而清也」。蓋坎爲流水，「泉」者其源也。泉之流或濁，其源未有不清者。猶物欲乃後來之蔽，性未有不善者，蓄其源使常清，所貴「果行育德」之功。「果行」者，體坎之剛中，以果決其行。「育德」者，體艮之静止，以涵育其德也。

初六，發蒙，利用刑人，用説桎梏，以往吝。《象》曰：「利用刑人」，以正法也。「説」與「脱」同。

《程傳》謂「去昏蒙之桎梏」，《本義》謂「痛懲而暫捨」，楊龜山謂「脱桎梏而聽之往」，似皆非《爻辭》正解。愚竊謂，蒙在初，不可無以發之，如昆蟲伏地，遇蟄則出，有開豁警動之意。「初」近「二」，中爻互震，凡《易》言「用刑」者，必有「震」象。「刑」即《書》之「扑作教刑」、《禮》之「夏楚收威」是已。《漢書·刑法志》：「械在手曰梏」，「在足曰桎」。立教之始，「利用刑人」，然以爲「蒙童」而「發」之，非以爲罪人而「桎梏」之也。其或束縛過嚴，學者將苦難而不知益，如刑人而加以「桎梏」矣。所貴敷教在寬，藏修游息。使其手足有所措，則心思當日開。故又取「用説桎梏」之象。若一味任嚴，以「往」則有「吝」矣，以見立教當寬嚴相濟之意。朱子嘗云，「教導後進，須是嚴毅，然須有以開發之方得」，此正解也。楊敬仲曰：「知有陷阱，心亦有桎梏，或錮於聞見，或拘於私意，真明不得出矣。此心之『桎梏』也，故利用以説其桎梏也。」湛甘泉曰：「治『蒙』之初，非用教刑，則無以儆其惰，破其愚。所以然者，使『蒙』不至於終『蒙』，終『蒙』則過惡之甚，至受『桎梏』之刑矣。故『初』之『用刑』，用以脱其『桎梏』之罪也。」兩「用」字有著落，此解亦得。愚又按，鍾維新《讀易抄》曰：「『蒙』『初』有師道焉，非『用刑』者也，當如《詩》之『刑于』。『正法』正之以身法也，以正爲法，『桎梏』自脱，所謂名教中有樂地也。」此解更深一層。項平甫云：「『發』之於初者，『正法』示之而有餘；『擊』之於終者，干戈禦之而不足。」合「初」、「上」兩爻看，教「蒙」之義盡矣。

九二，包蒙，吉。納婦，吉。子克家。《象》曰：「子克家」，剛柔接也。

一陽居中，乃治「蒙」之主。中以上則過，中以下則不及。「童蒙」之質，精神未完，血氣未定，治之稍過、不及，俱失其時。故周子説蒙之義曰「慎哉惟時中」，「二」之能

「包蒙」，以剛中也。凡《易》之道，以陽包陰，以君子包小人。蒙曰「包蒙」，泰曰「包荒」，姤曰「包魚」，皆在「九二」。「包蒙」，有家庭容納之義，故取象於「婦」。「子」自「初」至此，童年已長，可以授室矣，故曰「納婦」。可以總家政矣，故曰「子克家」。「剛」者，九也，「子」也。「柔」者，「二」也，婦也，故曰「剛柔接」。以一室言，爲夫唱婦隨，父作子述。推之朝廷，則《周禮》嬪御、膳夫、庖人，統於冢宰，皆是也。《本義》以「剛柔接」爲「二、五之應」，細看來，本爻已具此義。

六三，勿用取女，見金夫，不有躬，无攸利。《象》曰：「勿用取女」，行不順也。

「取」，去聲。

「三」與「上」本正應，但以陰居陽而不中，又近比於「九二」。女子之柔而多欲者也，「二」雖以「納婦」爲吉，此則戒其「勿取」，嫌其遠正應而近相比也。「不有躬」，由於「見金夫」，病在「見」字，見利則忘身矣。「二」剛中，「金夫」之象，凡剛居二爻者，多稱「金」。姤「初」之「金柅」，困四之「金車」，皆指「二」。此「金夫」，亦當指「九二」無疑。《孔疏》謂指「上九」，似非。「三」往從上，於行爲「順」，今舍上而下比於「二」，《小象》所以云「行不順」。《本義》「『順』字當作『慎』」，與《坤・文言》略同，又引《荀子》「順墨」作「慎墨」。按，「術順墨而精雜汙」，語出《修身》篇，其義本難曉，不知朱子何以援此爲證。愚竊謂經文未必屢訛也。蘇紫溪曰：「蒙卦凡三言『順』，『五』之順在『從人』，『上』之順在『禦寇』。若爲利欲所誘，則本性之拂逆多矣。赤子之心，『順』乎性者也。利欲之誘，逆乎性者也。」只就「順」字作解爲得。

六四，困蒙，吝。《象》曰：困蒙之吝，獨遠實也。

《本義》以「遠於陽，而無正應，爲困象」是已。愚又按，「六四」以陰居陰，質既昏闇，又無賢父兄師友之助者。内有「九二」爲父兄，而隔於「三」，則「包」之所不及；外有「上九」爲師友，而隔於「五」，則「擊」之所不加。孑然處於晦昧之地，「困」而不學，終於下愚而已，可羞孰甚焉？陽實陰虚，本卦陰爻多比陽，惟「四」比應皆陰，故曰「獨遠實」，非「實」之遠「四」，「四」自遠「實」也。

六五，童蒙，吉。《象》曰：童蒙之吉，順以巽也。

此「求我」之「童蒙」也。艮爲少男，「童」象。「五」居尊，而下順於「二」。楊誠齋以高宗學於傅説、武王訪於箕子證之。愚謂「五」之受教於「二」，能以「童蒙」自居，如太甲之於伊尹，成王之於周公，不啻子承父命者然。《書》曰：「復子明辟。」直謂之子可也。以子承父，而何不「順以巽」乎，「順」者善受，「巽」者善入，皆「童蒙」之德也。若「順」而不「巽」，則悦而不懌，從而不改矣！夫子補《爻辭》所未言。

愚又按，六十四卦中，六居五、九居二者，凡十六卦，而十五卦皆吉，謂人君柔中虚己，而任剛中之臣，其臣亦以剛中之德應之也。於蒙卦首發其例。陸君啓曰：「蒙之君，願爲賢者童；泰之君，願爲賢者婦，尊賢之義隆矣。」

上九，擊蒙，不利爲寇，利禦寇。《象》曰：利用禦寇，上下順也。

《本義》：「治蒙過剛，爲『擊』象，攻治太深，則必反爲之害。」與《小象》「上下順」其義難合。愚竊謂「上」之所「擊」者，「三」也。「三」雖與「上」正應，而陰柔不中不正，又居艮止、坎陷之交。「三」既以「二」爲夫，自「上」視之，則「爲寇」矣，故曰「擊」，此遠不相得者也。坎爲盜寇之象。「擊蒙」有二義，治之太過，則激而「爲寇」；因其來而禦之，則可以止寇。「爲寇」者不利，則利在「禦寇」者矣。艮爲閽寺，守禦之象。「禦寇」者，上也。胡雲峰曰：「『上』之剛不爲寇而止寇，是上能順下；『三』之『蒙』因其『禦』而不爲『寇』，是下能順上。」得其解已。

愚又謂，本卦陰爻皆「蒙」，「二」剛而居中，「包蒙」所以養其善，「上」剛而過中；「擊蒙」所以懲其惡，「初」之「用刑」，防寇於早也。「上」之用「擊」，持法於終也。

《象數論》曰：「『初六』乃立教之方，『九二』陽爻，師象；三、四、五爻皆陰，弟子象；『六三』以陰居陽，『坎』性趨下。『見金夫，不有躬』，『蒙』之見誘於利欲者。『勿用取女』，有不屑教誨之意焉。『六四』，困而不學者也。『六五』與『二』正應，順以受教，故以『童蒙之吉』與之。『上九』，陽剛居終，有衛道之力者也。凡異端曲學，足以惑『蒙童』之聞見者，皆『寇』也。『不利爲寇』而『利用禦』，往者不追，來者不拒。歸斯受之而已矣。」

蘇君禹曰：「乾坤初闢，即有屯蒙。屯則未舒，蒙則未覺。其洪荒時乎？唐、虞以後，智識漸開，私欲之誘，甚於『金夫』；意見之障，甚於『桎梏』；名利之竊，引寇而攻其外；道德之竊，引寇而攻其中；有如水之潰決，而莫之止也。夫水之源，澄之也易；水之流，塞之也難。故『初』言『發』，不過開闢啓鑰之功。『二』言『包』，猶有含垢匿瑕之度。『上』曰『擊』，則有移山壓卵之勢矣。要學者求其在我，得其初心，則夜氣之動，即爲仁義。孩提之知，即爲堯舜。『困』可通，『婦』可納，又何『桎梏』寇盜之足慮哉？」

☵☰乾下坎上

需：有孚，光亨，貞吉，利涉大川。

愚按，坎在上體者，凡七卦。聖人於屯、蹇取濟險之功，多是時會既至、經綸斡旋之事。若時會未至以前，須有一段忍耐工夫，需是也。「需」，亦造化自然之候，時方險難，不得不待者也。然往往陰柔者患不能出，陽剛者患不能「需」。卦體乾内而坎外，卦德妙在「有孚」。「二」、「五」，剛中充實，「有孚」之象。中爻互離，欲速見小，蔽他不得光之象。外卦坎，爲通亨之象。八卦正位，坎在五，剛中正貞之象。「貞」則不妄動以犯險，自然得「吉」。合二體，險在前，陽剛臨之，「利涉大川」之象。末句兼指内卦三陽，而援三陽以出險者，「九五」之功也。

《彖》曰：需，須也，險在前也。剛健而不陷，其義不困窮矣。「需，有孚，光亨，貞吉」，位乎天位，以正中也。「利涉大川」，往有功也。

「須」，即《詩》「卬須我友」之義。《彖辭》言「利涉大川」者，凡七，惟需、涣二卦有坎體。涣「坎」在内卦，故曰「乘木有功」。需「坎」在外卦，故曰「險在前」。内卦三陽，以健體居坎下，喜其能「需」，故「剛健而不陷」，非由剛健故不陷也。天下事，躁進者每多阻，今遇險能須，故「其義不困窮」。外卦一陽居坎中而得位，凡人阻於勢而不得不「需」。「九五」位乎天位，勢無所阻，由其陽剛中正，故能鎮静俟時，養其全力。「險在前」而「需」，則往非冒險；在險中而「需」，則可援諸陽以出險，此其所以「往有功」。

《象》曰：雲上于天，需。君子以飲食宴樂。

屯、需，《大象》皆不言水，而言「雲」，遇雷則爲屯，取滿盈之象。上天則爲需，取悠揚之象。舒卷不迫，要見與迅雷疾風不同。何以不言雨？雨是已下之象，無須待意矣。凡人利害得失，迫於其中，一飲一食，俱不自適。能「需」者不然，從容暇裕，如浮雲太虚，盡其在我，聽其在天，故於「飲食」之中，得「宴樂」之道也。身安曰「宴」，心恬曰「樂」。

初九，需于郊，利用恒，无咎。《象》曰：「需于郊」，不犯難行也。「利用恒，无咎」，未失常也。「難」，去聲。

國外曰「郊」。「初」猶未近險，「需于郊」之象。同人以象「上九」，去火遠者也；需以象「初九」，去水遠者也。需在「初」，爲時最早，恐其歷久而變，故戒以「利用恒」。「恒」者，常道也。蓋乾剛之性，一往無前，每每犯難而行，失需之常道。今在「郊」能「需」，則無是患矣。《小象》「不」字、「未」字，皆釋「无咎」，而「需」之義即在其中，所以堅「用恒」者之心也。

朱啓莊曰：「凡言『郊』者，多由主爻取象。同人以『二』爲主，『上』去『二』遠，故『上』爲『郊』。需以『五』爲主，『初』去『五』遠，故『初』爲『郊』。同人由近而遠，需由遠而近，所以處險者，正在此。『郊』者蕭然閒曠，却步步蹈實地。沙在水中，灑灑脱脱，不濡首塗足，泥則沾濡污穢，大費手脚矣。」

九二，需于沙，小有言，終吉。《象》曰：「需于沙」，衍在中也。雖「小有言」，以吉終也。

「二」則漸近於險矣，「沙」在水中，尚無沾泥塗體之患，故取象於此。「初」可以遠害，而不可以濟時，「三」則逼險而「致寇」。惟「二」進不於「泥」，退不於「郊」，正在或遠或近之間，所以未免「小有言」者。「初」則言其不能退而遠避，「三」則言其不能進而有爲。於此之時，能不爲群言所惑，從容以俟，由其剛中之德也。《説文》：「衍，水朝宗於海也。」「衍在中」，即從「沙」字取義。此爻即乾之「九二」，「衍」字即「寬以居之」之義。此心寬然，無入而不自得，人言何足惜哉？以其中而不正，故「小有言」；以其「衍在中」，故「終吉」。

九三，需于泥，致寇至。《象》曰：「需于泥」，災在外也。自我致寇，敬慎不敗也。

「三」居内卦之上，與坎切近，爲「泥」象。自「郊」而「沙」而「泥」，「三」之時位適然，於「三」何尤而致寇？愚竊謂，「三」之病，在過剛不中，不能静待，所以「致寇至」。「寇自我致」，則「三」不得辭其咎矣。《象》乃爲之謀曰，幸其「災」尚在外卦也，「自我致寇」，故「寇至」。我不「致寇」，則寇斯不至。其道在「敬慎」而已。何謂「敬慎」？

「需」是也。本爻即乾之「九三」，「乾乾惕若」即「敬慎」之義。「不敗」者，謂當自處於不陷之地，非與寇争勝也。曰「難」，曰「寇」，曰「災」，皆從「險在前」説來。「敬」字從「上六」爻《爻辭》來。

六四，需于血，出自穴。《象》曰：「需于血」，順以聽也。

先儒釋此爻者，多以「血」爲殺傷之象。愚竊謂，坎之爲險者，在「六四」一爻，三陽方進，而「四」扼其前，卦體本以乾需坎，坎非需乾者也。「四」何以亦稱「需」？蓋以三陽從容鎮定，無隙可乘。「九五」陽剛中正，與爲近比。「四」之柔順得正，亦非與陽爲難者，故取「需于血」之象。「血」陰屬，循分以自安也。坎爲隱伏，穴象，中爻互離，離中虚，出「穴」象。「出自穴」者，若離其所處之安，以爲三陽彙征之路。「順以聽」，順於「五」以聽陽之進也。有「四」之「出穴」，而後有「上」之「入穴」。有「四」之「順聽」，而後「上」有「三人之來」。「需于血」之妙用如此，絶無相拒見傷之義。凡解《爻辭》者，須細玩《小象》，若以「血」爲陰陽相傷，則既受傷矣，何以「需」爲？與夫子「順聽」之旨不幾相悖乎？項平甫解此爻，亦不取陰爲陽所傷之説，竊從其解而極論之。

九五，需于酒食，貞吉。《象》曰：「酒食，貞吉」，以中正也。

坎居八卦正位，「五」爲卦之主爻，所謂「位乎天位以正中」者也。下三陽恃其「有孚」，故堅忍以「需之」。「五」爲主人，位乎「中正」，具「酒食」以待客，式飲式食，共釋險難之憂，而享安養之福，此其所以「貞吉」也。凡卦中有坎者，《爻辭》多取「酒食」之象。《坎·六四》「尊酒簋貳」、《困·九二》「困于酒食」是已。《彖傳》倒轉以叶韻云「正中」。《小象》所云「中正」即「正中」也，與《乾·九三》「龍德而正中」不同。

上六，入于穴，有不速之客三人來，敬之終吉。《象》曰：「不速之客」來，「敬之終吉」，雖不當位，未大失也。「當」，去聲。

愚按，「四」、「上」兩陰爻，皆取「穴」義，而「出」「入」不同。「四」之「穴」在三陽之前，以退避爲義；「上」之「穴」在三陽之外，以守己爲義。此爻即坎卦之上爻也。在坎爲「寘棘」之象，在需爲「入穴」之象。坎「上」無應而此有應，故彼以「三歲不得」爲「凶」，此則以「三人之來」爲「吉」。「三人」，指内卦三陽也。自陽呼陰曰「寇」，自陰稱陽曰「客」。「五」爲卦主，三陽本「五」之客，因「上」與「九三」正應，故「三」率其同體而來，出於「上」之意外，故曰「不速」，謂不召而自來也。「雖不當位，未大失」者，言能敬，則雖「不當位」，亦「未大失」，況「上」之當位者乎？曰「終吉」，則食報尚屬有待，到底不脱「需」之義也。

愚又按，處險難之時，著一點躁急之心不得，惟知其爲險，或遠或近，必先置身事外，乃可徐往而有功，所以需六爻皆無凶咎。申屠蟠絶迹於梁、碭，標榜所不加，「初」之「需于郊」也。郭林宗周旋京師，亦不及難，「二」之「需于沙」也。陳仲弓委蛇宦寺之間，卒能保身，「三」之「需于泥」也。内三爻似之。太王去邠遷岐，以「出穴」爲「需」者也。武王遵養時晦，以「酒食」爲「需」者也。勾踐棲於會稽，以「入穴」爲「需」者也。外三爻似之。

汪潛谷曰：「需、訟、坎，乾合以有事。需險在乾外，訟險在乾内，學者到得全體『乾』健，一團天理在我矣。纔學步須知『需』，寇不在外，所以防從欲之危。纔動念須知『訟』，褫亦不在外，所以貴克己之勇。」

䷅坎下乾上

訟：有孚、窒、惕、中，吉。終凶。利見大人，不利涉大川。

以「訟」名卦，只是要人無訟。文王就人一點好勝之念去開示他，分别箇「吉」「凶」，使知所趨避。《彖辭》二「惕」字，隱然有内自訟之意。訟與需反對，《卦辭》皆曰「有孚」。顧需之坎在外，爲「光」，爲「亨」；訟之坎在内，爲「窒」，爲「惕」。蓋能安其分則爲需，不安其分則爲訟。所以二「利涉大川」，二「不利涉大川」。「訟」者，好剛而爲血氣所使也。「有孚」者，中實也。「窒」，含忍也。「惕」，戒懼也。「中」，和平也。有此四德，必不與人「訟」，故「吉」。「終凶」，指「上九」。「大人」，「九五」也。《孔疏》以「九二」爲聽訟之主，《本義》亦以「『九二』陽剛，爲險之主」。愚按，《象傳》「剛來而得中」，當指「九二」。「利見大人，尚中正也」，則指「九五」。「九二」以陽居陰，雖剛中而不正。處尊位而中正者，非「九五」乎？《吕刑》曰：「咸庶中正。」蓋聽訟者，以中正爲尚。虞芮質成，利見西伯。雀鼠速獄，利見召伯。「見大人」則訟可無訟，故以卦名歸之曰「訟元吉」。「二」方「逋竄」，何以爲聽訟之主？「利」「不利」對説，隨所處爲「吉」「凶」。吴草廬曰：「『涉川』之象，『利』於前進，『不利』於退後。需主爻『九五』，自『四』上往爲『五』，舟進而前，所以『利』。訟主爻『九二』，自『三』下來爲『二』，舟退而後，所以『不利』。」

《彖》曰：訟，上剛下險，險而健，訟。「訟，有孚、窒、惕、中，吉」，剛來而得中也。「終凶」，訟不可成也。「利見大人」，尚中正也。「不利涉大川」，入于淵也。

上以剛陵下，下以險陷上。乾健遇坎險，「訟」之所由生。以一人言，内險而外健；以兩人言，彼險而此健，皆必「訟」之道也。「剛得中」，故「中吉」。「訟」者，彼此一是非，獄猶未成也。至於上，則成「訟」矣，故「終凶」。「尚中正」，乃使民無訟之本。上無明主，則下無良民。舉世成傾險之俗，是擠之而「入于淵」也。機心機事，日險日深，有不「載胥及溺」者乎？

《彖傳》有「往」、「來」、「内」、「外」字樣者，凡十九。《本義》指謂卦變，此其一。訟自遯來，説本虞翻，蜀才亦云「此本遯卦，『二』進居『三』，『三』降居『二』」。朱子因之。建安邱氏遂以此爲聖人言卦變之始。愚竊謂，《易》中無卦不變，似難指某某爲卦變也。一卦可變六十四，又安知遯不自訟來乎？大抵《彖傳》所云「往」「來」，只就兩卦反對説，上下易位，便有「往來」之象。夫子偶於十九卦言之耳。本卦「剛來得中」，謂需上卦之坎來居訟之下，而剛仍得中，則乾之往居需下而得中，自不必言，所重在剛得中，言「來」，則「往」可知矣。凡爻自外而内曰「來」，自内而外曰「往」。泰、否二卦《彖傳》甚明。若以遯第三爻居訟第二爻，同在内卦，何以謂之「來」？所以先儒宋仙井、李舜臣凡舍本卦而論他卦，及某卦自某卦來者，皆所不取。又按，甬上董次公所著《卦變考略》兼采郎顗、京房、荀爽、虞翻四家，除乾、坤而外，無一卦不變者，亦可證專指十九卦之非。

《象》曰：天與水違行，訟。君子以作事謀始。

項平甫曰：「天一生水，始本同氣，一麗於形，天上行，水下潤，天道西轉，水流東注，遂成天淵之隔。女子争桑，而吴楚連兵；羊斟争羊，而宋師敗績。『君子以作事謀始』，防於未違行之先也。」愚按，人之彼此乖忤，多起於「違行」。事之所包者廣，訟其一耳。《彖辭》只説「中吉」、「終凶」，《大象》補出「謀始」二字，要人絶争端也。凡立朝不分朋黨，講學不立門户，皆是。

初六，不永所事，小有言，終吉。《象》曰：「不永所事」，訟不可長也。雖「小有言」，其辯明也。

「初」才弱位下，無必勝之心，無難已之勢，「不永所事」之象。不曰「訟」而曰「事」，事在「初」，未成「訟」也。「小有言」，與需「九二」同，言其傷我者「小」也。大抵人之「訟」，多從角口起，「小有言」，則彼此解釋尚易，只用略與之辯，辯明即止，所以「不永」而「終吉」。《象傳》曰「訟不可成」，要其終也。此云「訟不可長」，戒其始也。兩箇「不可」，全從理上斷。

九二，不克訟，歸而逋，其邑人三百户，无眚。《象》曰：「不克訟」，歸逋，竄也。自下訟上，患至掇也。

「九二」《彖傳》所謂「剛來而得中」者，《爻》則以「歸逋」爲義。一言其才，一言其位，故各不同。《爻辭》但言其「不克訟」而「歸逋」，故「无眚」。《小象》則謂其「以下訟上」，而「患至」，彼此不同，何也？先儒多謂「二」與「五」訟。愚竊謂「九五」中正之大人，何至見「訟」於「二」？「三」本與「上」應，而與「二」爲比。「二」與「上」争「三」而有「訟」，故云「自下訟上」，「上」者，上爻也，與「下之從上吉」義同。春秋時，往往有父子君臣相獄者，如元咺訴衛侯於晉，王子朝愬敬王於諸侯之類，故夫子借《爻》《象》發周公所未言以儆之。蓋「二」與「上」訟，而質成於「五」，遇中正之君，而爲所化，「二」之「不克訟」以此，《爻》言「不克訟」，以「二」之剛中也。其所以「不克訟」，由其能「歸逋」，自處卑約，以免患也。曰「歸」，是退步之義。「三百户」，下大夫之邑。坎爲加憂，眚象，「无眚」者，《周禮》所云「憑弱犯寡則眚之」，謂四面削地也。「二」「歸逋」，故「邑」「无眚」。《象》言以子「訟」父，以臣「訟」君，分卑勢屈，禍患立至，有如拾取。除却「逋竄」，更有何策？曰「歸而逋」，所以開其自新之路，曰「患至掇」，所以折其無上之心也。

劉石閭曰：「訟之爲卦，四陽而二陰。夫陰者，陽之所悦也。『二』以坎之一陽而介二陰，『初』自應『四』，『二』欲『初』則『四』必起而争之矣。『三』自應『上』，『二』欲『三』則『上』必起而與之争矣」云云，與「二」、「三」兩爻《小象》中「上」字正合，得其解矣。

六三，食舊德，貞厲，終吉。或從王事，无成。《象》曰：「食舊德」，從上吉也。

唐凝菴曰：「坎卦原舊是坤，以乾再索而成坎。今『三』在『二』既歸之後，復成坤，遂全有坤德。」項平甫曰：「『六三』所『食』之『舊德』，坤也。曰『貞』，曰『或從王事，无成』，皆坤『六三』之舊辭。」愚按，「三」，陰柔不能「訟」，人皆以爲無才，由君子觀之，則爲「德」。「食舊德」，只是守舊之義。「二」與「四」所争者，「初」；與「上」爻所争者，「三」也。「二」「不克訟」，故「初」「不永所事」。「初」與「三」本無「訟」，因「二」之訟，而牽入事中也。「三」與「上」本正應，「二」「不克訟」，而「三」仍「從上」，即此便是「貞」，以其居二陽之間，故有危象。以其從事，无成，故「終吉」。「无成」者，不終訟也。玩《爻辭》，於《坤・六三》去「有終」二字，其義可知。

九四，不克訟，復即命，渝安貞，吉。《象》曰：「復即命，渝安貞」，不失也。

《程傳》：「命謂正理，失正理爲方命。『九四』剛而不中正，躁動則不安，處非中正，則不貞。不『安貞』，所以好『訟』也。若義『不克訟』，反就正理，變其不『安貞』而

『安貞』，則『吉』矣。」〔一〕愚按，「九四」乘「三」而應「初」，「初」與「三」皆比「二」，而「三」又應「上」。「四」之所以不能無訟也，「二」與「四」皆以剛居柔，又同爲「不克訟」之象。「二」以下訟上，其「不克」者，勢也。「四」以上訟下，其「不克」者，理也。君子安於理，小人制於命。知理之不可「渝」，而「復」，而「即命」，好勝之心，一變而歸於正道。前念之悔，即爲後念之貞。何吉如之！《象》曰「不失」，正解「吉」字，以理之得失爲「吉凶」，非以「訟」之勝負爲「吉凶」也。一説，「渝」，變也。即《春秋》「渝平」之「渝」。此爻剛變而柔，則爲涣，訟事散矣。凡爻之言「渝」者，皆取變卦也。其義或然。

九五，訟，元吉。《象》曰：「訟，元吉」，以中正也。

此尚中正之大人也。「初」、「三」兩爻，陰柔不能「訟」者，「二」「不克訟」而「歸逋」，「四」「不克訟」而「安貞」。「九五」居中得正，下皆無「訟」，故曰「訟元吉」。「中正」，不作聽訟解，「無偏無黨，王道蕩蕩」。一切發奸摘伏，俱置不用，何以聽訟爲哉？

〔一〕按，此段引文與《程傳》原文有異，原文：「命謂正理，失正理爲方命。夫剛健而不中正，則躁動，故不安；處非中正，故不貞。不『安貞』，所以好『訟』也。若義『不克訟』而不『訟』，反就正理，變其不『安貞』而『安貞』，則『吉』矣。」

使「九五」聽訟而當，不過一大有司耳，非大君使民無訟之道也。

上九，或錫之鞶帶，終朝三褫之。《象》曰：以訟受服，亦不足敬也。

馮厚齋曰：「『初』不言訟，杜其始也。『上』不言訟，惡其終也。『上』與『二』争『三』而有訟，『二』『歸逋』，『三』從『上』，則『上』居勝勢矣。乾爲圜，《荀九家》『乾爲衣』。中爻互巽，爲繩，『鞶帶』之象。凡命服，先束革帶，乃加大帶，『鞶帶』乃命服之飾。『訟』者得勝，豈有『受服』之理？『或錫之』者，假設之詞。縱或有其事，終必見『褫』。况萬萬無其事乎？中爻離，爲日，朝之象。本爻居外卦之終，『三褫』之象。『褫』，奪也。夫子復發周公言外之旨，謂不奪『亦不足敬』，其辱有更甚於『褫』者矣。終凶所不必言。」

項平甫曰：「凡『訟』，皆起於剛而止於柔。『九二』、『九四』皆剛，是以起『訟』，終以居柔，而『不克訟』，故一『逋』二『渝』。『初六』、『六三』雖居剛位，而其德皆柔，故『終吉』，一爲『不永所事』，一爲『從事无成』。獨『九五』一爻，有全剛之資，而居中履正，非好訟者也，故爲『元吉』。『上九』以剛居柔，在訟之終，居高用剛，不勝不已，此終訟之凶人也。」

䷆坎下坤上

師：貞，丈人吉，无咎。崔氏憬曰：「『丈人』，《子夏傳》作『大人』。吳氏《易纂言》依之。」

卦體以一陽統五陰。《周禮》：「五人爲伍，五伍爲兩，四兩爲卒，五卒爲旅，五旅爲師。」「師」者，衆也，古未有兵之名也，人衆則不可無以統之。「丈人」者，師中之主也。《周禮》司馬，掌兵者也。而言掌邦政九伐之法，所以正天下之不正也。軍伍會於教官之司徒，古未有將之名也。坎爲中男，而稱「丈人」者，乾、坤以後，坎即用事，歷屯、蒙、需、訟，至此凡五見矣。非他弟子可比，故子以尊稱。「九二」一陽，卦主也。行「師」者，先要得正，次要得人。不得正，則「師」出無名；不得人，則「師」行無主。得正得人，自然「吉」而「无咎」。《程傳》云「有吉而有咎者」，凡無名行師，而幸勝者是也；「有无咎而不吉者」，凡聲罪致討，而不勝者是也。

《彖》曰：師，衆也。貞，正也。能以衆正，可以王矣。剛中而應，行險而順，以此毒天下而民從之，吉，又何咎矣。「王」，去聲。

三代興「師」，未有不出於「正」者。後世機變用事，乃好出奇。奇兵或以少致勝，惟正兵乃能用衆，非争地争城之比，故曰「可以王矣」。「剛中」，謂「九二」，「應」指「六五」，「二」雖爲卦主爻，所重尤在「五」。「剛中」而無「應」，則「上」之信任不專，「師」出何以有功？兵凶戰危，故曰「險」。坤居外卦，故曰「順」。「行險」而不順，則下之人情不服。既「應」且「順」，即「以此毒天下」，而民必從之。吴起所謂「興師動衆，而人樂我」，所以有吉而無咎。胡雲峰云：「王者之師，不得已而用。如毒藥之攻病，非有沈疴堅癥，不輕用也。」愚竊謂，行師之時，供億之煩，殺僇之慘，俱在所不免，故曰「毒」。然而「民從之」者，意主於除害，非以殃民也。

一説，「剛中而應」專指「九二」，蓋卦體五陰，聽於一陽，「二」欲自王，誰能禁之？即不自王，如韓信之於漢，李光弼之於唐，緩急之際，召之不至，君臣遂生怨咎。「二」惟盡忠以應「五」，所以上順而下從，如諸葛武侯之於蜀是已。

《象》曰：地中有水，師。君子以容民畜衆。

蘇氏《易傳》曰：「『地中有水，師』，言當如水行地中，而人不知也。」愚按，不言「地下」而言「地中」者，取「容畜」之義。井田之制，寓兵於農，如水在地中，隨地可以得水。「容民畜衆」，養之於井田耳。曰「容」，有樂利之意。曰「畜」，無黷武之情。《象》言臨時御衆之道，此言平時「畜衆」之道。

初六，師出以律，否臧，凶。《象》曰：「師出以律」，失律凶也。

「律」者，紀律也。「初爻」在一卦之内，由内而外，故云「出」。出師之初，勝負未可知，故不言吉。若出不以律，則凶立見矣。「否」者，不然之謂，「否臧」，只作不以律解。即《小象》所云「失律凶也」。《注疏》謂「失律而臧，何異於否」，却將聖人語意説得支離了。一説，「律」指律吕言，《周禮》太師之職，「執同律以聽軍聲，而詔吉凶」。師曠曰：「吾驟歌北風，又歌南風，南風不競，多死聲，楚必無功。」又《史記·律書》：「六律爲萬事根本，其於兵械尤所重。」以上諸説，皆出師用律之證。蓋音律通乎法律，必法律嚴然後音律清。亦是一解。吴草廬又云：「律爲元聲，而軍法紀律皆取法乎此。不可專言吹律一節。」

九二，在師中，吉，无咎，王三錫命。《象》曰：「在師中吉」，承天寵也。「王三錫命」，懷萬邦也。

一陽在比爲君，在師則爲將。《卦彖》之「丈人」，即「六五」之「長子」。自衆尊之曰「丈人」，自君稱之曰「長子」，皆指此一爻。剛而在中，威德並著，所謂老成持重，練達軍務者也。玩「在」字，有不動聲色而鎮服三軍之意，故《彖辭》之「吉」、「无咎」歸之。中爻自「二」至「四」互震，長子之象，不發於本爻而於「六五」者，委任責成，不在將，在君也。禮，一命受爵，再命受服，三命受車馬。「錫命」者，如《春秋》「王使宰周公」「錫齊侯命」、「王使内史過錫晉侯命」是也。有「錫命」之寵，而後「師中」得以展布，「錫」至於「三」，見「天寵」優渥。「天」字，只作「王」字解。歸重在王之任將上，「懷萬邦」，推原所以「錫命」之故，懷邦爲行師根本，非好大喜功，全是一腔惻隱之心，乃所以爲貞也。

六三，師或輿尸，凶。《象》曰：「師或輿尸」，大无功也。

「二」爲卦主，「三」以失位之柔而乘之，不中不正，有撓權僨事之象。「輿尸」，《程傳》謂「衆主也」，《本義》謂「司徒撓敗，輿尸而歸」。觀「六五」《爻辭》，以「輿尸」屬「弟子」，當依《程傳》爲是。軍中不專一主，則事權錯出。如或有之，乃取凶之道。荀林父邲之戰，令出於先縠；趙盾河曲之師，令出於趙穿；郭子儀相州之敗，以九節度，非「大無功」者乎？　愚又按，古者車戰，一車百人，故謂衆爲「輿」。

六四，師左次，无咎。《象》曰：「左次无咎」，未失常也。

「四」居《坤》之下，乘承皆陰，由其知退，所以「无咎」。「左次」，猶言退舍。兵事尚右，故以左爲退。「次」者，師行止舍也。凡師三宿爲次。《春秋》「次于郎」、「次于召陵」是也。「三」以陰居剛，躁動而有「輿尸」之「凶」。「四」以陰居柔，「左次」以聽主帥之令，當退而退，故「无咎」。《小象》「失」字，從「失律」來。「未失常」者，不「失律」也。夫子恐人疑其以退爲怯，故補本《爻辭》所未言以解之。

六五，田有禽，利執言，无咎。長子帥師，弟子輿尸，貞凶。《象》曰：「長子帥師」，以中行也。「弟子輿尸」，使不當也。「長」，上聲。「當」，去聲。

「五」，君位，興師用將之主也。兵者，凶器，必如「田有禽」而「執」之，乃可舉兵，如「牽牛蹊田而奪牛」之義，即下文「利執言」之意，所謂師出有名也。「禽」者，鳥獸之總名。凡《易》言「禽」者，多在坎，坎體有禽象。本卦「九二」坎體，上應「六五」，故曰「田有禽」。比「九五」，坎變坤，則爲「失禽」象。《恒・大象》、坎、井，坎體在上，皆曰「无禽」〔一〕。「利執言」者，奉辭伐罪，師出有名。本「无咎」也，病在委任不專耳。「長子」、「弟子」，通「二」「三」兩爻言。既用「二」，又用「三」，以新進參老成，則雖正亦「凶」，況不正乎？《小象》「以」字、「使」字當玩。「以」者，用也，與「使」字互文。用人係民命之生死，社稷之安危，「長子」使之，「當」者也；弟子使之，「不當」者也。能用「二」者，本「五」柔中之德，參以「三」者，「五」中而不正之過也。

上六，大君有命，開國承家，小人勿用。《象》曰：「大君有命」，以正功也。

〔一〕按，此句疑誤。《恒・九四》：「田无禽。《象》曰：久非其位，安得禽也。」《大象》無「无禽」語，坎井亦無此語，而言「皆」者，所未解也。

「小人勿用」，必亂邦也。

此爻乃班師論功之象。「大君」謂「五」。「上六」以大臣奉君命，而行黜陟，故其辭嚴正如此。外卦坤，建侯開國之象。中爻互震，長子承家之象。下二句，即大君之命。「開國」，功之大者；「承家」，功之小者。分别等級，以杜冒功之門，故曰「正」。小人亦即在此二等中。「勿用」者，非吝於爵賞之謂，當行師之時，使貪使詐，權宜可也。至於「開國承家」，所關非一世之事，若復用小人，雜處其間，不但灰豪傑之心，抑且貽子孫之患。東漢之衰，始於外戚冒功，繼而宦寺封侯，卒至亡國覆家，由不知師終之戒也。御將之道，賞功易，正功難，要見公天下而不市私恩之意。聖人於「二」之「錫命」，嘉其「懷萬邦」；「上」之「勿用」，決其「必亂邦」，總爲斯世斯民起見。

或問「勿用」之義，小人而有功者，當何以處之？答曰：或賞而不封，或封而不任，俾之衣租食税，勿令干預政事，此安寧天下之計，亦保全功臣之道也。

䷇坤下坎上

比：吉，原筮，元永貞，无咎。不寧方來，後夫凶。「比」，去聲，後同。

《京氏傳》曰：「比自師來。」此據反對言變者。一陽之卦凡六，得君位者，惟比。

「元永貞」三德屬「九五」，「原筮」爲比五諸爻而設。《易》内外卦多取陰陽正應，其近相得者則爲比，然亦有不相得者。惟比諸爻，不論内外應否，總以比「五」爲義。一陽，乃卦主也。上不求「比」，而下自「比」之，故「吉」。「原筮」者，再三詳審之謂。「元」者，天德也。「永貞」者，地道也，具此三德，何以「筮」爲？愚竊謂，諸爻於所「比」必審求具此三德者，順而從之，則「无咎」，所謂臣亦擇君也。文王恐人疑「比」之義近乎私暱，故借「筮」以發明之，與蒙之「初筮」義同，非真以筮爲卜也。若依《本義》「再筮以自審，有元永貞之德[一]，然後可以當衆之歸」，則以「原筮」指「九五」矣，似於上下辭意不洽。今據《程傳》發其義，觀下文兩句自明。「不寧方來」，是歸命不遑之象。上有剛中之君，甸男侯衛同軌畢至，而不敢後。上居卦末，爲「後夫」，如田横、尉佗始雖倔强，終必滅亡。「凶」字，正與「无咎」應。又按，萃與比，下體坤順同，萃多「九四」一陽，以分其權，故「元永貞」言於「五」；比無分其權者，故「元永貞」言於卦。

《象》曰：比，吉也。比，輔也。下順從也。「原筮，元永貞，无咎」，以剛中也。「不寧方來」，上下應也。「後夫凶」，其道窮也。

[一] 按，「有元永貞之德」，《周易本義》作「有元善長永貞固之德」。

「比吉」二字,《卦辭》所有。《本義》謂「『比吉也』三字疑衍文」。愚按,《彖傳》連用三箇「也」字,重複其詞以贊之,多從《卦辭》來,似不當衍。趙汝楳曰:「『吉』者,卦之義;『輔』者,『吉』之由。兩舉卦名,自有兩義。」是爲得之。「輔」,車兩旁木名。一剛在上如車,衆陰順從如輔。「順」者,情不容已。「從」者,分不可逃。「下」字指下四陰。「以剛中」者,因「五」有「剛中」之德,故「比」之者「无咎」也。「上下應」,兼指上爻,「上」亦非不比「五」者,特以「後」至而「凶」耳。「其道窮」者,自致窮蹙之謂。又按,《彖傳》言「上下應」者,比與大有兩卦相似。彼以上下五陽應一陰,此以上下五陰應一陽,皆居君位而得中者。而陽剛中正,則又本卦所獨也。

《象》曰:地上有水,比。先王以建萬國,親諸侯。

《象》言五陰比一陽,《彖》言一陽比五陰。「水」者,地之經絡也。分界九州,血脈貫通,故「建國」「親侯」取此象。顔質卿曰:「法地中之水,藏天下於天下;法地上之水,以天下治天下。」愚謂井田封建,相爲表裏。師之「容民」,井田也;比之「親侯」,封建也。君與民一體而分,「親諸侯」所以親民。曰「建」,則枝榦固;曰「親」,則脈絡通。不獨合天下爲一家,且通天下爲一身矣!

**初六,有孚比之,无咎。有孚盈缶,終來有他,吉。《象》曰:比之初六,「有他吉」也。

「初」爲比始，倡諸陰而比「五」。「有孚」是比之道。凡《易》言「孚」，皆取陽爻中實。「初六」陰爻，何以曰「有孚」？蓋初陽實，六陰虚。「缶」者，中虚之器。「盈缶」，則中實矣。内卦坤，爲釜、缶之象。「初」去「五」最遠，而歸誠獨先，如蕭何護高祖於布衣，鄧禹親光武於同學。由其有相孚之實，故「无咎」。他時將相王侯，皆分内事，而若獲之意外，初願固不及此也。故曰「終來有他吉」，「吉」在「終」，而聖人即比之初決之，以其「有孚」耳。兩「有孚」，只是徹始徹終，表裏如一，便是滿盈處，非初之「孚」尚淺，必積之而後「盈」也。夫子只以「比之初六」四字，該括《爻辭》，令人深思，自得堅持初念而已。惟「吉」爲「他吉」，斯「孚」乃真「孚」。

六二，比之自内，貞吉。《象》曰：「比之自内」，不自失也。

「二」在内卦，對「六四」外比言，内外卦之分例見於此。「二」柔中正，與「五」剛中正相應，君臣合德，非狗人以失己者，故曰「比之自内」。居帷幄之中，參預密勿者也。八卦正位，坤居二，「六二」又以陰居陰，故曰「貞」。得正又得中，所以「吉」。「自内」與「不自失」，兩「自」字重看，乾曰「自强」，謙曰「自牧」，復曰「自知」，頤曰「自養」，晉曰「自昭明德」，皆是此義。所謂達不離道者，與「五」正應，非私比可知，何「失」之有？

六三，比之匪人。《象》曰：「比之匪人」，不亦傷乎！

「大人」「君子」首繫於乾，「小人」首繫於師，「匪人」首繫於比。「匪人」者，非正人也。其類不一，何地無之？在吾之「比」與「不比」耳。「六三」不中不正，乘承皆陰。非人來「比」我，而我自「比之」。所謂「見邪即入」者也。《爻》不言凶咎，《象》曰「不亦傷乎」，但作從旁憐憫之辭，欲其惕然自反也。

六四，外比之，貞吉。《象》曰：外比於賢，以從上也。

「初六」，内也。「九五」，外也。「四」不與「初」應，而近「比」於「五」，義之與比也。「二」自内比，「四」自外比，兩爻皆以柔居柔，故「貞吉」。《小象》「賢」字，對「匪人」説，「賢」與「上」，皆指「五」。「賢」以其剛中正，「上」以其居尊位。「四」之比「五」，固以其賢，亦循君臣大義，而安「從上」之分耳。

九五，顯比。王用三驅，失前禽，邑人不誡。吉。《象》曰：「顯比」之吉，位正中也。舍逆取順，「失前禽」也。「邑人不誡」，上使中也。

衆陰皆「比」，一陽獨尊，聖作物睹，其道光明，「顯」之義也。「三驅」，借田獵言之，坎爲豕，禽象。「邑人不誡」者，徒御不驚，有聞無聲也。三句只作一氣，總是「顯比」之象。蓋王者惟以比天下爲心，未嘗强人以從我。士各有志，不相迫也。譬之「三驅」，豈以失一禽而介意哉！「三驅」之禮，經、傳無明文，先儒或云「三度驅禽而射之」，或云「三面著人驅禽」，或云「圍合三面，前開一路，使之可去」，初無定説。愚竊謂「前禽」似指「上六」，以其在「五」之上，曰「前」；以其獨不比「五」，曰「失」。又按，一陽居尊得位，中而且正。《小象》惟首二句明白易解，餘義大難理會。《周易舉正》曰：「『舍逆取順』一句，誤在『失前禽』上。當云『失前禽，舍逆取順』也。」虞仲翔曰：「『三驅』，謂驅下三陰，不及『初』，故『失前禽』；背『上六』，故『舍逆』；據三陰，故『取順』。」愚按，《象傳》云「下順從」。上下順，以比我爲「順」，則不比者爲「逆」矣。兹何以云「舍逆取順」？塗山之會，防風見戮，逆者何嘗縱舍乎？舜之格有苗，庶幾「舍逆」之義，而逆卒爲順，舍之乃以取之。漢光武得隴望蜀，是以逆而不舍也。宋太祖卧榻之側，不容他人鼾睡，併順者亦不舍矣。先儒之解，紛紛不同，或是射去我之禽；或是射向我之禽；或以陰乘陽爲逆；「舍逆」者，舍上一陰，是長亂矣；或以陰乘陽爲順，「取順」者，取下四陰，是殺降矣；或謂來者不殺爲「取順」，去者不追爲「舍逆」，是終日不獲一禽矣。惟張彦陵《説統》曰：「王者之民，何『順』何『逆』？王者之心，何『取』何『舍』？惟不必於順，若見以爲有逆；不必於取，若見以爲有舍，故曰『失前禽』。」詮釋較明。

「邑人不誡，上使中也」二句，亦難詮釋。潘雪松曰：「王者之田，以法從事，而不必於得。王者之心也，『邑人』衆著於好生之仁，不盡物而聽之去，故惟王者之田，惟不相告戒，而人亦渾於兩忘，故爲王者之比。」楊慈湖曰：「致『邑人』，初不待諄諄誡諭，而自化於中正之道者。上之人行中正之道，自能使『邑人』中正也。」卓去病曰：「聖人之於天下，不使其親己，不使其去己，亦不使其防人，自有恰好所在，使其中而已。」三說不同，采以備訓詁。

上六，比之无首，凶。《象》曰：「比之无首」，无所終也。

此爻畫卦在「五」後，故謂之「後夫」。「上」爲衆陰之首，下四爻皆順從於「五」，獨「上六」在一陽之外而不比「五」，則衆陰「无首」矣。所以「上」獨受其「凶」，《爻》曰「无首」，《象》曰「无終」，互舉之詞。天下有有首而「无終」者矣，斷無「无首」而有終者也，此之謂道窮。合一卦而觀，下固順從，上亦當下比。故有「方來」之象。以一爻而言，群陰在下而承「五」，「上」獨在上而乘「五」，故專言「无首」之「凶」。

☰乾下巽上

小畜：亨。密雲不雨，自我西郊。

卦之取名，以陰畜陽，而聖人扶陽抑陰之意，至此卦尤深切著明。一柔自姤變同人，自同人變履，自履變小畜，兩卦反對。小畜似宜居履後，何以巽反居上？蓋乾、坤以後，陰爻用事自巽始。故以一陰居初畫爲先。「亨」字仍屬陽説，陽之所以得「亨」，以「畜」未成也。畜陽者，「四」也。「四」居巽「初」，又互兑，而在天上，故謂之「雲」。以其所「畜」者小，而不能止陽，故成「密雲不雨」之象。吴仲清曰：「坎水其氣上升爲『雲』，其液下降爲『雨』。『二』、『三』、『四』互兑，兑有坎之上半體，故上有『雲』而下無『雨』。」董次公曰：「需上變而爲巽，需之坎升天爲雲，墜地爲雨。今坎象半見，故『不雨』。又，中爻互離，爲乾卦，亦『不雨』之象。互兑，兑位在西，故曰『西郊』。天地之氣，必鬱結醖釀，方能成雨。今雲興而風散之，焉能久畜？」《程傳》云：「西郊陰所，凡雨須陽唱乃成，陰唱則不成。今雲過西則雨，過東則不雨，正是《彖》義。『自我西郊』，申明密雲不雨之故。」《本義》謂「『我』者，文王自我也。文王演《易》於羑里，視岐周爲西方」，似非取象之旨。愚按，《小過·六五·爻辭》與此同，亦豈周公自稱爲我，而以岐周爲西方耶？據《蒙·卦彖》「匪我求童蒙，童蒙求我」，兩「我」字，指本卦主爻而言。小畜一陰爲卦主，「我」亦當屬「六四」。觀《彖傳》云「自我西郊，施未行也」，其義較明。

《彖》曰：小畜，柔得位而上下應之，曰「小畜」。健而巽，剛中而志行，乃亨。「密雲不雨」，尚往也。「自我西郊」，施未行也。

八卦正位，巽在西，小畜反對爲履，履「六三」以陰居陽而位不當，今來爲小畜之「四」，則以陰居陰，故曰「柔得位」。一味柔「巽」，最能惑人，故「上下應」。「健而巽」者，卦德也。小人用之以順，則足以籠絡君子；君子行之以健，則絶不受制於小人。歸重在剛健。「剛中」謂「二」，「志行」統言下三陽，「施未行」謂「四」，兩「行」字相應。陽「志」方「尚往」，陰豈得下「施」？所以欲畜而未成，深爲君子幸之之意。

郭白雲曰：「有止而畜之者，畜之大也。有入而畜之者，畜之小也。」蘇子瞻曰：「大畜將以用乾，小畜將以制之。乾進而求用則可，進而受制則不可。故大畜之乾以之艮爲吉，小畜之乾以之巽爲凶。」

《象》曰：風行天上，小畜。君子以懿文德。

每卦《大象》，夫子於《彖》、《爻辭》之外，別有取義，而義要不外卦象中。《孔疏》謂此「不取『風行天上』之象」者，非也。按「風行地上」爲觀，「先王以省方觀民設教」，「天下有風」爲姤，「后以施命誥四方」，此皆風力足以及物，達則兼善天下者也。故稱「先王」，稱「后」。今「風行天上」，則爲罡風，而不能下被乎物，君子觀此象，「以懿文德」。

「懿」者，美也。細行必矜，獨善其身之謂。凡謹儀飭度，稽訓修辭，皆是也。又，卦體以柔遇剛，有柔來文剛之象。而謂「不取風行天上之象」，然則聖人所取者何象乎？

初九，復自道，何其咎？吉。《象》曰：「復自道」，其義吉也。

周用齋曰：「卦以陰畜陽爲義，爻以不受畜於人爲道。」愚按，「初」以陽居陽，雖與「四」應，而能自守，故曰「復自道」。「道」，本自之道。「復」之者，還其故吾，何咎之有？故不曰「无咎」，而曰「何其咎吉」。《象》曰「其義吉」，以見不論應否，據理而斷，自當得吉也。

復爲一陽之卦，「初」曰「不遠復」，「二」曰「休復吉」。小畜一陰之卦，亦於「初」「二」兩爻言「復」，何也？胡雲峰曰：「復卦乃六陰已極之時，喜陽之復生於下。小畜則一陰得位之時，喜陽之復升於上。」愚又謂，復曰「出入无疾」，「初九」似之；曰「朋來无咎」，「九二」似之。聖人欲人以復之道，處小畜之時也。

九二，牽復，吉。《象》曰：「牽復」在中，亦不自失也。

「二」漸近於陰，以其剛中，而與「初」同體同德，故連於「初」而有「牽復」之象。二陽並復，其勢不孤，故「吉」。「二」之不受「畜」，與「初」同，但「初」與「四」應，而能「復自道」，其事較難。「二」則同體牽連而「復」，其事較易，「初」「吉」則「二」之「吉」可知。

《象》曰「亦不自失」，乃因彼許此之辭，「不自失」，與前「復自道」相應，兩爻合看更明，《程傳》謂「二」與「五」「牽復」，其義難曉。

九三，輿説輻。夫妻反目。《象》曰：「夫妻反目」，不能正室也。「説」與「脱」，音義同。

「三」爲「四」所乘，巽「初」一陰，乃坤之初畫，「輿」之象。「三」居「四」下，比而悦之，爲所畜而不行。「脱輻」之象，乾爲夫，巽爲長女，「三」與「四」比，夫妻之象。巽爲多白眼，「反目」之象，王《注》以「上」爲巽長，指妻爲「上九」。愚謂，「上」雖巽長，終是陽爻，何可指之爲妻？似當指「六四」，「三」「四」本非正應，以近比爲所止畜，安其室而無上進之意。「四」以柔乘剛，妻居外而夫居内，乃反爲所制。「脱輻」、「反目」，皆「九三」過剛不中所致。《小象》歸咎於「不能正室」，乃責備賢者之意。謂其非正應，而與「四」比也。上爻所謂「婦」，亦指「六四」而言，因「四」之「血去惕出」，故尊尚其德，而以爲「婦貞」耳。

「輻」，《釋文》作「輹」。項平庵曰：「輻，車轑也。輹，車軸轉也。輻以利輪之轉，輹以利軸之轉。輻無脱理，若輹則有脱時，車不行則脱矣。」

六四，有孚，血去惕出，无咎。《象》曰：「有孚」「惕出」，上合志也。

此爻所謂柔得位者。一陰畜五陽，其勢孤，若以智術籠絡，諸陽有渙然散耳，故必「有孚」，然後能「合」。「血」者，陰也。「四」，陰虛，何以能「有孚」？「四」之孚，「五」孚之也。近與「五」比，知陽之同德，而不忌其進，故無戰而受傷之象。「血去」，則雖以陰居陰，而無陰累。然猶不安其居。惕懼而出，與《需・六四》「出穴」義同，不敢固位以妨群賢之路，此「四」之善自處也，所以「无咎」。「上合志」指「五」，以其爲衆陽之領袖，故曰「上」；以其與「四」同體，而皆「有孚」，故曰「合志」。

九五，有孚攣如，富以其鄰。《象》曰：「有孚攣如」，不獨富也。

「四」、「五」皆曰「有孚」，「五」與下三陽同德，「四」則其同體也。恐「四」之包藏陰謀，而不利於陽之上進，故極誠以「孚」「四」，而「四」亦上「孚」於「五」，「四」既「血去」，而出於危惕矣，與「五」方一體固結；「五」雖與「二」應，遠不相得，而近與「四」爲鄰，以一誠相結，而衆陽歸之。曰「富以其鄰」，則仍以「五」爲主，而不爲「四」所畜可知。《象》曰「不獨富」，見得不專以力服人，感動人心，全在「有孚」上。凡世之孤立而無鄰者，只爲無德以相孚耳。

上九，既雨既處，尚德載。婦貞厲。月幾望，君子征，凶。《象》曰：「既雨既處」，德積載也。「君子征凶」，有所疑也。

說《經》者皆言巽體三爻，同力畜乾，至「上九」則「畜道」成，而陰陽和矣。愚按，《爻辭》乃陰陽兩不利之象。向之「密雲不雨」者，今「既雨」矣；向之「志行」者，今「既處」矣。陽德積而尚往，今無所往矣。巽一陰，月象，「上」居卦末，如「月幾望」，則疑於陽矣。「婦」，陰也，當指「六四」。「君子」當指諸陽。就《爻辭》看來，陰雖「貞」亦「厲」，陽有「征」則「凶」，所以示戒也。似非「同力畜乾」之謂。王伯厚有云：「《易》言『月幾望』者三，皆對陽言，中孚言從乎陽，歸妹言應乎陽，小畜言抗乎陽。」夫陰至於「抗陽」，可謂之「畜道成而陰陽和」乎？所未解也。午亭陳氏曰：「小人之順君子，將以漸制君子，而使之不得有爲。『六四』，巽之主也。『有孚』者，非孚於君子，而孚於小人也。故云『上合志』。蓋『五』雖陽，而與『上』同居巽體，『五』、『四』既交孚『合志』矣，欲不成『既雨既處』之象，得乎？小人之巧也，君子之疏也。苟非君子尚陰德而使之滿，當不若此。咎小人而責君子，君子亦無所辭其責也。」詮解校先儒爲明析。

䷉兑下乾上

履：虎尾，不咥人，亨。

《雜卦傳》云：「履，不處也。需，不進也。」履，當以進爲義，却不可躁進。《彖辭》

開口説「履虎尾」，取象大是奇特。乾剛在前，故稱「虎」。兑躡其後，故曰「尾」。一陰居五陽之中，不中不正，「三」多凶，本危道也。幸是悦體，故履危而得安，又爲「不咥人」之象。「不咥」即是「亨」。論成卦之主，在「六三」一爻，《卦》言「不咥人亨」，而《爻》言「咥人凶」者，卦以德言，爻以位言也。蔡子木曰：「人之處世無地非實踐，故無地不戒懼。『履虎尾，不咥人』，戒懼之學也。」

《彖》曰：履，柔履剛也。説而應乎乾，是以「履虎尾，不咥人，亨」。剛中正，履帝位而不疚，光明也。「説」與「悦」同。

《程傳》訓「履」爲「踐」、爲「藉」，本自上履下之義。卦體乾上而兑下，似乎剛履柔矣。夫子所以釋之曰：「履，柔履剛也。」見卦之取名，不是論上下，乃是論前後。以「柔履剛」，宜其見咥而「不咥」者，以其「悦而應乎乾」也。天下之難制者惟剛，而柔能履之。《本義》：「和悦以躡剛强之後。」吴草廬云：「乾有虎象，兑躡其後是已。蔡節齋謂『兑有虎象』者，非。」大抵人生涉世，兩剛相遇，則舉足皆是危機。故九卦之處憂患，以履爲首。惟和柔以應之，則凶暴亦可馴服。「悦而應乾」，乃兑之妙用。《莊子》所云「虎之與人異類，而媚養己者，順也」。本卦惟「三」與「上」應，若依爻例，作陰陽感應，於義全無交涉。此「應」字只作「感」字解，與他卦不同。「剛中正」三句，專贊「九五」，於全卦亦無涉，須從上文看出。上言「柔履剛」，此言「剛中正」，兩「剛」字相承，「剛」不徒「剛」，「中」而且「正」。「九五」乃英主也，「不疚」則無瑕可指，「光明」則非道不悦。爲之下者，稍用權謀知術，未有不被其咥者，此正見「虎尾」之難履處。所以文王言「虎尾」，夫子言「帝位」。俞吾玉曰：「《易》以剛居『五』，不止一卦，獨於履言『帝位』者，履乃辨名分之卦也。」

《象》曰：上天下澤，履。君子以辨上下，定民志。

不云「天下有澤，澤上有天」，而云「上天下澤」，履以定位也。《程傳》云：「上下之分明，然後民志定。」何閩儒曰：「所謂『辨』者，非徒天尊地卑、君上臣下之謂，亦於細微之際，人所易忽者，明别之耳。人知主威不可犯，而不知路馬之不可齒。君子欲移風易俗，必於隱微疑似之間，區分縷析，使民凛然畏懼，不敢踰越尺寸，乃可定其心志。」又是進一層語。

初九，素履往，无咎。《象》曰：「素履」之往，獨行願也。

「素」，現在也。「初」陽居下，即其現在之位，素位而行，不願乎外，自然「无咎」。「初」是出門第一步，故曰「往」。上無應與，故曰「獨」。「往」而不違其初心，故曰「行願」。

胡雲峰曰：「『履』者，禮也。先質而後文，故《履・初》言『素』。『賁』者，文也。文盛則反質，故《賁・上》言『白』。『白賁无咎』，其即『素履无咎』者與！」

九二，履道坦坦，幽人貞吉。《象》曰：「幽人貞吉」，中不自亂也。

「二」亦與「五」無應，而近與「三」比，見「三」之與「虎」爲鄰，「履」而被「咥」。「二」剛中，遵道而行，安恬平易，中無城府，外自無畏途。雖居臣位，不以廊廟易山林之致者也，故曰「幽人」。「幽人」對下「武人」言，彼以「志剛」賈禍，此以「履道」得「貞」。凶者自「凶」，吉者自「吉」，人境之險阻艱危，其能擾「幽人」之懷抱哉？「不自亂」，由其「中」有定力也。

愚又按，他卦取陰陽相應爲善，履惟「三」與「上」應，而「三」乃得凶象。「初」、「二」、「四」、「五」俱無應，曰「无咎」，曰「貞」，曰「吉」。蓋士君子處世，一藉應援之力，便不能自行其素、自守其貞，無往非憂患之途矣！「上」與「三」應，而獨云「元吉」者，「三」則惡其躁進，「上」則喜其有退步也。

六三，眇能視，跛能履，履虎尾，咥人，凶。武人爲于大君。《象》曰：「眇能視」，不足以有明也。「跛能履」，不足以與行也。「咥人」之「凶」，位不當也。「武人爲于大君」，志剛也。「當」，去聲。

《黄氏日抄》云：「蔡節齋謂兑有虎象，『三』爲兑終，故曰『尾』。一説，虎屬金之一陰，故兑有虎象，『咥人』主『九四』言。晦庵指外卦之乾陽，而下卦之兑履之。合從晦庵。」蓋「六三」自爲「虎」，不應自履其尾也。今從之。「六三」不中不正，居乾之下，志在躡剛。兑爲毁折，有「眇視跛履」之象，與歸妹「初」、「二」兩爻取象同。歸妹先言「履」，後言「視」。此則先「視」，而後「履」。蓋「履」未有能離「視」者，《説命》曰：「若跣勿視，厥足用傷。」《史記》單襄公云：「足以步目。」皆此義。「視」不明，以致「履」冒險。冒昧處，尤在兩「能」字。「眇」而自以爲「能視」，「跛」而自以爲「能履」，一派自用自專、恣行罔顧之意，有不被「咥」而「凶」者乎？兑口在上，「咥」之象。「武人爲于大君」，又從「凶」中得此義。「武人」，乃剛暴之夫，豈可以爲「大君」哉？夫子中明其義，謂「三」之「能視」、「能履」，不但自以爲「有明」，人亦許其可「與行」矣！自有識者觀之，直如瞽者之冥行耳！故一則曰「不足」，再則曰「不足」，重言以喚醒之，然後説出致禍之由，曰「位不當」，曰「志剛」。夫履「不當」之位，而欲行剛猛之「志」，一蹶不救，又何怪乎？

九四，履虎尾，愬愬，終吉。《象》曰：「愬愬，終吉」，志行也。《説文》作「虩虩」，引《易》「履虎尾，虩虩，恐懼。」與今文不同。

「三」之所「履」者，「四」也。「四」居上卦之下，正「虎尾」之位，亦曰「履」者，其不中不正與「三」同，而以剛居柔，則與「三」相反。「愬愬」，畏懼之象。見「三」之履危而「凶」，心存畏懼，擇地而蹈，故終得「吉」。「三」曰「志剛」，則「四」之志柔可知。「四」曰「志行」，則「三」之志不能行可知。「三」柔而好剛，「四」剛而能柔，「吉」「凶」所以相反。

九五，夬履，貞厲。《象》曰：「夬履貞厲」，位正當也。

此《象傳》所云「剛中正，履帝位而不疚」者也。內卦兑，下有容悦之臣。「五」居尊位，凡事必行，無有疑阻，「夬履」之象。「夬」者，决也。「貞」者，舉動正大。「厲」者，氣象尊嚴，與他爻「危厲」之義不同。蓋君體雖剛，而有用剛之道。「五」之所處，不得不「夬」，不得不「厲」，猶乾「上九」之不得不「亢」，適當其位也。「當」字，平聲讀。按，《京氏傳》「履之變自夬來」，故「五」有「夬履」之象。

上九，視履考祥，其旋元吉。《象》曰：元吉在上，大有慶也。

爻處履終，更無進步矣。人之涉世，不進便當退，但恐無轉身地步耳。本爻下應「六三」，有旋反之道焉。「旋」字從「往」字來。「初」「上」，履之終始也。譬如行役之人，認得正路，前由此而往，後循此而歸，天下吉祥善事，孰踰於此？「視履」二字，從第三爻來。曰「考」，曰「其」，因彼儆此，借以爲鑒，斟酌盡善之詞，故不徒曰「吉」，而曰

「元吉」。不徒曰「有慶」，而曰「大有慶」。若依舊注，「旋」字作「周旋」解，於「吉慶」之義似難合。《黄氏日抄》云：「『旋』字上連『視履』，恐是旋踵之『旋』。」吴草廬《履齋銘》曰：「中有實地，下澤上天，初履其素，終視具旋。」亦以初爻對上爻説。

䷊乾下坤上

泰：小往大來，吉亨。

天上地下，乾坤之體也。天氣下降，地氣上騰，乾坤之用也。「泰」者，通也，主世運説，正是貞元會合，太和充塞時候。張彦陵《説統》曰：「兩儀既分，自是一陰一陽，必欲存大去小，不成世界，不若使小自往，大自來，則賢愚有各安之分，乃所爲『泰』之道。」愚按，當「泰」之世，陽來陰往，以來者爲主。「吉亨」二字，屬「大來」一邊。否、泰，反其類也。否曰「大往小來」，泰曰「小往大來」，所謂上下無常，剛柔相易者。卦體尤顯而易見，陰小陽大。自内而外曰「往」，自外而内曰「來」。否之坤，本在内卦，今「往」而居外。乾本在外卦，今「來」而居内，是謂「小往大來」。《本義》云，卦變「自歸妹來，六往居『四』，九來居『三』」。竊據此説推之，則亦可云自賁來，六往居「上」，九來居「二」矣。亦可云自豐來，六往居「四」，九來居「二」矣。亦可云自井來，六往居「五」，九來居「初」

矣。豈獨歸妹耶？凡朱子所謂十九卦變者，皆此類也。董次公曰：「考漢儒解歸妹，云泰『三』之『四』，是泰變歸妹，非歸妹變泰也。」似不可以無辨。

《彖》曰：「泰，小往大來，吉亨」，則是天地交而萬物通也，上下交而其志同也。内陽而外陰，内健而外順，内君子而外小人。君子道長，小人道消也。

「長」，上聲。

此節是《彖傳》中變例。夫子讀《易》至泰卦，得「小往大來，吉亨」之象，如身處盛際，不覺踊躍鼓舞，把《卦辭》一口道盡，直恁通暢，直恁快活。「則是」二字，直貫到「小人道消也」。中間兩「交」字，釋「泰」字義。「内外」釋「往來」之義。「陰陽健順，君子小人」，釋「大小」之義。先儒謂「天地交而萬物通」，天地之泰也。「上下交而其志同」，上下之泰也。「内陽而外陰」二句，造化之「小往大來」也。「内君子而外小人」三句，人事之「小往大來」也。愚又謂，「陰陽」是卦體，「健順」是卦才，「君子小人」是卦義。「内君子而外小人」，不獨説君子在朝，小人在野。只是信任之則爲内，疎遠之則爲外。「道長」「道消」，亦不是説但有君子，絶無小人。只是正氣足，則邪氣自消。「消長」，論道不論人也。堯、舜在上，下有共、驩。「泰」之時，安得無小人乎？

《彖傳》言陰陽者，惟否、泰二卦。自乾、坤至履，陽三十畫，陰三十畫，其數適相等。

然後爲三陰三陽之否、泰，「消長」之機，全視乎此。按《京氏十二辟卦》，泰爲正月之卦。

《象》曰：天地交，泰。后以財成天地之道，輔相天地之宜，以左右民。「財」與「裁」同。

天在下，而氣上升；地在上，而氣下降，故曰「交」，非六爻俱應之謂。「裁成」、「輔相」，《本義》分「過」、「不及」説。愚竊謂天地之道，由一氣渾淪中分别區處出來。「宜」，即道中之當然者，似難分作兩橛看。如天地有寒暑，聖人因而治曆。《堯典》「以閏月定四時成歲」，即「裁成」之義。天地能發育，聖人因之教稼。《大雅》后稷「有相之道」，即「輔相」之義。「左右」與「佐佑」同，古字通用，皆扶助之意。《詩經疏》：「能左右之曰以。」

初九，拔茅茹，以其彙，征吉。《象》曰：「拔茅」、「征吉」，志在外也。

大過初爻巽，巽爲陰木，取象於「茅」。泰初爻變，亦巽也，故取象同。「茹」者，根也。「初」在下，「根」之象。「彙」者，類也。「茅」之爲物，拔其根則類相連引。「茅」兼指「二」、「三」兩爻，「初」之同類也。「拔」之、「以」之者，「初」也，陽主進，故「征吉」。「初」與「四」應，故曰「志在外」。有「初」之志，以陽感陰；致「四」之應，以陰從陽。「泰道」實基於此。

九二，包荒，用馮河，不遐遺，朋亡。得尚于中行。《象》曰：「包荒」，「得尚于中行」，以光大也。

「二」爲成卦之主。内外陰陽，皆賴以調和浹洽，不但引同德爲己用，直使外卦之「六四」，率群陰以類從，休休之度，實能容之。「荒」，如鴻荒之「荒」。「包」，如天之包地。陰陽各安於内外，「包荒」之力爲多。「用」字貫下三句。「用」「包荒」之量以「馮河」，則可勇往圖濟。惟其能「包荒」，所以「不遐遺」，陰雖遠而不棄疎逖也。惟其能「包荒」，所以「朋亡」，陽雖近而不私親暱也。他卦言「朋」者，多屬陰，泰則以三陽爲「朋」。蓋一君子進，則衆君子亦進，固是太平盛事。或者意在汲引善類，而分别之見，未能泯然，失中道矣。「得」者，慶幸之詞，謂「初」與「三」皆泯其親比之跡，而忘其爲「朋」，乃「得尚于中行」也。「二」、「五」皆得中而相應，故曰「尚」，「上」合於「五」之「中行」也。《小象》只舉首尾，而贊以「光大」，「光」以心事言，「大」以度量言。此大臣以人事君之道。

九三，无平不陂，无往不復。艱貞无咎。勿恤其孚，于食有福。《象》曰：「无往不復」，天地際也。

楊誠齋曰：「『平』與『陂』相推，『往』與『復』相移。」愚按，「陂」，偏頗不平之貌。

「无平不陂」，外卦地道也。「无往不復」，内卦天道也。周公説此二句，不是諉之於天地氣運，要見倚伏循環，莫非自然之理，持盈保泰，正當及此時也。君子履「平」而知「陂」，觀「往」而知「復」，當極盛之時，廑艱危之慮，守己以「貞」，何「咎」之有？《黄氏日抄》云：「程朱皆以『孚』爲所期之信，楊龜山主人臣食禄而言，以『勿恤其孚』爲不阿意，以取信於上。惟徐氏云，『勿』憂而『孚』矣。今從徐解。」「恤」者，憂也。「孚」者，誠也。「勿恤其孚」，言世運升降，無足爲我憂，惟誠心以「孚」「四」，則陰陽交，而「泰」可長保，不但「无咎」，抑且「有福」。本卦《六五》之「以祉元吉」，《否・九四》之「疇離祉」，亦將共食此福也。「三」、「四」兩爻正交泰之際，「三」内卦之上，群陽所依以接陰。「四」居外卦之下，群陰所從以接陽。「三」曰「其孚」，「四」曰「以孚」，兩「孚」字正相應。《小象》提出「際」字，要人及時綢繆意。張横渠云：「因交與之際以著戒，能艱貞則享福可必。」二語包括《爻》、《象》之旨，極爲明白切當。

六四，翩翩，不富以其鄰。不戒以孚。《象》曰：「翩翩不富」，皆失實也。「不戒以孚」，中心願也。

「翩翩」，群飛貌。「鄰」，謂「五」、「六」兩爻。群陰視「四」爲進退，其鄰富矣。而「四」之心不以爲「富」者，因與「初」應，而爲「二」所包，又近與「三」比，衆君子既開誠以待小人，小人亦輸情而信君子。不待告戒之及，傾心「以孚」也。兩「孚」字相應。季彭山曰：「《象》言『失實』，謂三陰從陽，而不爲主，『不有其富』之義也。」愚竊謂凡陰在陽上，皆非其分。蓋小人之於君子，向來不過面交，而無忠信之實。今見君子無偏無黨若此，不覺爽然自失，翩翩然相率而來。其「孚」也，由於「中心」之「願」，與「五」之「中以行願」同。内外一心，陰陽合德，此其所以爲「泰」也。

六五，帝乙歸妹，以祉元吉。《象》曰：「以祉元吉」，中以行願也。

卦體陰陽交泰，而陰居尊位，陽反在下。「六五」以柔中之主，委心於「九二」剛中之臣，有王姬下嫁之象。又，中爻互體，上雷下澤，故周公即取象於「歸妹」。唐虞已有釐降之事，獨言「帝乙」者，程子謂「至帝乙而後正婚姻之禮」。《本義》謂「『帝乙歸妹』之時，亦嘗占得此爻」。按，《京房易傳》載「帝乙歸妹」之詞曰：「無以天子之尊而乘諸侯，無以天子之富而陵諸侯，往事爾夫，必以禮義，其務自貶損，以無加於娣」云云，此其可據者也。愚又按，《史記·殷本紀》以乙爲帝號者，成湯曰「天乙」，後十一世曰「祖乙」，又十一世曰「小乙」，又二世曰「武乙」，又二世曰「帝乙」，即紂之父也。郝仲輿云：「帝乙七祀，文王始立。立三十祀，而帝乙崩。然則文王正當帝乙之世，周公作《爻》，蓋據文考時王爲象。」朱罍庵云：「《周書》自成湯至於帝乙，罔不明德慎罰，是帝乙處商家泰道之終，故『六五』象之。『以祉』者，從中左右數，『四』、『上』兩爻爲『以』，以陰必從陽，以順必承健，以娣必尊君，無一人不禔之以福，是爲泰『五』之『元吉』。」愚按，「祉」字，從「九三」「福」字來。「以祉」者，以此受福也。德以下賢爲盛，故云「元吉」。「中以行願」，與「二」之「尚于中行」相應，「願」者何？陰陽和洽之謂也。「二」曰「尚」，「五」曰「歸」，一往一來之意。「二」曰「中行」，「五」曰「中行」，「上下交而志同」也。

上六，城復于隍，勿用師。自邑告命，貞吝。《象》曰：「城復于隍」，其命亂也。

「隍」，城塹也。有水曰池，無水曰隍。《程傳》：「掘隍土積累以成城，如治道積累而成泰。及泰之終，將反於否，如城土傾圮，『復于隍』是也。」愚按，「上」與「三」應，於「三」示其端，於「上」要其極。玩兩「復」字，其義自明。下兩句，先儒謂重「告命」，不重行「師」，泰至於「上」，已成土崩之勢。「命」之不行，自近者始，故云「自邑告命，貞吝」。愚按。此二句，與《夬·象辭》略同，曰「勿用師」，即「不利即戎」也。曰「自邑告命」，即「告自邑」也。聖人於一陰在上，示戒猶若此，況三陰在上乎？《夬·上》曰「終凶」，《泰·上》曰「貞吝」，夫子於此，指出源頭，曰「命亂」，治世之君，告戒在先，孚號之「危厲乃光」也。亂世之君，告戒在後，復隍之「自邑貞吝」也。運將否而方告，命亦何救乎？聖人貴未然之防如此。

䷋坤下乾上

否之匪人，不利君子貞。大往小來。

先儒謂泰則歸之天，否則責之人，故《卦彖》第一句便説「匪人」。《程傳》云：「天地不交，則萬物不生，是無人道，故曰『匪人』。」胡雲峰曰：「以天地言，陰陽不交，生道絶矣；以一身言，陽亢陰滯，元氣竭矣；以一心言，人欲爲主於内，天理緣飾於外，失其所以爲人矣。」潘去華曰：「聖人以致『否』歸咎小人，實亂本也。」皆就文作解。《本義》云：「『或疑『之匪人』三字衍文。」愚按，《卦辭》「之匪人」，即《彖傳》、《爻辭》「之小人」，與「比之匪人」句法同。若《卦辭》三字當衍，《彖傳》先當去此三字矣。吴草廬《易纂言》竟删去此三字，不但失聖人之旨，且非朱子存疑之意矣。

内三爻皆陰，小人用事，此時「君子」之「貞」，自然「不利」。「大往小來」，正説所以「不利」之故。然雖「不利」，而君子之「貞」斷不可少。天地間無此正氣，則一「否」不復「泰」矣。泰之爲「泰」，以卦之内外覘之，幸小人之在外也。故外卦多爲内卦之用，否之不終「否」，以爻之上下覘之，幸君子之在上也。故下卦不如上卦之善。主持世運，豈非人事哉！本卦與泰反對，「大小往來」之義，多從泰來。乾往居外，故曰「大往」。坤來居内，故曰「小來」。《本義》云：「又自漸來，九往居『四』，六來居『三』。」今據《卦變圖》，三陰之卦，皆自否來，則亦當云漸自否來，不當云否自漸來也。

《彖》曰：「否之匪人，不利君子貞，大往小來」，則是天地不交，而萬物不通也。上下不交，而天下无邦也。内陰而外陽，内柔而外剛，内小人而外君子，小人道長，君子道消也。「長」，上聲。

泰否二卦，各具乾坤之全體，上下易位，翻轉另是一世界。如禹、湯、文、武之時，一變而爲桀、紂、幽、厲矣。所以《彖傳》只就泰卦反面説，惟泰言「志同」，此則言「天下无邦」；泰言「健順」，此則言「剛柔」。蓋君臣不交，禍亂之本，國無人矣。雖有邦，與無邦同，尚何同志之有？「上下不交」，則有天地之形，無天地之用矣。故不言「健順」。朱啓莊曰：「天下有君子，不能無小人。聖人之心，則未嘗不欲天下盡爲君子，故於『小人道長』之日，一邊以利害喻小人，使不得肆毒於君子；一邊告君子，使急爲之地。至『君子道長』之時，則又恐其恃盛而用罔，或反召意外之禍。故又教以周防委曲，期於十全，必克而後已。其爲君子謀如此。」

《象》曰：天地不交，否。君子以儉德辟難，不可榮以禄。「辟」與「避」音義同。

「否」者，閉也。「天地不交」，正天地閉、賢人隱之時。《孔疏》以「儉德」爲「節儉」之義，非也。當從《本義》，作「收斂」解。君子處「否」時，有才不露，有善不形，一以收斂爲主。使天下不得物色加我，始能超然寵禄之外。其視寵禄之來，不以爲榮而以爲難，辟之惟恐不遠。「不可榮以禄」，謂人不可得而榮我，坤之「无咎无譽」，乾之「遯世无悶」，皆是道也。

初六，拔茅茹，以其彙，貞，吉亨。《象》曰：拔茅貞吉，志在君也。

初爻取象，與泰「初」同，要得聖人引誘小人之意。蓋「茅」，柔物也。《爻辭》若曰人才類聚，進退皆當以「貞」。否之「初」，猶然泰之「初」也。所謂「吉」而「亨」，即在此矣。《小象》亦提出一「志」字。蓋泰「初」與「四」應，志在外卦，陰來從陽，君子拔小人也。故勸以「征」則「吉」。否「初」群陰在下，志在得君，援引並進，小人自拔其類也。故戒之以「貞」則「吉亨」。《程傳》以此爻爲君子處下之道，於卦義似未甚合。愚又按，「志在君」，「君」字所以破小人自私自利之念。蓋小人之欲傷君子，祇爲身謀耳。若能從「君」起見，則必愛護善類矣。

六二，包承，小人吉，大人否亨。《象》曰：「大人否亨」，不亂群也。

《泰·二》曰「包荒」，《否·二》曰「包承」。先儒謂小人陰柔居中，亦自謂能禮賢下士，故曰「小人吉」。但泰「二」意在不擯棄小人，否「二」意主於籠絡君子，其包容承順，足以惑人，亦足以浼人，故曰「大人否亨」，非是則無以自絶於小人也。愚竊謂，小人之「吉」，即大人之「否」。此時留得一箇君子共圖休「否」之局面，便是「否亨」。不是身「否」而道「亨」，亦不是惟「否」乃「亨」之謂。「不亂群」者，謂不受小人之籠絡。此時朋黨未分，情面尚在。「包承」是小人之深心，「不亂群」是君子之本領，轉移世道，自此立基。

六三，包羞。《象》曰：「包羞」，位不當也。「當」，去聲。

「二」曰「包」，「三」亦曰「包」。「二」陰柔而中正，恐君子不覺其爲小人而受其「包」，故以「大人否亨」戒之。若「三」所居之位，不中不正，有識者所共知，其見棄於正人，久矣。乃欲效「二」之所爲，適自取羞辱而已，與《恒・九三》「或承之羞」義同。《象》以「位不當」斥之，見得含垢忍辱，非其本心，特所處不當耳。君子正當預爲之計也。

九四，有命无咎。疇離祉。《象》曰：「有命无咎」，志行也。

「否」過中將濟之時，君子可以出而有爲矣。「四」居外卦之下，能以義「命」自安，不肯躁進。孔子之得不得，曰有命；孟子不遇魯侯，歸之於天。皆自行其志，而「无咎」

者也。故《象》以「志行」表之。小人有群，君子有「疇」。惟其不亂群，是以「疇離祉」。「疇」指同德之陽，「離祉」者，受福也。「小往大來」，將復見矣。蓋君子當「否」時，必先自處於無過，而後可爲福，而後可爲「疇離」之福，由其自安於「有命」也。若依諸家作「君命」解，則一命甫膺，即群以爲受祉，欣欣然有釋屩彈冠之慶，聖賢氣象，豈若是乎？

九五，休否，大人吉。其亡其亡，繫于苞桑。《象》曰：大人之吉，位正當也。

否以「九五」爲主爻，陽剛中正，時「否」居休，不曰「否休」，曰「休否」者，見大人撥亂反正力量，元氣漸復，泰道將還，故「吉」。於此之時，下多柔媚之臣，皆曰「已安已治」矣。大人獨曰「其亡其亡，繫于苞桑」，不以近功小效自足，而以晏安酖毒爲戒。蓋古有此二語，而周公引之，似痛定思痛之辭，若曰幸而有今日，其不絕如綫者屢矣。諸家以「繫于苞桑」爲安固之道者，似非語意。《象》不曰「位中正」，而曰「位正當」，可見「九五」有德有位，方能轉「否」爲「泰」，萬世不拔之業，即在「其亡其亡」一念中矣。

上九，傾否，先否後喜。《象》曰：否終則傾，何可長也？

「上九」，「否」已終矣，可以「傾」矣，猶有懼心焉，制其「喜」而不敢「先」。「先否後喜」，即先天下而憂、後天下而樂之意，正與「其亡其亡」之君心相似。《象辭》二「則」字，有乘機遘會，許多事業在。「何可長」，言天下無久否之理，又見天道之盛衰，與人事之憂喜互藏，其機如此。

否泰兩卦，上下諸爻相應同。然泰「初」「征」而「四」「孚」，「二」「中行」而「五」「歸妹」，「三」「陂平」而「上」「城復」，但見上下相交之意。否「初」「拔茅」而「四」「有命」，「二」「大人否」而「五」「大人吉」，「三」「包羞」而「上」「後喜」，皆有不相交之意。故曰否泰反其類也。

京氏《卦氣》以泰爲正月之卦，順數已往；否爲七月之卦，逆數未來。愚按《圓圖》，泰以否對，自乾八卦至泰，自泰三十二卦方至否。《方圖》，泰以否繼，自乾八卦至泰，自泰一卦便至否，與京氏之説不相合。其間遠近參差，不知何以不同如此。先儒或謂《圓圖》之義，見泰易而否難；《方圖》之義，見泰難而否易。究竟所謂難易者，從何處索解，此等圖不作可也。

又按，泰易而否〔一〕，聖人所憂也。何六爻無一凶咎字？蓋陰陽之分，著於六爻，少則不及，多則過，泰與否皆平分。君子小人，並生於天地之間，至再變而成剥，方成小人世界，「否」時尚未是柔「剥」剛之候，聖人所以未加顯拒，當「初」之進也，則導之以

〔一〕按，據上文，「否」字後，疑奪一「難」字。

「貞」，於「二」則予之以「承」，於「三」則動之以「羞」，皆變化小人之微權也，「四」所以「有命」，「五」所以「休否」，「上」所以「傾否」，彼此相應，似非盡與君子爲難者，六爻無凶咎之占，或在是。

周易玩辭集解卷第三

海寧後學查慎行

䷌離下乾上

同人于野，亨，利涉大川，利君子貞。

卦體「二」「五」兩爻，皆以中正相應，只看一「人」字，便見大公無我之象。「同人」不「于國」、「于家」，而「于野」，非求諸寂寞無人之鄉也，要見天空地闊，了無障礙，來往大通氣象。在我，既無藩籬；於人，自無冰炭。「同人」之義，孰大於是？所以「亨」。自「二」至「四」，中爻互巽，「利涉大川」之象。張待軒曰：「與人同者，物必歸焉。」然未問所同之人，必先自問其人之何如。若是奄然媚世一流，縱使衆皆悦之，一遇風波，涣然而散，如何涉得川？行得通？「二」「五」居中得正，君子之交也，故曰「利君子貞」。

《彖》曰：同人，柔得位得中而應乎乾，曰「同人」。同人曰：「同人于野，亨，利涉大川。」乾行也。文明以健，中正而應，君子正也。惟君子爲能通天下之志。「同人曰」三字，《本義》云「衍文」。愚按，夫子舉文王《卦》、《彖》之辭，故著「曰」字，三字似不當衍。

楊慈湖曰：「與人和同之道，必以柔行之。柔而不得位則無勢，亦不能行。既柔又得位而不得中，則爲不得道，人心亦不服。『中』者，道之異名也。」愚按，一陰爲成卦之主，本卦與大有反對，大有「六五」以柔居剛，今來而爲「二」，故云「柔得位得中」。「應乎乾」指「九五」，徒柔不能以「同人」，必「應乎乾」，而以天德行之，乃可以「利涉」。凡卦以柔爲主者，皆然。履「悦而應乎乾」，大有「應乎天而時行」，與此義同。「文明以健」，統論内外卦德。「中正而應」，兼指「二」「五」兩爻，「明」則識見高，「健」則力量大，「中正」則無偏陂植黨之私，相應則無孤介自守之癖。所謂「君子正也」，天下人同此心，心同此理，吾得其正，此理自然流通。天下之志，即在吾方寸中矣。正處即是通處，不是將正去通他。中爻乾互巽，乘木舟虚，舟楫之利以濟不通。涉川者，通志之象也。

項平甫曰：「《卦辭》有『利涉大川』者，八卦非乾則巽。蓋北方屬水，乾行涉之。海居東南，巽木涉之。需、訟、同人、大畜四卦，皆以『乾行』爲象者也。蠱、益、涣、中孚四卦，皆以『巽木』爲象者也。」

《象》曰：天與火，同人。君子以類族辨物。

《本義》：「天在上而火炎上，其性同也。『類族辨物』，所以審異而致同也。」愚按，「天與火」合，則以無所不覆之體，兼無所不照之用，物物皆在照臨中矣，故曰「同人」。天下物類豈必盡同，夫子於不同之中，看出大同之象。同聲相應，同氣相求，「類族」也。推而至於男女别姓，官司分職，剛柔殊性，風俗異宜，「辨物」也。同者自同，異者自異；同之中有異，異之中有同，無一不在光天化日之下。非至明至健，其孰能與於此？蘇子瞻曰：「水與地爲比，天與火爲同人。比以無所不比爲比，同人以有所不同爲同。」吴臨川曰：「天之所生，各族殊分，法乾覆之無私者，於殊分之族，而類聚其所同，異中之同也。火之所及，萬物俱照，法離明之有别，而辨析其所異，同中之異也。」

初九，同人于門，无咎。《象》曰：出門同人，又誰咎也？

「門」指「六二」，兩户爲門，陰畫偶，有「門」象。同人與隨之「初九」、節之「九二」，皆前遇偶，故謂之「門」。本爻九與「四」無應，近與「二」比，出門相遇，無心於同而同，所以「无咎」。《小象》加一「出」字，更覺心胸曠然。「三」、「四」與「五」争「二」，而不與「二」争「初」。親者不得議其黨，疏者不得議其薄，又誰得而咎之？人情大抵於門内多私，出門則無柴栅之隔，當離之初，未爲私欲所蔽，故其象如此。

六二，同人于宗，吝。《象》曰：「同人于宗吝」，道也。《小象》「吝」字，當屬上讀，「道也」二字，自爲句。

胡雲峰從互卦看，謂：「『二』往同『五』，復成離；『五』來同『二』，復成乾，各反其本，是之謂『宗』。『同人于宗』，似不失『六二』之正，較之『于野』之同，則亦係於私矣。故『吝』。」愚謂，「宗」指「五」，當從舊説。「六二」一陰，乃上下五陽所同，而不苟同於諸陽。正應者，惟「九五」，所謂「君」之、「宗」之也。以交道言，專有所主，似近乎隘，而有吝象。合兩爻觀之，「二」以柔中正，應「五」剛中正，見得明，守得定，「三」「四」兩陽，不能勝我，我卒能勝之。「五」之「大師相克」，非特剛克，亦柔克也。《象》申以「道」之一字，道不苟同，雖「吝」何傷哉？諸家讀《小象》者，向以「吝道也」爲句，竊從《困學記》，還《爻辭》原文。

九三，伏戎于莽，升其高陵，三歲不興。《象》曰：「伏戎于莽」，敵剛也。「三歲不興」，安行也？

離爲戈兵戎象。中爻互巽木，莽之象。周公摹寫小人情狀，窺伺憑陵，一一在爻中發露。剛而不中，在「五」之下，有「伏」象；在「二」之上，有「升」象。「伏戎于莽」，仰而俟「五」之隙；「升其高陵」，俯而覘「二」之動，其意總在離「二」「五」之交，然以「三」

求「二」，理既不正；以「三」攻「五」，勢又不順。所以持久而不敢發，又爲「三歲不興」之象。夫子恐人誤以爲攻「二」也，故云「敵剛」。「安行」，猶云「行將安往」，與《九四》「弗克攻」義同。一爲勢屈，一爲理屈也。

九四，乘其墉，弗克攻，吉。《象》曰：「乘其墉」，義弗克也。其吉，則困而反則也。

「墉」指「九三」。離中虛外周，象「墉」，「九三」爲「六二」之「墉」，「四」亦欲得「二」，而隔於「三」，不中不正，居内卦之上，有「乘墉」象。「乘墉」而「攻」，似有可克之勢，而曰「弗克」，非勢不順，「義弗克也」。「義」者，「二」「五」相與之義。「四」之「乘墉」，乃忌人之同，而伺釁以離間之。豈知「二」「五」相與之義，同心斷金，非間之所能入哉？既「弗克」矣，更有何「吉」？《小象》申之曰：「其吉，則困而反則也。」「則」即「義」也，「義弗克」便是「困」，「困」而知反，不相攻擊，便是「義」，便是「則」，便是「吉」。六爻惟「三」「四」不言「同人」，以攻取盡人情之變也。

九五，同人先號咷，而後笑，大師克相遇。《象》曰：同人之先，以中直也。大師相遇，言相克也。

「五」與「二」正應，「初」爲「三」「四」所隔，結轖之氣，矢口發聲，有「先號」象。及

「三」「不興」，「四」「弗克」，則「二」「五」仍相遇矣。歡暢之情，非可言喻，有「後笑」象。一説，陽主笑，陰主哭。「號咷」指「六二」，「笑」指「九五」，「先號」，「後笑」，由「大師既克」而「相遇」之後。追論如此，其義亦通。「中直」與「中正」同，困「九五」亦然。以「相遇」歸之「相克」。蓋讒間之人，非大加懲創，則不能杜其隙。此之謂「乾行」。

朱罍庵曰：「卦以二體爲二人，無小人以間之，故涉險而易通。爻以六位爲六人，有小人以間之，故用師而始克。天下之以間而離者，可勝言哉！」楊誠齋曰：「師莫大於君心，而兵革爲小。克莫難於小人，而敵國爲易。」又是進一層解。

上九，同人于郊，无悔。《象》曰：「同人于郊」，志未得也。

「于郊」與「于野」不同，「野」者，曠遠之地，「郊」則近在邑外。《爾雅》：「邑外謂之郊。」《周禮》：「王國之外，五十里爲近郊。」「上」居卦終，下無應與，不與人同者也。以其不爲苟同，則可以「无悔」。以其孑然孤立，則「志未得行」。夫君子隱居求志，當「通天下之志」以爲志，而乃潔身自遠，所爲同志者，不過耦耕之沮溺、荷蓧之二子而已。如「同人」何？然聖人則固以爲「斯人之徒」也，故於卦終致慨焉。

鄭孩如曰：「卦之相應者，『二』、『五』而已，不能盡六爻而同之也，而名之爲君子之正，『二』君子也。『三』、『四』皆欲同之，而聖人以爲譏。天下亦有小人而附於君子者，不得以其附君子而君子之。其與君子同，亦私也，故必曰『中正』而應。然則所謂『同人』者，豈必盡人而同？吾能如野，不論人之多與寡也。」張彦陵曰：「卦之得名，以五陽同一陰，不曰五陽應，而曰『應乎乾』。見得『同人』之道，止在同德相應，不必以上下俱同爲同也。」

䷍乾下離上

大有：元亨。

一陰居尊而虚中，上下五陽，皆其所有，而不自以爲有，所以成其大。凡卦稱「大」者，例以陽得名。大有以一陰統五陽，大畜以二陰畜四陽，大過四陽過於中，大壯四陽壯於下，皆是也。「元亨利貞」，本乾之四德，坤、屯、臨、无妄、革諸卦言四德者，皆有益詞，大有「元亨」，大壯「利貞」，無益詞矣。大有不言「利貞」者，柔專主也。大壯不言「元亨」者，剛太盛也。

《彖》曰：大有，柔得尊位大中，而上下應之，曰「大有」。其德剛健而文明，應乎天而時行，是以「元亨」。

楊誠齋曰：「同人、大有反對，一柔五剛，同也。柔在下者，曰『得位得中而應乎乾』。柔在上者，曰『得尊位大中，而上下應之』。其堯之垂裳，舜之恭己乎？」趙汝楳曰：「『五』以下諸陽，下應也，是爲人助。『五』以上一陽，上應也，是爲天祐。」愚按，《易》以上卦爲尊，陽爻爲大，「尊位大中」專指「六五」一爻。「剛健文明」以下，則兼上下兩體，而贊其德。提出「德」字，仍以「大中」爲主。「上下」之「應」，應乎此也。離雖陰卦，却有「文明」之象。凡柔近乎暗，剛近乎明。暗者欲其明，明者又欲其健。司馬温公曰：「柔而不明，則前有讒而不知，後有賊而不見。明而不健，則知善而不能舉，知惡而不能去，皆亂亡之端也。惟『應天而時行』，則健不過剛，明不好察。居不失中，行不失時，天下雖大，元氣貫通，更無一毫阻隔。是以『元亨』。」《説統》曰：「『上下應之』者，衆陽應乎『六五』也。『應天時行』者，『六五』應乎乾陽也。此正所謂『厥孚交如』。」

《象》曰：火在天上，「大有」，君子以遏惡揚善，順天休命。

「火」，非水火之「火」，乃天地陽明之氣。陽氣萌於子，極於午。午者，離南正位也。「火在天上」，日月有明，容光必照。物之善惡，未嘗不並生並育其間，使必斤斤其明，見一惡從而罰之，見一善從而賞之，非「大有」之象矣。唯於惡則遏之，所謂禁於未形也。於善則揚之，所謂樂與人同也。以此應天，是爲「順天」。以此受命，是爲「休命」。《本義》云：「天命有善而無惡。」直溯源頭，不是福善禍淫、奉行天命天討之説。

初九，无交害。匪咎，艱則无咎。《象》曰：大有初九，「无交害」也。

程、朱謂初爻處卑，而未涉乎害。楊龜山、蔡節齋皆謂無交而有害。詮釋多不甚明了。竊以管見測之，「初」與「四」不相應，比「二」而不相得，又遠於「五」，「无交」之象。上有交乎之主，而在下「无交」，似害於大倫而有咎。然此匪其咎也，惟不艱則有咎，若「艱則无咎」矣。《北門》之詩曰：「終窶且貧，莫知我艱。」此「艱」字之義。錢田間曰：「當大有之世，諸陽上下皆應，獨『初』剛正自守，處艱難之地，不求上交，譬諸構明堂世室，良材輩出，而偃松瘦柏自託於幽巖邃谷中，不必盡登廊廟。適足見天地之大。巢、許不仕堯，黄、綺終辭漢，於大有之君，何損乎？《小象》就《爻辭》以釋之，曰『无交害』，謂无交亦无害，所以堅其克艱之志也。」

九二，大車以載，有攸往，无咎。《象》曰：「大車以載」，積中不敗也。

「五」虛中以應「二」，凡大有之任，皆萃於「二」，而「二」受之不辭者，惟其爲「大車」也。車以載物，必量其所受，以「大車」而任重，減之不覺少，增之不見多，自然無往不利。《小象》「積中」二字，補《爻辭》所未言。大有之「九二」，與鼎之「九四」，皆陽居陰位，而成敗相反者，一中一不中也。天下事權有重輕，器量有大小。器不足以容，則爲「覆餗」。量有餘於載，則爲「大車」。故授任者當器使，受任者當自量，亦視其中之所積而已矣。非「大車」，其能免於覆轍乎？吕伯恭曰：「大臣之位，百責所萃。震撼擊撞，欲其鎮定；辛甘燥濕，欲其調燮；盤錯棼結，欲其解紓；黯闇污濁，欲其茹納。如『大車』之『積中』，而後可也。」

九三，公用亨于天子，小人弗克。《象》曰：「公用亨于天子」，小人害也。「亨」，當作「享」。

「初」與「四」正應，而不相得，由「无交」，故遠害。「三」居内卦之上，而與「四」比，近交離體。離爲戈兵，故疑於相克。「公」似指「三」，「天子」似指「五」，「小人」似指「四」。「用亨」之義，先儒或云「亨」字當作「享」。《春秋傳》晉文公將納王，使卜偃筮之，得此爻，曰「吉，戰克而王享」，此其證也。愚按，《本義》「『六五』虚中下賢」，則「三」之「用亨」，乃以剛正之德輸之於「五」，所謂「嘉謀」「入告」是也。《小象》「害」字，從「初九」來。睽卦離在上，曰「見惡人」，此曰「小人害」。彼兑水受火制，此則乾金畏火克。「小人」意在害「君子」，而弗能克，由「三」之剛正也。

九四，匪其彭，无咎。《象》曰：「匪其彭，无咎」，明辨晢也。

「六五」柔中，諸陽本爲所有，而「四」爲之領袖，則疑爲「四」之彭。「彭」者，盛多之貌。「其」者，「四」自謂。「匪」者，不然之辭。「四」不以諸陽爲「其彭」，可謂善遠權勢矣。由其離體，見事明晳，當局不遠，故無震主之嫌。「晳」音「制」，與《詩》「明星晣晣」同。

六五，厥孚交如，威如，吉。《象》曰：「厥孚交如」，信以發志也。「威如」之吉，易而无備也。

「五」柔中，「二」剛中。君臣相應，上孚於下，下孚於上，不啻如朋友之交，而君臣之等威仍不失，故曰「厥孚交如，威如，吉」。後世君尊臣卑，中不相信，乃致飾於外，以威嚴臨之。文明柔順之主不然，其位彌尊，其體彌降。馬文淵一見光武，袒幘坐迎，服其豁達，是之謂「信以發志」、「易而无備」也。

上九，自天祐之，吉无不利。象曰：大有上吉，「自天祐」也。

「六五」言大有之德，「上九」言大有之福。以爻位言，「五」爲君位，「上」則天位也。先儒謂「大有上吉」，事關全卦，非止一爻。陸庸成曰：「大有之世，保終之道，慎於履始，必有克艱之初，而後有『天祐之』上。故「初」曰『大有初九』，「上」曰『大有上吉』，獨本末見『大有』焉。」

☶艮下坤上

謙：亨。君子有終。

朱啓莊曰：「大有之後，繼之以謙，明乎非有之難，有而不居其有之難也。」愚按，本卦與豫反對，一陽互易，在「三」「四」之際。聖人取其自上而退處於下者爲謙，自下而奮出乎上者爲豫，此觀畫立象之本旨也。謙以處世，無不亨之理。「君子」，專指「九三」，以言其尊，則在下卦之上。以言其卑，則居上卦之下。自其行無不得言，則曰「亨」。自其行之不已言，則曰「有終」。謙之一言，君子固終身行者也。「有終」，不是説效驗，若謂先屈而後伸，毋乃疑於前恭後倨乎？虞翻曰：「艮終萬物，故『君子有終』。」潘雪松曰：「功逾高，心逾下，碩膚有几几之安。德彌盛，禮彌恭，既耄有抑抑之戒。此君子之有終也。」

《彖》曰：謙，亨。天道下濟而光明，地道卑而上行。天道虧盈而益謙，地道變盈而流謙，鬼神害盈而福謙，人道惡盈而好謙。謙，尊而光，卑而不可踰，君子之終也。

艮陽在坤之下，「天道下濟」也。「濟」與「際」同。剛畫在上，陽氣發見，光明之象。

坤陰居艮上，「地道卑而上行」也。此就卦體釋「亨」義。天地之「謙」，只在氣機上説。「天」與「地」對舉，則山在其中。「盈」者，「謙」之反，「天道虧盈」三句，起下「人道」一句，語雖平，而意側重「謙」一邊。「虧盈」以氣言，「變流」以形言，「害福」以理言，「好惡」以情言。歐陽永叔曰：「此聖人極論天人之際也。《春秋》雖書日食星變，孔子未嘗道其所以然。曰天地鬼神不可知，爲其可知者，人而已。日中必昃，月盈必缺。天，吾不知，吾見其盈虧於物者矣。草木之盛者，變而衰落之。水之下者，進而流行之。地，吾不知，吾見其變流於物者矣。人之貪滿者多禍，守約者多福。鬼神，吾不知，吾見其人之禍福者矣。此據其迹之可見者爾。若人，則可知者，故直言其情，曰『好惡』。其知與不知，異辭也。參而會之，與人無以異也。」愚又按，「謙」之爲道，統造化人事之全，而本於一心。自治之學，此君子進德無窮之境，故曰「德之柄」。

又按，「謙」者，以尊下卑之義。惟居尊而不自尊，所以爲「謙」。若居卑者，其「謙」何待言？如此，則夫子但云「謙尊而光」可矣，又云「卑不可踰」，何也？義在豫之「六二」，所謂「上交不諂，下交不瀆」也。上下各有劑量，君子因物付物，不亢不卑。小人則爲脅肩諂笑矣。豈惟傲爲凶德，謙固有道也。「尊而光」，以德言；「卑不可踰」，以理言。人情一時勉强，未必能久於其道，故曰「君子之終」。

一陽統五陰之卦，凡六：師、比、謙、豫、剥、復是也。《象傳》於師、比等五卦皆指出一「剛」字，惟謙則否。謙不貴剛也，「謙」之反爲「傲」，不曰「傲」而曰「盈」者，「傲」是驕人，「盈」是自滿。自滿而後驕人，聖人惡其盈也。若不自滿假，則傲何由生？

《象》曰：地中有山，謙。君子以裒多益寡，稱物平施。「稱」，去聲。

卦體地下有山，不曰「地下」，而曰「地中」者，臨川鄒氏云：「是實象，如深谷爲陵，是『地中有山』，而深者可以獲益。」《黄氏日抄》則云：「豈必實有其事，特取象耳。」愚竊謂，萬仞之山，其巔高出地上，其趾則深入地中，知地中之有山，則知山下於地，乃自上下下之象，而「謙」之義得矣。君子於此，得「裒多益寡」之道，就心源理欲上酌劑。「謙」是天理用事，「盈」是人欲用事。去一分人欲，便增一分天理。「益寡」無工夫，工夫在「裒多」上，「裒」之所以爲「益」也。「稱物平施」，其權操之自我，如以秤秤物，物有輕重，持其平者，則在人。要歸於「稱物」而已矣。《漢書・律曆志》云：「權者，所以稱物平施，知輕重也。」此其義。凡上人之心多，而施不得其平，只爲見有我，不見有物耳。張彦陵曰：「須先認『物』字明白。夫子不言人己而言物者，置吾身於萬物之中，作一例看。既無彼此對待之形，種種不平之念，從此化矣。」愚又謂，「平施」亦從自己心上酌劑，不從物上起見也。

初六，謙謙君子，用涉大川，吉。《象》曰：「謙謙君子」，卑以自牧也。

卦以「謙」名，「初」居最下，謙而又謙者也。中爻互坎，坎在前，有「涉川」象。「用涉」與「利涉」不同，謂用此謙德以涉川，居後而不與人争先也。一説，人知謙者之能退，而不知謙者之能進，故必取「涉川」之象，何用不臧，故曰「吉」。「自牧」者，反身之謂，如牧牛牧馬，有降服馴養之功。卑者牧之於「初」也，學問事功，原無底止，君子之「卑以自牧」，從始至終，只見自家之不足，雖欲多上人，得乎？

六二，鳴謙，貞吉。《象》曰：「鳴謙，貞吉」，中心得也。

「二」，柔順中正，與「九三」相比，故以陰陽唱和，寄之於「鳴」。蘇子瞻曰：「謙之所以爲『謙』者，『三』也。其『謙』也以勞，故聞其風者，莫不相從以『謙』。『六二』其隣也，『上六』其配也，皆和之而『鳴』於『謙』。『二』處内卦之中，故『貞』而『吉』。」愚謂，「鳴謙」者，言辭之謙也。聖人恐人疑於外飾，故云「中心得」。「六二」居中翕受，其辭和。禹拜皋陶之謨，曰：「師汝昌言。」諸葛孔明發教府屬，令勤攻己過，皆發於此心之誠，《小象》所以云「中心得」。「上六」誓衆出征，其辭危。湯放桀，而曰「惟恐來世以台爲口實」。武王伐紂，而曰「余小子夙夜祗懼」，皆不得已而有言。《小象》所以云「志未得」。「中心」字與「志」字相應，「鳴」者，「心」之聲也。若依《注疏》，作「以謙有聞」解，則聞人譽己，囂囂自得，竊恐於聖人語意不合。

九三，勞謙，君子有終，吉。《象》曰：「勞謙君子」，萬民服也。

「三」爲成卦之主，一陽在五陰之中，以剛居剛，而止體凝然不動。艮，「勞」卦也。履得其位，群陰所宗，承上接下，「勞」之象。「君子有終」，與《彖辭》同。周公於《爻辭》，亦第推其「勞」，而要其「吉」。「勞」而能「謙」，則不施「勞」，舜之贊禹曰：「汝惟不矜，天下莫與汝爭能。汝惟不伐，天下莫與汝爭功。」非「勞謙」而「民服」乎？「萬民服」，即人道好謙之公心，所謂「有終之吉」者，以此。

六四，无不利，撝謙。《象》曰：「无不利，撝謙」，不違則也。

「四」交坤順之體，以柔居柔，在上卦之下，何不利之有？「撝」，與指麾之「麾」同。《程傳》所謂「施布之象」，動容周旋，無不中禮，乃無不利。《本義》云：「居九三之上，更當發揮其謙。」其義難曉。愚竊謂，「鳴謙」者，宣之於口。「撝謙」者，措之於躬。「六四」位尊於「三」，以柔乘剛，無功而在功臣之上，危地也，必也卑躬折節，尊賢而尚功。人或疑其足恭，故《象》以「不違則」表之，「則」者，卑而不可踰之義。

六五，不富以其隣，利用侵伐，无不利。《象》曰：「利用侵伐」，征不服也。

六爻惟「五」不言「謙」。蓋人主之謙，不在屈體，而在虚受，富有四海，守之以

「謙」。「不富」者，其中虚也。「隣」與「不富」，皆指群陰。凡陽稱「富」，故《小畜·九五》曰「富以其隣」；陰稱「不富」，故《泰·六四》曰「不富以其隣」，與此同。「五」居尊無應，有征伐之象。何閩儒曰：「治天下者，苟非好大喜功，即四征九伐，不礙其爲『謙』也。」愚謂，征伐者義在求勝，本非「謙」象。《爻辭》乃推極言之，以見謙道之合人心。「五」爲坤主，衆陰皆其隣，惟不恃其衆，乃能用衆。《書》曰「臣哉！隣哉！」稱臣爲隣，亦謙辭也。「不服」，「服」字從《九三·小象》來。「謙」者，民無「不服」。其或「不服」，即用以「侵伐」，而亦「无不利」，夫子補周公所未言，往往如此。

上六，鳴謙。利用行師，征邑國。《象》曰：「鳴謙」，志未得也。可用行師，「征邑國」也。

先儒多謂「上六」處順之極，位高而得衆，發號施令，可以無往不利，而惟「用行師」，以征己之「邑國」，即此便見其「謙」。「鳴謙」者，聲罪致討之中，有引慝責躬之意。《象》曰「志未得」，謂其志本非高亢，而位居卦之上，似與志違，前云「得」，此云「未得」。一中一不中也。愚按，「五」、「上」兩爻，皆取征伐之象者，蓋謙與豫反對，《豫·象》云「利建侯行師」。謙之「二」、「三」、「四」、「五」，即師之「二」、「三」、「四」、「五」也，中爻互震，爲大塗，行之象。坤在外卦，邑國之象。「行師」者，多在外也。舊注以爲「上六」

自征其邑國者，非也。「上」所征之「邑國」，即「五」所「侵伐」者。「上」奉「五」命以往，故不曰「侵伐」，而曰「征」。先儒又云「人主之謙，合天下以爲量，而有人焉，謙德所不能服，不得不用師以征之。故湯武之征誅，同堯舜之揖讓」。愚又謂，「滿招損，謙受益」二語，禹征有苗，自伯益發之。因人之未服，退而修德，此出征用謙之證。《小象》不曰「利用」，而曰「可用」，深許之也。

王輔嗣云：「六爻雖有失位，無應乘剛，而無凶咎悔吝，以謙爲主也。」愚按，下三爻皆言「吉」，從艮上來。上三爻皆言「利」，從《坤・象》來。

☳☷ 坤下震上

豫：利建侯行師。

卦名取和樂爲義。「九四」一陽，上下應之，和樂之象。外卦震，長子主器，侯象。內卦坤爲衆，師象。屯有震，言「建侯」；師兼坤、坎，言「師」；豫，震與坤合，又互坎，故兼二者言。又，卦體震動於坤之上，故「利建侯」。坤順於震之下，故利「行師」。愚按，《國語》晉文公將歸國，筮，「得貞屯、悔豫，筮史皆曰：『不吉。』司空季子曰：『吉。是皆利建侯。坤，母也。震，長男也。母老子彊，故曰豫。其《辭》曰：「利建侯行師。」居樂、出威之謂也。得國之卦也。』」韋昭注：「居樂，謂坤在內〔一〕。出威，謂震在外。」

《彖》曰：豫，剛應而志行，順以動，豫。豫順以動，故天地如之，而況「建侯行師」乎？天地以順動，故日月不過，而四時不忒。聖人以順動，則刑罰清而民服。豫之時義大矣哉！

《本義》：「『九四』一陽，上下應之。」與大有「柔得位而上下應」義同。此不云「得位」者，剛居柔位故也。愚按，《彖傳》無「上下應」之文，「剛應」，只據「初」、「四」兩爻說。「志行」，則從「應」字生來。「順以動」，明所以「應」之之故。皆據卦體贊卦德。「天地如之」者，言天地不過如此「順動」而已。「建侯行師」，雖國家大事，較之天地則小矣。「天地以順動」，順其自然之氣。「日月」、「四時」，非兩事，惟「日月不過」，所以「四時不忒」，如夏至，晝六十刻，夜四十刻，其時則暑；冬至，晝四十刻，夜六十刻，其時則寒是也。「聖人以順動」，順其當然之理。民莫不惡死而貪生，「清」者，非廢刑罰而不用也，當其罪，則「刑清而民服」。所謂以生道殺民，雖死不怨也。「謙」，禮也。「豫」，樂也。大禮與天地同節，大樂與天地同和，故兩卦皆推極言之。

〔一〕按，「坤」，四部叢刊本《國語》作「母」。

愚按，《易》有時，有用，有義。《彖傳》贊「大矣哉」者，豫、隨、頤、大過、坎、遯、睽、蹇、解、姤、革、旅凡十二卦，言「時義」者，豫、遯、姤而已。夫子於六十四卦中偶舉十二卦，欲人於每卦《卦辭》涵泳於意言之外，非謂此外諸卦無時、無用、無義也，亦猶十九卦之言「上下」「往來」，豈卦變止於十九卦乎？

《象》曰：雷出地奮，豫。先王以作樂崇德，殷薦之上帝，以配祖考。

不曰「雷在地上」，而曰「雷出地奮」者，自復之後，歷臨、泰二卦，潛閉既久，奮迅而出，鼓動和氣，發揚生機，通暢和樂，豫之義也。先王因之以作樂，自三代以上皆然。樂由天作，天作以震。蘇明允云：「雷以神用，用莫神於聲。故聖人因聲以爲樂。」是已。愚又按，樂以象功，舞以昭德，古樂未有不用舞者。「作樂崇德」，舉大略言之。「崇」者，闡揚光大之謂。「殷」，盛也。《禮》有「殷薦殷奠」，「樂」亦以「殷薦」爲極盛。薦上帝，配祖考，一是仁人享帝，一是孝子享親。總暢吾心之和，以洽天地神人之和，不必援郊祀后稷以配天、爲冬至祀天而配祖、宗祀文王於明堂以配上帝、爲季秋祀上帝而配考之舊説，只憑周制抹却上古帝王之樂也。

初六，鳴豫，凶。《象》曰：「初六鳴豫」，志窮凶也。

陰柔居「初」，而與「四」應，恃上有强援而荒於逸豫，志滿樂極，開口驕人。「鳴豫」

便是「凶」象。《荀九家》云：「陰陽相應，故鳴。」愚謂凡鳴者，又必心與口相應，故謙之「六二」，中孚之「九二」，一曰「中心得」，一曰「中心願」。豫之「初六」，反對即《謙》之「上六」。「鳴謙」者，有不樂居「上」之意。「鳴豫」者，有自滿於「初」之意，在「初」即鳴，無遠大之志可知。「志窮」者，謂其器量已盡於此也，善處「豫」者，其惟中正之「六二」乎？

六二，介于石，不終日，貞吉。《象》曰：「不終日貞吉」，以中正也。

《説文》：「介，分疆也。」愚按，凡物兩間爲介，中爻自「二」至「四」互艮，有「石」象。「二」居「初」、「三」兩陰之間，「初」與「四」應，以「鳴豫」致「凶」。「三」與「四」比，以「盱豫」有「悔」。惟「二」於義利之「介」，見得分明，不爲「豫」境所溺，無應無比，「介于石」之象。「不終日」者，無遲回瞻顧之意，與下「盱」字、「遲」字相應，見幾明決，「貞吉」可知。《小象》推本於「中正」，此卦此爻所獨也。

蘇子瞻云：「以陰居陰晦之極，静之至也。以晦觀明，以静觀動。凡吉凶禍福之微，如黑白之判於前，是以動静如此之果，『介于石』，果於静也。『不終日』，果於動也。故孔子以爲知幾。」愚又按，比卦諸爻，内外皆以比「五」爲義，「上」以「无首」得凶，惡其後時也。豫卦諸爻，凡與「四」應者、比者，非「悔」則「凶」，「二」以「介石」得「吉」，嘉其先幾也。

六三，盱豫，悔。句。遲有悔。《象》曰：「盱豫」有悔，位不當也。《本義》以「盱豫」二字爲句，「悔」字連下爲句，今從《程傳》。

《程傳》謂：「盱，上視也。」「三」不中正，上視「四」，不爲所取，故「有悔」。然「四」爲卦主，遲而不前，亦「有悔」。愚按，人之處順境者，一入其中，不覺因循繫戀，君子審於事先，其決幾也早。衆人迷於當局，其見事也遲。「二」居中得正，「三」不中不正。「盱豫遲」與「不終日」，彼此相反。聖人提出一「悔」字，以動其良心。又就「悔」處，轉出一「遲」字，以策其速改。「三」與「四」比，有伺門牆承色笑之象，故曰「盱豫」。「盱」者，張目企望也。《小象》以爲「位不當」，要見乘時得勢之徒，與其近而相取，不如遠而不相得。凡《易》中言「位不當」者，皆須從所處之地會通之。

九四，由豫，大有得。勿疑，朋盍簪。《象》曰：「由豫，大有得」，志大行也。

一陽爲卦主爻，五陰皆由之，以得「豫」。剛應而志行，「由豫」之象。「大有得」者，一剛得五柔之象。「初」與「四」應，「三」、「五」與「四」比，「上」與「四」同震體，惟「六二」以中正自守。「四」若以爲異己而疑之，朋黨之嫌生矣。惟「勿疑」而化異爲同，則「二」亦吾朋，其「志」不「大行」乎？合《爻辭》、《小象》觀之，其義甚明。舊注以「大有得」爲占辭，與經文似不合。「朋盍簪」，從「大有得」來，「朋」者，五柔合一剛之象。晁以道云：「古冠服無簪。」程可久闢之，謂「簪」即弁服之「笄」也，所以括髮。「四」以一陽括衆陰，猶以一簪括諸髮，「盍」義與「合」通。

六五，貞疾，恒不死。《象》曰：「六五，貞疾」，乘剛也。「恒不死」，中未亡也。

愚按，「六五」一爻，得恒卦上體之中畫，受本卦震東之生氣，雖受制於「四」，而不失其中者也。「疾」與「豫」反，「五」居君位而有「疾」，猶云「弗豫」也。「貞」者，久也，以柔乘剛，理當有「疾」。尸居餘氣，奄奄一息，孱主也。中爻自「三」至「五」互坎，爲加憂，爲心病，「貞疾」之象。「疾」則隣於死矣，而「恒不死」者，以「中」也。外常憒憒，内常惺惺。「中」者，人之命脉。一日「未亡」，一日「不死」。「四」剛而「五」柔，臣强則主弱。周既東遷，猶傳二十餘世，非「貞疾」、「恒不死」之象乎？

上六，冥豫成，有渝，无咎。《象》曰：「冥豫」在上，何可長也？

朱與三曰：「『上』以陰柔處豫極，沉冥汩没，疾已成矣，似不可改矣。然物極則變，『上』又震體，故發『有渝』之象。可見重陰晦昧中，一隙之明，未嘗錮蔽。纔一動念，覺人世悦豫之境，本無久長之理，本無足耽，何不可變之有？『成』而有『渝』，則不終於

『豫』而『无咎』矣。《爻辭》於『三』之『悔』，猶懼其遲，於『上』之『冥』，深冀其改。『鳴豫』言『凶』，遏其端於始。『冥豫』言『无咎』，開其善於終。」愚按，《小象》曰「何可長」，謂急宜改圖也，即「有渝无咎」之義。

又一說，「成」，如《春秋》「求成」之「成」。「渝」如「渝盟」之「渝」。「渝」者，變也。變則爲晉，明出地上，故無冥暗之「咎」，凡言「渝」者，當以變卦觀之。「渝安貞」、「官有渝」、「成有渝」皆是也。

胡雲峰曰：「《卦辭》只一『豫』字，而《爻》之言『豫』者不同。『初六』、『上六』，逸豫也；『六二』幾先之豫也；『六三』之『遲』，猶豫也；『九四』，和豫也；『六五』之『疾』，弗豫也。《卦辭》主『九四』，剛應『志行』，以德言。《爻辭》則諸爻於『九四』，以勢位言。」

李宏甫曰：「《彖辭》、《彖傳》極言致『豫』之盛，而《爻》與《象》極言享『豫』之禍。蓋亡國敗家，相尋不絕者，咸以『豫』也。」愚按，《雜卦傳》所云「豫怠」，正是此義。可見世道不可無「豫」，人心不可有「豫」。

䷐震下兑上

隨：元，亨，利，貞，无咎。

「隨」，從也。六爻不論應否，只論近比。「初」隨「二」，「二」隨「三」，「三」隨「四」，「五」隨「六」，多取以下從上之義。先儒云，隨之爲卦，小卦也。於世則爲隨俗，於己則爲隨意。世道若此，不成世道。士生斯世，須得盡美盡善之道，方有安身立命處，故以「元亨利貞」歸之，謂必如此，乃得「无咎」也。

《彖》曰：隨，剛來而下柔，動而説，隨。大亨貞，无咎，而天下隨時。隨時之義大矣哉！

本卦與蠱反對，蠱下卦是巽，今爲震而來，居於兑之下，所謂剛來下柔也。《本義》釋卦變者凡十九，據《卦變圖》云：「凡三陰三陽之卦，皆自否、泰來。」隨乃三陰之卦，則當云自否來矣。今云自困「九」來居「初」，又自噬嗑「九」來居「五」，而自未濟來者，兼此二變，皆剛來隨柔之義。竊所未詳。胡雲峰《通釋》置之不論不議。愚又按，卦變之説，漢儒只取兩卦中陰陽互易，未有合三卦而言變者。今就本卦推之，若論卦變自乾、坤來，則坤之「初」居「上」而爲兑，乾之「上」居「初」而爲震，是謂剛來下柔，此一解也。

《程傳》主此説。若論三陰之卦皆自否來，則應云否外卦「上九」之剛來居下卦之「初」，而剛柔易位，此又一解也。《本義》皆不然，而雜引諸卦，各言一爻之變。然則内卦亦可云自咸九來居「初」，外卦亦可云自益九來居「四」矣，不識朱子何説處此？他如无妄之剛自外來，亦從反對卦得象，謂大畜外卦之艮來居无妄内卦而爲震也。《本義》則云，爲卦自訟而變，九自「二」來，而居於「初」，「初」、「二」兩爻同在内卦，可謂自外來乎？似與《彖傳》不合。《象數論》曰：「朱子所謂卦變，皆舍主變之卦兩爻互换者，而隨意爲詮釋。就十九卦中主變者凡二十七爻，或取諸一卦，或取諸兩卦、三卦，或同在内卦而謂之往，或同在外卦而謂之來，或同在上卦而曰下，或同在下卦而曰上，義例不一，今舉隨與无妄，餘可類推矣。」愚又按，程子闢否、泰卦變之説，謂「卦變皆自乾、坤來」。《蘇氏易傳》亦然。今觀隨卦，乾之「上九」來居坤「初」，坤之「初六」往居乾「上」，蠱卦乾之「初九」進居於「上」，坤之「上六」下居於「初」，隨自否來，「上九」與「初六」互换，故曰「剛來下柔」，蠱自泰來，「初九」與「上六」互换，故曰「剛上柔下」。一卦之中，自有乾、坤二體，非即否、泰乎？

卦以隨名，聖人恐人誤認爲「詭隨」之「隨」，故《彖傳》以「隨時」二字，贊卦德之「動而悦」，以釋名卦之義。而一部《易經》，與時偕行之道，不外乎此。李子思曰：「『時』

出於聖人，天下『隨』聖人；『時』成於天下，聖人『隨』天下。治亂之原，人品邪正之關，俱係於此。其義豈不大哉！第二箇『隨時』，又承上文而推廣言之。」《程傳》只作「隨時」之義解，《本義》從王肅本，改云「隨之時義大矣哉」。愚按，《大象》「嚮晦入宴息」，自有「隨時之義」，朱子《注》亦云「隨時休息」，此處似不當改。

《象》曰：澤中有雷，隨。君子以嚮晦入宴息。

《程傳》：「君子觀象，以隨時而動。」則以動息言。《本義》：「雷藏澤中，隨時休息。」則以藏息言。其說似異矣。顧澤以震而動，雷以時而藏。所謂「隨時之義」也。兩先生豈有異乎？臨川鄒氏云：「『澤中有雷』，此收聲於兑之時。」《荀九家》云：「八月之時，雷藏於澤。震，東方卦，日出之地曰『陽谷』。兑，西方卦，日入之地曰『昧谷』。今震自東趨兑西，嚮晦之象。」愚謂「雷在澤中」，雷之蟄時也。「嚮晦入宴息」，君子之「隨時」也。「宴息」中有洗心藏密之義。「入」者，自動而之靜也。《彖傳》以動言，《大象》以靜言。靜所以養動之根，雷惟收聲，乃能發聲。豫之「雷出地奮」，動也。隨之「澤中有雷」，自動而反靜也。復之「雷在地中」，動而未離乎靜也。人身之夜氣培於息。「君子以嚮晦入宴息」，一己獨體其靜也。天地之元氣培於閉，先王以至日閉關，與天下共養其靜也。

初九，官有渝，貞吉。出門交有功。《象》曰：「官有渝」，從正吉也。「出門交有功」，不失也。

《本義》謂「初九」「有所偏主而變其常」，以「貞吉」爲戒辭。焦弱侯曰：「以乾之『上九』與坤之『初六』相變而成隨，『上九』、『初六』本皆不正，因變而得正，故曰『官有渝，貞吉』。此一句，論卦之始變，隨之本也。」《困學記》曰：「隨之義，通人情，達世變，不主故常者也。『初』爲成卦之主，與『四』應者乃其常。今與『四』無應，而與『二』相隨，雖若變常，而陰陽相比，所隨不失其正。『官』者，常也。『渝』者，時之當變也。故『貞吉』。」愚又按，一陽在下，動則變，「渝」之義，一陰在前，門之象，人情於門内多私，「初」出門，則無私主，故不曰「隨」，而曰「交」。居中得正，因不失其親，故「有功」。「不失」者，不失隨之正道也。與「二」、「三」爻「失丈夫」、「失小子」兩「失」字相應。王伯厚曰：「同人之『初』曰『出門』，隨之『初九』曰『出門』〔一〕，謹於『出門』之『初』，則不苟同，不詭隨。」

愚又按，卦取物來隨我，爻取以我隨物。但有剛柔之分，故三陽爻言「交」，言「孚」，

〔一〕按，「初九」，原本作「初六」，訛。

言「隨」，三陰爻皆言「係」，與《孟子》「從大從小」之義同。

六二，係小子，失丈夫。《象》曰：「係小子」，弗兼與也。

吴草廬曰：「『二』非必背『五』向『初』也，但以其近比，易於牽係。若係此則必失彼矣。故《爻辭》示戒云爾。」愚竊謂，「二」本與「五」正應，當隨之世，舍遠應而就近比，陰柔居中，不能自立，有「係」象。「初」以剛隨人謂之「交」，「二」以柔隨人謂之「係」。「初」不失其所「交」，而「二」之所「係」者則「三」也。既「係」「三」矣，豈能「兼與」乎「初」？非不欲「與」，勢固弗能「兼」也。《本義》以「初九」爲「小子」，愚竊謂「係小子」指「六三」，「失丈夫」指「初九」。陰小陽大，《易》之定分。漸卦「初爻」以陰，故稱「小子」，此「小子」若指「初九」，則以陽爲小矣，似可商。

六三，係丈夫，失小子。隨有求得，利居貞。《象》曰：「係丈夫」，志舍下也。

「舍」，上聲。

「三」與「二」同體，而外比於「四」，「小子」，「六二」也；「丈夫」，「九四」也。卦義以隨上爲貴，隨陽爲得，「三」、「四」近而相取，其情易合，故「隨有求」而皆「得」。但以六居「三」，以九居「四」，位皆不當，恐其爲妄求，爲苟得，故戒以「利居貞」。「貞」字從「求」字來，欲其守正，而弗求也。「三」既「係」「四」，則與「二」漸疎，意向之間，不覺有所取舍。《象》申之曰「志舍下」，謂隨在上之「四」，而舍在下之「二」，猶「二」既隨「三」，則不能「兼與」乎「初」也。張待軒曰：「人生止此精神意趣，一有所『係』，必有所『失』，連自家也主張不得，所以不可不慎。」

九四，隨有獲，貞凶。有孚在道，以明，何咎？《象》曰：「隨有獲」，其義凶也。「有孚在道」，明功也。

「四」與「五」比，「初」其所應也，「三」其所「係」也。我隨人而人隨我，「隨有獲」之象。張待軒曰：「『獲』者，取非其有之詞，以義論，必當得『凶』。」愚竊謂，「四」之「有獲」，與「三」之「有得」同。《爻辭》乃以爲「貞凶」者，患在不能自盡其誠也。故提出「孚」字，而引之以當「道」，可見大臣之「隨」與小臣異。既盡其誠，又合於道，則雖身處功名之地，而心可大白於天下，「何咎」之有？若霍子孟廢昌邑而立宣帝，功在王室，可謂「隨有獲」而「貞」矣。而滅族之禍，萌乎驂乘，於「義」則「凶」。史譏其「不學無術」，只爲此心未孚於上，不能「在道」以「明功」耳。《小象》於「明」字下，補出「功」字，要見當此地位，不能「有孚在道」，則在我以爲功者，在人即以爲罪。「明功」，非表白之謂，乃此心光明洞達，正其道不計其功也。豫、隨之「九四」，皆近君大臣也。豫「五」乃柔主，又爲「四」之所逼，故成在君，而爲「貞疾」。隨「五」乃剛主，「四」有震主之嫌，故戒在臣，而爲「貞凶」。

九五，孚于嘉，吉。《象》曰：「孚于嘉，吉」，位正中也。

自「初」至「四」，或「隨」或「係」，得失不同，其爲比周均也。「九五」陽剛中正，以居君位，與「二」正應，而「二」爲「三」所「係」，「五」既不嫌「二」之比人，且不疑「四」之逼己，而惟善是從，一片至誠相感，故不言「隨」而言「孚」。「孚于嘉」，不但指「二」，兼指「四」，故兩爻皆曰「孚」，亦同體同德之相孚者。

上六，拘係之，乃從維之，王用亨于西山。《象》曰：「拘係之」，上窮也。「亨」，如字。

中爻巽爲繩，維繫之象。「王」指「九五」，「亨」者，通也。卦體兑位居西，中爻互艮，「西山」之象。「上」居卦末，不隨人進退，有白駒空谷之風。而「五」以隨爲義，有縶之維之之意。通「西山」以求之，是「五」欲隨「上」，而「上」不爲「五」所拘係，故曰「上窮」。言「隨」之道，至上爻而「窮」也。此説本瞿塘來氏。合《爻》、《象辭》看，其詮釋較明。朱子謂「『亨』當作『享』，自周言之，岐山在西」。遂以文王有享西山之事。郭相奎曰：「程、朱云，居隨之極，固結而不可解，於『上窮』字難説，臨川鄒氏以爲文王居羑里之象，『上』之困窮可知。」鄭申甫曰：「文王身蒙大難，恪守侯度，惟修享祀於西山，此臣之隨君，而不可解者。」以上諸説，皆因《本義》以王爲文王而爲之辭耳。説詳升卦「六四」下。

劉石閭曰：「『係』者，己私也。『隨』者，天德也。學無小無大，皆不可以有『係』。以『係』爲『隨』，而欲執所係之大小爲得失，是外襲之學也。故卦之三陽爲『隨』，三陰爲『係』。『四』，體陽而位陰，故告以先難後獲之道，而戒以計功謀利之凶。所以辨『係』之介，杜『係』之源，其隨之『九四』乎？」

䷑巽下艮上

蠱：元，亨，利涉大川，先甲三日，後甲三日。

「蠱」字象形，蟲之傷皿，積久而壞。卦體艮上巽下，風所以發舒萬物，在山下則爲所止，木氣不能宣暢而生蠹，蠱之象也。「蠱」則何以「元亨」？蓋卦之取名，本以「治蠱」爲義，蠱之爲「蠱」，只是元氣萎敝，積漸不通所致。善治「蠱」者，使元氣亨通而已。「利涉大川」，是「元亨」之作用。中爻互卦，震在澤上，涉川之象，不避艱險，必求有濟，「利涉」之義。「先甲」、「後甲」，先儒詮釋不同。王嗣輔以「甲」爲事之始，《程傳》依之。鄭康成以「甲」爲日之始。先三日，辛也，義取更新。後三日，丁也，義取丁寧。《本義》依之。今據八卦方位推之，艮、巽夾震木於東，「甲」於五行，屬木。「先甲」言巽先於甲，「後甲」言艮後於甲也。先後「三日」，指本卦六爻。「先三日」者，下三爻，巽也。「後三日」者，上三爻，艮也。下三爻，積巽之柔懦而成「蠱」。上三爻，積艮之止息而成「蠱」，由來非一日矣。文王雖未有《爻辭》，而六爻之義，隱然已具矣。《本義》於復卦謂：「自五月一陰生，至此七爻而一陽來復。」此一日當一爻之證。程沙隨曰：「巽之『九五』變蠱，乃與蠱卦象相通，『先甲』、『先庚』是也。」説詳巽「九五」爻下。

《彖》曰：蠱，剛上而柔下，巽而止，蠱。「蠱，元亨」，而天下治也。「利涉大川」，往有事也。「先甲三日，後甲三日」，終則有始，天行也。

本卦與隨反對，隨之外卦本柔，今變艮而居上，故曰「剛上」。隨之内卦本剛，今變巽而居下，故曰「柔下」。剛柔指「初」、「上」兩爻，「剛上」者，艮之「上九」，「柔下」者，巽之「初六」，義本昭然。朱子謂卦變自賁來者，「初」上「二」下；自井來者，「五」上「上」下；自既濟來者，兼之。亦合三卦以言變，辨詳隨卦《彖傳》。「巽而止」，釋致「蠱」之由，「元亨，而天下治」，歸重在「治蠱」之人。張待軒曰：「『元亨天下治』，不是坐嘯畫諾中來，要合下二句説。如涉大川，駕舟之具無不整飭，操舟之人無不强健。量其廣狹，度其淺深，衝風破浪，無躊躇顧盼之意，故不曰『有功』，而曰『有事』也。」朱轡庵曰：「惟不事事，乃以生事，故還以『有事』治之。」愚按，《雜卦傳》云：「蠱則飭也。」飭者，修治振刷，百度維新之義。聖人治天下，每釐豐之盈，不怕蠱之壞。曰「往有事」，矯巽之柔懦，則「有事」於剛果。矯艮之止息，則「有事」於奮發。「事」字是全卦本領，因内卦艮是止體，故勸其往。吴因之曰：「『先甲』、『後甲』，雖云人事，然『終則有始』，即是天意，故曰『天行』。」愚又謂，「蠱」由前人積弊而成，非一世之事。所以五爻皆取象於父子。以繼世言，莫非有事於治蠱者也。文王言「先後」，孔子言「始終」，亂之終，治之始也。猶之天道循環，有「先甲」，必有「後甲」。當庸人束手之時，聖人看成絶好機會，正要盡人事以應天行，豈委諸氣運而已乎？

胡雲峰曰：「凡卦德，當分内外先後，如隨則先動而後悦，歸妹則先悦而後動。歸妹之凶，與隨反，蠱則内巽而外止，漸則内止而外巽，漸之吉與蠱反。」

《象》曰：山下有風，蠱。君子以振民育德。

張獻翼曰：「小畜『風行天上』，觀『風行地上』，涣『風行水上』，無所阻，故曰『行』。今在『山下』，則障蔽迴旋，不能條暢。『蠱』者，風之族也。『蠱』以『風』化，故字從『蟲』。」「振民育德」，譬諸良醫治病，「振」者，驅其外邪。「育」者，養其元氣。《本義》以二者乃治己治人之道，愚竊謂，「振」、「育」似當俱從治人一邊，「振民」，取象於風，所以奮興之也。「育德」取象於艮，所以涵養之也。

初六，幹父之蠱，有子，考无咎。厲，終吉。《象》曰：「幹父之蠱」，意承考也。

《乾·文言》：「貞者，事之幹也。」「幹」字，從此卦《爻辭》中出。「幹」，通作「榦」，木之本也。内卦巽爲木，中爻又互震木，幹象。「父之蠱」，謂父養成此疾，至子而發也。「父蠱」，豈能「无咎」？子能幹，則「考无咎」，使天下稱之曰：「幸哉！有子如此，可謂孝矣！」「厲」是「幹蠱」之苦心，所謂操心危慮患深者，故始「厲」而「終吉」。初爻柔而志剛，幹事最早，父在，子不得自專，而志則可知。《小象》中之以「意承考」，有潛移默改之妙。蓋不以事「幹」，而以意「幹」也。意若承順，而事實由以「幹」全，「考」之「无咎」以此。或云合「初」、「二」兩爻觀之，是無父有母之孤子，説近穿鑿。《康誥》云：「大傷厥考心。」父在，何嫌稱考乎？

九二，幹母之蠱，不可貞。《象》曰：「幹母之蠱」，得中道也。

前輩或以母后垂簾之事，已兆其端。愚意只就本卦看，艮、巽二體，陰長而陽少，「二」與「五」應，陰居上，「母」象。以國家言，凡大事、陽事則爲「父蠱」，凡小事、陰事則爲「母蠱」。積陽之弊，爲暴横，爲危亂，「父蠱」也。積陰之弊，爲因循，爲衰弱，「母蠱」也。「九二」剛而不正，恐其一往恃才，過於直遂，故又設「不可貞」之戒。《易》之爲道，無不要之於「貞」，獨此曰「不可貞」者，非理「不可貞」，時不可也。時「不可貞」，則以「不可貞」爲「中道」。「二」剛中，所「幹」者純是一片至誠至情，委曲周旋，以圖有濟。「幹母蠱」者，必如此，方「得中道」也。《繫傳》所謂「巽以行權」，於此爻見之。

九三，幹父之蠱，小有悔，无大咎。《象》曰：「幹父之蠱」，終无咎也。

「三」以剛居剛，「幹蠱」之事，不免以子改父爲嫌，或者更張措置之間，先後緩急，稍失其序，所以「小有悔」。然巽體得正，不陷父於不義，何「大咎」之有？「小有悔」，以心言。「无大咎」，以理言。《爻》因其過剛不中，猶摘其微疵。《象》要其「終」，而斷以「无咎」，並略其小過，使之任事不惑，爲克家之子也。程敬承曰：「聖人於蹇『二』言『終无尤』，所以作天下之忠。於蠱『三』言『終无咎』，所以作天下之孝。」

六四，裕父之蠱，往見吝。《象》曰：「裕父之蠱」，往未得也。

「四」居外卦之下，與「初」同是柔爻，「初」蠱未深，柔者猶可「幹」。「四」則深矣，復以柔居柔，「裕蠱」之象。「三」之失在過中，「四」之失在不及。「裕」與「幹」正相反，强以立事曰「幹」，怠以委事曰「裕」。蓋「幹蠱」之事，當如拯溺救焚，庶克有濟。今乃無才無志，優游過日，不肯上緊去做，由斯道以往，則立見其「吝」。彼其父子嘻嘻，方且自以爲得，夫子正之曰「往未得」。父陷於不義，相視而笑，可謂得親乎？

《象傳》本取「往有事」，而「四」入艮體，乃是止象，故《爻》曰「往見吝」，《象》曰「往未得」。

六五，幹父之蠱，用譽。《象》曰：「幹父」「用譽」，承以德也。

在「九二」，以「五」爲母。在「六五」，則仍居子道，繼體之令主也。柔得中而居尊位，其「幹蠱」也，過則歸己，善則歸親。「用譽」，言父用子之「幹」而得「譽」也。「初」《小象》但云「承考」，不言所以承之者。「五」《小象》曰「承以德」，可見事雖出於「幹」，全心一主乎承順。若謂今日改圖之事，吾以承先人之德云耳，非獨不恃「幹蠱」之才，以揚親之過，並欲泯「幹蠱」之迹，以成親之名者也。來氏謂「因用人而得譽」，「九二」承以剛中之德，只是贊應爻，與本爻無涉。

上九，不事王侯，高尚其事。《象》曰：「不事王侯」，志可則也。

自「初」至「五」，凡事之蠱壞者，已無不整飭，「幹」之能事畢矣。「上」居卦終，身在事外。以君臣言，「不事王侯」之象。在艮體之上，「高尚」之象。兩「事」字有別，言雖不出身事主，而自以「高尚」爲「其事」，亦非不事事可知。李子思曰：「君子當蠱之世，方事之興也，盡力以幹，操巽之權，而行所當行。及事之終也，潔身以退，體艮之義，而止其所當止。」愚竊謂，自「初」至「五」，皆言「父子」，「上」獨言君臣者，父子以情親，不敢置身事外。君臣以義合，「王侯」之事，君子有「不事」者矣。《象》申之曰「志可則」，要見世運之「蠱」，皆由士大夫溺志於功名所致。「蠱」爲食心之螟。諸爻所治者，世事之壞。上爻所治者，士大夫心術之壞也。聞伯夷之風者，頑夫廉，懦夫有立志，孰謂「高尚」，非所以「治蠱」乎？

《田間易學》曰：「《易》以三陰三陽爲中，故泰、否爲綱領，而隨、蠱寓咸、恒、損、益之消息焉。隨者，否初終之反也。蠱者，泰初終之反也。否、泰反其類，於換爻而益明。」

䷒兑下坤上

臨：元，亨，利，貞。至于八月，有凶。

《本義》云：「『臨』，進而凌逼於物。」愚竊據《程傳》作「君臨」解。以大臨小，以上臨下，皆是也。「初」、「二」大臨小，以德言。「三」、「四」、「五」、「上」上臨下，以位言。歸重在二陽爻，二陽漸進，泰運方來。光明正大之氣，照臨天下，故以天德之「元亨利貞」歸之。張潤甫云：「『臨』者，大也。聖人明以『大』字作注脚，解此卦，必須體貼『大』字，不可漫言凌逼，使君子小人相仇陷也。」

臨爲十二月之卦，「至于八月」，當自正月數起。薛敬軒云：「於十二月陽剛侵長之時，而以來年八月陽消陰長爲戒。」其義甚明。《本義》謂「自復卦一陽之月，至遯卦二陰之月，爲陰長陽遯之時」。又云：「『八月』謂夏正八月。」又云：「前説是周正八月。文王作《卦辭》時，只用周正紀之。」三説初無定論。愚按，文王演《易》，在殷之末世，正朔未改，似未便遽用周正。今以十二支準之，臨當丑月，自此而泰，而大壯，而夬，而乾，而姤，而遯，而否，至於八月，建酉爲觀，臨與觀反對，此時臨之二陽，變爲觀之四陰矣，故曰「有凶」。朱子之注觀卦，謂「四陰長而二陽消，爲八月之卦」，與此《彖辭》正合，可證本注之非。李子思曰：「卦體已是二陽，則當自觀數起，不當自復數起。本卦與觀反對，則當數至觀而止，不當數至遯而止。朱子依《程傳》，從一陽初生起，所以不能盡合也。」

張待軒曰：「古人説到『臨』字，便有凛凛戒懼之意。《詩》云：『如臨深淵』，『如臨于谷』。《書》云：『予臨兆民，懔乎若朽索之御六馬。』〔一〕故於剛長之際，而厪八月之戒，此臨之時義也。」

愚按，京氏十二辟卦之説，從此《卦辭》推出。

〔一〕按，原本奪「懔乎」，據四部叢刊本《尚書》補。

《彖》曰：臨，剛浸而長，説而順，剛中而應，大亨以正，天之道也。「至于八月有凶」，消不久也。

愚按，《彖傳》不曰「剛長」，而曰「剛浸而長」。兑爲澤，在地之下，「浸」之象。《列子》云：「一氣不頓進。」董子云：「長日加益，而人不知。」皆「浸而長」之義。復惟一陽，臨已二陽，聖人幸其長，更幸其方長，駸駸乎有莫禦之勢也。《困學記》曰：「内兑爲悦，陽之進也不偪。外坤爲順，陰之從也不違。二剛得中，則陽德方亨而不過。『二』與『五』應，則剛柔合德而有爲。『説順』二句，緊承『浸長』來，此所謂『大亨以正，天之道也』。」愚按。「天道」只在陰陽消長上見，二陽漸長，則四陰漸消。人方以陰消爲快，聖人預憂之，曰「至于八月有凶」。然則，陰之消豈久消哉？其慮深，其辭危。所以示儆者，切矣！《本義》無明文，王輔嗣作「君子道消」解，以「消不久」指陽，似失經文語氣。陽「消不久」，何以云「凶」？

《象》曰：澤上有地，臨。君子以教思无窮，容保民无疆。

《本義》：「二者皆臨下之事。」愚按，《大象》於觀曰「設教」，於師曰「容民」，於臨則言「教」，又言「思」；言「容」，又言「保」。「思」者，教民之心，至誠懇到也。「保」者，容民之事，多方調護也。「无疆」，乃地之體，澤之行地，亦與之爲无窮。君子之臨民以之，「教思」，如兑澤之深；「容保」，如坤德之厚，无窮无疆，亦從「剛長」得義。

初九，咸臨，貞吉。《象》曰：「咸臨，貞吉」，志行正也。

卦體四陰，雖居上位，實爲下二陽之所「臨」。「初」剛正，「四」柔正，兩爻相應，故「貞吉」。「咸」字有三義，感也，皆也，和也。以德服人，非勢相偪，「感」之義也。二陽同德，相繼而進，「皆」之義也。皆感則「和」矣。《象》曰「志行正」，與屯「初九」同，皆以剛居剛，而行其正也。

九二，咸臨，吉，无不利。《象》曰：「咸臨，吉，无不利」，未順命也。

「二」爲卦主，與「初」同德。「初」剛正，「二」剛中。「初」與「四」應，而「二」與「五」應。所謂「剛中而應」者，此爻也。其於諸陰，亦不以非應而外之，無所不臨之象，故與「初」並稱「咸臨」。但《爻》曰「吉，无不利」，《象》何以曰「未順命」？《程傳》云「至誠相感，非由順上之命」，《本義》云「未詳」，《注疏》則云「『二』未盡順『五』之命」，臨川鄒氏云：「『二』之應『五』，非專以順命爲感，其間或有未順者，無害其爲咸也。」愚竊謂，「未順命」，當指四陰而言。二陽在下，四陰在上，其勢尚壯，未必皆順以從陽。夫子於陽長之時，致防微之慮，所以補《爻辭》未言也。

李隆山曰：「山澤通氣，其卦爲咸。而『澤上有地』，『初』、『二』爻亦謂之『咸』，乃陰陽之氣相感也。」

六三，甘臨，无攸利。既憂之，无咎。《象》曰：「甘臨」，位不當也。「既憂之」，咎不長也。

「三」以柔居剛，兑口在内卦之上，與二陽同體；先爲所「臨」，與三陰同類。其性悦，「甘」言取容之象。張彦陵曰：「二陽乃難悦之君子也。『六三』以悦取容，既不爲君子所許，上三陰以其求媚於陽也，亦不以同類見收，進退失據，故『无攸利』而有『憂』。聖人就其憂之一念撥轉之，若曰既知所『憂』，則自有『无咎』之道，正不必以『甘』爲『臨』耳。《象》曰『位不當』，諒其所處之艱也。曰『咎不長』，廣其自新之途也。」一説，「三」爲悦主，不嫌陽之偪己，而「甘」爲所「臨」，但於下文接不去耳。

六四，至臨，无咎。《象》曰：「至臨，无咎」，位當也。

「至臨」，《本義》只就「下應『初九』」説。蘇氏《易傳》則云：「陽至而遂順之。」愚竊謂，「四」在坤下，近與兑比，地之臨澤，無如此爻之至親至切，兼與「初」應，非貌親而情疎者。與「三」之「甘臨」不同，「三」以柔居剛，故「位不當」；此以柔居柔，故「位當」。所以同爲「无咎」，而「三」獨多「憂」。兩爻相反，當合看。

六五，知臨，大君之宜，吉。《象》曰：「大君之宜」，行中之謂也。「知」，去聲。

當「臨」之時，柔中居尊，不忌剛長，而以柔接，聰明睿知，足以有「臨」者也。左右皆陰，獨與「九二」正應，即此便是「知人則哲」，君「臨」之道莫有宜於此者，《詩》稱「宜民宜人，宜君宜王」是也。《象》申之以「行中」，見得「知臨」不是以苛察爲明，只在不剛不柔，行事得中，所以得「吉」耳。

上六，敦臨，吉，无咎。《象》曰：「敦臨」之「吉」，志在内也。

《爾雅》：「邱一成曰敦邱。」坤上一畫，地之最厚處，猶艮「上」爲山之最高處，故彼曰：「敦艮，吉。」此曰：「敦臨，吉。」《程傳》云：「兑終則悦。『甘臨』者，小人之事。坤終爲厚，『敦臨』者，君子之德。」「志在内」指「初二」，「上」之「志」，在從二陽。「五」既尊賢，「上」更加護持，所以爲「敦」也。

䷓坤下巽上

觀：盥而不薦，有孚，顒若。「觀」，去聲。

自上示下曰「觀」，讀去聲。自下視上曰「觀」，讀平聲。卦取自上示下之義。《爾雅》「闕謂之觀」是也。二陽在上，衆陰所仰，猶王者居尊，臣民屬目。卦以「觀」名，似爲外飾之事。文王揭出德化之妙，用以示「觀道」之精藴。廟中者，境内之象也。「盥而不薦」二句，是「觀」字注脚。「盥」者，以水潔手也。「薦」者，獻祭品也。「不」字，只作「未」字解。「有孚」者，誠也。「顒」者，仰也。凡入廟承祭者，始必以水盥手，此時尚未薦，而誠意所孚，有若鬼神之在其上。至於薦，則備物矣。但取「盥而不薦」，以見「顒若」之「孚」，不在物而在誠。蘇子瞻曰「盥者以誠，薦者以味」，二語得之。先儒或謂「『盥』則誠意方專，『薦』則誠意已散」，仁人孝子之享帝享親，豈初虔而終怠乎？胡敬齋謂「『盥而不薦』，不可以辭害意。『盥』則必『薦』」。蓋言『盥而不薦』之時，在下者已信而瞻仰之，以見觀感之神速，故下文言『神道設教』」云云。以下句屬觀者，言與《彖傳》「下觀而化」正合。

《本義》：「正爲八月之卦。」

《彖》曰：大觀在上，順而巽，中正以觀天下，觀。「盥而不薦，有孚顒若」，下觀而化也。觀，天之神道，而四時不忒。聖人以神道設教，而天下服矣。「下觀」，「觀」字平聲，餘俱去聲。

本卦與臨反對，皆二陽四陰。臨二陽在下，觀二陽在上。卦、彖皆以陽爲主，可見撑天柱地者，二陽也。不徒曰「在上」，而曰「大觀在上」者，必合順巽中正以爲「觀」，而後成其大也，聖人用此道爲「觀」於上，盡誠盡敬，不大聲以色。而在下者，自「觀而化」。

夫子就《卦辭》推出一層説，不足申釋上文。「神」字，即從上「化」字看出。「觀」乃「天之神道」，只是「四時不忒」，聖人以之設教，只中正以服天下，便是聖人之「神道」。以教顯神，非以神爲教也。「觀」字句，不連「天之神道」讀。

《象》曰：風行地上，觀。先王以省方觀民設教。「觀民」，「觀」字平聲，六爻同。

朱與三曰：「『風行天上』，人不見其形也。『風行地上』，遇物斯形。水平而風盪之，樹静而風動之。無形而無不形者，『風行地上』之象也。古帝王巡守之禮，蓋取諸此。」愚按，地有五方，各成風氣。巡守所至，陳詩以觀民風，納賈以觀民好惡。修其教不易其俗，齊其政不易其宜，凡以順風土耳。風爲教象，春夏之風，生物長物，仁之教也。秋冬之風，肅物凝物，義之教也。觀民設教，所謂樹之風聲也，是以先王尚之。

初六，童觀，小人无咎，君子吝。《象》曰：「初六童觀」，小人道也。

《本義》云：「《卦》以觀示爲義，《爻》以觀瞻爲義，皆觀乎『九五』也。」愚按，内卦諸爻，以去「五」之遠近爲所見之明暗。「初」陰在下，去「五」最遠，所見不真。「童觀」之象，以其「童」也。體剛居柔，未可判其爲「君子」「小人」，故《爻辭》兩言之，若以爲「小人」，「下觀而化」，則「无咎」也。若以爲「君子」，亦隨衆而觀，斯爲「吝」矣。《象》直斷其爲「小人道」，蓋如深山窮谷之民，不識不知，與兒童所見無異者也。

六二，闚觀，利女貞。《象》曰：「闚觀，女貞」，亦可醜也。

張彦陵曰：「『初』之『童』，局於才；『二』之『闚』，短於識。」愚竊謂，「二」，柔順中正，不出户庭，乃女子之正道，以其所見不廣，故爲「闚觀」象。《説文》：「闚，閃也。」蓋從門内邪視之狀，在女子則爲「利貞」，在丈夫則「亦可醜」，猶《恒・九五》「婦人吉，夫子凶」之意。合兩爻觀之，可見人主舉動，爲天下所共睹。苟非大觀在上，則婦人小子，皆能窺見隱微矣。此又聖人言外之意。

六三，觀我生，進退。《象》曰：「觀我生，進退」，未失道也。

「三」亦欲「觀國之光」者，而爻柔位，剛爲「四」所隔，外度之人，不如内度之己。「觀我生」者，自考其生平也。居下卦之極，是可「進」之時。在上體之下，又是可「退」之時。「進」固可以行道，「退」亦可以修道。《小象》斷之曰「未失道」，出處大事，不嫌詳審也。楊誠齋曰：「『三』、『五』皆曰『觀我生』，『三』審己以從人，『五』審人以修己。『六三』似漆雕開。」

六四，觀國之光，利用賓于王。《象》曰：「觀國之光」，尚賓也。

進退之介，在「六三」，「四」已近君，宜進不宜退矣。「九五」陽明在上，故曰「觀國之光」。内卦三陰，草莽之臣也。「四」與「五」比，市井之臣也。不曰「臣」，而曰「賓」

者，古人未仕，則君賓興之。仕而未禄，猶以賓禮待之，不純臣也。諸侯來朝，亦有三恪來賓之典。《左傳》陳敬仲筮，得觀之否，稱「六四」爲公侯是已。王指「九五」，作賓於王家者，「四」也。「尚」之者，「五」也。「五」爲貴德尊士之君，「四」爲群陰領袖。内三爻所視爲進退者也。近者「觀光」，遠者可知。若依《注疏》，「尚」字作「志意順慕」解，於「用賓」、「尚賓」之義，説不去矣。

九五，觀我生，君子无咎。《象》曰：「觀我生」，觀民也。

「九五」中正以觀天下，爲全卦之主。出身加民，萬邦所仰。下之觀化者不一，「童觀」、「闚觀」、「觀國」，各隨分量爲淺深，而「五」之自觀者，「我生」而已，何爲「我生」？中正是也。不求爲聖爲神，但求爲「君子」。不求有譽，但求「无咎」。《象》申之曰「觀民」，言時時返而自觀，果不失中正，足爲民所具瞻否，所謂「觀人以修己」也。「君子无咎」，對初爻「小人无咎」説，「君子」「小人」，猶言君民也。

上九，觀其生，君子无咎。《象》曰：「觀其生」，志未平也。

「上」與「五」，《爻辭》略同。舊注多以「其生」爲「上九」之自觀。愚竊謂，「其」字當指「五」，以「五」自觀，曰「我生」，以「上」觀「五」，曰「其生」。「君子无咎」，幸「九五」之猶在君位也。蓋本卦與臨反對，「八月有凶」，正當觀之時。剥則九月之卦矣。觀之異於剥，只多「九五」一陽，其係甚重，其幾甚危。「上」與「五」同德，身居事外，志在扶陽。目睹下四陰之方長，「初」、「二」乃兒童婦女一流，固無足賴；「三」之進退，不過自爲身謀；「四」之國賓，亦非腹心之寄。「上」之眼界開闊，觀盛而知衰，觀治而知亂，世運一變，將成剥，不啻切膚之痛。「志」安得「平」？《小象》以「志未平」補《爻辭》所未盡，直指出「上九」心事，以結「大觀在上」之全局。剥之碩果不食，猶賴有斯人也夫。吴草廬云：「『上』居卦外，惟自觀其身而已。」釋「其」字亦得，但把「上九」説成一箇自了漢，於《象辭》「志未平」難合。

䷔震下離上

噬嗑：亨。利用獄。

《本義》：「『噬』，齧也。『嗑』，合也。物有間者，齧之而後合。」《王注》謂：「噬嗑乃去間之卦。」愚按，間去，則「噬嗑」，卦中自有亨義。凡君臣、父子、兄弟、朋友有離間者，皆當去之。「用獄」，乃噬嗑中之一事也。卦體「九四」一陽居三陰中，强梗不服之象。不曰「用刑」，曰「用獄」者，必先究治情僞，知其爲間，乃可致刑。六爻皆治獄之官，「六五」柔中居尊，爲「用獄」之主，此「利用獄」之義。又按，凡齧者，下動而上不動。震在下而動，「噬」必及之。賁與噬嗑卦形相似，而賁不爲「噬」者，艮止與震動異耳。艮、震合而成頤，則亦下動之象。但中四爻皆陰，無陽以間之，又爲養道，觀象可以知變矣。

《彖》曰：頤中有物，曰「噬嗑」。噬嗑而亨。剛柔分，動而明，雷電合而章。柔得中而上行，雖不當位，「利用獄」也。「當」，去聲。

上下二陽，與頤象同。「頤中无物」，卦名曰「頤」。此有「九四」一陽，間於其中，必須間去，「噬」乃可「嗑」，「嗑」則「亨」矣。「剛柔分」三句，正所以得「亨」處。三陰三陽之卦，獨於噬嗑言「剛柔分」者，震、離分居内外，取明動相資也。於「剛柔」言「分」，於「雷電」言「合」者，分之，則上與下未「噬」之象；合之，則「動而明」已「噬」之象。分者其體，合者其用也。以其「動而明」，故曰「章」。「柔得中而上行，雖不當位」，專指「六五」一爻。「不當位」，《卦象》所未言，夫子推原文王之意，謂「五」以柔居剛，位雖不當，然居上以寬爲主，所以「利用獄」也。

《本義》自益卦「六四」之柔上行，以至於「五」而得其中，爲卦變。愚竊謂，兩爻同在上卦，似不得云「上行」。據《卦變圖》，噬嗑自否來，於内卦三柔中，分「初六」一柔爲上卦之「五」，是謂「柔得中而上行」。上卦得柔而成離，「五」本陽位，而柔來居之，故「不當位」，義當如此。來氏不取卦變，多從反對看，於他卦往來之象爲順，至噬嗑之於賁，兩卦「初」、「上」皆陽，「二」、「五」皆陰，惟「三」、「四」兩爻，剛柔互易，與《彖傳》「柔得中而上行」不合，反對之例，於此卦獨難通。

《象》曰：雷電，噬嗑，先王以明罰勑法。

「雷電」二字，先儒或以爲誤，以卦體離上震下也。其説始於李鼎祚，《程傳》亦謂「象無倒置者」，《本義》直云「『雷電』當作『電雷』」。愚按，本卦《彖傳》云「雷電合而章」，又泰卦坤上乾下，《大象》不云「地天交泰」，而云「天地」，與此例同。只依原本，經文未必誤也。《黄氏日抄》亦云然。上卦本離火，夫子易火以電，乃取在天之象，所謂「天討有罪」也。《黄氏日抄》云：「雷電本一氣，而雷爲主。電者，雷之精光。」今按，凡大雨之候，雷將發聲，必先之以電光，而後霹靂隨之。故王者亦先「明罰」，而後「勑法」。「明罰」如電，先雷而顯。「勑法」如雷，繼電而至。潘雪松曰：「『利用獄』，是臨時，『明罰勑法』是平時。」愚又謂，「罰」者，一時所用之法。「法」者，平日所定之罰。不言「用罰」，而曰「明罰」，辨别詳審，使人知所避。不言「行法」，而言「勑法」，告戒威嚴，使人知所畏。皆在未「用獄」之前，不待有間而後治也。吴草廬云：「聖人之用刑，不掩人以所不備，不慢令而予之死。」得其義矣。

初九，屨校滅趾，无咎。《象》曰：「屨校滅趾」，不行也。

《程傳》：「滅，傷也。」〔一〕《黄氏日抄》云：「恐止是滅没，如過涉滅頂之義。以『校滅』没其『趾』，與『滅鼻』、『滅耳』同，與『傷』字異義。」愚又按，中爻互艮，艮爲趾，初陽横於艮止之下，「屨校」之象。《本義》云：「『初』、『上』無位，爲受刑之象。」愚竊謂「初」爲震主，亦治獄之官也。《周禮・秋官・掌囚》：「中罪桎梏。」《注》云：「在手曰梏，在足曰桎。」「桎」，足械也，亦曰「校」。「屨校」者，著校於人之足，如納屨然，滅其趾，使之不得行也。「初」所治之人，其罪尚輕，只用「屨校」之刑，小懲而大戒，故「无咎」。「初」曰「趾」，「上」曰「耳」，人身自下至上也。「初」，震體，宜其行。而互艮，故曰「不行」。「上」，離體，宜其明而互坎，故曰「不明」。兩爻之吉凶在此。

六二，噬膚，滅鼻，无咎。《象》曰：「噬膚，滅鼻」，乘剛也。

「二」，柔順中正，上與「五」應，聽斷，易以得情。「噬膚」之象，凡獸肉無骨者曰「膚」。《儀禮》「豕膚」、《内則》「麋膚」皆是也。《荀九家》：「艮爲鼻，卦體自『二』至『四』互艮，『九四』一爻當之，正卦之所以爲間者，膚肉易噬，言『二』之治獄，不用深詢，已得主名，用能『滅鼻』，使不濫及也。」「滅鼻」與「滅趾」、「滅耳」，皆用刑之義。人處胎

〔一〕按，「滅，傷也」，中華書局《二程集・周易程氏傳》卷第二作「滅，没也」。

中，鼻最先生。比之於惡，是爲禍本。「二」之「滅鼻」，罪人斯得矣，何「咎」之有？「初」爲動主，「二」因「初」以動，故曰「乘剛」，中正則得情，「乘剛」則能斷，乃與之之詞，與他卦言「乘剛」者不同。先儒謂「噬膚」而滅其鼻於器中，殊難理會。

六三，噬腊肉，遇毒，小吝，无咎。《象》曰：「遇毒」，位不當也。「當」，去聲，下同。

愚按，「獄」至此，凡三訊矣。「三」偪近於「四」，離火在前，「二」所噬之膚，至此爲「腊肉」矣。去惡較難於「二」，有「噬腊遇毒」之象。《周禮·腊人》：「掌田獸之脯腊，膴胖之事。」《注》云：「小物全乾爲腊。」《漢書·五行志》：「厚味實腊毒。」《注》云：「腊，久也。味厚者爲毒久。」蓋腊肉有味，積之久而成毒，猶人有過，積之久而成惡。「噬」者至此乃遇之，不免「小吝」。由「三」所居之位，不中不正也。然時當「噬嗑」，雖「吝」「无咎」。據爻例，「三」與「四」比，「遇毒」似當指「四」，而《小象》歸諸「位不當」，此反躬責己之論。

九四，噬乾胏，得金矢。利艱貞，吉。《象》曰：「利艱貞吉」，未光也。

愚按，以全體言，「四」爲一卦之間；以爻位言，則「四」亦爲除間之人。内卦三爻，三訊已終，至此，則獄上於大司寇矣。「九四」爲大臣之位，「胏」，乾肉之有骨者，「噬」

之猶難於「三」。「四」已變離體，以其溺於「三」「四」重陰之間〔一〕，恐有狥私之念，而未光明正大，故戒以「利艱貞」。《程傳》於「金取剛」，於「矢取直」，蓋謂治獄者，必得剛直，而利在艱難正固，然後「吉」也。《本義》引《周禮》「獄訟入鈞金束矢而後聽之」，謂「得用刑之道」。《黄氏日抄》云：「『金矢』，『黄金』，皆象也。合從程説。」蘇紫溪曰：「『得金矢』。所謂訟得其理，非爲訟人言也。若借《周禮》之文以作解，則未受民辭而先受金矢，此豈可爲訓哉？」愚又按，矢百爲束，三十斤爲一鈞，必入「金矢」，而後聽其獄，竊恐貧民之寃，無由上達肺石矣。

六五，噬乾肉，得黄金，貞厲，无咎。《象》曰：「貞厲，无咎」，得當也。

愚按，此爻所謂「柔得中而上行」者。人主以好生爲德，故貴柔而得中。「五」柔中居尊，受成於「四」，「獄」已具矣。《周禮·腊人》掌「乾肉」，與「腊肉」同。兩爻同爲離體，離爲乾卦，故一象「乾胏」，一象「乾肉」。又本皆乾體，同爲金象，故一得「金矢」，一得「黄金」。離得坤之中爻，故坤曰「黄中」，離曰「黄離」。又，旅卦「六五」亦離中爻也，曰「一矢亡」。故本爻「金」當得「黄」而無矢。「四」以剛「噬」，「五」以柔「噬」。「貞」

〔一〕按，「四」，疑爲「五」之訛。

者，正也，刑當其罪之謂。「四」曰「艱貞」，「艱」在「貞」之前，其難其慎，惟恐不得當也。「五」曰「貞厲」，「厲」在「貞」之後，雖正猶危，不敢自謂得當也。「四」爲臣位，詘法易，執法難，故艱而利貞。「五」居君位，用刑易，恤刑難，故雖貞亦厲。《象傳》曰「不當位」，「六三」曰「位不當」，此則曰「得當」者，言必如此，方得當而无咎也。前以位言，此以事言。

上九，何校滅耳，凶。《象》曰：「何校滅耳」，聽不明也。「何」，去聲，與「荷」同。

「何」猶「負」也，「滅耳」謂「校」加於人首，而没其「耳」。中爻自「五」下互「三」爲坎，坎爲耳。「上」之一陽，貫於坎耳之上，「何校滅耳」之象。同一「校」也，「初」「滅趾」則「无咎」，小懲大誡，喜其歛跡之早也。「上」「滅耳」則「凶」，怙終不悛，惡其聽言之不明也。「聽不明」，猶云「聽不聰」，此小人之罪名也。「上」爲三公之位，獄至此，當制刑矣。但治獄者刑期無刑，故「初」以「滅趾」者之「无咎」，爲己之「无咎」；「上」以「滅耳」者之「凶」爲己之「凶」。聖人之心，吉凶與民同患如此，豈「初」自「屨校」、「上」自「何校」乎？

《象數論》曰：「治獄宜設困苦之象，而中爻所言，皆燕享祭祀之用。『膚』者，豕腹下肉，祭禮别爲一鼎，所謂膚鼎也。『腊』者，《周禮》腊人所供乾腊也。『胏』者，肉而聯骨者也。『乾肉』，大饗之腶脩也。先王設刑官，原以輔教之不逮，一民有罪，曰『我陷之』也。刑豈仁人所輕用哉？故以燕享之義，寓於縲絏之中。所謂不忍人之心，不忍人之政也。」愚按，六爻就人身取象者，噬嗑、咸、艮凡三卦。本卦《爻辭》之取象，痛傷人之肌膚也。《漢書·刑法志》云：「禹制肉刑，湯武順而行之。」「初」之「滅趾」，剕刑也；「二」之「滅鼻」，劓刑也；「上」之「滅耳」，刵刑也。中間「噬膚」、「噬腊」、「噬胏」，無非取於肉者。蓋三代時，皆用肉刑也。先儒謂「初」、「上」無位，爲受刑之人。愚又謂，卦體頤中有物，「四」也。「初」、「上」兩爻，乃頤之象，欲丢一間，必用兩剛。似不當作犯罪之人看。有犯罪之人，必有斷獄之人。「初」、「上」則定其所犯之罪名者也。古之聽獄者，史以獄成告於正，正聽之。以獄成告於大司寇，大司寇聽之。棘木之下，以獄之成告於王，王命三公參聽之。三公以獄之成告於王，王三又，然後制刑。今以爻位配之，「初」則司寇吏，所謂史也。「二」與「三」，正也。「四」爲大司寇，「五」爲王，「上」則三公也。「屨校」之罪，定於「初」，歷「二」、「三」、「四」，中更幾讞，獄無異辭，「五」既虚中受成，復命「上」參聽，而獄始決。刑至於「上」，則一成而不可變矣，故「凶」。本卦當與訟卦參看。訟者，獄之未成，兩造方争，非剛中之君，不能斷。噬嗑則已斷而用刑，非柔中之君不能恤。訟惟「九五」爲聽訟之主，噬嗑六爻，皆治獄之人，兩卦之不同，在此。

《像抄》曰：「『噬嗑』之道，日用飲食之道也。有一步不可輕舉，一毫不可自昧者焉。所以『膚』可『嗑』，『腊』可『噬』，『遇毒』之害，不可以不防。雖『噬』而『得金矢』，『得黄金』，『艱貞』之『厲』，不可以不戒，當爲先事之禁，『滅趾』於方動之初。毋爲養成之惡，『滅耳』於不可救藥之地。此治身之道，即治天下亦此道。」

䷕離下艮上

賁：亨。小利有攸往。

「賁」，文飾也。卦名取剛柔相錯爲義。愚按，「繪事後素」，質在文之先。剛一畫奇在先，質也；柔二畫耦在後，文也，乃緣禮飾情之謂。剛不得柔，則不能「亨」。柔不附剛，則不能「有攸往」。六爻惟「初」與「四」應，往遇艮則止，故曰「小利」。

《彖》曰：「賁，亨」，柔來而文剛，故「亨」。分剛上而文柔，故「小利有攸往」。天文也。文明以止，人文也。觀乎「天文」，以察時變；觀乎「人文」，以化成天下。

愚按，《彖傳》將《卦辭》分兩截説。天地間所謂「文」者，不過一剛一柔間雜而成。

但文有去來，而質無離合。上截妙在一「來」字，下截妙在一「分」字。質極而柔自外來文之，初無致飾之意，而真情自相流通，故「亨」。文所以文其質也，而「分剛」以爲文，則加一分華采，即減一分實意，故「小利有攸往」。要見不可過爲緣飾之意。

舊説，此亦卦變之一。「柔來文剛」，屬内卦；「分剛文柔」，屬外卦。凡三陽之卦變皆自泰來，泰外卦上爻之柔，今來居賁内卦之二爻，故曰「柔來而文剛」。泰内卦二爻之剛分而爲賁外卦之上爻，故曰「分剛上而文柔」。《程傳》云：「凡卦變，自乾、坤來。本卦下本乾體，中爻變而成離；上本坤體，上爻變而成艮。離在内，故曰『柔來』；艮在上，故云『剛上』。」與蘇氏《易傳》同。李衷一曰：「賁乃噬嗑之倒體，所謂『柔來文剛』者，只是噬嗑之離上，倒入而在内也。『六五』之柔來居『二』，在『初』、『三』兩陽之間，豈不是『柔來文剛』？所謂『分剛上而文柔』者，只是噬嗑之震下，倒成艮而居上也。『初九』之剛上居『上九』，在『四』、『五』二陰之上，豈不是『剛上文柔』？」合三説觀之，於往來上下之義甚明。朱子謂卦自損來者，柔自「三」來而文「二」，剛自「二」上而文「三」；自既濟來者，柔自「上」來而文「五」，剛自「五」上而文「上」。既云自損來，又云自既濟來，與《卦變圖》之説不合，且「二」、「三」俱在内，「上」、「五」俱在外，似不得謂之來。《周易説統》亦以此爲疑。

「天文也」之上，《本義》從王弼本，謂當有「剛柔交錯」四字。愚謂「天文也」三字，緊承「柔來文剛」、「剛上文柔」兩「文」字來，中已有「剛柔交錯」之意。程子所云：「質必有文，自然之理，故謂之天文。」似不必多添四字。胡雲峰曰：「以卦變言，則剛柔之交，可以見『天文』；以卦德言，則『文明』各止，其分可以見『人文』。」鄭申甫曰：「文明而不以止，則致於飾矣。故必以止，方爲人文，非止其文，乃救文之弊也。」朱子發曰：「有此人便有此文，非增飾於人之外也。」愚又謂，「天文」「人文」，亦不必推廣泛論，即從卦象看出。「觀」者，就卦象而「觀」也，「天文」本自適中，而時或有過文過質之變，則察之而施其補救。「人文」貴乎「文明」，惟止之而使文不至勝質，乃可以「化成天下」。

《象》曰：山下有火，賁。君子以明庶政，无敢折獄。

薛敬軒曰：「《大象》論用刑者，凡四卦，皆離火之用。可見用法貴乎明。噬嗑、豐以火雷，雷火交互爲體，威明並濟也。賁、旅以山火，火山交互爲體，明慎並用也。」愚按，旅火在山上，曰「不留獄」；賁火在山下，曰「无敢折獄」。一則止而明，一則明而止。皆取治獄之象。「庶政」之中，「折獄」爲難。「折獄」之道，在得實情，不在文飾，故弄法者曰「舞文」，刻覈者曰「深文」，濫刑者曰「文網」，鍛煉者曰「文致」，皆自作聰明，而逞其敢心者也。「君子以明庶政」，法離體也；「无敢折獄」，法艮體也。

初九，賁其趾，舍車而徒。《象》曰：「舍車而徒」，義弗乘也。「舍」，上聲。

愚按，「二」與「初」比，柔來文剛〔一〕。而「初」自與「四」應，又以剛德居明體，「賁趾」之象。上爻變坤爲艮，「舍車」之象。「舍車而徒」者，不受「二」之文也。人情皆以乘車爲榮，徒步爲辱。「初」獨以「徒」爲「賁」，不以「乘」爲「賁」，「義」在故耳。君子行義，必於涉足之始觀之，《象》曰「義弗乘」，見「初」以道義自持，非貧賤驕人也。又按，《易》於初爻言「趾」者，凡六：噬嗑之「滅趾」，大壯之「壯趾」，夬之「前趾」，鼎之「顛趾」，艮之「艮趾」，大都陽動而陰静，静者吉而動者凶。賁「初」以剛居剛，舍軒車之榮，而安於徒步，即此便是「賁趾」處，所謂「素履无咎」者與？

六二，賁其須。《象》曰：「賁其須」，與上興也。

顔師古曰：「毛在頤曰須。」侯果曰：「『三』至『上』，有頤體，『二』在頤下，『須』之象。」《本義》依之。先儒多作是解。惟楊誠齋云：「『須』，待也。」愚按，《詩》「卬須我友」，「須」乃「待」之義。内卦離爲火，中爻互震爲木，在離火之上，火必待木而光始發。火者，薪之用也。「二」待「三」而成賁，猶火待木而發光，火性炎上，故曰「與上

〔一〕按，「剛」，原本作「綱」，據四庫全書本改。

興」也。

九三，賁如，濡如，永貞吉。《象》曰：「永貞」之「吉」，終莫之陵也。

先儒云，一剛居二柔之間，上下受「賁」，中爻互坎，「濡」之象。水火調和，相潤以成文，故曰「賁如，濡如」。愚按，「三」當「賁道」之隆，「賁」則懼其盛，「濡」則懼其溺，凡下之陵上，卑之陵尊，皆從文勝質起。幸其體剛，以質爲主，是其「貞」也。惟「永」之則「吉」。《象》曰「終莫之陵」，言終不可使文勝質也。「終」字，與「永」字應。

六四，賁如，皤如。白馬翰如。匪寇，婚媾。《象》曰：六四當位，疑也。「匪寇，婚媾」，終无尤也。

「三」以剛居剛，質也。「四」以柔居柔，文也。「皤如白馬」，何以皆取朴素爲義？來矣鮮曰：「此爻變巽爲白〔一〕，『皤如』之象。中爻互震，馵爲白足，顙爲白顛，『白馬』之象。又互坎，爲亟心之馬，『翰如』之象。『四』與『初』應，本『匪寇』也，乃『婚媾』也。以陰居陰，位非不當也。『疑』之者，『初』也。『初』方『舍車而徒』，見『四』之『白馬翰如』，故疑其爲寇。然卦體剛柔交錯，『四』之應『初』，以上求下，終成『婚媾』，而『无尤』

〔一〕按，「白」字之後，疑奪一「馬」字。

也。」愚按，「三」、「四」兩爻，當參看。「三」以柔文剛，懼其文勝而史，故曰「永貞吉」，曰「終莫之陵」，欲「三」固守其質也。「四」以剛文柔，不慮其質勝而野，慮其以質爲野也。故曰「匪寇，婚媾」，曰「終无尤」，欲「四」崇尚夫質也。聖人於文質之際，軒輊如此。

六五，賁于丘園，束帛戔戔。吝，終吉。《象》曰：六五之「吉」，有喜也。

《程傳》以「丘園」爲「上九」，《本義》只屬本爻説。愚竊謂，「六五」下無應與，而與「上」比，「上」乃艮之主爻。艮爲小石，爲徑路，「丘園」之象。先儒釋此爻，多從聘賢取義，今從之。「五」屈萬乘之尊，式賢士之廬，雖「賁于丘園」，實人主之自賁也。「戔戔」、「束帛」，其跡似「吝」，然任質則事可久，守約則漸反淳，終歸於「吉」。《程傳》以「束帛戔戔」爲「受其裁制」，義亦難曉。《小象》只舉一「吉」字，包括《爻辭》，竊就上文作釋，可見「戔戔」者，非吝財惜費，由其中心之好，别有一種相得處，故曰「有喜也」。又按，《子夏傳》：「五匹爲束，三玄二纁，『戔戔』作『殘殘』，言其狹小如殘帛然。」亦可備一解。

上九，白賁，无咎。《象》曰：「白賁无咎」，上得志也。

文猶質也，不可偏廢，所患踵事增華，流蕩不止耳。「上」居《艮》終，「文明以止」者也。賁極則反質，故曰「白賁」。「四」之「賁如，皤如」，「賁」與「白」，猶二也。「白賁」，則「白」即「賁」矣。《大傳》所謂「賁无色」，《文心雕龍》所云「賁象窮白，貴乎反本也」。愚又竊謂，卦體「上九」一剛文「四」、「五」之柔者，而「上」以「白賁」爲「志」，「四」之「皤如」，「五」之「束帛」，皆上承「白賁」之「志」，故曰「上得志」，以此化天下而成風俗，豈有文勝之弊哉？何「咎」之有？

愚按，《彖傳》「文明以止」句，是全卦綱領，挽回世風，而「化成天下」，多由於此。「六二」以離明爲主於内，正「柔來文剛」者，「初」之「賁趾」，「三」之「賁濡」，皆受文焉。則剛以濟柔，而化爲明矣。「上九」以艮止爲主於外，正「剛上文柔」者，「四」之「賁如，皤如」，「五」之「丘園，束帛」，皆受文焉。則柔以濟剛，而化爲止矣。

項平甫曰：「聖人謂人之情，不可以徑行也。故因其辭遜之節，而爲之文以飾之。其交也以禮，其合也以禮，百拜而飲，三辭而受，六禮而婚，所以飾其情，而養其耻。苟氏不知，而以爲僞；晏子不知，而以爲勞。聖人曰：『此天時之變，人倫之化，不可一日無也。』觀賁之六爻，無一爻凶咎，聖人之貴文如此。」存此一段議論，以見兩卦反對之義，與《序卦》正合，所謂「物不可苟合」也。

周易玩辭集解卷第四

海寧後學查慎行

䷖坤下艮上

剥：不利有攸往。

乾五變而成剥，京氏所云「九月之卦」也。五陰盛長，孤陽在上，一變即純陰矣。君子未嘗一日忘世，剥之時，正當勇往圖功，轉亂爲治，而曰「不利有攸往」，不是教人徘徊觀望，計較利害，只爲氣運至此，天時人事，無一可爲，惟恐君子動觸禍機，所以深戒之也。

《彖》曰：剥，剥也。柔變剛也。「不利有攸往」，小人長也。順而止之，觀象也。君子尚消息盈虚，天行也。

《彖傳》總是發明「不利攸往」之義。「剥，剥也」，上「剥」字，主「上九」，以受剥者言。下「剥」字，屬五陰，以剥陽者言。夬一陰在上，曰「柔變剛」。先儒謂君子之去小人，明白痛快，故云「決」。小人之害君子，萋菲浸潤，故云「變」。愚按，本卦與復反對，復「利有攸往」，則言「剛長」。剥「不利有攸往」，則直言「小人長」，惟恐君子不警惺也。「順而止之」，又轉在卦德上去。「順而止」，有堅忍自守之大力。「觀象」者，君子也。「消息盈虚」，多在乾象看出，純乾爲陽之盈，變坤爲陽之虚，變姤爲陽之消，變復爲陽之息，此皆天行自然之象。獨於剥言「觀」者，爲處變之君子謀也。「尚」者，尊而奉之之詞。若曰此天行也，敢玩忽處此哉？剥、復皆曰「天行」，一要其終，一原其始。

《象》曰：山附于地，剥。上以厚下安宅。

《黄氏日抄》云：「『山』特出而遠於地者，山之常也。此曰『山附于地』，山之變也。如《春秋》『梁山崩』之類。」愚按，先儒之説，此解極分明，切於「剥」義也。《象》何以不言陰陽消長？蓋下剥上者，成卦之義也。上厚下者，治剥之道也。「厚下」，坤土象。「安宅」，艮止象。《大象》例稱君子、先王、后，剥獨云「上」者，一陽居上卦之上也。君以民爲地，「厚下」所以「安宅」。大凡君子在上必厚下，小人在上必剥下。故君子「安宅」，「小人剥廬」。

初六，剥牀以足，蔑貞凶。《象》曰：「剥牀以足」，以滅下也。

卦體一陽居上，「牀」象。五陰在下，「足」象。人以牀爲安，牀以足爲安。「剥」自下起，故初爻言之，「剥牀以足」，猶云「剥牀之足」。「以」字，見小人播弄伎倆。先儒謂最下一畫，正當「姤」之時，聖人於陰類方來，云「蔑貞」。「貞」者，「上九」也。「蔑」，謂蔑視之也。愚謂「剥」時，陰黨用事，「初」在最下，其目中已無「上九」矣，豈知碩果不食？孤陽乃天地之正氣，合群小之力，其能滅正乎？「蔑貞」之「凶」，本爲小人示戒。《象》曰「以滅下」，見其有漸上之勢，亦欲君子防之於始也。

六二，剥牀以辨，蔑貞凶。《象》曰：「剥牀以辨」，未有與也。

《程傳》：「辨，分别上下者，牀之幹也。」説本《注疏》。「二」本「初」黨，亦欲「蔑貞」者，故同此「凶」象。一説，「辨」字只作「分别」解。國論之是非，人心之邪正，君子於此，全要辨析明白。小人即就此翻案，以是爲非，以正爲邪，遂使青天白日，一變而成霾蒙暗昧世界。君子無間口處，此小人之作用也。其義亦通，但「牀」字無著落耳。「未有與」，《注疏》指小人，《程傳》指君子。愚按，卦例，凡陰陽相應者，謂之「應與」。咸六爻皆應，則曰「感應以相與」。艮六爻皆不應，則曰「敵應不相與」。其近相比者，亦然。「二」本陰爻，或與陽應，或與陽比，則有與矣。今近比者「三」，與「五」又無應，故云「未有與」，似當依《注疏》，指小人爲是。觀「六三」與上應，則「无咎」，「六五」與上比，則「无不利」可見。

六三，剥之，无咎。《象》曰：「剥之，无咎」，失上下也。

「三」亦剥陽之類，何以上下皆凶，此獨「无咎」？先儒謂「三」在四陰之中，獨與「上」應，小人中猶知有君子，而欲保全善類者，其於陰黨，跡同而心異，衆方以剥陽爲事，「三」亦若隨衆而「剥之」者，而究不與爲同志，故云「失上下」。愚又謂，「剥之」、「失上下」，與坤「喪朋」義同。夫子不言其得，但言其失，失小人則得君子可知矣，所以「无咎」。

六四，剥牀以膚，凶。《象》曰：「剥牀以膚」，切近災也。

《困學記》曰：「剥至於『四』，君子直無地置身，貞之名號不存，蔑之慘毒不必言矣。故直曰『凶』。」愚按，下三爻之災在牀，雖近而未切身。至此，不於牀於膚矣，故《象》曰「切近災」。陽之受災，豈獨君子之凶哉？崔憬云：「『膚』，薦席也。與人相近，故云『切近』，若是肌膚之『膚』，豈止近而已耶？」別是一解。

六五，貫魚，以宫人寵，无不利。《象》曰：「以宫人寵」，終无尤也。

《困學記》曰：「『四』已『剥膚』，過此以往，聖人所不忍言矣。故别設一義，曰『與其剥陽而至於凶，何如承陽之爲利哉？』」朱疊庵曰：「剥至於『五』，而一陽止於其上，屹然不動。『五』不能復有所往，反率群陰而順陽，蓋勢盛則作威，計窮則效款，陰柔之性然也。『五』之陰寵，本宜有尤，而因以承陽，故曰『終无尤』。」丘行可曰：「遯、剥，皆陰長之卦。遯陰猶微，故『九三』言陽制陰之道，曰『畜臣妾，吉』。剥陰已極，故『六五』言陰從陽之道，曰『以宮人，寵』。」愚按，「五」爲群陰之主，不取君位，陰以類聚。艮爲黔喙之屬，「魚」象。此爻變巽爲繩，「貫」之象。「宮人」進御於君，先後以次，有同「魚貫」，陰不剥陽，而順乎陽之象。小人不知義理，只知利害。《爻辭》分别利害，以示趨避，若曰如此則無不利，「終无尤」，所以導小人從正之心也。

上九，碩果不食，君子得輿，小人剥廬。《象》曰：「君子得輿」，民所載也。「小人剥廬」，終不可用也。

先儒謂此一爻，總是發明君子不可盡剥之意。愚按，艮爲果蓏，陽大陰小，「碩果」之象。五陽被剥，「上九」獨存，不曰「未食」，而曰「不食」者，以見陽無絶滅之理。天運所留，人不得而食之也。坤爲衆，五陰在下，「輿」象。艮爲門闕，一陽在上，「廬」象。《爻辭》專爲君子設，而兼及小人者，蓋此爻未變，吉在君子。此爻一變，凶並在小人。

若是君子，則爲「得輿」之象。乘者獨，而承之者衆，民所載也。「廬」者，用以安身，既剥矣，終何用哉？國破家亡，小人豈有獨存之理？《小象》就兩家末路，以終剥卦之全局，一似安慰君子，一似唤醒小人，其旨微矣！

蘇紫溪曰：「於陽則《象》之曰『牀』，曰『廬』，謂其能安乎陰。於陰則《象》之曰『魚』，曰『宫人』，謂其當順乎陽。曰『蔑貞』，曰『剥廬』，危之也，所以嚴未然之防。曰『无咎』，曰『无尤』，幸之也，所以開反正之漸。至於『上九』，而『得輿』、『剥廬』之戒，猶深致意焉。夫『蔑貞』之極，猶有『碩果』，剥膚之餘，終於『剥廬』，則君子之道，固未嘗一日廢於天下。爲小人者，亦可惕然思矣！」

☷☳震下坤上

復：亨。出入无疾，朋來无咎。反復其道，七日來復。利有攸往。「反復」之「復」，音義與「覆」同。

剥與復反對，一陽窮於上，即反於下。盈虚消息，循環往復。文王觀象至此，一連二十二字，説出許多好處。蓋内陽而外陰，則爲泰，陽宜在内者也。自五月一陰生，陽漸出而在外，至十一月一陽生，復反而入於内矣。還其故有，此所以「亨」。「出入」，皆當指陽。「无疾」，言進退有漸，不迫遽也。楊龜山以「朋」爲五陽，愚謂當指五陰。當復之時，一陽足以敵五陰，故「朋來」亦「无咎」。「反復其道」，統言陰陽往來之理。「七日來復」，專言一陽方來之數。《子夏傳》云「極六位而反於坤之復，其數七」是已。愚又謂，「七日」，只就剥、復兩卦言。自剥「初」起，至復「初」，在卦經七爻，在時經七月。不言「月」、言「日」者，猶《詩》云「一之日」、「二之日」也。晁公武之説亦然。上下兩「來」字相應，「朋來」爲客，「來復」爲主。「利有攸往」，與剥「不利有攸往」正相反，「往」則爲臨、爲泰矣。

「出入无疾」，有數解。蘇子瞻云：「自坤而復爲入，自復而乾爲出。」晁公武以自剥至復爲「入」，自復至夬「出」。李象先則曰：「外陰用事而『出』，内陽爲主而『入』。」《程傳》云：「復生〔一〕於内，入也；長進於外，出也。微陽生長，無害之者也。」「疾」字作「害」字解。蔡氏、鄒氏以「无疾」爲「不求速」。胡雲峰云：「《易》之言『疾』者，凡五：《豫·六五》、《无妄·九五》、《損·六五》、《兑·九四》，多在外卦，惟《復·象》曰『无疾』，以内卦一陽生於下也。蓋陽在内則『无疾』。凡疾，皆有感於外者也。」愚按，

〔一〕按，原本奪「生」字，據中華書局本《二程集·周易程氏傳》卷第二補。

遡「九三」一陽在内卦，《爻辭》亦云「有疾憊」，本卦「疾」字，宜從「不求速」之解。

《彖》曰：「復，亨」，剛反，動而以順行，是以「出入无疾，朋來无咎」。「反復其道，七日來復」，天行也。「利有攸往」，剛長也。復，其見天地之心乎！

「剛反」，釋「復亨」二字之義，對下「剛長」説。「反」者，如主人復歸故宅。前從此往，今從此還。剥之一陽，窮上反下，爲復也，以其既去而來「反」，故「亨」。以其既「反」而方長，故「利有攸往」。「剛反」，言方復之初。「剛長」，言既復之後。卦德内動而外順，一陽方動，元氣初回，此時欲速助長，最是大病。惟動而行之以順，則不疾不徐，可以固前日之生機，並可以養將來之全力。乃所以善其出入，五陰雖「朋來」，亦「无咎」也。「天行」者，陰陽消長，天運之自然也，故「反復其道，七日來復」。陰數極於六，七則乾之反。《易》每以初爻爲七日，震與既濟亦然。鄭亨仲曰：「七者，陽數。日者，陽象。故於陽長言『七日』。八者，陰數。月者，陰象。臨『剛長』以陰爲戒，故云『八月』。陽以日計，幸其來之速。陰以月計，見其消之遲也。」愚按，「天行也」以上八句，全以氣運言。「利有攸往」三句，方説人事。陽剛用事，君子道長，所以「利有攸往」，天地以生物爲心者也。十月純陰，生物之心，固未嘗息，而無端倪可見。到此一陽纔露端倪，於此體會，真若天地之心，有象在目，昭昭可見者，張子所云「形色皆天」也。王輔嗣以「静爲天地之心」，《程傳》謂「動之端乃天地之心」，邵子詩云：「一陽初動處，萬物未生時。」朱子云：「復卦下一畫便是動。」楊誠齋云：「動爲天地之心。」金仁山云：「惟於極静之中，而有動之端，是乃天地之心。」程沙隨謂：「此天地之德，藴於内者，不必論動静。」愚竊玩「其」字、「見」字、「乎」字語氣，正指人心説。夫子讀《易》有得，恍然慨嘆，要人在自心上體認出天地之心來，就本文涵泳，意味何等深長！若從天地求心，何異認指爲月？

《象》曰：雷在地中，復。先王以至日閉關，商旅不行，后不省方。

愚按，《象》不曰「雷在地下」，曰「在地中」者，在坤，爲美在其中，即未發之中也。雷自八月收聲，至來年二月復發聲，在地中凡六閲月。十一月，正其極静之時，然一陽已動，張子所謂「轉關於子月」是也。「至日」，冬至也。《易》以乾爲體，乾以復爲用，復「初」一爻，次第成三百八十四爻，而卦氣周。即冬至一日，次第成三百六十日，而歲功成。除乾、坤、坎、離四卦，二十四爻當主體，而流行化生，亦止三百六十爻，正當三百六十日，故歲功從「至日」起。此時微陽初動，自貴至賤，皆當以安静爲事者也。「商旅」，指五陰。「不行」，則外者不入，無逐利之心。「后」，指初陽。「不省方」，則内者不出，無求人之事。「關」者，人心之幾希。「閉關」，即退藏於密之意。

初九，不遠復，无祗悔，元吉。《象》曰：「不遠」之復，以修身也。

復之「初」，即剥之「上」。隨「剥」隨「復」，故曰「不遠」。一「復」，則本體依然，何「悔」之有？「祗」，解作「至」。諸卦言「悔亡」者，「悔」已見而能亡也。言「无悔」者，宜有「悔」而無之也。此云「无祗悔」，不至於「悔」而待亡、待无也。不但「吉」，而且「元吉」。「元」者，始也。最初一念，萬善之「元」，此爻即乾之初畫。以下五陰比此者「吉」，遠此者「厲」，應此者「无悔」，違此者「凶」。「元吉」中，隱然含一「仁」字。《大傳》特以顔子當此爻，蓋顔子之不貳過，當念覺，即當念改，己於此克，禮即於此復。人欲去而天理還，欲仁仁至，仁豈遠哉？夫子於初爻，只提出「修身」二字，與二爻「仁」字互相發明，所謂「修身」以道，修道以仁也。「初」至「五」，《小象》四箇「以」字，皆示人克復之方。

六二，休復，吉。《象》曰：「休復」之吉，以下仁也。

胡五峰曰：「仁者，天地之心。」金仁山曰：「天地之心，仁也，生生之初也。語其《象》，則復卦一爻是已。」愚按，「仁」字，夫子不言於初爻，而於「六二」發之，人心所以遠仁者，以其馳而不休也。「六二」柔順中正，從容休養，心不外馳，故「吉」。下與「初」比，以退爲「復」，故曰「下仁」。「初九」仁體已具，「二」則從容俟其自化而已。《小象》

「下」字當玩，收斂浮氣，消磨勝心，多在此。按，自《乾·文言》而後，至此，「仁」字再見，看來此一字，可貫全卦。天地以生物爲心，一陽來復，造化之仁也。「初九」，體仁之君子也。「二」比「初」，友其士之仁者也。「三」「頻復」，日月至焉者也。「四」與「初」應，修道以仁也。「五」居坤土之中，有安敦象。安土敦乎仁也。「上」之「迷復」，失其本心，違仁者也。

六三，頻復，厲，无咎。《象》曰：「頻復」之厲，義无咎也。

愚按，「復」乃「惟精惟一」功夫，如何説「頻」字？曰「頻復」，則「頻失」可知矣。聖人只從他好一邊説，蓋「三」居震終，其體易動，爲「頻復」之象。學問中操存舍亡之機在此，頻失則頻悔，其心危而不安，然旋悔即旋復，雖厲而義「无咎」。此爻即乾之「九三」，故同此「厲无咎」也。

六四，中行獨復。《象》曰：「中行獨復」，以從道也。

「六四」正而不中，《爻辭》何以言「中行」？吴幼清云：「『行』者，路也。震爲大塗，卦之五陰，『二』、『三』近陽，『五』、『上』遠陽，『四』居遠近之中，猶路之半也。」愚又按，《爻》言「中行」者，凡五。《泰·九二》「得尚于中行」，《夬·六五》「中行无咎」，兩爻居上下卦之中也。《復·四》曰「中行」，一爻居五陰之中也。《益·三》、《四》曰「中行」，「三」、「四」兩爻在一卦之中也。皆隨時取中之義。「四」在群陰中，獨下與「初」應，故云「獨復」。《小象》於「初」曰「修身」，「二」曰「下仁」，「四」曰「從道」，「仁」與「道」，皆「修身」之事。「二」近而比，故曰「下」，「四」遠而應，故曰「從」。又，據反對卦看，復「六四」即剥「六三」，在剥，取其「失上下」。在復，取其「獨復」，皆以應乎陽也。

六五，敦復，无悔。《象》曰：「敦復，无悔」，中以自考也。

臨之「上六」，處四陰之末，曰「敦臨，无咎」。復之「六五」，亦處四陰之後，曰「敦復，无悔」，皆乘坤者也。先儒謂臨爲二陽之卦，以「初」、「二」爲主爻，而「敦」之者，「上六」也。復爲一陽之卦，以「初九」爲主爻，而「敦」之者，「六五」也。皆取應之上一爻。蓋陽氣方萌於下，而上有應爻，則其氣易洩。「敦」者，於應爻之上，從而加厚焉。不令非時早出，雖若錮之，實所以成之也。《本義》訓「考」爲「成」，當是此意。愚又謂，「无悔」，以心言。「六五」柔順得中，「自考」者，反心檢點之謂。《大傳》所云「復以自知」也。

上六，迷復，凶，有災眚。用行師，終有大敗。以其國君凶，至于十年不克征。

《象》曰：「迷復」之凶，反君道也。

先儒多謂，「初」一復不再迷，「上」終迷而不復。愚竊謂，「迷」字，從坤卦《彖》來，坤本先迷，今居上，暗極故蔽難開，以其無改過之勇，故曰「迷復，凶」，與《比·上》「後夫凶」之義略同。「上」亦非終「迷」而不「復」者也，但與「初」之「元吉」相反，故得「凶」象。六十四卦中，「上」爻言「凶」者，凡十四。未有天災人禍，備極凶象如本爻者，甚言「復」之不可「迷」也。坤爲衆行師之象，只就一事言，其終至喪師以辱君。此外無事可爲矣！「十年不克征」，又「七日來復」之反。乾無十，坤無一。陰數極於六，剥既變復，則七爲乾之初；陽數極於九，復未變乾，則十爲坤之終。「至于十年」而後復，先迷之「凶」，至於如此，較「初」之「不遠復」，相去懸絕矣。「反君道」，《本義》無注。愚又竊謂，「君」當指「初九」，復以一陽爲卦主。胡雲峰所云「復『上六』，衆陰之極，表一陽之爲君」是已。若依《程傳》，「人君居上治下，當從天下之善，而迷於復，反君之道也」。吴幼清云：「『上六』變爲陽而統衆於外。」則皆指上爻爲君矣！似當從雲峰之解。

陳伯容名汝錡，明高安人。以「明鏡却塵」之義，解「初」、「上」兩爻，語稍近禪，却亦明白了當。其言曰：「塵集而鏡昏，不知是塵，不曉拂拭，到極明時，雖一塵之落，便自照見，便隨手拭去，是謂却塵。至於本來清浄，是大聖人事，雖在顔子亦不敢擔當。顔子不能無不善，但能知能不行耳。知是照處，不行是拂處，隨照隨拂，則常拂常照，終亦無塵。故曰『不遠復，吉』。照而不拂，則日堆日積，終於不見，故曰『迷復，凶』。無塵者，聖人之鏡。拂塵者，賢人之鏡。留塵者，衆人之鏡。不知其爲塵者，下愚之鏡。」

京房「卦氣」，始於此卦：「十一月建子卦爲復，十二月建丑卦爲臨，正月建寅卦爲泰，二月建卯卦爲大壯，三月建辰卦爲夬，四月建巳卦爲乾，五月建午卦爲姤，六月建未卦爲遯，七月建申卦爲否，八月建酉卦爲觀，九月建戌卦爲剥，十月建亥卦爲坤。」

☰☳震下乾上

无妄：元、亨、利、貞。其匪正，有眚，不利有攸往。

周子云：「不善之動，妄也。妄復則无妄矣，无妄則誠矣。故无妄次復。」愚按，「无妄」，《史記》作「无望」。惟至誠「无妄」者，乃無意外之期望。故非望之福，君子以爲災。上體乾，本天道，「元亨利貞」四德備焉。震在下，動以天，不動以人者也。《卦辭》分兩截説，一反一正。任天而動，何往不利？所以「元亨利貞」。其或動以人，而不以天，則「匪正」矣。「匪正」則「有眚」，所以「不利有攸往」。「有眚」與「无妄」相反。《説文》：「眚，目翳也。」焦弱侯曰：「人心本无妄，其有妄，如目有眚。」王汝中曰：「復動以地，无妄動以天。復曰有不善，无妄曰『其匪正』，可見義理無窮。」愚又按，「无妄」之義，先儒皆以爲「誠」。程沙隨不然，曹立之以「无妄」名齋，沙隨告之曰：「『无妄』有正與不正，先儒以『无妄』對『有妄』者，非也。」此論正與《卦辭》合，非程之臆説也。

《彖》曰：无妄，剛自外來，而爲主于内。動而健，剛中而應，大亨以正，天之命也。「其匪正有眚，不利有攸往」，无妄之往，何之矣？天命不祐，行矣哉！

「剛自外來」，《本義》以爲「自訟而變，九自『二』來而居於『初』」。愚按，《卦變圖》云：「凡四陽之卦，皆自大壯來。」自壯而需而大畜，與无妄反對，大畜外卦，艮上一畫，來居无妄内卦而變震，故曰「剛自外來」。若自訟來，則「初」、「二」兩爻同在内卦，非自外來，乃自内來矣。則亦可云卦自遯變，九自「三」而來居「初」，何獨訟耶？一説，内卦本坤，乾之「初」陽來而爲震，以其非本卦剛柔之往來，故曰「自外」，亦是一解。「初」爲震主，震屬内卦，故曰「爲主于内」，自外來而「爲主于内」，如心之既放而復還也。人心出入無時，只是自家做不得主，所以有妄，「爲主」是先立乎其大者。「爲主于内」，則外物不得撓之矣。有如雲翳空，塵蒙鏡，雲開塵净，虚明自在，无妄之本體如此。「動而健」，指内、外二體。「剛中而應」，指「二」、「五」兩爻。「動而健」，則行義勇；「剛中而應」，則待物誠。所謂「大亨以正」也。此三句，只是解「无妄」，而「貞」意已在其中。不曰「天道」，而曰「天命」，以見「无妄」之理，賦於生「初」，即「天命」之性，盡人所以合天也。「其匪正有眚」，「其」者，或然之辭。聖人深慮「无妄」之人，别有一種病痛，往往果於自用，以人言爲不足惜，天變爲不足畏，豈知乖於大中至正之道？純是我見理障，如何行得通？所以「不利有攸往」。有妄之不可往，易見；「无妄」之不可往，誰則知之？故曰「天命不祐」，曰「何之矣」，曰「行矣哉」。甚言「攸往」之「不利」，蓋傷之也。又按，每卦六爻，必有一爻爲主。獨於无妄發之，曰「爲主于内」。《本義》所云「初」爲「誠主」，可以類推。

《象》曰：天下雷行，物與。句。**无妄，先王以茂對時，育萬物。**

「天下雷行」，時至而物動，動以天也，故曰「无妄」。程、朱皆分二句，以「物與无妄」四字相屬，愚竊按先儒之説，「物與」二字當連上爲句。「與」者，應也，從也。張希獻謂「天雷而物應」，胡旦謂「物物相與，以應雷行」，劉念臺曰「天實有此流行之命，而物物付之」是也。蓋「雷行天下」，發生萬物。其所賦與，各正性命，「物與」之義如此。先王於天下裒時之對，因物而育，所以體天行之「无妄」也。「茂對」與「對越上帝」之義同。天之生物，不違乎時；聖人之育物，亦不違乎時。一氣説下，勿作兩截看。

初九，无妄，往吉。《象》曰：「无妄」之往，得志也。

《本義》：「『初』以剛在内，誠爲主也。如是而往，則『吉』可知。」愚按，「初」爲卦主，卦之所以爲「无妄」者，震也。「初九」一爻，可當无妄一卦。所謂「爲主于內」者，在震「初」而動，其動也以天，故以卦名歸之。不益一詞，直斷之曰「往吉」。或云，「初」與「四」無應，「往」將何之？不知最初一念，即是至誠「无妄」，與「匪正」而「往」一種人正相反。同一「往」也，《象傳》曰「何之」，《象傳》曰「得志」，要知此兩種人，起初發念，俱無欺罔，彼「匪正」而行，故窒。此恃誠以「往」，故「得志」也。

六二，不耕穫，不菑畬，則利有攸往。《象》曰：「不耕穫」，未富也。

先儒皆以此爻爲无妄之富。《程傳》謂「不耕而穫，不菑而畬，謂〔一〕不首造其事」，以「首造」爲「妄」。據此解，則力田爲妄念，惰農爲守正矣。細繹《爻辭》語意，竊所未安。愚按，震於稼爲反生，「耕穫」之象，「六二」柔順中正，安分循理，不作非望之妄想者也。妄想者何？利是也。天下攘攘，皆爲利往。聖人借「耕菑」之象，以示之曰：人情未有耕而不祈穫，菑而不祈畬者。然農必春耕乃秋穫，田必先菑而後畬。天下豈有不耕而穫，不菑而畬之理哉？如有不耕而穫，不菑而畬者，則是「富」可妄求，何往非利矣。兩「不」字與「則」字，緊相呼應，如「富而可求也，雖執鞭之士，吾亦爲之」語氣。乃

〔一〕按，「謂」，原本作「爲」，據中華書局本《二程集·周易程氏傳》改。

反言以決其必無，非設言而許其或有也。《象》申之以「未富」，謂不耕菑而致富，天下古今所未有也。即《伐檀》詩中「不稼不穡，胡取禾三百廛」之義。陽實陰虚，故曰「未富」。《莊子》云：「吾未嘗爲牧而牂生於奥，吾未嘗好田而鶉生於宎。」此子綦之索然出涕，而以爲大怪者也。夫非分之獲，異端且以爲不祥。聖人顧懸設此象，以啓人徼幸之心乎？《本義》謂「無所爲於前，無所冀於後」，未嘗起私意以作爲。又似涉外學「前念不生，後念不起，無心順運」之説矣。

六三，无妄之災，或繫之牛，行人之得，邑人之災。《象》曰：「行人」得牛，「邑人」災也。

《黄氏日抄》云：「《程傳》言有得則有失，朱子云：『行人牽牛以去，居者反遭詰捕之擾。』臨川鄒氏云：『或者繫牛於此，自以爲固矣。繫脱而不知牛之所之，以出意外。牛爲「行人所得」，而乃責得於「邑人」。豈「邑人」之罪哉？此爲「无妄之災」。』覺於經文尤切」云云。愚按，以上三説，似當從《程傳》，竊從其解而詳説之。承上文而言，「无妄」之富，世所必無。乃若「无妄之災」，則或有之矣。離爲牝牛，卦體自「初」至「四」有離象。本卦與大畜反對，「六三」一爻，即大畜「六四」，故皆取象於「牛」。或者假説之辭，假「牛」以明「无妄之災」，非人所自致也。「邑人」即「六三」，「牛」本「邑人」之所有，偶脱所繫，而爲「行人之得」。凡人之情，得之便以爲福，失之便以爲災。豈知人得人失，事之適然者耳。《小象》就文作解，曰「行人得牛，邑人災也」。可見人世之得失靡常，非可意料。苟能置身得失之外，「无妄之災」於我何有哉？吴幼清云：「『无妄之災』，因卦變取象。无妄自遯變，遯下卦艮也。坤爲牛，艮以一陽交坤，上畫爲坤之君。坤牛，艮之所有也。此以遯之『九三』，未變爲无妄之『六三』言也。及既變爲无妄也，『三』下易『初』成震，則震之一陽，爲坤之君，而坤牛又爲震所有矣。震爲大塗，『行人』也，坤爲邑，『邑人』也。」朱子云云，考之爻象，無此義。

九四，可貞，无咎。《象》曰：「可貞，无咎」，固有之也。

愚按，《爻辭》亦承上文來，天下「无妄之災」，非可意料，君子惟爲其「可貞」者耳。「貞」即「无妄利貞」之「貞」。「四」得乾體之剛，天德本其固有。居震之「初」，利在守正。「可貞」與「匪正」相反，「无咎」與「有眚」相反。「固有」者，天之命也。「可貞」則「无咎」，不可貞，則有咎矣。知「固有」之爲「可貞」，則於福必不敢倖邀，於災必不求苟免可知。《爻辭》言「可貞」者，凡二。坤「六三」以柔居剛，此以剛居柔，皆不得其正者，故以「可貞」勖之。

九五，无妄之疾，勿藥有喜。《象》曰：无妄之藥，不可試也。

愚按，「疾」字，從《彖辭》「眚」字來。此爻變爲坎，有「疾」象。「五」居中得正，真「无妄」矣。本無致眚之由，此而有「疾」，所謂「无妄之疾」也。不問「疾」從何生，寧論所服何「藥」？中爻互巽木，又互艮爲果蓏，藥之象。惟以不治治之，非徒無眚，抑且「有喜」。若妄用「藥」，是以身嘗試矣。天下之以疾試藥者，豈少哉！所以《爻辭》「喜」其「勿藥」，《象辭》戒其「不可試」。吕仲木曰：「君子存誠，則邪自閑，舍誠而遂邪，邪斯爲敵，試藥之謂也。」愚又謂，人君之治天下如一身，急則驅其外邪，緩則固其元氣。元氣既固，客疾自消。《易》於「疾」言「有喜」者三，皆在外卦，本爻與損「四」、兑「四」同。「疾」之自外感入者也，知其爲「无妄之疾」，而勿試藥焉。「勿藥」即是良方。

上九，无妄，行有眚，无攸利。《象》曰：「无妄」之行，窮之災也。

此爻先儒所謂「匪正有眚，不利攸往」者也。愚按，上爻不好在一「行」字。雖正而「行有眚」，亦「无攸利」。「眚」字從「行」字來，以剛居上，行將何之？故曰「窮之災」，與《乾·上九·小象》同。彼云「有悔」，此云「有眚」，皆位值其窮所致。《履·初》曰「往」，《上》曰「旋」；《无妄·初》曰「往」，《上》曰「行」。履之「元吉」以其「旋」，无妄之「有眚」以其「行」。又，无妄與大畜反對，此爻即大畜之初爻，彼以「止」，故「不犯災」；此以「行」，故有「災」也。《卦辭》言「眚」，《爻辭》言有「災」，兼言「眚」。「眚」

者，過由己致。「災」者，禍自外來。自外來者，雖「災」不爲「眚」，「六三」之失牛也。由己致者，因「眚」而成「災」，「上九」之妄行也。聖人之惡妄動如此。

又按，《易》於内外爻，例取剛柔相應。无妄則不然，「初」、「四」兩剛敵應，「初」，震體；「四」，互艮體，一行一止。「初」所以「吉」，「四」所以「无咎」。「二」與「五」，「三」與「上」，非不相應，而「三」有「災」，「五」「疾」，「上」「有眚」。有應者，反不如無應者之爲愈，豈其動皆「妄」乎？天下固有動以「无妄」而「匪正」者矣！申生之孝，荀息之忠，亦自發乎至誠，但身死無補於家國，揆諸正道，未免有病爾。

䷙乾下艮上

大畜：利貞。不家食，吉。利涉大川。

《本義》：「以艮畜乾，『畜』之『大』者也。」錢塞庵曰：「小畜、大畜，皆畜乾也。小畜以一陰畜乾，主在『五』；大畜以二陰畜乾，主在『上』，皆剛爲主也。巽，陰之微也，故小。艮，陽之極也，故大。」潘雪松謂「陽能自『畜』」，來矣鮮謂「艮上以陽『畜』陽」，語皆有病。愚竊謂，外無陽爻，則柔順不能「畜」；内無陰爻，則同類不相「畜」。卦體以「上」爲主，以「四」、「五」爲用。止健者，「四」、「五」，而能使「四」、「五」止健者，「上」

也。如此説，以艮畜乾之義乃明。先儒又謂，有「畜止」、「藴畜」二義。愚按，《卦象》云「不家食」，《象傳》云「養賢」，《爻辭》取象於馬牛豕，又有畜養之道，故繼之以頤。「利貞」者，利於正道也。中爻自「二」至「四」互兑，口在外卦，「不家食」之象。自「三」至「五」互震，震爲本，乘木舟虚「涉川」之象。「畜」極而通，則當出而食禄，以濟天下之險，曰「吉」，曰「利」，多就人事言。

《彖》曰：大畜，剛健、篤實、輝《石經》作「煇」。**光，日新其德。剛上而尚賢，能止健，大正也。「不家食吉」，養賢也。「利涉大川」，應乎天也。**

「剛健、篤實、輝光，日新其德」，《本義》云：「以卦德釋卦名義。」愚按，「剛健」者，乾之德；「篤實」者，艮之德。無一毫私欲，故「剛健」。無半點虚浮，故「篤實」。兩體上下交映，「健」者愈健，「實」者愈實，自有「光輝」發越，「日新」又新，卦之所以名「大畜」也。「剛上」以下，方以止健歸功於艮。本卦與无妄反對，无妄内卦之震，今爲外卦之艮，而剛居上爻，故曰「剛上」。《本義》謂「變自需來，九自『五』而上」，似不必從。「賢」，指「四」、「五」兩爻。「尚」之者，「上九」也，以其「能止健」，故「尚」之。「能」字，大有作用。在上以剛乘柔，復能用柔以馭剛。爲國家養人才，爲天地養萬物。道理正大，莫過於此，故曰「大正」。其「畜」之也，將以用之，故曰「不家食吉」，「利涉大川」。

此二句，《卦辭》原説大畜之功用，夫子以内卦乾體，復推本於「應天」。賢者，上帝之所簡也，「養賢」所以「應天」，而天下無不可濟之險矣。

《象》曰：天在山中，大畜。君子以多識前言往行，以畜其德。「識」音「志」。

《程傳》止言所畜之大，朱子云：「止以象言，不必實其事。」程沙隨曰：「天之氣在山中，如天地交泰，只以氣言。」《黄氏日抄》曰：「有謂芥子納須彌者，此異端誕語。有謂草木皆天者，若居四山之中，而仰視天，亦可言『天在山中』。」薛敬軒曰：「天，氣也。山，形也。以形畜氣，所畜至大。」先儒又有云「自地以上皆天也」。愚竊謂，「天在山中」，本是假象。君子觀此，而知虚在實中，德在言行中。把千古「前言往行」，無不收攝於吾心。「多識」者，健而「能止」，畜德之工夫也。他卦《大象》與《彖傳》取義不同。本卦却從「日新其德」説來。「日新」者，知新也。「前言往行」者，畜故也。苟求其故，何故非新？吾德之新，即在「前言往行」中。「多識」藏往也，「日新」彰往也。《大象》與《彖傳》，正互相發明。

初九，有厲，利已。音「以」。《象》曰：「有厲，利已」，不犯災也。

「畜」者，止也。内三爻受畜者也，以自止爲義。外三爻能畜者也，以止人爲義。「初」以剛居剛，又健體，勢方進而未已。進則爲「六四」所止，不得自遂，故《爻辭》爲之斟酌，曰往則「有厲」，不若止之之爲利也。程、朱解「初」、「二」，則以「四」、「五」之畜之者爲小人；解「四」、「五」，則又以「初」、「二」之爲所畜者爲小人，初無定論。蘇氏《易傳》則六爻皆作君子解。愚竊據《爻辭》，似當從蘇氏。「初九」欲進之心，應於「六四」，遇「厲」而止，使「初」知止，而不至「犯災」。由「四」畜之於早也。需曰「不犯難」，以坎水之險。《大畜》曰「不犯災」，以艮山之阻，皆在初爻。

九二，輿説輹。「説」，音義與「脱」同。**《象》曰：「輿説輹」，中无尤也。**

《本義》：「『九二』亦爲『六五』所畜，以其處中，故能自止而不進。」愚按，小畜「九三」見畜於「六四」，曰「輿説輻」；此受畜於「六五」，曰「輿説輹」。「輹」與「輻」字義不同，「輻」在車輪中，「輹」則車旁横木。「説輻」者，外爲陰所繫畜，久住之象。「説輹」者，中自止而不進，暫住之象。「九三」過剛，而「九二」剛得中也。有此中德，故無冒進之「尤」。朱漢上曰：「『初』剛正，『二』剛中，『四』、『五』柔也。柔能畜剛，剛知不可遽犯而安之，故曰：大畜時也。」按，卦體互卦無坤，而「二」、「三」爻皆取「輿」象，所未解。

九三，良馬逐，利艱貞。曰閑輿衛，利有攸往。《象》曰：「利有攸往」，上合志也。

舊注「良馬」指「三」、「上」兩爻説。愚竊謂「良馬」，乾象，非艮象也。「初」，「利己」，勸其止也。「二」，「說輹」，喜其止也。「三」居乾體之上，陽剛之性，銷鎔變化，非「亟心」之馬矣，故曰「良」。《漢書·五行志》引此爻，注云：「逐，進也。」「三」逐「上」以進，下二陽又逐「三」以進，並驅連鑣，不爲「上」所止之象。聖人許其可進，而猶戒以「利艱貞」者，必如下文所云，乃「艱貞」而「利」也。「輿」所以駕馬，《考工記》「周人上輿，車有六等之數」，皆名「衛」。「閑」者，調習也。「曰」者，計度之詞。陸氏《釋文》只作「曰」字，言當調習「輿衛」，果其車堅御良，然後「利有攸往」。與《困·上六》「曰動悔有悔」「曰」字義同。《本義》謂「當爲日月之『日』」，似可商。「三」主進，而「上」畜，似乎其「志」不同，不知「上」之止健，原欲以止而善其往也。今「三」「利有攸往」，故曰「上合志」。

六四，童牛之牿，元吉。《象》曰：六四「元吉」，有喜也。

《本義》：「『童』，未角之稱。『牿』，施横木於牛角，以防其觸，《詩》所謂『楅衡』也〔一〕。」愚按，「四」，艮體而居上卦，下與「初」應。所畜者，「初」也。「初」陽居下卦之下，「四」以柔道止之，其勢易制，如加「童牛」以「牿」，使之習於「牿」，而不知有觸。我

〔一〕按，原本奪「詩」字，據文淵閣四庫全書本《周易本義》補。

無駕馭之勞，彼成馴服之性，所以「元吉」。中爻互兑，「四」當兑口之悦，有善之義也。卦體自「初」至「四」，有離象，與反對无妄同，説詳前卦「六三」下。

六五，豶豕之牙，吉。《象》曰：六五之「吉」，有慶也。

艮爲狗，與豕同類。《爾雅》：「豕子：豬，䝐〔一〕，豶。」「豶」爲豕子，與「童牛」同例。《方言》：「海岱之間，繫豕杙謂之牙。」《埤雅》：「『牙』者，杙以繫豕，非齒牙之謂也。」與「牿」同例。《程傳》：「『六五』居尊位，止畜天下之邪惡。」則以「二」爲小人矣。愚竊玩《爻辭》，要得相畜實以相成之義，莫把上下截然分別。《小象》於「四」言「有喜」，於「五」曰「有慶」，「慶」與「喜」相似，但「五」居君位，所畜尤大，即一人「有慶」之意。「四」、「五」兩爻，皆取制服爲義。「四」陰，得位；「五」柔，得中。「四」與「初」應，「牿牛」所以止「初」；「五」與「二」應，「牙豕」所以止「二」。而止健之功，總歸「上九」。唯陽能制陰，故陰能畜陽。論爲力之難易，則「五」不如「四」之易；論成功之大小，則「五」不如「四」之大，一「喜」一「慶」，見艮之畜乾，止之皆愛之也。

按，《説卦傳》以坎爲「豕」，此則以艮爲「豕」，兩聖人取象之不同如此。

〔一〕按，「䝐」字，四部備要本《爾雅》作「豬」。

上九，何天之衢，句。亨。《象》曰：「何天之衢」，道大行也。「何」，音義與「荷」同，去聲。

《程傳》以「何」字爲誤加，諸家遂生別説。鄭孩如曰：「『四』、『五』之畜，『初』、『二』成就賢才之術也。『上』則廣開賢路之道也。」愚按，《爾雅》：「四達謂之衢。」艮之徑路，闢爲天衢。中爻互震爲大塗，亦「衢」象。「何」字，與《詩》「何天之休」、「何天之龍」同。揚雄《美新》云：「荷天衢，提地釐。」《魯靈光殿賦》云：「荷天衢以元亨。」皆作去聲。「何」「荷」兩字，古通用。「亨」字，自爲句。《本義》讀「何」字作平聲，言「何其通達之甚也」。又將「亨」字並入上句，似亦非正解。又，「三」、「上」兩爻當合看，他卦取陰陽相應，本卦「初」「二」、「四」「五」相應者，乃是止象。惟「三」與「上」，兩剛相遇其德同，不獨「良馬」、「輿衛」、「利有攸往」，抑且「天衢」蕩蕩，任其馳驅。在朝廷爲養賢，在士君子爲受禄。「畜」之義莫大乎此，所謂「不家食，吉，利涉大川」也。蓋賢人蘊蓄既隆，起而負荷大任，正應天行道之時。以其蘊於身，謂之德；以其用於世，謂之道。德爲「大畜」，道爲「大行」。如伊尹出畎畝而就湯，欲使君民爲堯舜之君民，而自任天下之重，所謂「何天之衢，道大行」也。

《周易舉正》曰：「《小象》『何天之衢』下脱『亨』字。」愚謂道大行，正發明「亨」字之義，非脱字也。

䷚震下艮上

頤：貞吉。觀頤，自求口實。

《説文》：「頤，頷也，在口兩旁。」愚按，卦名已見於噬嗑，只多「九四」一陽爲間。今間去，則「頤」中無物矣。卦體外實而中虚，「頤」之象。外實，「初」、「上」兩爻所同。顧動者，必得止者而後動。動體又不如止體之善，故以「上九」一陽爲卦主。中虚，則未受外物之間，揀擇取舍，正在此時，必得正乃「吉」。《京氏傳》曰：「頤自觀來，故《卦辭》曰『觀頤』。」愚按，本卦大象似離，離爲目，觀象。「觀頤」者，自人觀我也。「實」者能養人，虚者待養於人。「自求口實」，陰求養於陽也。上句屬「初」、「上」二陽，下句屬中四陰。非内卦自養，外卦養人之説。

《彖》曰：「頤，貞吉」，養正則吉也。「觀頤」，觀其所養也。「自求口實」，觀其自養也。天地養萬物，聖人養賢以及萬民，頤之時大矣哉！

「養正則吉」，朱子主養德養身，《程傳》主自養養人。今依程解。「頤」，雖飲食之道，不可以不正，正則享天下之奉而不爲泰，不正則簞食豆羹不可受於人。中含兩層意。養之正道，貴止不貴動，噬嗑「頤中有物」，必動而後合。今頤中虚而下猶動，故動體之三爻「朶頤」、「顛頤」、「拂頤」皆「凶」。外三爻皆止體，「由頤」固「吉」，「顛頤」亦「吉」，「拂經」亦「吉」。六爻之義，昭然可見。「觀頤」者，觀其象而知「吉凶」也。「觀其所養」，食所當食之義。「觀其自養」，食不虚食之義。適館授粲者，「所養」之「觀」；不素餐兮者，「自養」之「觀」也。夫子復從養人一邊，推廣言之，「天地養萬物」有正道，不正則物不得遂其生。「聖人養賢及萬民」，亦當以正道，不正則賢不受其禄，而民不被其澤。大頤之時者，恐人以口腹之故小之也。

黄魯直曰：「養虎者，不以全物與之；牧羊者，去其敗群，視後者而鞭之；養鷹者，飢之，是謂『觀其所養』之性也。庖丁不以肯綮嬰解牛之刀，痀僂丈人不以萬物易蜩之翼，匹夫之志不可奪於三軍之帥，是謂『觀其自養』。『觀其所養』，盡物之性也。『觀其自養』，盡己之性也。」語雖雜《莊》，却有理解。

《象》曰：山下有雷，頤。君子以慎言語，節飲食。

「山下有雷」，艮止於上，震動於下，頤之上止下動如之。人之言語飲食，皆從「頤」出入者也，動之義；「慎節」者，止之義。禍從口出，故言語不可不「慎」。病從口入，故飲食不可不「節」。楊誠齋曰：「『慎言語』，非默也，當其可，則諫死不羡括囊。『節飲食』，非矯也，當其可，則采薇不羨林肉。」

初九，舍爾靈龜，觀我朵頤，凶。《象》曰：「觀我朵頤」，亦不足貴也。

全卦中虚，有離象，離爲龜，故初爻取象於此。先儒謂四陰爻皆有求於人者也。初陽實，可以無求，如「靈龜」能咽氣不食，無待外養而自足，此在我之良貴也。一慕於外，則以賤害貴矣。愚按，「朵」字，《書》作「朵」。「朵頤」，垂涎飲食之貌。「初」與「四」應，不好處在此。「爾」者，「初」也，「我」者，「四」也。「四」方待養於「上」，《爻辭》若爲「四」語「初」，曰「靈龜」者，本爾所自有。今乃舍之而來「觀我」，作「朵頤」之狀耶？大似嘲笑語，正與「自求口實」相反。由其震體，以剛居剛，欲動情勝，不能自守，故「凶」。《象》曰「亦不足貴」，見其本貴也。「亦」，惜之之詞，惜其爲飲食之人而人賤之也。凡喪己徇物，非道義而干利禄者，皆是已。

張元岵曰：「嘗見一書中載『朵頤』事，云『朵頤』腹大項短，食物無厭。出雲南某處。玩文，『朵頤』與『靈龜』對，明是貪穢之物，存之以俟博雅考正。若謂『朵頤』，欲食貌，則『靈龜』爲不食狀矣。」又是一解。

六二，顛頤，拂經，于丘頤，征凶。《象》曰：六二，「征凶」，行失類也。

先儒多謂「二」與「五」無應，因與「初」比，反自上而求下，故曰「顛」，顛而下者也。

愚竊謂，上養下，下亦養上。「顛頤」，何病？「六二」之「顛頤」，不若「六四」「顛頤」之「吉」者，「二」因求養於「初」，而不得，復拂其常道，越「五」而往求「上」故也。「丘」指「上」，艮爲山丘，土之高者。上爻之象，與賁卦第五爻「丘園」同例。「六二」之「丘頤」，無異於「六五」之「從上」。但「五」之「從上」，用其養以養人，而「二」之「求上」，則私其養以自養。故曰「征凶」。「二」與「三」、「四」、「五」，陰類也，彼皆待養於「上」，「二」獨求養不得，故曰「行失類」。

六三，拂頤，貞凶。十年勿用，无攸利。《象》曰：「十年勿用」，道大悖也。

愚按，「六三」不中不正，又居震終，不好處亦在有應，恃其有應於「上」，妄動狥私，以戕生之術爲養生，以滅性之事爲養性，大拂乎養之正道，異端之學也。夫「三」受「上」之養，本是正應，而矯拂如此，故雖「貞」亦「凶」。「十年勿用，无攸利」，正見其凶處。《象》申之曰「道大悖」。「悖」者，叛道之謂。道之所包者廣，自言語、飲食以至立身、用世，修之則「吉」，「悖」之則「凶」。小而嗜慾殺身，大而學術殺天下。「拂頤」之「凶」，至於如此，多從「悖道」來。又按，《爻》之言「貞凶」者，凡八：屯、師、隨、巽、節、中孚多在外卦，惟頤「三」與恒「初」在内卦。外非無應，而皆陰柔，不中不正，此則拂人之性，彼則求人之深者也。

六四，顛頤，吉。虎視眈眈，其欲逐逐，无咎。《象》曰：「顛頤」之吉，上施光也。

先儒謂「四」本與「初」正應，宜求養於下者也。因與「上」同爲艮體，乃轉而求「上」，則「顛」而上矣。「四」之「顛頤」，與「二」同，而「吉凶」相反者，「二」狥人而喪己，「四」舍己而用人也。愚按，《説卦傳》無虎象，《荀九家》：「艮爲虎。」物之自養於内者，靈莫如龜。求養於外者，猛莫如虎。虎無項，不能左右顧，行常垂首。「初」在下，「眈眈」，下視貌，其性專一，逐一物，不更逐他物。「眈眈」、「逐逐」，本求養於「初」之象。「初」方舍己狥人，力不足以相養，「四」乃反而求同體之陽，與「上」同爲止體，果能遂其所欲，所以「吉」而「无咎」。又以見養得其道，雖猛可馴。漢高駕馭韓、彭，用此術耳。《象》申之曰「上施光」，與「施禄及下」義同。見上爻之爲「頤」主，故「六五」亦曰「順以從上也」。

六五，拂經，居貞，吉。不可涉大川。《象》曰：「居貞」之吉，順以從上也。

先儒多謂「二」「五」相應，「經」也。「二」不應「五」而求養於「初」，「五」不應「二」而求養於「上」，同此「拂經」之象。而「二」「凶」「五」「吉」者，「二」動體，「五」止體也。愚竊謂，「五」以柔居中，處養人之位，而諉其權於「上九」，「上」之功即「五」之功，故「居貞」則「吉」，所謂反經行權而合於正也。「不可涉大川」，即「居貞」之意。而申戒之，語氣一正一反，言當如此，不當如彼也。「五」曰「不可涉大川」，「上」曰「利涉大川」，君不可喜，功臣不當避事，明以養道歸上爻矣。胡雲峰曰：「『五』獨不言『頤』者，『由豫』在『九四』，故『五』不言『豫』；『由頤』在『上九』，故『五』不曰『頤』也。然彼『貞疾』，而此『貞吉』，彼以柔乘剛，此以柔承剛也。」

上九，由頤，厲吉，利涉大川。《象》曰：「由頤厲吉」，大有慶也。

一陽在艮止之上，四陰皆「由」之以得養，故曰「由頤」。然任大責重，必其難其慎，方爲養道之成，故戒以厲，而許以「吉，利涉大川」，又從「厲吉」中得義，言必如「涉大川」，乃所以爲「厲」，乃所以爲「吉」。「大有慶」者，君民咸食其福也。

朱康流曰：「下之事上，上之惠下者，正也。故『觀所養』於下體，以無所奉爲『凶』。『觀所養』於上體，以有所施爲『吉』。下不干上，上不剥下者，正也。故『觀自養』於下體，以有求於上爲『凶』。『觀自養』於上體，以無求於下爲『吉』。」愚又按，先儒有云，辱莫辱於多欲，樂莫樂於無求。大抵求從欲來，施又從求來。卦中「欲、求、施」三字，有相因之義，與其有求而多欲，不如無求而勿施。

䷛巽下兑上

大過：棟橈。利有攸往，亨。「橈」，《石經》從木不從手。

愚按，四陽之卦凡十五，獨此名「大過」者，非謂陽多於陰，謂四陽居中也；四陽皆「過」，獨以「三」、「四」言者，自「二」、「五」視之，未見其過。積至「三」、「四」，然後皆以一陰承二陽，而謂之「過」也。卦體上兑下巽，《彖辭》獨取義於木。巽爲高棟之象，「棟」者，屋脊木所以承椽瓦者。兑爲毁折橈之象，「橈」者，曲也。「初」、「上」乃「棟」之所寄，而皆陰柔無力，不能擔當重任，故「橈」。然則勝任者，非剛不可矣。但太剛又虞其折，必須善用其剛而後可。「利有攸往」，所以救其「過」也。「往」則窮而變、變而通，故「亨」。《大壯》亦四陽相連，《繫傳》取諸「宫室」，彼以陽「壯」爲「棟宇」，此以陽「過」爲「棟橈」。

《彖》曰：大過，大者過也。「棟橈」，本末弱也。剛過而中，巽而説行，「利有攸往」，乃亨。大過之時，大矣哉！

愚按，凡任事者固須剛果之人。然巽順和悦一流，亦可參酌相濟。今四陽接連，上下「二」、「五」又皆居中用事，而擯二陰於外，此「大者之過」也。亦猶衆君子在朝，而悉逐小人於外，此賢者之「過」也。「初」陰爲本，「上」陰爲末，只就兩頭説，「本末」二字，從巽木得義，「木」字下加一畫爲「本」，「上」加一畫爲「末」。卦象上缺下短，兩頭太弱，中央太過，「棟」之所以「橈」也。陽雖太過，然到底要陽剛做事，聖人於過極難處時，看出一段斡旋妙用來。「剛過而中」，則可與立，「巽而悦行」，則可與權。所以「利有攸往」在此。《易》之爲道，貴乎陽能御陰，不貴乎陽之陵陰而蔑之也。仔細看來，「二」、「五」皆剛中，一比初陰，一比上陰：「二」有益於「本」，而「五」無補於「末」。蓋「初」得「四」應，而下不「橈」；「三」與「上」應，而不可「有輔」，「本末」兼舉，仍以「本」爲重。又見救過於末，不如救過於初也。以一人言之，體質本剛，足以有爲，又須用之以中；德性本順，足以入理，又須行之以和，然後利往而「亨」。「乃」者，幸之之辭，亦難之之辭也。

當「大過」之時，一失不可復救，其所係甚大，末句與他卦贊語不同。

《象》曰：澤滅木，大過。君子以獨立不懼，遯世无悶。

愚按，「澤滅木」至「上六」一爻，其象始著，「滅」非「生滅」之義，乃「滅没」之義。「獨立不懼」，巽木象。「遯世无悶」，兑悦象。水在上，能過乎木，而不能使仆，其根固也。君子以之處世，有定見，有定力，自作主張，不隨世俗流轉，非大過人之才者不能。

初六，藉用白茅，无咎。《象》曰：「藉用白茅」，柔在下也。

《本義》：「『白茅』，物之潔者。」愚竊謂，本爻無潔義，只宜取柔象，巽爲白，故曰「白茅」。上承四剛，「藉」之象。「初」之本弱矣，「茅」之爲物，又弱之弱者。天下無棄物，顧用之何如耳。「茅」雖弱，而有弱之用，不可用爲棟，而可用爲「藉」，高以下爲基也。以人事論之，當「大過」之時，柔居巽下，以之擔當世事則不足，以之敬慎自守則有餘，何「咎」之有？《小象》於「初」之「无咎」，有幸辭焉，幸其「柔在下」也，在上則爲「滅頂」之凶矣！蘇氏《易傳》謂「『初』之所藉爲『九二』」，愚按，「初」與「四」應，詳見下注，非近比之謂也。

九二，枯楊生稊，老夫得其女妻，无不利。《象》曰：「老夫女妻」，過以相與也。

巽，陰木，在水而易生者，「楊」之象；性又早凋，「枯」之象。「稊」，鄭氏作「荑」。愚按，「稊」之義，有數説。《夏小正》：「正月柳稊。」《注》云：「芽也。」《王注》：「稊，楊之秀也。」《漢書·五行志》師古《注》亦云：「楊秀之始生者。」《本義》：「『稊』，根也。」今從根解。水潤下，木得潤則生。「初」比「二」，陰在下，故曰「稊」，下之根生也。「楊稊」是本爻正象，「老夫女妻」，又即上意而申發之，象中之象也。《王注》云：「老過則枯，少過則稺。以老分少，則稺者長；以稺分老，則枯者榮。」此言「老夫女妻」均受其益也。張横渠曰：「扶衰於上，使枯木生稊；拯弱於下，使微陰獲助。」張元岵云：「玩《小象》『過以相與』，老夫過消，女妻過盈，以有餘補不足，以至壯扶至衰，所謂『枯楊生稊』者，以此。」愚又按，内卦巽爲長女，而稱「女妻」；外卦兑爲少女，而稱「老婦」者，「初」在卦爲少，「上」在卦爲老也。「二」在下曰「老夫」，「五」在上曰「士夫」者，「二」老於「初」，「五」少於「上」也。又，所比之爻，陰居「初」，陽居「二」，因妻之女而老其夫也。陽在「五」，陰在「上」，因婦之老而士其夫也。

司馬君實曰：「大過剛已過矣，止可濟之以柔，故大過之陽，皆以居陰爲吉，不以得位爲美，玩『二』、『四』兩爻可見。」

九三，棟橈，凶。《象》曰：「棟橈」之凶，不可以有輔也。

《卦辭》言「棟」，指中四爻。《爻辭》屬「三」、「四」兩爻，而「棟橈」之象，又獨歸「三」，何也？《本義》：「『九三』以剛居剛，不勝其重，故象『橈』而占『凶』。」此專就本爻説。《程傳》亦然。愚合《小象》觀之，竊謂「三」之所應者，「上」也。故《象辭》補《爻辭》所未盡，云「不可有輔」，蓋陽所以輔陰。「三」以剛居剛，欲起而扶衰拯溺，其如上陰積弱，「不可以有輔」何？合「九四」《爻》、《象》觀之，此爻有爲上所「橈」之義，隱然言外。

九四，棟隆，吉。有他，吝。《象》曰：「棟隆」之吉，不橈乎下也。

「四」以陽居陰，當巽之終，處悦之始。《彖傳》所謂「巽而悦行」，正是此爻，故爲「棟隆」之「吉」。「有他」二字，《本義》歸咎於應爻，謂「『初』以柔濟之，則過於柔，故『吝』」。諸儒多依之。《子夏傳》則又云：「非應故稱『他』，與比之『他吉』同例。」愚竊謂，「九四」一爻，居多懼之地，事起不虞，往往而有故，以「他吝」爲儆。若「初」之敬慎不敗，而「四」與爲正應，下有「白茅」之藉，「棟隆」之吉，「初」與有力焉。與上之「不可有輔」相反，故《小象》特從應爻發明之，言「九四」所云「棟隆」者，「不橈乎下」。則可知「九三」所云「棟橈」者，乃「橈乎」上也。兩爻合看，其義益明。蘇子瞻云：「『初六』『不橈乎下』，則『九四』『棟隆』。『上六』不足『有輔』，則『九三』『棟橈』。棟之隆，非『初』之福，而『四』享其『吉』。及其『橈』也，『上』亦不與，而『三』受其『凶』。」亦合兩爻而論。

九五，枯楊生華，老婦得其士夫，无咎，无譽。《象》曰：「枯楊生華」，何可久也？「老婦士夫」，亦可醜也。

一陰在上，「華」象。「華」者，上之枝生也。愚按，本爻以過極之陽，比過極之陰，當云「老夫得其老婦」，而云「老婦得士夫」者，陰居上，故先婦而後夫，與「九二」正相反。「五」以剛居剛，過而易悦，陰反得而乘之也。《易》言「无咎无譽」者，惟此爻與坤「六四」。彼居重陰之間，「无咎」又須「无譽」。此居三陽之上，而與陰比，「棟橈」則「三」任其「咎」，「棟隆」則「四」受其「譽」，與「五」一無與，就所處之位言也。「九二」《象辭》止釋「老夫」一句，「五」則句句闡發者，陽氣太過之餘，衰候至矣。「枯楊」已非可久之道，況復「生華」，是速之也。「老婦士夫」，本欲資陰，而身居兑體，乃爲女所悦，失夫道矣。「可醜」在士，不在婦也。

愚又按，「二」、「五」《爻辭》若古歌謡，「稊」與「妻」叶，「華」與「夫」叶。古「華」字作「荂」，方無切，以「六義」合之，若以「枯楊」興起「老夫」「老婦」，以「稊華」興起「女妻」「士夫」，此《三百篇》之祖也。《采菽》第四章「維柞之枝，其葉蓬蓬」，「枝」以興「殿邦」之「君子」，「葉」以興「左右」之「率從」，章法似之。

上六，過涉滅頂，凶，无咎。《象》曰：「過涉」之凶，不可咎也。

以陰柔居卦終，兑澤用事。「過涉滅頂」，即「澤滅木」之象。一陰在四陽之上，與木末同，故曰「頂」。大夏將傾，豈一木所能支？明知「過涉」有「滅頂」之「凶」，而時位到此，有不得不「涉」、不得不「滅」者，象雖「凶」而於義則「无咎」，乃殺身成仁之事也。聖人非不知徒死之無益，但忠義激發之懷，雖「過」而不嫌於「過」。《象》曰「不可咎」，謂非馮河經瀆者比也，不可歸咎於「涉」也。聖人特繫此爻，以爲見利忘義者戒。世固有見危授命，而於事無濟，旁觀猶議其非者。苛刻之論，聖人所不取也。

《象辭》取象巽木，六爻亦然。草與木爲類，故「初」《象》「白茅」。楊木，性之柔者，「二」「五」近本末而弱，故曰「枯楊」。「三」、「四」兩爻居四陽之中，任重者也，故皆言「棟」。惟上爻取諸澤，而「滅頂」與「滅木」之義略同。

馮奇之曰：「《易》卦上下兩停者，從中反對。頤、中孚、小過皆然，大過尤顯而易見。『三』與『四』對，『二』與『五』對，『初』與『上』對，玩辭可見。」愚謂此四卦無反而有對，頤與大過，對者也；中孚與小過，對者也。止可謂之對卦，與餘卦爻爻倒換者不同。

䷜坎下坎上

習坎：有孚，維心亨，行有尚。《舉正》：「卦首當有『坎』字。」

「習」者，重也。先儒謂乾、坤六爻與一爻同，畫不變也，畫變則爻變。故卦至六子而後言重，重卦之序，坎在六子之先，乾、坤之中男也。愚按，八重卦多出單名，獨坎加一「習」字，蓋險之境最難處，文王欲人之習而安之也。故不曰「重坎」，而曰「習坎」。

「孚」者，信也。今海中晝夜兩潮，不失其期，謂之潮信，即「有孚」之義。一陽在二陰之中，「心」象。「二」、「五」動而出險，「行」象。陷溺之害，心爲甚，身次之。水能溺人身，不能溺人心。身處坎，而心則「亨」，乃可以行險，「維」者，捨「心亨」而外無他術也。「心」何以「亨」？「有孚」而已。「行有尚」，忠信涉波濤之謂。張子云：「坎『維心亨』，故『行有尚』，添一『故』字，《彖辭》之旨瞭然。」愚又按，《卦辭》於坎曰「心亨」，《繫傳》於坎曰「心病」。「有孚」則「心亨」，「加憂」則「心病」，此憂危之君子，所以異於陷溺之小人哉！

《彖》曰：「習坎」，重險也。水流而不盈，行險而不失其信。「維心亨」，乃以剛中也。「行有尚」，往有功也。天險不可升也，地險山川丘陵也，王公設險以守其國。險之時用大矣哉！

愚按，《彖辭》曰「習坎」，《傳》曰「重險」，重卦之義於此發之。險不重，則人猶可趨避，如需之「不陷」，蹇之「能止」，非真險矣。兑，止水也，有時而盈。坎，流水也，惟流故「不盈」。惟「不盈」故險可行。水自澗谷達江海，歷多少高低曲折？所謂「行險」，雖所遇有難易，而未嘗不果於行。所謂「不失其信」，陽動陰中，故以「心亨」歸剛中之德，以「行」爲主，「往」而「有功」，則出險矣。可見天下無險非可行之地，無往非出險之功。

以上處險之道，釋《象》已畢。「天險」以下，夫子别言用險之方。人情説到險，便頹然消沮。聖人於是發明「險之時用」，以破人心之疑。「用」字重看，「天險」無形者也，「地險」有形者也。設險者，因地形而措置城池也。「險之時用」，上極於天，下極於地，中極於人，豈不大矣哉！

《象》曰：水洊至，「習坎」，君子以常德行，習教事。

《本義》：「治己治人，必皆重習，然後習而安之。」愚按，《爾雅》：「洊，再也。」内坎方至，外坎「洊至」，「水」之有恒如此，君子體之。「以常德行」，學不厭也。「習教事」，教不倦也。吾夫子所以有取於水也夫！

初六，「習坎」，入于坎窞，凶。《象》曰：「習坎」入「坎」，失道「凶」也。

卦體「習坎」以冠「初爻」。王輔嗣云：「最處坎底者也。」愚按，坎底有穴曰「窞」，「習坎」，合上下之卦言，「入于坎窞」，指下卦之下，言「初」柔居最下，不但不能出險，且「入于坎窞」之中，一入不可復出，陷溺之象，故「凶」。《象》曰「失道」，謂身投陷穽，自失出險之道，未可諉咎於險也。「道」者何？「有孚」、「心亨」是已。

九二，坎有險，求小得。《象》曰：「求小得」，未出中也。

愚按，坎已是險矣，何以又言「有險」？要見身在坎中，禍患之來，有非意料所及者。聖賢處此，猝難措手，急求出險，如何可得？雖以「九二」之剛中，但可「求小得」而已，未能出險中也。「小得」即《需·九五》「需于酒食」之義。錢啓新曰：「陷不在大，失嘗在小。如之何勿求？諸葛武侯『苟全性命於亂世』，得『九二』善處險中之道者也。」

六三，來之坎坎，險且枕。入于坎窞，勿用。《象》曰：「來之坎坎」，終无功也。

自上而來曰「來」，自此而往曰「之」。「三」居下卦之上，上卦之下，受「四」之坎，以輸於「二」，故曰「來之坎坎」。乾「三」爻處二乾之間，曰「乾乾」。此處二坎之間，曰「坎坎」。先儒多以三句相承説，無非言其險之至。愚竊謂，「六三」才柔位剛，力不足而志有餘，當往來上下之交，經營以求出險，可謂不遑寧處矣。「入于坎窞」，本「初爻」之象，《爻辭》勸以「險且枕」，言處險之時，姑且伏枕以待，毋若「初」之「入于坎窞」而「凶」也。「勿用」，又申戒之辭，謂無所用其躁急也。大凡處險者，以速求出險爲有功，但須通盤打算，徹始徹終，方克有濟。《象》要其「終」，而曰「无功」，益見目前欲速之無益也。

六四，樽酒，句。簋貳，句。用缶，句。納約自牖，終无咎。《象》曰：「樽酒，簋貳」，剛柔際也。

程、朱於「四」、「五」二爻，皆作「君臣相與出險」解是已。愚竊據二先生之説，而發明之。「四」離下坎而入上坎，尚非風恬浪静之時，近與「五」比，相與習處險之道，而定出險之謀者也。《爻辭》於需、困、未濟，凡有坎體者，皆取酒象，曰「樽酒」，則無濡首之嫌。曰「簋貳」，則非殽核之旅，曰「用缶」，則無華美之飾。總以儉約相「結納」也。「自牖」，與睽之「遇主于巷」義同。「五」爲卦主爻，「四」有委曲相求之意。餽之以薄禮，行之以簡陋，而「終无咎」者，一剛一柔，當同舟共濟時，交際之義，宜然也。「樽酒」以下，陸德明分兩字爲一句，《程傳》依之，《本義》依晁以道分三字爲一句。愚按，《小象》「樽酒簋貳」，未嘗以「貳」字屬上讀，似不當捨經文、《程傳》，而從晁説也，《黄氏日抄》所見略同。

九五，坎不盈，衹既平，无咎。《象》曰：「坎不盈」，中未大也。

《本義》：「『九五』雖在坎中，時將出險之象。」愚按，卦體中滿，「盈」之象。「盈」則不平，機械變詐，相尋而起。此行險所以失信也。機深則禍愈深，寧有出險之望？「五」，陽剛中正，妙處全在「不盈」，中不自滿，險阻皆成康莊，何不平之有？故以「不盈」「既平」取象。「二」與「五」皆剛中，而「二」「有險」，「五」則險「既平」矣，故「无咎」。《象辭》於「二」，言「未出中」。於「五」，言「中未大」者，二「有險」，二「不盈」也。

「中」謂坎，「未大」謂「不盈」，就文作解，其義如此。

上六，係用徽纆，寘于叢棘，三歲不得，凶。《象》曰：「上六」失道，「凶」「三歲」也。

先儒謂「係」者，拘也。三股曰「徽」，兩股曰「纆」，拘囚之索也。「叢棘」，如今之圜土牆上列棘之象。「上六」陰柔居險終，陷之深者也。故有此象。愚又謂，坎爲隱伏，自起糾纆，自生芒刺，多是險象，豈必江河之陷溺哉？《周禮》：「收教罷民，能改者上罪三年而舍。」「三歲不得」，「凶」何待言。推原所以致「凶」之故，明是陰居險極，時位使然。聖人言人不言天，故「初」、「上」皆曰「失道」。

愚按，六爻無一「吉」字，蓋重卦内外無應，「初」雖與「二」比，「二」方在險中，豈能從井救人？惟「四」、「五」兩爻，同在外卦，近而相比，取剛柔交際爲義，故皆「无咎」。「三」之險以乘剛，「初」、「上」在「二」、「五」兩陽爻之外，所以最凶。

愚又按，同一水也，井以上出爲功，坎以下流爲險，取義各不同。竊謂坎卦六爻，從源溯流，自上説下，於義亦可。蓋水之發源，多在山谷榛棘之處，「上」乃坎之源也。《荀九家》以坎爲法律，故設係「纆」寘「棘」之象，以爲輕冒險者之戒。「五」爲承流第一坎，水勢猶未大，「不盈」則無泛濫之虞，「既平」則無風波之憂。「五」以剛中處之，時當利濟，故「无咎」。「四」近比於「五」，有「印須我友」之義。「五」以剛濟柔，有乘流拯溺之才。「五」「不盈」，「四」所以無險，可以酒食相約。漢光既渡滹沱，馮異進麥飯豆粥，「樽酒簋缶」之象似之。「三」則江河之水矣，「上」受「四」、「五」之坎，下輸「二」、「初」，百川灌注，其勢滔滔，前臨險而後枕險，有「入坎」之危，無濟川之功。《爻辭》於此，方揭出「險」字，「二」之「有險」，亦自「三」來也。「二」雖剛而不正，幸其得中，猶可以求「小得」，若出險大事，尚非所能。「初」則地居最下，衆流之壑矣。邱行可云：「坎之性下，下則爲陷尤甚。」胡雲峰云：「坎水潤下，愈下則陷，故『習坎入窞』之『凶』歸焉。『上』之『失道』，係寘止於『三歲』。『初』之『失道』，陷溺且終身矣。《雜卦》云：『坎下也。』竊用此象逆推之。」

䷝離下離上

離：利貞，亨。畜牝牛，吉。

《本義》：「陰麗於陽，其象爲火，體陰而用陽也。」愚按，六十四卦無一非乾、坤之孕育，亦無一非坎、離之變化。一陰一陽，乾坤也。陰陽互藏，坎離也。坎、離得陰陽之中，與震、巽、艮、兑不同，故上經之終，坎後繼之以離。離爲火，其用明，故「利」乎「貞」。

「麗」而「貞」，則「亨」矣！其性躁而炎上，愈上則愈焚，故又以「畜」爲「吉」。「畜」者，養之使消其剛躁之性，而成順也。「牛」，物性之順者，「牝牛」，順而又順者也。離再索而得女，中一畫自坤卦來，故坤取「牝馬」，離取「牝牛」。卦體「二」、「五」皆柔中，必養其柔順之德如「牝牛」而後「吉」。胡雲峰曰：「坎之明在内，以剛健而行之於外。離之明在外，當柔順以養之於中。」愚又按，「牝馬」、「牝牛」，同爲柔順之物，坤「馬」以行爲「利」，離「牛」以畜爲「吉」者，坤純陰，非行不足以配乾健；離一陰居二陽之中，非畜不足以藏坤順也。

《彖》曰：離，麗也。日月麗乎天，百穀草木麗乎土。重明以麗乎正，乃化成天下。柔麗乎中正，故亨。是以「畜牝牛，吉」也。

古説皆以「麗」爲「附」，楊龜山曰：「火無常形，附物而有形。」《黄氏日抄》云：「『麗』字當兼『文明』之意，不特言『附著』而已。」愚竊謂，火麗於薪而不滯於薪，「離」者，兩之分；「麗」者，兩之合。本非一物，而不能相離，故曰「離，麗也」。離之爲卦，在「二」、「五」兩爻，「五」爲天位，天道下濟而光明，有日月麗天之象，此以氣麗形者也。「二」爲地位，地道含萬物而化光，故有百穀草木麗土之象，此以形麗形者也。合上下二體，故曰「重明」。「明」之必「麗乎正」，猶日月之麗天，草木之麗地，教人以用明之道也。「化成天下」，向明出治之象，又從「重明」得來。「重明麗乎正」，兼指「二」、「五」。「柔麗乎中正」，專指「六二」，猶重坎之「剛中」專屬「九五」也。故坎以「五」爲主爻，離以「二」爲主爻。分言之，「六五」麗乎中，「六二」麗乎中正；總言之，則「柔麗乎中正」。離之所以爲明者，中柔也。惟柔，故能「麗乎中正」；惟中正，所以「利貞」而「亨」；惟柔以「中正」而「亨」，所以「畜牝牛，吉」。「故」字、「是以」字相承説。張元岵曰：「人心屬火，其明亦猶火也。麗乎色，則爲視；麗乎聲，則爲聽〔一〕。所麗者正，則明亦正；所麗者不正，則明亦不正矣。故『重明』以『麗正』爲主。」郝仲輿曰：「火之麗於薪，猶知之寓於物。離薪爲火者，妖火也，不可以烹。離物爲知者，邪慧也，不可謂知。故曰『致知在格物』。」

《象》曰：明兩作，離。大人以繼明照于四方。

《程傳》以「明兩」二字爲句，《本義》用「水洊至」句法，以「明兩作」三字爲句，《黄氏日抄》從之。愚按，卦有離體者，上下十有六。《大象》或爲火，或爲日，或爲電。本卦重明，兼取日與火。「明兩作」，以卦之上下言，如云「日新又新」也。「繼明」，以爻之前

〔一〕按，「麗乎聲，則爲聽」，原本作「麗乎聽，則爲聲」，據四庫全書本改。

後言，如云「以聖繼聖」也。「大人」，以德言則聖人；以位言則王者。「照于四方」，與《書》之「光被四表」，《詩》之「緝熙光明」義同，非物物而察之也。先儒或謂「日照乎晝，火照乎夜」爲「繼明」，以内三爻屬日，外三爻屬火。日光被於下，故下卦取之，至「三」而有日昃之嗟。火氣炎於上，故上卦取之，至「四」而有焚如之象。

初九，履錯然，敬之，无咎。《象》曰：「履錯」之敬，以辟咎也。「辟」，音義與「避」同。

《本義》：「以剛居下而處明體，志欲上進，『履錯』之象。」愚按，「初爻」在下，如日之初出，諺云「日出事生」，「履錯然」之象。以剛居剛，乃聰察之人鋭意前行者，如所謂火性也。「錯」字有「紛錯」、「舛錯」二義，當事物紛錯於前，或不免舛錯之「咎」。理固相因，若「敬」則無是矣。「敬之」云者，即其明鋭處，下詳審之砭，《象》申之曰「以辟咎」，可知擇地而蹈，「敬之」在「初」，乃用明之要道也。

六二，黄離，元吉。《象》曰：「黄離，元吉」，得中道也。

《本義》：「黄，中色。柔麗乎中而得正，故其象占如此。」愚又謂，土之真精，天五冲氣，位乎中央，其色黄，非火色也。以坤之中爻，入乾之中爻，則爲離，故《坤·五》曰「黄裳，元吉」，《離·二》曰「黄離，元吉」。凡天地間有黄色者，皆吉祥之氣也。《爻辭》止表一「黄」字，而位之中正，德之柔順，俱包涵於中。聖人之文，簡括如此。《象》曰「得中道」，正在其中矣。「二」與「五」皆「得中」，獨於「二」言「中道」者，離以「二」爲主爻也。

九三，日昃之離，不鼓缶而歌，則大耋之嗟，凶。《象》曰：「日昃之離」，何可久也？

《本義》云：「重離之間，前明將盡。不安常以自樂，則不能自處而凶。」二句作一串説。吴幼清《易纂言》云：「『三』者，下卦之中，當人之位，故爲『日昃』之時。《詩》述陳國之風，史稱秦人之俗，皆鼓缶而歌。蓋以樂生也。人之老也，不能以死爲樂，則必以死爲憂矣。」愚又竊謂，「初」爲日出，「二」爲日中，「三」以陰居陽，而不中，「日昃」之象。於人則爲老境，聖賢當此，忘食忘憂，不知老之將至。固不以垂盡爲憂，亦不以達生爲樂也。世間乃有兩種人，其一委蜕形骸，謂造化勞我以生，逸我以老，是作達一流，「鼓缶而歌」者也。其一老大傷悲，或戚戚於貧賤，或皇皇於富貴，是不達一流，「大耋之嗟」者也。群情役役，大約不出兩端。「不」字，「則」字，兩相呼應，言不之乎此則之乎彼也。豈知「日昃」之時，大有事在，趨之則吉，而悖之則凶乎？細玩《爻辭》，「嗟」者與「歌」者正相反，一不當樂而樂，一不當哀而哀，分兩段説，其義較明。《象》曰：「何可久」，乃援天以曉人，見「日昃之離」，乃天運之自然，人何以憂樂爲哉！

九四，突如其來如，焚如，死如，棄如。《象》曰：「突如其來如」，无所容也。

「棄」，《石經》作「弃」。

《本義》：「後明將繼之時，而『九四』以剛迫之，故象如此。」愚按，「明」者離之德，「火」者離之象，「四」以剛居柔，不中不正，與「柔麗乎中正」相反，在下卦之上，氣燄驟張。離火外明，明來自外。「突如」之象，非咎「其來」，咎「其來」之突也。「焚如，死如，棄如」，即《左傳》「不戢自焚」、《莊子》「以明自煎」之義。是以君子貴居晦而用明也。胡庭芳曰：「坎性下，『三』在下卦之上，故曰『來』，來而下也。離性上，『四』在上卦之下，亦曰『來』，來而上也。水本下，又來而之下，『入于坎窞』而後已。火在上，又來而之上，『焚如，死如，棄如』而後已。《爻辭》之不善，未有如是其極者。不能畜柔而失用明之道，其禍乃至此。」愚按，《象》曰「无所容」，謂其剛而又躁，不但不能容人，直無地自容矣。觀「四」之「无所容」，則「初」敬慎以「辟咎」之義益見。

六五，出涕沱若，戚嗟若，吉。《象》曰：六五之吉，離王公也。「離」，鄭本作「麗」。

《程傳》謂「『五』以柔附於剛强之間，危懼之勢也」。錢田間曰：「『二』、『五』皆以柔麗剛，『二』之《辭》安，『五』之《辭》危，『二』得位，『五』失位也。失位則危，知危則『吉』。」愚竊謂，「五」才柔位剛，雖不正而麗乎中，繼體向明，有憂盛危明之意。如傷泣罪，形於涕洟，爲「出涕戚嗟」之象。「九三」之嗟，所憂止一身。「六五」之嗟，所憂係天下。所謂危者，安其位者也，故「吉」。蔡氏以「王公」屬本爻，愚竊謂，「公」當指「上九」，「五」近比於「上」，「王」與「公」，相爲附麗，終收正邦之功，是亦善繼善述者矣。

上九，王用出征，有嘉，折首，獲匪其醜，无咎。《象》曰：「王用出征」，以正邦也。

《本義》：「剛明及遠，威震而刑不濫，『无咎』之道也。」愚按，離爲甲胄戈兵，火炎上，故於上爻言「出征」。「王用出征」者，「五」用上以「出征」也。「有嘉」者，有功可嘉美也。「折首」者，擒首惡也。「匪醜」者，非我族類也。此爻正合周公東征之象。「四」則管、蔡也，「五」爲成王，變起骨肉，遭家不造，而出涕戚嗟，《小毖》之詩所由作也。「折首」者，其武庚乎？管、蔡本我之兄弟，非武庚之醜類，公奉王命「出征」，既誅其首惡，所獲又匪其類，不但「无咎」，且成「正邦」之功，就《辭》作解，彷彿似之。

《黄氏日抄》云：「古注除其非類，此語盡之。」《程傳》云：「所執者非其醜類，則無殘暴」，是欲增説義理也。然欲言無暴，當曰「非執其類」可也，今曰「所執者非其醜類」，反若禍及無辜，豈得云無殘暴耶？

馮文所曰：「前離則『鼓缶』，後離則『出征』者，作者過於動，故止之；繼者安於逸，故振之也。臣之炎盛，不能以剛爲柔也。君之憂嗟，則能以柔爲剛者也，故臣『死棄』而君獲『吉』。『初』居下之下，『四』居上之下，志皆躁動，而『初』慎於進，『四』急於進，吉凶之所以分。聖人於剛柔進退之際，其審如此，此明之極也。」

《正易心法》以上經乾、坤、頤、大過、坎、離六卦，下經中孚、小過二卦爲對體，與諸卦反體者不同，乃造化之機緘，其體不變，故云卦有反對，最爲關鍵，反體既深，對體尤妙。

李子思曰：「坎藏天之陽，中受明爲月。離麗地之陰，中含明爲日。月司夜，日司晝。坎爲水，而司寒，離爲火，而司暑。天地造化之妙，孰有出於此哉！」又曰：「水在人爲精，火在人爲神。一陽居中，即精藏於中，而水積於淵之象。一陰在中，即神寓於心，而火明於薪之象。」

薛敬軒曰：「水火二字，乃坎☵離☲二卦，順置之可見。」

《經繹》曰：「人受天地之中以生，坎、離象之，爲誠爲明。上經終焉。」愚按，坎中實，誠也。離中虛，明也。誠明皆出於中爻，先儒以爲卦之用，愚竊以爲卦之體。

鄭濬谷曰：「大過陽中陰外，象坎；頤外實中虛，象離。於以啓坎離之先，收上經之終。頤、震、艮合男，大過、巽、兑合女，又以成咸、恒之交，開下經之始。八卦中，乾、坤、坎、離無反對，六十四卦中，頤、大過、中孚、小過亦然，故次上下經之後，而皆以坎、離終。此乾、坤六子相終始之義。」

周易玩辭集解卷第五

海寧後學查慎行

下經

《程傳》曰：「天地萬物之本，夫婦人倫之始，所以上經首乾、坤，下經首咸，繼以恒也。」胡雲峰曰：「上經首乾、坤，天地定位也。下經首咸，山澤通氣也。位欲其分，故乾、坤分爲二卦；氣欲其合，故山澤合爲一卦。」愚按，六子正配，前後序卦相連。艮、兑爲少，震、巽爲長。陰陽或偏在上，或偏在下，惟坎、離得乾、坤之中氣，所以先坎、離，而繼之以咸、恒，仍終之以既濟、未濟，一部《易經》，始終只是八卦而已。

䷞艮下兑上

咸：亨，利貞，取女吉。「取」，去聲。

先儒謂夫婦一小天地，故咸爲「取女」之卦。《説文》：「咸，皆也。」《彖傳》以「感」釋「咸」義。惟「皆」「感」乃爲「咸」也。卦體艮下兑上，六爻皆得應感之正，故曰「亨利貞」，用以「取女」，自無不「吉」。《禮》云：「男下女，女從男，夫婦之義由此始也。」三月廟見，然後執婦功，方取之時，尚未成婦，故不稱「婦」，而稱「女」。至恒卦，長男長女，《爻辭》直言「婦人」、「夫子」矣。

《彖》曰：咸，感也。柔上而剛下，二氣感應以相與，止而説，男下女，是以「亨，利貞，取女吉」也。天地感而萬物化生，聖人感人心而天下和平。觀其所感，而天地萬物之情可見矣。「説」，音義與「悦」同。

「咸」，彼此相感之義。有感而無應，不可謂「咸」。相感必以心，故「咸」加「心」而爲「感」。「感」中便含「應」字意。「剛柔」以質言，「感應」以氣言。舊注剛柔平對，愚竊謂宜以「剛感柔應」爲義。上卦本乾，六自「三」往，居上而爲兑，故曰「柔上」。下卦本坤，九自「上」來，居下而爲艮，故曰「剛下」。「二氣」者，山也，澤也。全卦内外無不應，故總而言之曰「二氣感應」。坤以「三」與「上」，乾以「上」與「三」，故曰「相與」。「止而説」，卦德也。「男下女」，卦體也。艮「止」則男之感也專，兑「説」則女之應也順。所以「亨」，所以「利貞」，所以「取女吉」。天地之感物以氣，乾道成男，坤道成女，「萬物之化生」，天地交感之應也。聖人之感人以心，「和」者無乖戾，「平」者無偏頗。天下之「和平」，即「聖人感人」之應也。寂然不動者性，感而遂通者情。凡感之爲道，不能感非其類。觀其所感者，由感通之情，引而伸之，可以盡「天地萬物之情」也。

愚按，《家人·彖傳》曰：「男女正，天地之大義也。」故聖人於卦爻，往往取象焉。上經乾、坤之後，繼以屯、蒙，屯有「婚媾」之文，而以「女子貞」爲美。蒙有「納婦」之「吉」，而以「見金夫」爲凶。於小畜則「咎」其「反目」，於泰則許其「歸妹」，於大過則厘「老婦」、「士夫」之「醜」，於咸、恒則少男少女必「感應」以正，長男長女必從一而終。又以家人正「内外」，以睽合「異同」，以漸定「女歸」之期，以姤致「女壯」之戒。無非立其制，而嚴其防。蓋剛柔濟則陰陽和，天道人道，悉備於《易》道中矣！

《象》曰：山上有澤，咸。君子以虚受人。

程明道曰：「天地間只有一箇感應而已。」愚按，《彖傳》言「感」，言「應」，《大象》則言「受」。自我感人，則人應我。「受人」之感，則我應人。《彖》取自我感人，《象》取我受人感爲義。人知「咸」之爲「感」，不知其妙在能「受」。山以「虚」，故能受澤。心以「虚」，故能「受人」。「虚」者，人所得於天之本體，中無私主，無主故虚。苟以私意實之，則先入者爲主，「感應」之機窒矣。聶雙江云：「夫子於咸卦提出『虚』『寂』二字，以立『感應』之本，而以至神贊之。蓋本卦之『止而悦』，以發其藴。二氏得之而絶念，吾儒得之以通感。」愚按，君子之「虚」，只是全得此心本體，任事物之來，而我未嘗有將迎之念。是之謂「以虚受」，非致虚守寂之謂也。陸象山有云：「與有意見人説話最難入，以其不虚也。」可移作注脚。吾學與二氏毫釐千里之辨，在此。

初六，咸其拇。《子夏傳》作「跗」。**《象》曰：「咸其拇」，志在外也。**

《本義》：「『拇』，足大指。『咸』以人身取象，感於最下，『咸拇』之象。欲進而未能，故不言吉凶。」愚竊謂，「初」在下，足不動，「拇」豈能行？因與「四」應。「四」當心位，故《象》申之曰「志在外」。「外」者，外卦也。「志」在外卦，心雖感而跡未應，緣是止體，但以拇之道爲感而已。《莊子》所謂「神行官止」者歟？一説，「初」在止體之下，宜静不宜動。今一念初起，即逐乎外，跟脚不定，如拇欲動之象。不言凶咎者，聖人不欲以一念之始，概其生平也。

胡庭芳曰：「文王於兩體，重在『三』、『上』二爻，以男女之正，取昏姻之象。周公於六爻，又自人身取象。以『四』當心位，爲感之主，絶無《彖辭》之意。《卦》、《爻》不同如此。」愚按，夫子於《彖傳》、《大象》，極言「感應」之理，與《爻辭》又不同。

六二，咸其腓，凶，居吉。《象》曰：雖凶，居吉，順不害也。

《説文》：「腓，脛腨。」《本義》：「足肚也，欲行則先自動。『二』當其處，躁妄而不能固守者也。」愚按，「六二」順中正，《爻》何以言「凶」？既「凶」矣，何復云「居吉」？《小象》加一「雖」字，其義瞭然。謂動「雖凶」，而「居」則「吉」。「居」則「雖凶」而「不害」，以其「順」也。「凶」與「害」相尋，「居」與「順」相因，能止其所，則身安而「腓」不動，可以易「凶」爲「吉」矣！柔順乃「六二」之本體，故以此利導之。胡雲峰曰：「咸與艮皆取身爲象，咸『六二』即艮『六二』，『艮其腓』，不言吉凶；『咸其腓』則曰『凶』者，躁動故也。『居吉』即『艮其腓』之謂。在咸下體則『凶』，如艮本體則『吉』。」

九三，咸其股，執其隨，往吝。《象》曰：「咸其股」，亦不處也。志在隨人，所執下也。

《本義》：「『股』，隨足而動，不能自專者也。『執』者，主當持守之意。下二爻皆欲動，『三』不能自守而『隨』之，故取其象。」愚竊謂「九三」以剛居剛，本非詭隨之性，因「下」與「二」比，見「二」之「咸其腓」，以爲道在「隨人」，從風而靡，與世俯仰，「執其隨」而不變。殊不知「往」則致「吝」也。内卦艮體，艮卦以「三」爲主爻，故於「二」，言「腓」即言「隨」，「二」隨「三」而止也。咸卦於「二」言「腓」，於「三」言「隨」，「三」隨「二」而動也。《小象》「亦不處」，正承「二」而言。「處」字，即「二」《爻》「居」字之義。「二」在

「三」之下，而取法乎下，「志」主於「隨」，「二」而不爲先，自謂處矣，而不知亦「不處」也。「處」與「隨」相反，「股」雖止，而「志」則「隨」，豈能自守乎？內三爻艮體，皆不宜動，而「三」之「志在隨人」，流於污下，曰「亦不處」，曰「所執下」，惜之也，亦鄙之也。

九四，貞吉，悔亡。憧憧往來，朋從爾思。《象》曰：「貞吉，悔亡」，未感害也。「憧憧往來」，未光大也。

胡雲峰曰：「《爻》言『貞吉悔亡』者，凡四卦，皆先占後象。巽『九五』，咸、大壯、未濟皆『九四』。九居『四』，本非貞而有悔，故戒以必正則『吉』，而『悔』可『亡』也。」愚竊謂「貞」「悔」，皆從「感」上說。「貞」則「吉」而「悔亡」，「感」不以正則有「悔」可知。咸以「四」爲主爻，凡「五」爻之所感者，皆「四」爲之。「四」者，心位也，在上下之間，有「往來」之象。此心忽而在「拇」，忽而在「腓」與「股」，忽而在「脢」與「輔、頰、舌」。「憧憧往來」，形容一片忙迫之狀。人之一身，自拇至舌，皆聽命於心，故曰「朋從爾思」，不言心言「思」者，病其心失官，而以「思」爲主也。「四」才剛位柔，又入悦體，故其象如此。《象》曰「未感害」，非謂無「感」則無「害」，謂不「貞」而「感」則有「害」，「貞」則無「害」其爲「感」也。「未光大」者，言其「憧憧往來」，但從「感人」上做工夫。逐物之學也，心體豈能光明正大？

九五，咸其脢，无悔。《象》曰：「咸其脢」，志末也。

「脢」，亦作「脄」。據經傳考之，凡有兩解，《内則》：「擣珍，取牛羊麋鹿麕之肉，必脄。」鄭康成注：「『脄』與『脢』同。脊側肉。」《子夏易傳》：「在脊曰『脢』。」馬融云：「『脢』，背也。」許氏《説文》亦同。潘子醇曰：「『咸其脢』，謂不見也。」《程傳》：「脢與心相背，背其私心。」《本義》：「『脢』，背肉。在心上而相背，不能感物。」以上俱作「背」解。王輔嗣：「古注云，『脢』在心之上，口之下。」陸德明《釋文》：「『脢』，今謂之『三思臺』，動而迫，飲食以咽，有他思則噎，與『頰、舌』最爲近比。『脢』不能言，假口頰以宣之，則『脢』似在咽喉間，非背也。」〔一〕王伯厚曰：「艮言『止』，可取諸背；咸言『感』，所取皆動物，由『拇』而『腓』，而『股』，而心，而喉之『脢』，口之『輔頰舌』，自下而上，皆運用之物。『五』獨取背，似非倫類。凡人將行未行，則『拇』自振摇；將言未言，則喉中宛轉。『拇』者，動『腓股』之漸；『脢』者，鼓『頰舌』之先。」又一解也。《黄氏日抄》以爲當以諸家與古注相參而義備。今依後説。按「五」與「上」比，已發於心，而未形於言。

〔一〕按，以上諸家引文疑有訛誤，《禮記·内則》鄭康成注文中無「脄與脢同」四字。而今本陸德明《經典釋文》中無上引文字，而王輔嗣引文中「心之上口之下」云云，則見於陸氏《經典釋文》。

慎其所感，則不至於「滕口説」，「五」之所以「无悔」也。《本義》云：「『志末』，謂不能感物。」愚竊謂，「五」亦非無感者，大過「本末弱」，「末」字指「上六」，正與此同，謂「五」與「上」志相感，其義較明。

上六，咸其輔、頰、舌。《象》曰：「咸其輔、頰、舌」，滕口説也。

《本義》：「『輔頰舌』，皆所以言者，而在身之上。『上六』感人以言，而無其實，故象如此。」愚按，「輔」在口中，其骨彊，或謂之「牙車」。「頰」，腮也。「舌」動則「輔」應，而「頰」隨之，三者相須爲用。「上」居兑終，兑之口也。《爻辭》不云「口」，而云「輔頰舌」，其惡佞也深，故取類也偏，多言之人，招尤取憎，不問可知，故不言吉凶。夫以言「感人」，其感已淺，然如蘇、張輩，全無實心，專以口舌爲事，指陳利害，亦能傾動一時，所謂「滕口説」者也。《説文》：「滕，張口逞辭貌。」

張元岵曰：「人之相感，無過言行二端。下卦『拇』、『腓』、『股』，行之象也，以静爲善。上卦『脢』、『輔』、『頰』、『舌』，言之象也，以寡爲吉。『四』居中，心以虚而靈，故不言心。心虚則『拇』、『腓』等節節皆靈，心不虚則『拇』、『腓』等節節皆妄。若徒在形骸上周旋，自頂至踵，無一而可。周公取象立言之旨也。」愚竊按，爻之吉凶，皆係於止與不止。其就人身取象，各因其位之當不當，不必論應不應。蓋「拇」與「心」「腓」，與

「脢」「股」，與「輔」皆不相應者也。

咸、恒二卦，剛柔上下，二體極分明。咸，少男在少女之下，男先乎女，而昏姻之道成。恒，長男在長女之上，夫尊婦卑，而居室之倫正。據反對卦看，則恒下卦之巽，上而爲咸之兑，恒上卦之震，下而爲咸之艮，此咸之柔上剛下也。咸下卦之艮，上而爲恒之震，咸上卦之兑，下而爲恒之巽，此恒之剛上柔下也。《京氏傳》謂：「咸自否來，以否上之剛，下居於『三』，『三』之柔往，居於『上』，爲柔上剛下。恒自泰來，以泰下之剛，往居於『四』，『四』上之柔來，居於『初』，爲剛上柔下。」《本義》則謂「咸自旅來，柔上居『上』，剛下居『五』；恒自豐來，剛上居『四』，柔下居『初』」。説各不同。今按，兩卦《彖傳》，但言「上下」，並無「往來」字様，似不必作卦變説，只據反對看可也。

䷟巽下震上

恒：亨，无咎，利貞，利有攸往。

《程傳》：「『恒』，常久也。恒而不亨，非可恒之道。所謂可恒之道，又非守一隅而不知變也。」徐進齋曰：「『恒』有二義，有不變之『恒』，有不已之『恒』。『利貞』，不變之『恒』也。『利有攸往』，不已之『恒』也。」愚按，《卦彖》先言「亨」，而後言「无咎」者，六爻雖内外相應，而「初」、「二」、「四」、「五」皆不得位，「三」過剛，「上」過柔，皆失中道，故必「亨」，然後「无咎」，又必「利貞」，然後「利往」。所謂變而不失其常也。天地間可常之道，妙處全在乎變，一動一散，至變者，莫如雷風。而卦名取此，蓋物未有窮而不變者。待其窮而後變，則有變之迹，非所爲「恒」矣。「利有攸往」者，及其未窮而變，則終始相受，循環無端。《彖傳》所謂「終則有始」也。

《象數論》曰：「迅雷疾風，天道有時而變。聖人謂此雷風相與之常耳。知雷風之爲『恒』，則知往來古今，不離俄頃，而『恒』之道得矣。」

《彖》曰：恒，久也。剛上而柔下，雷風相與，巽而動，剛柔皆應，恒。「恒，亨，无咎，利貞」，久於其道也。天地之道，恒久而不已也。「利有攸往」，終則有始也。日月得天而能久照，四時變化而能久成，聖人久於其道，而天下化成。觀其所恒，而天地萬物之情可見矣。

本卦與咸反對，剛上柔下，解見前卦。愚按，《大傳》云「雷風相薄」，此云「雷風相與」。「薄」者，兩相激射之義。「與」者，互相助成之義。「巽而動」，承「雷風相與」來。「剛柔皆應」，承「剛上柔下」來。「剛上柔下」，其分正；「雷風相與」，其氣通；「巽而動」，其事順；「剛柔皆應」，其情交，此卦之所以爲「恒」也。「亨」者以此，「无咎」者以此，「利貞」者亦以此。「久於其道」，即上四者之「道」。聖人恐人不知「道」之所在，故曰「天地之道，恒久不已」。明「道」配「天地」，所以能「久」也。不曰「始終」，而曰「終則有始」者，以卦體觀之，巽下震上，陰陽之始也。陰自巽生，至坤而終矣。一陽生於下而爲震，陽自震生，至乾而終矣。一陰生於下而爲巽，以咸、恒反對觀之，陽終於艮，而震始之，陰終於兑，而巽始之。所謂「天地之道，恒久不已」者，如此。《本義》以「終」屬「久於其道」，以「始」屬「利有攸往」，似不若以「久道」統「終始」，免得分配也。以下六句，又承「終則有始」，説到所以成其爲「恒」處。「日月」以一日言，「四時」以一歲言。天行一日一周，而日月因之以久照，故曰「得天」。天氣一歲四變，而四時因之以成歲，故曰「久成」。「聖人」之「久道」，與「日月」同其「久照」〔一〕，「四時」同其「久成」，故曰「化成」。咸云「化生」，屬天地；此云「化成」，屬聖人。天地生之，而聖人成之也。天地萬物，不外此「恒久之道」。道不可見，而雷風之相與、飛潛動植之相應，即是其情，豈不昭昭在目乎？

愚又按，《彖傳》言「終始」者，凡四卦。除純乾外，蠱少男少女，恒長男長女，歸妹長

〔一〕按，「照」，原本作「道」，據四庫全書本改。

男少女，皆有夫婦之義焉，所謂人之終始也。

《象》曰：雷風，恒。君子以立不易方。

邱行可曰：「巽入也而在内，震出也而在外。二物各居其位，則謂之恒，『立不易方』，『方』乃理之不可易者。」吴臨川曰：「雷之起，每歲各有『方』；風之起，八節各有『方』。周而復始，常然不易。」愚謂「方」字，與《艮·大象》「思不出位」「位」字義同。惟道所在，初無定位，隨時隨地，皆有「不易之方」。王陽明曰：「君子體『雷風恒』之象，雖酬酢萬變，妙用無方，而其所立，必有卓然不可易之體。」得其解矣。

初六，浚恒，貞凶，无攸利。《象》曰：「浚恒」之凶，始求深也。

愚按，「初」爲長女之主，「四」爲長男之主，夫婦也。「初」以陰居陽，巽性務入，「浚恒」之象。「浚」者，深也，取浚井之義。與「四」本正應，故曰「貞」。「貞」則何以「凶」而「无攸利」？蓋「初」之病，正坐以貞自負，天下固有理本正而行不通者。「无攸利」與「利有攸往」相反，乃其「凶」處。《象》申之曰「始求深」，凡浚井者，必由淺而入深。求之於「初」，失在太驟，俗所云一杴思掘井，正是此義。先儒謂凡未信而諫，若賈誼、京房、劉蕡，皆交淺言深者也。愚又謂，人情物理，由淺而深，則其深爲可久。不獨夫婦君臣也，朋友亦然。陳餘謂張耳曰：「不意君之望臣深。」兩人凶終，正以此。「求」者責望之私，「始求」更有欲速之病，施之倫類，無一而可者也。

九二，悔亡。《象》曰：「九二，悔亡」，能久中也。

程沙隨曰：「大壯『九二』、解『初六』及本爻，皆不著所以然。蓋以爻明之也。」舊注謂「久於中，故悔亡」，愚竊謂，既「久中」矣，焉得有悔？周公因「二」以陽居陰失位，故宜「有悔」，未嘗明言「悔亡」之由。夫子推原其義，曰「能久中」，以見六爻惟「九二」獨具此恒德，非剛中者不能。「能」字，有工夫，有力量，諸爻皆不能「中」、不能「久」可知。久而不中者，「初」、「四」、「上」也；不久不中者，「九三」也；執中無權者，「六五」也。

九三，不恒其德，或承之羞，貞吝。《象》曰：「不恒其德」，无所容也。

《本義》：「過剛不中，志在從上，不能久於其所，故有此象。」愚竊謂，「三」以剛居剛，非無德而不貞者，但當巽之終，而近乎震，巽爲躁卦，以剛躁處上下之交，雷動風從，豈能久於其所？故爲「不恒其德」之象。不言「凶」，言「羞」者，以「凶」懼之，不若以「羞」動之。或者不知其所自來，分明是自家惶愧之狀。周氏光德曰：「無德而『不恒』，不足責也。惟『不恒其德』，則人將以其晚節誅其生平，故雖貞亦凶。」程敬承曰：「『羞』者，内愧己，外愧人，無所逃於天地之間，故曰『无所容』。」黄正憲曰：「『无所容』

者，公是公非在人，十目十手在獨。」二語尤明快。一説，「三」與「上」應，上體震動，「不恒其德」者也。「三」以當位之剛，自下應之，意在争救。「上」既振恒，安能容受？故「羞」辱及其所承。此陳之洩冶、唐高宗時之褚遂良也。若「九三」自「不恒其德」，何以云「貞」而「吝」乎？又是一解。愚又按，《論語》引此《爻辭》，古注云：「無恒之人，《易》所不占。」是從卜筮作解。竊謂夫子此言，是就巫醫一流而説，非謂《易》之《爻辭》多因筮占立象也。

九四，田无禽。《象》曰：久非其位，安得禽也。

來矣鮮曰：「震爲大塗，田象。下卦巽爲雞，『禽』象。『四』已離巽位，『无禽』之象。師『六五』所應者，『九二』之剛實，故『有禽』。本爻所應，乃陰虚之『初六』，亦『无禽』之象。」愚按，「三」好事而無成，「四」以剛居柔，是必欲終所事者。於「田」志在「得禽」，亦恒情也。但已入震體，震位本在「初」，今居「四」，則處非其位，非所據而據焉。妄意久當有獲，豈知守株待兔，「安得禽」乎？夫子惜其以有用之心，用之無用之地，故作唤醒之辭。

六五，恒其德，貞。婦人吉，夫子凶。《象》曰：婦人貞吉，從一而終也。夫子制義，從婦凶也。

程敬承曰：「陽主通變，夫道也；陰主安貞，婦道也。」《本義》謂：「以柔中應剛中，常久不易，乃婦人之道，非夫子所宜。」今以《爻辭》合《小象》看，「二」與「五」正應，「二」「悔亡」，而「五」「恒德」，皆久於中而「貞」者。但「二」以下應上，猶婦人從夫，乃是正道。「五」居君位，猶夫爲家督，有「制義」之權者也。義之與比，惟變所適。若亦守「從一而終」之義，是夫從婦道矣。故此「凶」而彼「吉」。李之翰曰：「恒以當爲體，以變爲用。偏於變通，是『不恒其德』。偏於執守，則爲婦人之恒。」愚又按，卦體長男長女，當以「初」、「四」兩爻爲夫婦，而於「五」言之。漸之夫婦，則不言於「二」、「五」，而於「三」、「四」兩爻言之。各就卦之内外，以明卦之大義，而不盡拘爻位，皆變例也。

上六，振恒，凶。《象》曰：「振恒」在上，大无功也。

《本義》：「『振』者，動之速也。震終則過動，居上非其所安。」愚竊謂，居上之道，安静所以養恒久之福。今在震體之上，以陰居陰，宜静而動，振作不已，終身馳騖，則以振動爲「恒」，「凶」可知矣。夫雷之鼓動萬物，暫而不測也。振其可恒用乎？「上」之意在好事喜功，聖人探其意而折之，不但曰「无功」，而且曰「大无功」。上不利於國，下不利于民，王介甫之新法是也。

陸庸成曰：「『貞』者，咸、恒二卦之權輿也。『貞』於感，以無心而爲咸；『貞』於恒，以立心而爲恒。然咸之所貴者，『虚』也，諸爻各執一以爲『感』，則不虚矣。恒之所貴者，『方』也，諸爻皆隨地以爲『恒』，則非『方』矣。故二卦之象，皆有完義，而二卦之爻，皆無全德。」

䷠艮下乾上

遯：亨，小利貞。

卦以四陽在上得名。《雜卦傳》云：「遯則退也。」非以避爲退，乃善藏其用，不露圭角之義。程子謂「甯武子能沉晦以免難是已」。二陰在下，正道未至全滅，君子以爲尚有「亨」道焉。「小利貞」，亦遯中之事。《程傳》云：「陰之始長，君子知微，故當深戒，而聖人之意未便遽已，故有『小利貞』之教。」未嘗分君子、小人也。《本義》則云：「君子能遯則身退而道亨，小人則利於守正。」愚竊謂，「小利貞」，即本卦「九三」《象辭》「不可大事」之意。遯與大壯反對，《大壯·彖》曰「利貞」，此加一「小」字，以見君子當此時，大權既不在我，務在勤小物，矜細行，舉動皆合於正，使小人無所伺吾隙而已。胡仲虎曰：「卦以四陽得名，名卦必以陽爲主。」胡雲峰亦云「聖人於陰卦主陽，爲君子謀也」。「小」字似不當作「小人」解。小人方用事時，豈能「遯」，又豈肯「遯」哉？

京氏《辟卦》：「遯爲六月之卦。」

《象》曰：「遯，亨」，遯而亨也。剛當位而應，與時行也。「小利貞」，浸而長也。遯之時義大矣哉！

「遯而亨」者，身雖「遯」而道則「亨」也。「剛」指「九五」，中正故曰「當位」。「應」謂「六二」，「剛當位」而「應與時行」也。先儒多謂當其方「應」而即「行」，是「遯」之機會。愚竊謂聖人之於天下，雖知道之將廢，豈忍坐視其亂而不救？静看機會，與時偕行，與遯跡長往一流固當有別。二陰雖有向長之勢，未便驟長，必且以漸，如水之浸物，未便濕透，猶冀維持挽回。所謂「小利貞」者，扶持使未遂成「否」之世界也。君子之出處，所關在世運人心，豈其潔身獨善，决去惟恐不速哉？「時義之大」，非贊詞，乃嘆詞也。「時」從外遇，「義」自中裁。蘇紫溪曰：「『遯』豈聖人好爲隱逸，惟時而已。知時者安，故『嘉』則『貞』，『肥』則『利』，『好遯』則『吉』，『固志』則『莫能勝』。失時者窮，故『尾』則『厲』，『係』則『疾』。聖人欲人之與時偕行若是其切，有得於時，則離群而往，固『遯』也。即同世而居，而心無所欲，亦『遯』也。無得於時，則因時俯仰，固非『遯』也；即離世獨立，亦非『遯』也。故曰『遯之時義大矣哉』。」

《象》曰：天下有山，遯。君子以遠小人，不惡而嚴。

愚按，「天下有山」，相去遼絶，只是占得地步高，天不自以爲高，自山仰之而見其高。天無絶山之情，山自無援天之路。君子體此象，以天道自處，曷嘗峻拒小人？「遠」之云者，正使小人日在前，而對面相「遯」，欲近我而不得也。「不惡」者，待彼之禮。「嚴」者，自守之堅。「遠小人」，艮止象，「不惡而嚴」，乾剛象。

初六，遯尾，厲，勿用有攸往。《象》曰：「遯尾」之厲，不往何災也。

《易》之取象，例以「上」爲首，「下」爲尾。《本義》：「『遯』而在後，『尾』之象，危之道也。不可以有所往。」先儒謂「初」、「二」兩陰爻皆小人也，今從之。陰方長，則陽當「遯」。「遯」者陽，而「尾」之者則陰也。四陽將「遯」，「初」「尾」其後，或搜其過於謝事之餘，或摘其短於身去之後，皆「尾」象。「厲，勿用有攸往」，則指陽而言，君子尚非可遯之時，「往」則犯災矣。

六二，執之，用黄牛之革，莫之勝説。音「脱」。**《象》曰：「執用黄牛」，固志也。**

「莫之勝説」，《程傳》「説」字從本音，作「不可勝言」解。《本義》：「以中順自守，人莫能解。」「説」字作「脱」字解。《黄氏日抄》謂當從程。胡雲峰曰：「『五』在上得中，『二』以中順固結之，有『黄牛革』之象。『莫之勝説』，喜『二』之從『五』者固也。『二』承『三』，故執之。」今依《本義》作「脱」。「二」柔浸長，蓋迫陽以必「遯」者。然居艮體，應「五」而比「三」，不以勢相加，而以術相籠絡，固結「遯」者之志，使不得去。《小象》「固志」二字，正解「莫之勝說」。曰「執」，未免有束縛之意。曰「黄牛之革」，則柔韌堅牢，使君子欲脱而不能，此小人作用之巧。

九三，係遯，有疾厲，畜臣妾，吉。《象》曰：「係遯」之厲，有疾憊也。「畜臣妾，吉」，不可大事也。

《本義》：「下比二陰，當『遯』而有所『係』之象，有『疾』而『危』之道也。然以『畜臣妾』則『吉』。蓋君子之於小人，惟『臣妾』則不必其賢而可『畜』爾。」愚又謂，「三」與「上」無應，而下與陰同體，中爻互巽爲繩，係之象。「二」以私情相結，「三」未免瞻顧不能決，病在纏綿牽戀，故「有疾」而「厲」。夫子於「疾」字下，又添「憊」字，以形容困頓之狀。蓋「係」之道，用以「畜臣妾」則「吉」；若士君子出處大事，亦同於豢養私恩，此處不知壞了人品，甚言「係」之不可也。一説，「九三」一爻，砥方進之二陰，爲成卦之主，關係極大，故曰「係遯」。自「三」以上，至「否」「四」，則莫可挽回，惟曰「有命」而已。故《遯·三》之「畜臣妾」，當時未必見信，迨「畜」之不得，而至於剥，臣妾以「宫人寵」矣。是故「三」之「係」甚難，而心甚危，有「三」之「係」，而後有「四」之「好」，「五」之「嘉」。有「三」之「疾憊」，而後有「上」之「肥」。如此看「係」字，見解議論俱闊大，别是一解。

九四，好遯，君子吉，小人否。《象》曰：君子「好遯」，「小人否」也。「好」，上聲。

「好」字，《本義》作去聲，謂「有所好而能絶之」，愚竊謂當讀上聲。「四」與「初」雖正應，而上下異體，相去稍遠。與「三」所處之位不同，不以應之，故而有所係戀。及彼此交好之時，飄然遠引，所謂「好遯」也。然惟剛健之君子能之，若小人則不然矣。故曰「君子吉，小人否」。「否」者，不然之謂，非否卦之「否」也，觀《小象》可知。

九五，嘉遯，貞吉。《象》曰：「嘉遯，貞吉」，以正志也。

《程傳》云：「『遯』非人主之事，故不取君位。」「五」以剛中，正應「二」柔中正，故曰「嘉」。是去得恰好時節，自然「貞吉」。胡雲峰曰：「非正應而相昵，曰『係』。以中正而相應，曰『嘉』。《隨·九五》『孚于嘉』，因『六三』之『係』而見也。此之『嘉遯』，亦因『三』之『係』而見。」愚按，「嘉」者，禮也。始以禮進，終以禮退。《小象》於「二」曰「固志」，於「五」曰「正志」。「二」之欲「固」者，即「五」之「志」。「五」之所「正」者，己之初「志」也。由其居中得正，故其象如此。

上九，肥遯，无不利。《象》曰：「肥遯，无不利」，无所疑也。

《本義》：「『肥』者，寬裕自得之意。」愚按，卦體二陰四陽，「三」與「二」、「初」同體，「四」與「初」應，「五」與「二」應，故「三」言「係」，而「四」言「好」，「五」言「嘉」，

「上」無所應，故言「肥」。心廣體胖，身之肥也。又按，「肥」，古本作「𩇯」，一作「蜚」。《史記·封禪書》「乾」稱「蜚龍」。張平子《賦》「欲蜚肥以保名」，則以「肥」爲「飛」義，今不取。「肥」與「疾憊」相反。「三」因「係」致「疾」，「上」因「遯」而「肥」，有「係」無「係」之别也。既無所「係」，「遯」復何疑？「三」疑於所比，「四」、「五」疑於所應。從來君子小人之隙，皆生於疑。我「无所疑」於心，人「无所疑」於我。鴻飛冥冥，安往而不利乎？大抵「遯」之時，貴乎遠。四陽以次漸上，「係」不如「好」，「好」不如「嘉」，「嘉」不如「肥」，愈遠於陰者愈善也。

愚又按，卦名以陽避陰，故先儒多以「初」、「二」兩爻屬小人。細玩六爻《爻》、《象》，多就君子看亦可，「初六」位卑地下，跡遠於要津，其象爲「尾」，如柳下惠爲士師，梅子真爲吴門市卒。當危亂之世，不犯難行，亦無災害。時可以「遯」，而不必「遯」者也。「六二」柔順中正，與「九五」正應，彼此交情方固，「黄牛之革」，與革「初」取象同，彼當革時，「不可有爲」；此當遯時，不可得「脱」。心欲「遯」，而勢未能「遯」，季札、子臧是已。「九三」過剛不中，與二陰同體，逡巡「係」戀，至與「臣妾」一例見「畜」。夫富貴利禄，士君子之「厲」，而「臣妾」之「吉」也。此時當「遯」，而勢不能「遯」，大夫種是已。内三爻艮體，主乎止，故其象如此。「九四」以剛居柔，與「初」正應，相好而無相尤。小人處此，方爲情愛所暱；君子則以義在當去，急流勇退，其范少伯之於越，李鄴侯之於唐乎？「九五」陽剛中正，下與「二」應，恬退之志，至此得遂。及時而行，進退以禮，不降不辱，其子房、二疏之於漢乎？「上九」身處遠外，遯世無悶，獨斷不疑。在上古，則巢、許、務成，在後世，則四皓、魯二生其人乎？外三爻乾體，主乎行，故其象如此。

張彦陵曰：「人情難退，用『黄牛』以『固志』，曰『嘉』曰『肥』，欣然高易退之風。人情好進，危『羝羊』以『勖貞』，曰『羸』曰『艱』，凛然示難進之戒。《繫傳》所以云『大壯則止，遯則退也』。此兩卦反對之義。」

䷡乾下震上

大壯：利貞。「壯」從「士」，不從「土」。

卦名加「大」字者，惟大有五陽，大畜、大過、大壯皆四陽。蓋陰陽之勢，至三而平分，至四而極盛。「九四」一爻，爲成卦之主。乾陽自内上升，而震動於外，豈非「大」者之「壯」？姤一陰始生，即曰「女壯」。陽動於復，長於臨，交於泰，至「四」而大壯。天下未有大而不正者，聖人慮陽之過盛，故戒以「利貞」。以北宋事觀之，慶曆之「壯」，君子失之疎；元祐之「壯」，君子失之急。只自恃其「壯」，便非「貞」。玩《爻辭》，陽爻皆以居陰者爲「吉」，以陽居陽者爲「凶」、爲「厲」，其義自明。

按《十二辟卦》，大壯爲二月之卦，而《爾雅》以八月爲「壯」，《疏》云：「八月得辛，則爲塞壯。」其義在所未詳，疑事無質，俟再考。

《彖》曰：大壯，大者壯也。剛以動，故壯。「大壯，利貞」，大者正也，正大，而天地之情可見矣。

愚按，《本義》：「陽長過中。」「過中」二字，便帶憂危之意。「大壯」其可恃乎？天地間柔者不能壯，惟剛故壯。然剛而不動，亦無以見其壯。惟剛以動，故壯。「大者壯」，以勢言也。「初」、「二」、「三」、「四」陽爻皆言「壯」，「五」、「上」二陰不言「壯」。「大者正」，正以理言也。「正大」二字，承上「大者正」説來。不平看，惟「正」所以成其「大」。「復」見天地之心，陽氣初動也；「大壯」見「天地之情」，陽氣發於上也。天地未嘗無情，只在「正大」處見得。咸、恒、萃三卦，皆見「天地萬物之情」。大壯止言「天地」者，「萬物」不能同「天地」之「正大」也。

《象》曰：雷在天上，大壯。君子以非禮弗履。

《雜卦傳》云：「大壯則止，遯則退也。」「雷在天上」，乃其發越時，如何能止？先儒謂當壯往之時，當以能止爲正。君子以「非禮弗履」，處「壯」之心，猶之處「遯」之心也。愚又謂此君子克己自勝之學，「非禮」之私，潛滋於隱微之中，勇者無所用其力，直須從起念處制縛得定，銷鎔得净，方能不形於動履之間。

初九，壯于趾，征凶，有孚。《象》曰：「壯于趾」，其孚窮也。

凡爻之言「趾」者，多在初爻。先儒謂大壯第五爻變則爲夬，故兩卦取象同。壯「趾」在「初」，鋭於始進。「征」則必「凶」，以其陽剛居正，故「有孚」。愚按，諸卦凡言「有孚」者，多無凶象。既「凶」矣，何以又云「有孚」？蓋「初」以剛居剛，與上無應，專以盛氣加人，而無真誠之意，故《爻辭》教之「有孚」，欲其積誠以動上也。《小象》不論其「征」不「征」，「凶」不「凶」，只是「壯于趾」，雖有「孚」而亦「窮」。如漢之黨人，宋之太學諸生。身居卑下，挾其壯往之氣，欲上除君側小人，客主之勢，相去甚懸，適足自取禍敗。是因「孚」以致「凶」者也。故曰「其孚窮」，匹夫匹婦之諒，聖人不取也。

九二，貞吉。《象》曰：「九二，貞吉」，以中也。

「九二」中而不正，《爻辭》謂之「貞吉」者，吕伯恭云：「直指大壯之體。」愚按，「初」「壯趾」，「三」「羸角」，「九二」上不在「角」，下不在「趾」，居下卦之中，故《小象》歸本於「中」。可見「壯」非猛厲之氣，只在剛柔得中而已。以剛居柔，而又得「中」，且與「五」正應，即此便是「貞吉」。《本義》謂：「所處得中，猶可因以不失其正。戒占者，使因中以求正，然後可以得『吉』也。」夫子之言，明白了當，似不必多生回護轉折。

九三，小人用壯，君子用罔，貞厲。羝羊觸藩，羸其角。《象》曰：「小人用壯」，君子罔也。

愚按，大壯與遯反對，遯之「九四」，即《大壯》之「九三」，故兩爻並舉「小人君子」。「小人用壯，君子用罔」，與《遯·四》「君子吉，小人否」語氣相似，而意相反。石介云：「『壯』惟『小人』用之，『君子』則『否』。」極合《爻辭》之旨。趙汝楳曰：「孔子慮後世疑《爻辭》兩『用』字，『小人』與『君子』皆有所用，故去其一，云『君子罔』。」按，《釋文》以「無」訓「罔」，與此正合。「君子罔」，言君子則無之也。若依舊注，視有如無，爲君子過於勇之象，則君子亦鹵莽人耳。與「用壯」者何異乎？「三」以剛居剛，正而不中，故以「貞厲」爲戒。「羝羊」二句，又是「貞厲」之象。「羝」，壯羊也，屬陽，中爻自「三」至「五」互兑，「三」、「四」兩爻，皆有羊象。震在上，爲竹、爲萑葦，「藩」象。「觸藩」，「用壯」之象。兑爲毁折，「羸角」之象。「九三」居乾體之上，與「上六」應，「羊」即「九三」，「藩」指「上六」。「三」爲壯羊，其氣盛；「上」爲純陰，其謀深。聖人慮「三」之恃「壯」而輕敵也，故戒之曰「小人」則「用壯」，「君子」則不用。若「用壯」，則雖「貞」亦「厲」，爲「羝羊觸藩」「羸角」之象矣。夫「羊」之好「觸」，恃其「角」耳。「觸藩」而「羸」，總見「壯」之不可輕「用」。「三」、「四」兩爻，先言「貞厲」、「貞吉」，後言「觸藩」、「決藩」，亦《爻辭》變例也。

錢國瑞曰：「遯而『係』，二柔則『憊』。大壯而『觸』，二柔則『羸』。剛大而以柔小爲觸，非『正大』之動，而傾危之動矣。」楊誠齋曰：「羊喜於鬭，而狃於勝。喜於鬭，故技止於一觸之勇；狃於勝，故怒及於無心之藩。」張元岵曰：「藩無心而能係角，易往而難返。士君子當爲『神龍』，不當爲『羝羊』。當蕩除城府，不當自樹藩籬，自壞頭角。」

九四，貞吉，悔亡。藩決不羸，壯于大輿之輹。《象》曰：「藩決不羸」，尚往也。

愚按，「四」入動體，爲群陽領袖，成卦之主在此爻。以剛居柔，與「九二」同，故《爻辭》亦許其「貞吉」。從容以進，必無失錯，故「悔」可「亡」。「藩決不羸」，承上文而言，「三」前爲「四」所阻，猶有「藩」焉。「四」前二陰，則「藩決」矣，角「不羸」矣。不但此也，抑且「壯于大輿之輹」，乃衆陽合力之象。「輿」之行也以「輹」，「輹」壯則車强；陰爲陽之「藩」，陽者車之「輹」，「藩決」則彼壅既通，「輹」壯則我進有力。《小象》所以云「尚往」。三陽在下，至「四」然後「尚往」，蓋合乾健震動而爲往，則前此之未宜往，明矣！

六五，喪羊于易，无悔。《象》曰：「喪羊于易」，位不當也。

《程傳》：「羊象群陽並進，『六五』以和易待之，使無所用其剛，是『喪羊于易』也。」《本義》依《王注》，謂「群陽自失其壯」。愚竊按，「五」與「四」比，兩爻合看，「羊」當指「四」，今從《程傳》詳釋之。大有「六五」以柔乘剛，《象》曰：「易而无備。」本爻亦乘剛，「喪羊于易」，即「易而无備」之義。「九四」率諸陽動而前進，「五」欲與争勝，其勢甚難，惟坦然平易，用柔中之道接之。「五」不設「藩」，「羊」將誰「觸」？「壯」者至此自失其壯，而「羊喪」矣。以柔居剛位，雖不當而「无悔」，柔能御剛也。蓋此爻變則爲夬，夬之「羊」指「上」，「牽」之者，「九五」也。大壯之「羊」指「四」，「喪」之者，「六五」也。聖人於陽爻，論用剛制柔之道；於陰爻，論用柔御剛之道，如此。楊誠齋曰：「『六五』當衆陽强盛時，能使之帖然自喪者，以柔順和易之德調伏之也，故『无悔』。」《黄氏日抄》據《小象》，言「『位不當』則居群陽並進之衝，爲其所决，似矣。若能以柔勝剛，宜曰『位當』，豈得言『位不當』耶？與旅卦『喪牛于易』義同」。兼存其説以備考。

上六，羝羊觸藩，不能退，不能遂。无攸利，艱則吉。《象》曰：「不能退，不能遂」，不詳也。「艱則吉」，咎不長也。

《本義》：「壯終動極，故『觸藩』而『不能退』，其質本柔，又『不能遂』其進。」愚按，「上」居震末，與「三」正應。「羝羊」，「九三」也。「上」與「五」同是陰爻，不能如「五」之御「四」，乃設「藩」以受「三」之「觸」，「不退」、「不遂」，正是「九三」「觸藩」之象。自「三」言之，不應觸「上」之「藩」。自「上」言之，不應羸「三」之「角」。未有羊「羸角」而「藩」不壞者。彼此兩敗俱傷之象，故曰「无攸利，艱則吉」。「艱」字與前爻「易」字相反。兩陰爻，一爲其「易」，一處其「難」，「上」之「不詳」，其猶有「易」心乎？惟反其「易」者而爲「艱」，則「吉」而「咎不長」。「詳」者，熟思審處之義。凡人處事，以爲「易」則不「詳」，以爲「艱」則「詳」矣。「不詳」是壯時之病，「艱」是處壯之藥。

陸庸成曰：「『大者壯也』，故四陽有『壯』，『五』、『上』無『壯』。『大者正也』，故四陽有『貞』，『五』、『上』無『貞』。『初』不言『貞』，壯之累也。『二』兼言『吉貞』之全也。」

錢國瑞曰：「遯之上三爻，皆以『遯』爲『亨』，惟『三』可『畜』二柔爲『臣妾』，以一體合止之故。大壯之下三爻，皆以貞爲利，惟『四』可以『輹』二柔爲『大輿』，以一體合動之故。可見主君之權在我，乃所以成其時行；運轉之機在我，乃所以成其剛動。」

䷢坤下離上

晉：康侯用錫馬蕃庶，晝日三接。

「晉」取「進」爲義。卦體離上坤下，下柔順而上文明。以世道言，乃可進之時也。豫言「侯」以震，晉言「侯」以坤。「坤」，臣道也。「康侯」，侯之能安民者。即《考工記》所謂「寧侯」。坤爲「牝馬」，爲衆，「錫馬蕃庶」之象。離爲日，而在上，君德也，「晝日」之象。三陰在下，「三接」之象。《本義》「多受大接，而顯被親禮」是已。愚又竊謂，《卦辭》蓋古覲禮也。「錫馬蕃庶」，諸侯以禮覲天子之事；「晝日三接」，天子以禮接諸侯之事。按，《覲禮》：「庭實惟國所有，奉束帛匹馬，卓上，九馬隨之。」以素的一馬以爲上，書其國名。馬必十四，用成數，敬也。又，《尚書·康王之誥》：「太保、畢公率諸侯入應門，皆布乘黄朱，奉圭兼幣。」此朝覲用馬之證。曰「用錫」者，如「九江納錫大龜」，「禹錫元圭」，皆以下奉上之義。再按，《覲禮》：「侯氏坐取圭，升致命。成拜乃出。」覲畢，又「升致命，成拜，降出」。亨畢，「王勞之，擯者咸升成拜，降出。」升拜者凡三。《周禮·掌客》上公，「三享，三食，三燕」；大行人公之禮，「三享，三問，三勞」。《左傳》晉文公朝王，出入三覲。皆「晝日三接」之證。「六五」之君，以文明出治，而三陰以順德承之。明良一心，安静以養和平之福。故爲朝覲燕享，君臣晉接之卦。

《彖》曰：晉，進也。明出地上，順而麗乎大明，柔進而上行，是以「康侯用錫馬蕃庶，晝日三接」也。

火在天上，其明最盛，故名「大有」。「明出地上」，其明方新，故云「大明」。「順而麗乎大明」，總言内外卦德，柔進而上行。《本義》作卦變看，謂「自觀來，『六四』之柔，上行至『五』」。愚竊按，《易述》曰：「柔指坤之『六三』，『出地上』而親附離日也。」似當從此解。今據其説，詳發之。「柔」字，兼坤三爻，「進而上行」，則專指「六三」一爻，「初」、「二」視「三」爲進退，「三」進則諸柔並進矣。《彖傳》言柔「上行」者，凡四，噬嗑、睽、鼎皆言「得中」，故「上行」指「六五」。本卦但言「上行」，而不言「得中」，是離明在上爲君，而「六三」爲「上行」之侯，「三」，坤主，與「上」正應，《小象》於「三」云「志上行」，猶云「志在上」也，似不必説卦變。卦變之説，本於虞翻，蜀才謂「四」、「五」兩爻互换是已。然同在外卦，何得云「上」？來矣鮮謂明夷下卦之離，進而爲晉上卦之離，内外同是離體，亦非卦變之例。

《象》曰：「明出地上」，晉。君子以自昭明德。

卦體坤下離上，《大象》但取「離明」之義，置坤不言。胡庭芳云：「只取卦之重者，不必盡論兩體也。」愚按，《雜卦》云：「晉，晝也。」本卦與明夷反對，明入地中則爲夜。晉乃初出之日，明夷曰「用晦」，則晉「用明」可知。君子觀「明出地上」之象，知吾德本明，吾自昭之，即「明明德」之謂。而「用明」之道具是矣。吾德既明，然後能知人。《書》曰：「能哲而惠，何憂乎驩兜？何遷乎有苗？何畏乎巧言令色、孔壬？」《詩》曰：「爾德不明，以無陪無卿。」故明主能用小人，闇主不能辨君子。潘雪松曰：「《易·大象》惟乾與晉以自言之，『自强不息』，我用我之强。『自昭明德』，我用我之明。」愚又謂君子以「明德」爲體，到得光被四表，格於上下，總是「自昭」之極功。

初六，晉如，摧如，貞吉。罔孚，裕无咎。《象》曰：「晉如，摧如」，獨行正也。「裕无咎」，未受命也。

《本義》：「以陰居下，應不中正，有欲進見摧之象。」愚竊謂，當晉之時，陽剛者，往往欲速躁進。「初」最下，以柔居剛。「摧」者，斂抑之義。雖與竊位之「四」相應，嫌其不中不正，不肯因之以進，而深自斂抑。兩「如」字，是摹寫其難進之狀。即此便是「貞」，便是「吉」。「罔孚」以下，《本義》云：「不爲人所信，當處以寬裕，則『无咎』。」愚又謂，「罔孚」，有「吾斯未信」之意。「初」不急求人知，進退綽然有餘，乃所以成其「貞」也，何「咎」之有？《象》申之曰「獨行正」，以見位雖不正，獨能行正，而不隨人步趨，似非欲進而「見摧」於人，不爲人所信之義。「未受命」，嘉其未因「四」之應，而「受命」於公家也。若「受命」，則爲「鼫鼠」輩之私人矣。張元岵曰：「人有志於功名，而比匪枉道，如柳子厚、劉禹錫之徒，一蹶不收，亦急功名之殷鑒，而『初』幸無是也。」合觀《爻》、《象辭》，其義昭然。

六二，晉如，愁如，貞吉。受茲介福，于其王母。《象》曰：「受茲介福」，以中正也。

《本義》謂「『二』上無應援，故欲『晉』而『愁』。」愚按，「初」、「三」、「四」、「上」皆剛柔相應，「二」獨與「五」無應，雖居臣位，介然自立，不以爲喜，而以爲憂。有「愁如」之象，即此便是「貞」，便是「吉」。然柔順中正，終必受知於「五」，蓋我能自守其「貞」，君之寵任，方承受得起。「六五」柔得尊位，故稱「王母」。「介福」即「錫馬」、「晝接」之屬，「初」曰「未受」，此曰「受」，其得位可知。司馬君實、蘇子瞻之遇宣仁太后，彷彿此爻。張忠定謂「寇萊公用太早，仕太速，蒼生無福」。可見仕進之際，迂回遲重，非徒身名俱泰，君民亦將共食此福也。《小象》推言受福之由，曰「以中正」，錫福自「王」，受福自我，豈倖獲哉？合兩爻論之，「初」不肯躁進者也，「二」不喜驟進者也。

六三，衆允，悔亡。《象》曰：「衆允」之，志上行也。

先儒多謂「三」不中不正，宜其有「悔」，以其與下二陰皆欲上進，爲衆所信而「悔亡」。愚竊謂，「三」居下卦之上，處順之極，近比於「四」，將毋謂「鼫鼠」之黨？以其形跡可疑，故有「悔」。然而「衆允」之者，此非以形迹論也。獲「上」信友，全憑此「志」。與「上」正應，「志」在「上行」，人皆信其無私，衆有何疑？已復有何「悔」？「初」之「罔孚」，衆「未允」也；「二」之「受福」，猶有待也；「三」則可以進而「上行」，受「三接」之寵矣。《彖傳》曰「柔進而上行」，《象》曰「志上行」，二句正相應。晉與升，皆柔德用事之卦，《升·初》曰「允升」，《象》曰「上合志」；《晉·三》曰「衆允」，《象》曰「志上行」，義類正相似。升以「初」爲主爻，晉當以「三」爲主爻。

九四，晉如鼫鼠，貞厲。《象》曰：「鼫鼠，貞厲」，位不當也。

先儒謂，當柔進之時，「四」獨以剛進，故於「貞」爲「厲」。愚竊謂，自「二」至「四」，中爻互艮，爲鼠。自「三」至「五」，中爻互坎，爲隱伏。「四」處大明之下，坤晦之上，晝伏夜動，皆「鼠」象。陽大陰小，故曰「鼫鼠」。許氏《説文》：「鼫，五技鼠。」《本義》：「不中不正，以竊高位，貪而畏人。」故有此象。愚又竊謂，卦義取晝日，鼠夜動而晝伏，非若「康侯」之「晝接」者。當晉之時，人人有向明之望，所尚者柔德。「九四」以剛居柔，近與「五」比，竊據高位，以阻諸賢之進。離下而上，首鼠兩端，卦中之小人也。雖

「貞」亦「厲」，況位不當者乎？按，「鼫」與「碩」同，《詩·碩鼠》所以刺貪也。胡雲峰曰：「解以陰居陽，象狐，晉以陽居陰，象鼠。狐性疑，當去其疑；鼠性貪，當去其貪。」

朱康流曰：「此與豫『九四』，皆下據三陰，上承柔主。於豫之『六三』曰『位不當』，『九四』曰『志大行』。於晉之『六三』曰『志上行』，『九四』曰『位不當』，象同而義則相反，何也？豫之三陰，『四』得而有之，故以得衆爲『四』功。此之三陰，『四』不得而有之，又豈得而阻之？不得而有之，故以『上行』爲『三』美，不得而阻之，故以阻衆爲『四』責。」

六五，悔亡，失得勿恤。往吉，无不利。《象》曰：「失得勿恤」，往有慶也。

先儒多以「六五」陰居陽位，宜有「悔」。愚竊謂，諸卦之主德尚剛，惟晉之主德尚柔。賢人並進，寬仁足以有容。内卦三陰，與「五」同德，皆有順「五」之意，而爲「九四」所阻。「五」之左右，「四」貪而「上」亢，宜有「悔」矣！而「悔亡」者，以其柔居尊位，離爲明主，人才本「五」所當得，因「四」之蔽賢而失之。然不足以爲憂也。恃知人之明，「往」而求賢，則「吉，无不利」，《象》申之曰「有慶」，人主之慶，莫大乎得賢。「六五」一爻，主賢才之進者也。

楊誠齋曰：「晉之主，如日之出地，此朝日也。天下已服其明矣。若使初出之朝日，遽如方中之烈日，天下其不旱熯矣乎？惟柔，故明而不察，蓋日之爲明，朝則升，中則傾；君之爲明，柔則容，剛則窮。『六五』，晉之盛、明之主也，宜其福之盛也，孰謂柔而不立哉？」

胡雲峰曰：「《象》惟升言『勿恤』，豐言『勿憂』。《爻》則《泰·九三》、《家人·九五》、《萃·初六》皆言『勿恤』。事有不必憂者，『勿恤』，寬之之詞也；有不當憂者，『勿恤』，戒之之詞也。」

上九，晉其角，維用伐邑，厲，吉无咎。貞吝。《象》曰：「維用伐邑」，道未光也。

蘇紫溪曰：「『上九』失其柔順之道，不能渾然不露圭角，故有『晉角』之象。」《黄氏日抄》凡「伐邑」，皆釋爲「自治」，朱子謂「伐邑」皆是用之於小。按，世無稱兵自伐其邑之理，釋爲「自治」，恐未安。古者，侯國之大夫有采邑，或有不順者則伐之，故爲「伐邑」。鄰國相侵，則爲「伐國」。古有此事，故有此語。合從朱説。愚又按，「上」爻言「角」者，惟晉與姤。姤之「角」，所以「柅」方「孚」之「羸豕」；晉之「角」，所以「伐」已進之「鼫鼠」。離爲甲胄戈兵，「伐」之象。「九四」乃城狐社鼠，「邑」之象。君側之惡難除，故「厲」。「伐」所當「伐」，故雖危亦「吉」而「无咎」。然不用明於前，使「四」不得進，迨既進而後「伐」之，故雖「貞」亦「吝」。重離「上九」，火逾上則照愈遠。王用出征，何等光明正大！此處晉之終，餘光無幾，不足以照天下，僅可用以去私人，非出征正邦之比。故曰「道未光」。

趙汝楳曰：「卦以柔進得名，故柔爻多『吉』。『初』極下，『二』猶在地，皆欲進而未能。『三』始出地上，率衆柔俱進。『晉』之爲晉，『六三』當之，『五』爲接柔之主，『四』以剛居下，『上』以剛居外，嚴毅如『角』，不得不『伐』以正之。此六爻之情也。」

䷣離下坤上

明夷：利艱貞。

《雜卦傳》云：「明夷，誅也。」《本義》訓「誅」爲「傷」。以世道言，「明入地中」，時方幽暗，君子無不受傷者。論卦德，則内明外順，又爲君子不受傷之象。合六爻觀之，自「初」至「五」皆用晦之臣。傷之者，「上」也。「利艱貞」者，「利」在艱難以守其「貞」，君子之處患難，總離不得個正道。「艱」字内有多少委曲，多少痛苦，難以告人處。先儒或以明夷爲日食之卦，似於「傷」之義有合，可備一解。

《彖》曰：明入地中，明夷。内文明而外柔順，以蒙大難，文王以之。「利艱貞」，晦其明也。内難而能正其志，箕子以之。

本卦與晉反對，一出一入，明晦分焉。全卦是事暗君之象。周公《爻辭》只於第五爻説「箕子」。自夫子觀之，謂當文王與紂之時。故先言「文王」，後言「箕子」。「内文明而外柔順」，乃統言卦德，非謂「文王」因此「以蒙大難」，謂文王所以蒙難而不受傷者，「内文明而外柔順」也。「明」即是「貞」，晦明處即是「艱」，内明外順即是「晦其明」，晦明而明在内，即是志之正。何謂「志」？忠君愛國之心也。邱行可曰：「『文王』得全卦之義，故以卦德歸之。『箕子』得一爻之義，故以《爻辭》歸之。」張幼于曰：「『大難』，關天下之難；『内難』，家難也。此『文王』與『箕子』不同處。」《本義》以「文王」配卦名，以「利艱貞」專指「箕子」。愚竊按，「文王」、「箕子」所處之地雖不同，其爲「艱貞」，一也。釋經者，試移《彖傳》「利艱貞，晦其明也」二句，直接「明入地中，明夷」之下，而以「文王」、「箕子」證明「艱貞」之義，詮釋便自了然。此説出張氏《困學記》。

《象》曰：「明入地中，明夷」，君子以莅衆，用晦而明。

吕伯恭曰：「『用晦』者，君子養明之道。不有虞淵之入，焉有暘谷之明？」愚竊謂王者御宇，自治則用「明」，莅衆則「用晦」。故昭明而明全，晦明而明全，冕旒以蔽目，黈纊以塞耳。初不以察察爲明，而極其用至於明四目，達四聰。惟其藏明於晦，故能「用晦而明」。「莅衆」，以離照坤也；「用晦」，以坤養離也。

初九，明夷于飛，垂其翼。君子于行，三日不食。有攸往，主人有言。《象》曰：「君子于行」，義不食也。

《王注》：「『初』處卦始，最遠於難。絶跡匿形，不由軌路，故曰『于飛』。懷懼而行，行不敢顯，故曰『垂翼』。志急於行，飢不遑食，故曰『三日不食』。殊類過甚，以斯適人，人必疑之，故曰『主人有言』。」蘇氏《易傳》曰：「『飛』而『垂其翼』，所以示不飛之形。方其未去也，『垂其翼』，何其緩？及其去也，『三日不食』，何其亟？」楊敬仲曰：「『三日不食』，義當速也。君子未嘗著己意於其間，苟彰彰然著其引去之跡，是爲『有攸往』，人將『有言』矣。」愚又竊謂，中爻互坎，有飛鳥之象，義在當行。寧「不食」而不可以不去，寧「有言」而不可以不往，總見君子決去之義。穆生去楚，申公、白公非之，但譏其責小禮，而不知穆生之去，避胥靡之禍也。馮元敏曰：「辭豐而就約，則愚者悟；未傷而先遯，則愚者疑。宜其『有言』也。聖人特爲説破，欲君子不以人言介意。《小象》專釋『不食』一句，而以『義』斷之，其旨深矣。」愚又按，《易》於君子去就之義，皆在初爻：賁「初」之「義弗乘」，明夷之「初」不當食而「不食」，亦「義」也。卦皆下離，決去就之義於早，非明者不能。《黄氏日抄》云：「有以『垂翼』、『不食』，皆爲傷困之極，與『義不食』之意不合矣。」

六二，明夷，夷于左股。用拯，句。馬壯，吉。《象》曰：六二之「吉」，順以則也。

《本義》：「傷而未切，救之速則免矣。」愚按，「二」居卦中，當用事之地，與「垂翼」者不同。「夷股」則支體已受傷矣。中爻互震坎，皆有馬象。拯傷非力弱者所能，必「馬壯」而後「吉」。「吉」者何？免禍而已。此爻似文王出羑里之象。西伯乃紂股肱之臣，「夷」在右，傷尚未切。閎夭之徒用文馬九駟以獻紂，乃得釋。非「用拯」、「馬壯」乎？「六二」柔順中正，故《小象》申之曰「順以則」。「順」而不「以則」，特苟且倖免耳。《大雅》稱文王曰「順帝之則」，此之謂也。「順以則」，單釋「吉」字。但《說卦傳》「『巽』爲股」，而此爲「離」象，殊不解。所可知者，「二」、「四」兩爻皆以陰居陰，故一言「左股」，一言「左腹」。豐「九三」以陽居陽，則曰「右股」。《易》道左陰而右陽也。

九三，明夷于南狩，得其大首。不可疾貞。《象》曰：「南狩」之志，乃大得也。

《本義》謂：「以剛居剛，在明體之上，而屈於至暗之下，正與『上六』闇主爲應，有向明除害，得其首惡之象。成湯起夏臺，文王興羑里，正合爻義。」後儒或以此爻屬武王。愚竊謂此文王伐崇之事也。離爲火，南方之卦。又爲兵戈，狩之象。助紂爲惡者，崇侯爲首，故云「大首」。《史記》文王得專征伐，三年然後伐崇。崇不降，退而修教，因壘而降。非得其「大首」、「不可疾」乎？「貞」即「艱貞」之義。《象》曰「南狩之志」，言其「志」在去害安民。「大得」者，大得民心也。當三分有二之時，猶服事殷，文王豈以「南狩」爲快心之舉乎？

六四，入于左腹，獲明夷之心，于出門庭。《象》曰：「入于左腹」，獲心意也。

《程傳》以此爻爲奸邪得君之深。愚按，《爻》《象》皆無貶詞，正合微子去商適周之象。下三爻，離與坤異體，異姓之臣也。故曰「翼」曰「股」。「四」與「上」同坤體，同姓之親也，故曰「腹」曰「心」。坤爲「腹」，離爲「大腹」，自離而入於坤也。《本義》謂：「腹者幽隱之處，『獲明夷之心，于出門庭』者，得意於遠去之義。」胡雲峰曰：「坤偶有門象，『出門庭』，猶可去而出於坤也，『獲明夷之心』，微子自靖。『出門庭』，微子行遯也。」愚竊謂，微子，紂之兄也，在門庭之內，似無可去之理。故不曰「行」，而曰「出」，《尚書》所謂「遜荒」也。蓋微子知紂之必亡，而密謀於箕子、比干。箕子勸其「行遯」，以存商祀，而微子之意始決，故曰「獲心意」也。義在《尚書·微子》篇，遜荒之心，何等艱苦，似非得意遠去之義。

六五，箕子之明夷，利貞。《象》曰：箕子之貞，明不可息也。

朱子云：「《爻辭》『箕子』，蜀本作『其字』。」俞氏云：「不敢顯稱，微其詞也。孔子於《彖傳》顯稱之後，遂於《爻辭》作『箕子』。」胡雲峰曰：「處『明夷』之時，爲微子、比干易，爲『箕子』難。微子已去，不可復去。比干已死，不必再死。此殷有三仁，而《爻》獨以『箕子』言之。」愚按，《彖》言「利艱貞」，《爻》不言艱者，箕子之「内難」、其「艱」，自不必言。既值「箕子」地位，當爲「箕子」之「貞」，故曰「箕子之明夷，利貞」。《象》言「明不可息」，謂其委曲以冀君心之悔悟，即在萬難艱苦中，耿耿一念，未嘗間斷。使箕子之明不晦，則身不可保，其明遂至滅息矣。夫子特深贊之，不復申艱貞之戒。

上六，不明晦，初登于天，後入于地。《象》曰：「初登于天」，照四國也。「後入于地」，失則也。

《本義》以坤陰居不明之極，「始則處高位以傷人之明，終必致自傷而殞厥命」。先儒多以此爻爲紂亡國之象。愚按，「晦而明」者，外晦而内明。「不明晦」者，似明而實晦。紂之知足拒諫，言足飾非，自以爲「明」，「晦」莫甚焉，故曰「不明晦」。「登天」，在位之象；「入地」，失國之象。「失則」二字，與「六二」「順則」相應。「順則」，所以爲文王；「失則」，所以爲紂。《黄氏日抄》云：「明夷之極，是日入於地，故曰『不明晦』。日之『初登于天』，後乃『入于地』，一失其中，則尚如此，人宜何如自畏矣。」釋《經》意特含蓄。

愚按，他卦以「五」爲君位，惟明夷以上爻爲君。總而言之，君者，元首也。賢才，羽翼也。群臣，股肱也。大臣，腹心也。羽翼去，股肱傷，心腹離，元首可知矣。雖在暗世，猶有君臣之義。此六爻之情也。析而觀之，伯夷避紂，有「于飛」象。在下故「垂其翼」，「于行」「不食」，讓孤竹而逃，非不食周粟也。羑里之囚，股肱之蒙難者，雖小有傷，而終得脱，「夷肱」「用拯」之象。文王既免難，得專征伐，「南狩」之象。微子乃腹心之臣，「出門庭」者，抱祭器而歸周也。箕子與暗君最近，不爲微子之去，則將爲比干之死，不得已而託於佯狂，尤「用晦」之極難者，故獨以《卦辭》歸之。紂初居天位，後至覆亡，非「登天」「入地」之象乎？周公特不忍斥言，故合反對兩卦，而以「晦明」「出入」結之。獨不及比干者，「明夷」之世，貴艱貞以自全也。

䷤離下巽上

家人：利女貞。

《爾雅》：室「内謂之家」。愚按，一家之中，通男女而言，謂之家人，《卦彖》獨言「女」者，巽，長女，一陰在下而順，今居上卦之下；離，中女，一陰在中而明，今居下卦之中。巽「四」、離「二」，皆得爻之正位，執柔道以順「三」、「五」之陽剛，故曰「女貞」。長女上而中女下，亦二女同居之象。不爲睽、革，爲家人者，以其「貞」也。「九五」陽剛中正而居外，卦主當屬此爻，「貞」雖在「女」，「女」之「貞」，男之「利」也，故曰「利女貞」。

《彖》曰：家人，女正位乎内，男正位乎外。男女正，天地之大義也。家人有嚴君焉，父母之謂也。父父、子子、兄兄、弟弟、夫夫、婦婦，而家道正，正家而天下定矣。

《雜卦傳》云：「家人，内也。」蓋天下以國爲内，國以家爲内，家以女爲内。《本義》所謂「欲先正乎内」，周子所云：「『家人』之『睽』，多起於婦人，故《彖傳》先言『女』後言『男』。」愚按，本卦與睽反對，在睽卦九居「二」，而六居「五」，内外之位皆不正。此則六居「二」，故曰「女正位乎内」；九居「五」，故曰「男正位乎外」。「内外」二字，有不相侵越之意。論成卦之象，則取乎「女」；論正家之道，則重在「男」。剛柔之分明，倡隨之理得，上天下地之象，不過如此，故曰「男女正，天地之大義」也。「男女」只就卦畫説，不論卦體。一家之人，不外「父」、「子」、「兄」、「弟」、「夫」、「婦」，故下文詳及之。一説，本卦陰爻皆居陰位，故曰「女正位」，陽爻皆居陽位，故曰「男正位」。不論應與，以陰陽相比爲夫婦，「二」爲内卦之主，「三」居「二」上，則爲離女之夫，「四」爲外卦之主，「五」居「四」上，則爲巽女之夫。於義亦可通，但脱却「初」、「上」兩爻耳。

「嚴君」，《本義》云：「亦謂『二』、『五』。」胡雲峰曰：「在『男女』，則『九五』、『六二』皆正；在『父母』則『九二』之剛，可謂之『嚴』；『六二』之柔，未必能『嚴』。故夫子發《彖辭》言外之意。」龔汝修曰：「治國如家，稱『父母』焉。治家如國，稱『嚴君』焉。」趙汝楳曰：「『父』義『母』慈，何以並稱『嚴』？蓋母之不『嚴』，家之蠹也，瀆上下之分，庇子弟之過。父雖『嚴』，有不能盡察者，必父母俱『嚴』，然後内外各盡其道也。」愚按，「嚴」，非疾聲遽色之謂，「正」，即所以爲「嚴」。舍「正」以爲「嚴」，則「嗃嗃」矣。「上九」之不用「威」，而如有「威」，「嚴君」之義，正家之道也。

《本義》：「『上』父，『初』子，『五』、『三』夫，『四』、『二』婦，『五』兄『三』弟。以卦畫推之，又有此象。」胡雲峰曰：「齊家以正倫爲本，『上』父『初』子，則父子之倫正矣。『五』夫『四』婦，『三』夫『二』婦，『五』兄『三』弟，夫婦之上下分而夫婦正，兄弟之上下分而兄弟正矣。特父子之上下相去甚遠，故其分嚴。卦以『女正』爲『利』，故夫子發言外之意，謂男女皆當正也。」愚又按，一家之人以父母爲綱領，家道之正不正，視父母之嚴不嚴。正家而天下定，不是説效驗，謂化從近始也。正天下易，正家難，正婦女尤難。然則如之何？曰：正女以男，正男以身，正身以言行。

《象》曰：風自火出，家人。君子以言有物而行有恒。「行」，去聲。

《注疏》：「巽在離外，風從火出。火出之初，因風方熾。火既炎盛，還復生風。內外相成，有似家人之義。」愚按，「風自火出」，即《中庸》「知風之自」之義。君子觀此象，而知風化之本自家出，家之本自身出，近裏著己，只在言行不苟，父子兄弟足法耳。「有物」者，「言」之不虛；「有恒」者，「行」之不變。

初九，閑有家，悔亡。《象》曰：「閑有家」，志未變也。

胡庭芳曰：「能『閑』於『初』，僅可免『悔』。『初』之不『閑』，『悔』將若何？」愚按，《周禮·虎賁氏》：王「舍，則守王閑。」《注》：「梐枑也。」《説文》：「閑，闌也，門遮也。」多取分別內外之義。「初」以剛居剛則得正，離體則具先見之明。防「閑」在「初」，自無後來之「悔」。《象》申之曰「志未變」，以見一門之內，尊卑大小，未免人各異心，當於有家之初，及其「志未變」，立法預防，不至踰閑蕩檢，乃得「悔亡」。《顏氏家訓》云「教婦初來，教子嬰孩」是已。

六二，无攸遂，在中饋，貞吉。《象》曰：六二之吉，順以巽也。

《本義》：「柔順中正，女之正位乎內者。」愚按，自「二」至「四」，中爻互坎，「中饋」象。《周禮注》：「進食於尊者曰饋。」「在」者，不出其位也。「遂」者，自行其意也，即《公羊傳》「大夫無遂事」之義。古者，君婦之職，與於賓祭。《采蘋》之詩曰：「誰其尸之，有齊季女。」《斯干》之詩曰：「無非無儀，惟酒食是議。」舍「中饋」而外，婦無遂事矣，是謂之「貞吉」。「順以巽」，先儒多以爲事夫之道。愚又按，「家人」有「父子」，則有婦姑。兩陰爻，「二」在下，婦也。「四」在上，姑也。「四」入巽體，曰「順在位」。「二」之「順以巽」，婦承姑德也。《小象》兩「順」字相應。

九三，家人嗃嗃，悔厲，吉。婦子嘻嘻，終吝。《象》曰：「家人嗃嗃」，未失也。「婦子嘻嘻」，失家節也。

《本義》：「以剛居剛而不中，過乎剛者也，故有『嗃嗃』嚴厲之象。『嘻嘻』者，『嗃嗃』之反。」愚按，「嗃嗃」，《劉向傳》作「熇熇」。《説文》：「嗃，嚴酷貌。」「嘻」，《説文》作「歖」，「色喜也」。或者見其過嚴，「悔」而且「厲」，因矯之以寬，「嗃嗃」之象，變而爲「嘻嘻」。「嗃嗃」者，其初必以嚴爲苦。「嘻嘻」者，其初必以寬爲樂。要其終，一「吉」而一「吝」，可以得正家之道矣。《小象》一則曰「未失」，一則曰「失節」。以見恩威皆當酌劑，過嚴過寬，皆非也。然與其過於寬，而「失家節」，毋寧過於嚴者，猶爲「未失」也。上下兩層倒换説，其義更明。「節」者，品節也，立於「初」，則爲「閑」；劑於中，則爲「節」。「三」居内外之介，防其過也。若知和而和，不以禮「節」之，便是「失家節」。

六四，富家，大吉。《象》曰：「富家，大吉」，順在位也。

《本義》：「陽主義，陰主利，以陰居陰而在上位，能『富』其家者也。」愚按，「四」入巽體，爲近利市三倍，「富家」之象，陽實陰虛。凡《爻》之言「富」者，小畜「九五」，陽也。言「不富」者，泰「六四」、无妄「六二」，皆陰也。家人「六四」，何以取「富」象？謂其承乘皆陽，以虛受實也。「富家」與「家富」不同，「家富」者，享有成業；「富家」者，精於治生。陰性吝嗇，若專主聚斂，易賈怨招尤，「富」而「大吉」，必有道致此矣。既是巽體，又以柔居柔，故《象》曰「順在位」。「順」則能協内外之情，「在位」則各安耕織之業。《記》有之，父子篤，兄弟睦，夫婦和，家之肥也，「富家」之義，當如此。方獻夫曰：「父主教化，母主貨財。儀型表率，父道也；收藏樽節，母道也。故『五』曰『假家』，『四』曰『富家』。」

九五，王假有家，勿恤，吉。「假」，音「格」，下同。**《象》曰：「王假有家」，交相愛也。**

「假」，《本義》作「至」字解，謂：「王者以是至於其家，則勿用憂恤而『吉』可必矣。」愚竊謂，此《象傳》所云「正位乎外」者，「五」居君位，合天下爲一家者也。「假」與「格」，古字通用，有「感格」之義。刑於寡妻，至於兄弟，以御於家邦，使人人親其親，長其長，而天下平。方且與民同樂，何有於憂？中爻自「二」互「四」爲坎，有憂恤象。此爻出坎外，故「勿恤」而「吉」。「交相愛」，《本義》謂「夫愛其内助，婦愛其刑家」，只就一家説。愚又竊謂，王者之愛民如一家，天下群愛戴之如父母。不以分相接而以交相聯，父子欲其如君臣，此「家有嚴君」之義。君臣欲其如父子，此「王假有家」之義也。楊敬仲以「假」爲「大」義，又是一解。

上九，有孚，威如，終吉。《象》曰：「威如」之吉，反身之謂也。

愚按，「上」居家老之位，爲一門所信服敬畏者，故曰「有孚，威如」。「有孚」者，篤恩義也，所以聯屬一家之心。「威如」者，正倫理也，所以振作一家之氣。家道至「上」而成，故曰「終吉」。前五爻是家法，未及身教。故《小象》歸本於「反身」，所謂身修而後家齊也。《本義》：「九以剛居『上』，故言正家久遠之道。」張彦陵曰：「『三』曰『終吝』；『上』曰『終吉』，計及於所終，而後知治家者，不可苟安於目前。」唐凝庵曰：「家之本在身，家人之觀望最切，毫不可欺，『反身』而觀其所以『閑家』者，皆實有諸己，爲舉家所信，故曰『有孚』。」鄭孩如曰：「『威』從『孚』來，『孚』從『反身』來。『初』之有事於『閑』，『三』之不免於『悔』，未『孚』故也。曰『厲』則有之，相愛則未也。嚴於己曰『嚴』，人嚴之曰『威』，『威』與『厲』不同。『五』之『交相愛』者，交相『孚』也。不閑而『閑』，『威』在其中矣。『上九』之『終吉』，以『五』之道終之也。」

䷥兑下離上

睽：小事吉。

《本義》：「『睽』，乖異也。」邱行可曰：「『小事吉』，柔爲卦主也。」程沙隨曰：「水火相逮，山澤通氣，而『火』『澤』無相用之理，故相遇則『革』，不相遇則『睽』。」愚竊謂，睽之卦義，本非美名，故全卦取「合睽」爲義，亦猶蠱卦取「治蠱」也。中女少女，上下皆柔，合睽之主又柔，故僅可「小事吉」，悦累之也。其始易悦者，其繼必「睽」。賴「二」「五」、「三」「上」相應，且得不「睽」爲「吉」耳，烏能濟大事哉！《説文》：「睽，目不相視。」字从目，目主見，故《爻辭》多取見象。

《彖》曰：睽，火動而上，澤動而下。二女同居，其志不同行。説而麗乎明，柔進而上行，得中而應乎剛，是以「小事吉」。天地睽而其事同也，男女睽而其志通也，萬物睽而其事類也。睽之時用大矣哉！

趙汝楳曰：「『火』『澤』之『睽』，因乎『動』。『二女』之『睽』，見於『行』。」愚按，「火動而上，澤動而下」，物性本然之「睽」也。中女配坎，少女配艮，人情必然之「睽」也。夫人情或交相好，或交相惡，恩怨皆可爲用。惟「同居」而「異志」，外若不相礙，中實不相謀者，乃真正乖離之象。「二女」「志不同行」，只「同居」之日便然，不待女子有「行」，方爲「睽」也。

吴因之曰：「睽之一卦，聖人非言『睽』，乃善言合也。」愚竊從《彖》、《爻》統論之，「動」而相「睽」者，卦體也。「睽」而必合者，卦德也。兑悦之「麗」離「明」，是合「睽」也。「柔進而上行」，是合「睽」也。「得中而應乎剛」，是合「睽」也。「睽」而不合，天地萬物幾乎息矣。所以《卦》、《彖》言「小事吉」。而夫子特贊其「時用之大」。天高地下，其象則「睽」，而化育之「事同」；男外女内，其位則「睽」，而交感之「志通」；萬物散殊，其群則「睽」，而聲氣之求，其事相「類」。兩者之合，原於兩者之「睽」。處「睽」之時，合「睽」之用，推之六爻，無一凶象。「初」與「四」合，曰「見」曰「遇」；「二」與「五」合，曰「遇」曰「往」；「三」與「上」合，亦曰「見」曰「遇」，皆因「睽」而得合者也。

本卦與家人反對，家人下卦之「六二」，來爲睽上卦之「六五」，故曰「柔進而上行」。得「五」之中，而下應「九二」，故曰「得中而應乎剛」。卦體昭然，只是反對之象，亦不必作卦變。《本義》以卦變言，雜引離、中孚、家人三卦，其説與隨、蠱略同，愚於前卦辨之詳矣。

《象》曰：上火下澤，睽。君子以同而異。

離、兑二陰，同分坤體，而炎上潤下，其性異趨。先儒謂「君子以同而異」，於「同」之中審其「異」也。愚按，《大象》不曰「以異而同」，而曰「以同而異」。大凡處「睽」，貴乎合，然必得其所以爲「同」者，而後可「合」。如以「異」爲「異」，終於「睽」而已。楊誠齋曰：「禹、顔同道而異趨，夷、惠同聖而異行，未足爲同之異也。孔子於齊、魯之去，異遲速；孟子於今昔之饋，異辭受，此同而異也。乃一人自爲『火澤』矣。君子何必好『同』而惡『異』哉！」張待軒曰：「『同』一君臣父子，而忠孝『異』；『同』一飲食男女，而貪廉『異』。所謂堯舜與人『同』，而堯舜與人『異』也。」

初九，悔亡。喪馬，勿逐自復。見惡人，无咎。《象》曰：「見惡人」，以辟咎也。

《本義》謂「『上』無正應，故有『悔』。而居『睽』之時，同德相應，故『悔亡』」。又云：「見惡人可以『辟咎』，如孔子之於陽貨。」愚竊謂，「初九」以剛德居兑體，剛則動而正，兑則悦而和。與「四」敵應而不立異，所以「悔亡」。中爻互坎，馬象，即指「四」。在外卦，「喪馬」象，「惡人」亦指「四」。「喪馬」而「勿逐」，去者不追也。待其「自復」而見之，來者不拒也。此「初」之善於馭「四」處。「惡人」非小人之謂，乃與我不相好者。人情於我不相好者，謂之交惡，往往拒絶而不「見」，所以終「睽」，一「見」，則「睽」情釋矣。「初」泯同異之跡，忘「四」之爲「惡人」，「四」遂以「初」爲「元夫」，卒成「交孚」之好。

「辟咎」者，辟「九四」之「見咎」也。「初」能「辟咎」，「四」因而「无咎」，不以避爲避，而以見爲避。合「異」爲「同」之妙用如此，此聖人合「初」、「四」之「睽」也。先儒多看「惡人」爲「小人」，把「九四」太説壞了，與「合睽」之義有礙。若是真正小人，君子豈肯與之合「異」爲「同」哉？

張幼于曰：「《彖傳》言『睽』，物性之定分；六爻言『睽』，物我之相嫌。」愚又按，内卦三爻在下則「睽」，上行則合；外卦三爻在上則「睽」，下行則合。

九二，遇主于巷，无咎。《象》曰：「遇主于巷」，未失道也。

《本義》：「『二』『五』正應，居睽之時，乖戾不合，必委曲相求而得會遇，乃爲『无咎』。」愚竊按，《爻》、《象辭》未嘗有乖戾不合之象，「二」與「五」正應，故曰「主」。但「二」以剛居柔，「五」以柔居剛，皆失正位，故爲「遇主于巷」之象。「初」、「四」、「三」、「上」皆睽中之睽，惟「二」「五」爲睽中之合。「巷」者，委曲之途，與《坎·四》「納約自牖」同。當「睽」之時，彼此皆失正位，必委曲相求，乃可「无咎」也。《小象》恐人疑其詭遇，故申之曰「未失道」，言跡雖涉於委曲，而彼此相應，仍不詭於正道，此聖人合「二」「五」之睽也。

六三，見輿曳，其牛掣，其人天且劓，无初有終。《象》曰：「見輿曳」，位不當

也。「无初有終」，遇剛也。

《黄氏日抄》云：「『六三』居二陽之間，與『上九』應，故古注與晦庵皆以『見輿曳』爲『二』牽於後，以『其牛掣』爲『四』阻於前，以『人天且劓』爲『上九』猜狠而重加之刑。惟《程傳》并歸『九四』，而不及『上』之正應。」愚竊按，「六三」《爻》、《象》俱從「上九」「疑」字生出。因「疑」而生「見」，其象如此，皆妄見也。「三」與「上」本正應，而下與「二」比，上爲「四」所乘，爻柔位剛，不中不正，所居乃疑地，故來正應之疑。中爻互坎，「輿」象「曳」象，互離，牛象。其人即「六三」。《孔疏》：「剠額爲『天』。」《程傳》云：「髡首也。」《本義》以爲去須之刑。「劓」，割去鼻也。總是面目可憎之狀。《爻辭》大意，言車前有牛，「六三」在車中，爲二陽所制，「曳」其「輿」、「掣」其「牛」者，「二」與「四」也。「見」之者，「上九」也。「上」初疑「三」與「二」「四」兩陽合，故生種種妄見，所謂「无初」也。幸而「上」是離體，識見高明，久之，則「三」之心跡明，終與「上」合，所以「有終」。《小象》言「位不當」，推原妄見之由，以兑非三之正位也。言「遇剛」，發明「有終」之義。以「三」與「上」本正應也。張彦陵曰：「大凡剛的人，性最躁急，稍見形跡可疑，便不惜情面。然實無他腸，心跡一明，涣然冰釋。此聖人合『三』『上』之睽也。」

九四，睽孤，遇元夫，交孚，厲，无咎。《象》曰：「交孚」「无咎」，志行也。

《説統》曰："『初』、『四』之德，敵而致『孤』；『初』、『四』之位，應而有『遇』。合看兩爻曰『睽』，單論一爻曰『孤』。『遇』字與『睽』字相對。"愚又謂，"四"處二陰之間，陰偶而陽奇，"孤"象。卦體四陽，分居内外。"初""二"不云"睽孤"者，兑爲悦體，不立異也。"四"爻離體，未免好用聰明，其勢孤矣。"元夫"，指"初"，"四"與"初"本不相應，"初"以"四"爲"惡人"，"四"則以"初"爲"元夫"者，居二陰之間，勢孤而獨立，不可以無輔。遇同德之"初九"，與之"交孚"，則雖"厲"，而"无咎"。"厲"者，危其心以固其交也。《象》申之以"志行"，可見中少之志不同，而未嘗不通於男女，"交孚""无咎"，則"睽"者合，"孤"者有朋矣。

六五，悔亡。厥宗噬膚，往何咎？《象》曰："厥宗噬膚"，往有慶也。

《本義》："以陰居陽，『悔』也。居中得應，故能『亡』之。"愚又按，"五"爲卦主，與"二"本正應，所謂"柔進而上行，得中而應乎剛"者也。柔中則爲文明之主，應剛則非偏係之私。此而有"悔"，以"九四"一剛間之也。"四"既與"初""交孚"，則無復有間之者，亦如噬嗑之"去間"矣，故"悔亡"。"初"與"五"並言"悔亡"，"初"之"悔"以無應，"五"之"悔"以有應；"初"之"悔"以人之同德而"亡"，"五"之"悔"以己之得中而"亡"。"二"以"五"爲主，尊之也；"五"以"二"爲宗，親之也。"二"方委曲求遇，得

「五」之「往」，其合如「噬膚」之易，「何咎」之有？勸「五」往從「二」也，《爻》止云「何咎」，《象》許以「有慶」者，求賢而得賢，君臣相合，人情可以大同，非來章之慶譽乎？凡《爻》「上行」者，謂之「往」，此則以下行爲「往」，「澤動」而在「下」也。

上九，睽孤。見豕負塗，載鬼一車。先張之弧，後説之弧。匪寇，婚媾，往，遇雨則吉。《象》曰：「遇雨」之吉，群疑亡也。「説」與「脱」，音義同。

《本義》：「以剛處明極、睽極之地，又猜狠而乖離也。」愚按，「上九」之「睽孤」，與「九四」同，而義不同。「四」即指本爻，「上」則指「六三」，兩爻當合看。「三」居二陽之間，自「上」視之，爲「孤」象，中爻互坎，「豕」象。坎爲弓輪，離爲戈兵，皆「弧」象。「上」以剛居離上，過察、過疑者也。「三」本其正應，而妄見横生，始則詆以爲寇，乘車服牛者，猶是人也。疑之不已，復生變相，忽而「見豕負塗」，則人變爲畜矣。忽而「載鬼一車」，人又變爲鬼矣。「先張之弧」，以爲有鬼，而欲射之也。「後脱之弧」，則并鬼車而無之。然後妄見消，而群疑頓釋。不但「匪寇」也，且「婚媾」也。迨「往」而與「三」相「遇」，見「三」之真面目，從前之「睽」合矣，故曰「吉」。下卦兑澤，「往」而相「遇」，則陰陽和，雨之象也。聖人從既遇之後，摹寫未遇之前，窮形極相，以解人心之蔽見。「上」與「三」之始「睽」終合如此，全虧夫子道破一個「疑」字。兩爻奇奇怪怪之象，劃然以解。朱子有云：「孔子不説象，如『見豕』等類，説『群疑亡』，便見得上面許多，皆是狐惑可疑之事而已。」《困學記》曰：「曰『群疑』，不特謂『上』與『三』，并『四』與『初』，『二』與『五』之『疑』皆『亡』。一『疑』，則無所不疑；一『亡』，則無所不『亡』。一『睽』則無所不『睽』，一合則無所不合。故諸《爻》止云『无咎』，『上』獨言『吉』。」

薛畏齋曰：「理本無疑，心疑則萬境參差，心和則物我一體。『睽』，乃人自爲之。『三』『有終』，柔遇剛也。『上』『遇雨』，剛遇柔也。」唐凝庵曰：「凡『睽』皆起於陰，『遇』皆先於陽。『初』、『四』兩剛，則『孤』於失位，而得於得位。故『二』、『五』、『三』、『上』僅稱相『遇』，而兩陽遂至『交孚』。『三』、『上』失位而難合，『二』、『五』得中而易合。大抵《易》之道，貴陽貴中也。夫睽違之世，雖得其主，猶未遽應，雖遇其配，猶未遽合。況非其主與配乎？」

錢國端曰：「家人中有坎，其爻位正。『初』得之而爲『閑』，如水有防，盡成上下交流之『愛』。睽中有坎，其爻位不正，『上』非化之而爲雨，如雲蔽日，盡成上下間隔之『疑』。家人之離，必起於婦人；睽之合，必上有明主。家『上』而無『反身』之令儀，無以必之於子婦；睽『初』而棄同德之『惡人』，何能得之於友朋？此二卦互發之義。」

䷦艮下坎上

蹇：利西南，不利東北。利見大人，貞吉。

《本義》：「『蹇』，難也。足不能進，行之難也。」愚按，《説文》：「蹇，跛也。」字从足，是艱於步履之義。卦體艮下坎上，本以險得名，所重却在内卦。見險不是「蹇」，見險而止方是「蹇」。八卦方位，坎居北，艮居東北。論卦體，只有東北，無西南，西南乃坤位也。「九五」一爻，變而成坎，濟險仍用坤道，故曰「利西南」。此在「東北」而思「西南」之「利」，總言天下之大勢，猶云地利云爾。卦無坤，而言坤之「利」者，蓋艮其所以「蹇」也，坤則「蹇」之所由濟也。蘇氏《易傳》曰：「坎、艮合體爲『蹇』，則難在『東北』矣。『西南』，其無難之地乎？『利西南』，從『不利東北』對看。此『不利』則彼便利矣。」此解較諸家之説最爲明快。《困學記》曰：「聖人作《易》，因人情而歸大道，當『蹇』之時，人思避難，有東西南北之意，當決擇其利不利而從事，則可以出險而成功。故於此指其所之，而避其所忌，曰『西南』則『利』，『東北』則『不利』。所以者，何也？艮爲山，險阻之地也。坤爲地，平易之鄉也。」其説亦從蘇氏得來。若依《本義》，主變卦，則本卦只是坎、艮，小過亦是震、艮，中間初無坤體，於《卦辭》似難合矣。「大人」指

「九五」，以剛中正應二柔中正，所謂「利見」而「貞吉」也。

《彖》曰：蹇，難也，險在前也。見險而能止，知去聲。**矣哉！「蹇利西南」，往得中也。「不利東北」，其道窮也。「利見大人」，往有功也。當位「貞吉」，以正邦也。蹇之時用大矣哉！**

鄭孩如曰：「以文王《卦圖》觀之，順序而往，由艮而震，而巽，而離，以至於坤，則『險』在後。惟艮轉身遇坎，故『險在前』。能上而往西南，則可以出險。故贊其『知』。」愚又按，本卦上下互易爲蒙，同一「止」象。蒙「險」在内，而「止」乎外。蹇「止」於内，而「險在前」。彼曰「蒙」，而此稱「知」。以其「見險而能止」也。「能」字重看，「能止」者，「九三」也。中爻互離，又有「知止」之道焉。「知止」者，方能「止」也。卦名取「止」義，《彖傳》乃取「往」爲義，「能止」者方能「往」也，故曰「往得中」。「中」者，「九五」也。陽剛中正，居濟險之位，所以「利西南」。「其道窮」，指「九三」。「三」爲艮主，「止」而不「往」，則常陷險下。出險之道，至此而窮，所以「不利東北」。惟「往」則「有功」，而可以出險。所以「利見」「九五」之「大人」。諸爻除「初」位，餘皆得當，正位所以「貞吉」。「三」當艮位，「五」當坎位，皆剛而得正，故可以「正邦」，此「蹇之時用」所以「大」也。

程氏《紀》曰：「『見險而止』爲『知』，而六爻皆言『往蹇』，見其但可來，不可『往』也。

然卦復言『利西南』，『利見大人』，又若必有所『往』者，何也？蓋『往』而有險，不可『往』也。『往而得中』，『往而有功』，豈不可『往』耶？」愚又謂，蹇之「時」，全視乎「用」，須從「貞吉」中來。「貞」所以善。其「往」，即所以善其用。「往得中」、「有功」、「正邦」，正其「用」之「大」處。

愚按，本卦與解反對，「往得中」，謂解下卦之坎，往而爲蹇上卦之坎，而剛「得中」，不必言卦變也。《本義》因《傳》有「往」字，故謂卦自小過來，陽進則「往」居「五」而「得中」。但「四」、「五」兩爻，同在外卦，何以云「往」？即欲以卦變言，不如云自明夷來，「初」往居「五」。又不如云自升來，「二」往居「五」。亦皆「得中」者也。又按，六爻言「往」即言「來」，《彖傳》但云「往」，「來」者「往」之對，「往來」之義與「行止」同。「蹇」者不良於行，非不行也。天下疾行者不必皆通，徐行者未必終窒，故「蹇」以「往」爲「有功」。

《象》曰：山上有水，蹇。君子以反身修德。

朱子答：「或人問，有云『山上有水』，則猶可進步。但曲折艱難，故教以『反身修德』。」愚竊謂，卦體水上山下，乃山阻水之下流，而不能通行，似非「山上之水」。卦之名，以艮遇坎，故「蹇」。「反身」者，背坎便遇震，漸向「西南」，即出險之路。「反身」猶

云「轉身」也。《大象》所云「反」，即《爻辭》所云「來」，俱從出險得義。天下惟知自

「反」者，乃能自「修」，即《孟子》所謂「反知，反禮，反仁，行有不得，反求諸己也」。「反身」取艮上之背，「修德」取坎中之心，皆以陽爻爲主。

初六，往蹇，來譽。《象》曰：「往蹇，來譽」，宜待也。

《本義》：「『往』遇險，『來』得譽。」愚竊據此詳釋之。「初」去險雖遠，「往」則遇險，與「四」敵應，本無所謂「來」，特以不「往」爲「來」耳。有「譽」即《彖傳》所云「知矣哉」之語。時當有待，見險即止，故以「譽」歸之。《小象》「宜」字，有斟酌盡善之意。大凡處「蹇」難之際，率情徑行，多遭陷害，要以靜俟爲第一義。《彖傳》論出險之道，則貴「往」，六爻論處「蹇」之道，則貴「來」。「往」與「來」，跡似相反，機實相成。非謂「往」則必「蹇」而竟不「往」，乃待時而「往」也。

六二，王臣蹇蹇，匪躬之故。《象》曰：「王臣蹇蹇」，終无尤也。

《本義》：「柔順中正，正應在上，而在險中，故『蹇』而又『蹇』，以求濟，非以其身之故也。」愚又按，六爻惟「二」不言「往來」，蓋外卦一坎，諸爻所同，而自「二」推之，上應「九五」，中爻又互坎體，是以君之「蹇」爲「蹇」者，獨爲「蹇蹇」之象。「王」，「五」也。「臣」，「二」也。身處臣位，王事敦我，投艱任重，此時著不得一點計校之心，所以不言

「往來」。「二」，艮體，有不獲其身之象。鞠躬盡瘁，莫非王事，所謂「匪躬之故」也。「終无尤」直指「王臣」之心，所謂不以「往來」二其心也。若依舊注，嘉其志而恕其才，事雖不濟，亦無可尤，則作旁觀評論解矣。

九三，往蹇，來反。《象》曰：「往蹇，來反」，内喜之也。

《本義》：「反就二陰，得其所安。」竊據此解，詳釋之。「往」者爲外，「反」者爲内。「三」以剛居剛，遇險而止，爲卦中主爻。近與「四」比，不「往」外從「四」，而「來」就同體之二陰，反而向内之象。在「三」爲「反」，自「初」、「二」視之，則爲「來」。「初」、「二」才柔在下，未能出險。得「三」之「來」，而喜可知，故曰「内喜之」也。一説，「三」以陽剛之才，協「二」之忠，連「四」應「上」致「初」諸朋，以備「五」之「蹇」，則可以「反」危爲安矣。「蹇」一反成解，如此解「反」字亦好，但與《小象》詞意不甚融洽。

六四，往蹇，來連。《象》曰：「往蹇，來連」，當位實也。

《程傳》謂「與在下之衆相連合」，《本義》謂「『連』於『九三』，合力以濟」。愚按，「連」即「拔茅以彙」之義。「三」之才，陽剛足以濟「蹇」，而與「五」非比非應，得「四」之「來連」，乃可與下二爻共往輔「五」，以成「朋來」之象。鄒汝光曰：「『連』桓公管仲之交者，鮑叔也。『連』簡公子產之交者，子皮也。其『六四』之謂歟？」愚又按，「四」以陰居陰，曰「當位」。陰虚陽實，「實」字似當指「九三」，「四」之「連」，「三」虚能受「實」也。一説，「九三」以陽居陽位，得其「當」，而「實」有濟「蹇」之才，正明所以宜「連」之故，其義亦通。

九五，大蹇，朋來。《象》曰：「大蹇，朋來」，以中節也。

《本義》：「『大蹇』者，非常之蹇也。『九五』有剛健中正之德，必有『朋來』而助之者。」愚又按，「蹇」者，人之所避，曰「大蹇」，則事關天下，弘濟時艱，非大有爲之君，誰能任之？「九五」居中得正，無所爲往，但當「大蹇」之世，不可無「朋來」之功。卦體内外五爻，「朋來」之象。「初」之「宜待」，待「三」也。「三」之「來反」，就「初」、「二」也。「二」與「五」應，就「二」所以就「五」。「四」之「來連」，「上」之「來碩」，就「三」也。「三」與「五」同德，就「三」所以就「五」，合衆君子之「朋」，爲一大「朋」，不必言濟蹇，而「大蹇」之濟，可知矣！所謂「利見大人」者，此爻也。又按，此爻未變，原是坤體，「五」之「朋來」，即坤之「西南得朋」。《小象》「中節」，「中」字，不應作去聲讀。「五」剛正得中，文武張弛，動合機宜，能定天下之大難，以「中」爲「節」者也。鄭剛中曰：「『以中節』者，群策畢舉，非陽剛中正之『大人』，誰能『節』之？酌其才品，謂之節取，裁其機宜，謂之節制。」

上六，往蹇，來碩，吉，利見大人。《象》曰：「往蹇，來碩」，志在内也。「利見大人」，以從貴也。

「上」本無所「往」，猶「初六」之「來」，以不往爲「來」。此則以不來爲「往」，與「三」正應。「來碩」，似當指「九三」。《詩》所稱「碩人」是也。「三」有剛實之才，與「初」同體，與「二」、「四」相比。「三」來，則衆陰皆「來」矣。諸爻無占辭，不言「利見大人」，獨於「上」言之者，時已出「蹇」之時矣。《小象》「志在内」，似亦當指「九三」。就外卦言，故曰「内」。若依舊注，「來」就「九五」，則志在外卦，不在内卦矣。「大人」、「五」也。「利見」者，「上」也。陰陽相比，故曰「從貴」。玩「以」字可見。項平甫曰：「『志内』所以尚賢，『從貴』所以明分。若以『内』、『貴』二字，並指『九五』，則同此一爻，似不必分作兩邊説。」

䷧坎下震上

解：利西南。无所往，其來復吉。有攸往，夙吉。

《本義》：「『解』，難之散也。難既解，利於平易安静，不欲久爲煩擾。『西南』，平易之地也。」《卦辭》大意如此。按，本卦與蹇反對，解之「西南」，即蹇之「西南」。先儒或謂蹇有艮，故「利西南，不利東北」。解則艮變震，故但言「利西南」，不復言「東北」。愚又謂，解與屯互易，中爻亦有坤象。「西南」，坤位，在蹇爲「利往」之方，在解則爲休息之地。坎在下，無逆流之理，故曰「无所往」，與下「有攸往」相對。《黄氏日抄》曰：「古注云，无難可解則『來復』，有難而『往』則以夙爲『吉』。蓋兩開其端也。《程傳》乃云：『其始未暇有爲，既安定，則爲可久之治。』晦庵非之，蓋或爲或不爲，惟其當而已。合從古注。」今按，「來復」，當指「九二」。謂蹇之「九五」，來居於「二」，而陽復於下卦也。難雖解，或恐有意外之事，故既曰「无所往」，又曰「有攸往」。「攸往」似指「九四」，謂蹇之「九三」，本艮止不動，今往居「四」，而爲震也，「復」則俟其「來」而「吉」，「往」則利於「夙」而「吉」者，謂無事則宜緩待，有事又宜速往也。總是發明「利西南」之義。

愚又按，「往來」二字，原從反對卦出，似不必説卦變。《本義》謂：「自升來，『三』往居『四』，入於坤體，『二』居其所而又得中。」據朱子之説觀之，「三」往居「四」，互易者，「三」、「四」兩爻，於「二」無涉。「二」居其所，固未嘗變也。必欲作卦變看，又不若謂解自萃來，以「二」、「五」互换，於來得中之義，似爲明白。餘詳升卦下。

《彖》曰：解，險以動，動而免乎險，解。「解利西南」，往得衆也。「其來復吉」，乃得中也。「有攸往，夙吉」，往有功也。天地解而雷雨作，雷雨作而百

果草木皆甲拆。一作「坼」。解之時大矣哉！

《程傳》：「坎『險』，震『動』，不險則非難，不動則不能出難。」李隆山曰：「以畫觀之，四陰二陽，坎『險』在前，爲蹇；四陰二陽，坎『險』已通，爲解。解者，蹇之反也。以卦觀之，坎上震下爲屯，坎下震上爲解。解者，屯之反也。蹇止乎險下，不若屯動乎險中。屯動乎險中，又不若解動乎險外。」愚按，坎居下卦者，凡七。本卦與蹇反對，解之坎「險」在內，震「動」在外，「二」居中而不動，用「四」之「動」，以免乎「險」，此卦之所以立名也。在蹇謂之「得中」，在解謂之「得衆」。古注以「西南」爲「衆」，《程傳》以「西南」爲坤體，今兼二解而會通之。震上二爻皆坤土，坤爲衆，「得衆」之象也。「二」之「得中」，與訟卦「剛來而得中」同。蹇一陽往上，解一陽來下，皆以陽爻爲主也。「往有功」，即上文往「得衆」之義。但「四」已入震體，爲出險之主，「往」則「夙吉」，一切除奸去暴，當如雷之迅發，方可奏功也。《本義》以「得衆」屬「九四」，以「得中」「有功」皆指「九二」，竊恐未安。以上釋《彖》之義已盡，下復推言解道之大。天地之慘舒，時也。時未至，不得不斂；時至，不得不解。「雨」自天施，「雷」自地發。「雷雨」交「作」，氣之「解」也。「百果草木甲拆」，形之「解」也。「甲拆」二字不平，勾萌爲「甲」，開展爲「拆」。直到「甲拆」時，然後萬物皆相見。「甲拆」，總是一個震。合乾之木果，震之果蓏，震、巽之木而共成其爲解，「解之時」，豈不「大矣哉」！但言「時」而不言「用」者，解之用已顯於時行物生之中矣。趙汝楳曰：「離言『百穀』，此言『百果』者，四陽之月，百穀皆未萌芽也。」張中溪曰：「剥之『碩果不食』，藏天地生物之仁也。解之『百果草木皆甲拆』，發天地生物之仁也。」

《象》曰：雷雨作，解。君子以赦過宥罪。

《程傳》於「赦」「宥」二字，分别輕重説。張中溪曰：「『雷』者，天之威；『雨』者，天之澤。威中有澤，刑獄中有『赦宥』也。」洪覺山曰：「『赦』者釋之也，『宥』則寬之而已。」愚竊按，「雲雷屯」，雲之未成雨者，「雷雨作」，則既雨矣。以草木驗之，屯時根荄尚在地中，解時勾萌已出地上，乃造化與物更新之會，勿論過罪，概從開釋，乃是君子體天地之仁，而行春令時也。《周禮》司刺掌赦宥之法，必經「三赦三宥」，然後寘刑，即《尚書》「宥過無大，罪疑惟輕」之意。

初六，无咎。《象》曰：剛柔之際，義无咎也。

「初」陰柔，居坎下，何以云「无咎」？因與「四」應，「四」動而出險，「初」無所爲，惟「四」是從，事得其宜，所以「无咎」。《小象》推原「无咎」之「義」，歸諸「剛柔之際」。蓋人情當初「解」之時，往往彼此不交，今柔得剛之應，而兩相交際，於義斷之，自當「无咎」也。雖是「剛柔相際」，要重柔得「際」乎剛一邊，方合夫子語意。一說，「剛」謂「二」，「柔」謂「初」，與坎卦「剛柔際」之義同。從近比言，亦得。

九二，田獲三狐，得黄矢，貞吉。《象》曰：九二，「貞吉」，得中道也。

《程傳》：「『九二』以陽剛得中，『上』應『六五』，用於時者也。必須能去小人，則可以正君心而行剛中之道。」先儒亦多以解爲「去小人」之卦。愚按，《荀九家》：「坎爲狐，中爻互離，離位居『三』，『三狐』之象。『狐』者，妖媚之獸。坎爲戈兵、矢之象，『田』者，力而取之也。『二』，剛而得中。『黄』者，中色。『矢』者，直物。君子之象也。『上』應『六五』，操舉錯之權，有『獲狐得矢』之象。近與『三』比，『三狐』專指『六三』一爻，負乘之小人也。」《爻辭》雖未説破君子小人，而其象已具。「二」之「獲狐」，與「四」「解拇」、「上」「獲隼」，同爲去小人之爻。小人之變態多端，以其媚惑，則謂之「狐」；以其卑賤，則謂之「拇」；以其陰鷙，則謂之「隼」耳。《孔疏》云：「凡物不『獲』則兩失，『獲』則兩得。『矢』所以射『狐』，『狐』『獲』則『黄矢』亦反矣，故『貞吉』。」愚按，「二」以剛居柔，本中而不正。《爻辭》曰「貞吉」，《象》不言「貞」，而但云「得中道」，可見君子之去小人，亦不在太過，只是虚中能照，使其善惡自無遁形。所謂「無偏無黨，王道蕩蕩」是已。《本義》於此爻取象，既云「未詳」，復云：「卦凡四陰，除『六五』君位，餘三爻，即『三狐』。」則「初」「上」兩爻，皆小人矣。細玩《爻辭》，似難盡合。胡雲峰曰：「『二』欲其『獲狐』，『四』欲其『解拇』，『上』欲其『射隼』，『三』則直指其爲小人，『五』則直欲其『退小人』。一卦六爻，而去『小人』者居其五。」得其義矣。

六三，負且乘，致寇至，貞吝。《象》曰：「負且乘」，亦可醜也。自我致戎，又誰咎也？

此卦中之小人也。先儒謂「蹇難」之時，君子小人雜進，難既解矣，過可赦，罪可宥，小人必不可不去。「負且乘」，非言其既「負」而且「乘」，是言其當「負」而且「乘」，爲僭竊之象。愚又謂，「六三」以陰險之才，踞坎之上，在二陽之間，上既負「四」，下且乘「二」，居之不疑，爲有識者所鄙。雖「貞」亦「吝」，況不正乎？「二」「四」與「上」皆欲去「三」者，賴「五」爲解主，卒能退小人。脱不幸，上無明君，如熙、豐、紹聖之朝，合衆賢之力，攻王、蔡而不能去。「寇」其如「負乘」者何？《象》詆之曰「可醜」。説「可醜」，便有「致戎」意。「誰咎」上著一「又」字，見得「咎」自己致，於人何尤？聖人之惡小人，如此。

九四，解而拇，朋至斯孚。《象》曰：「解而拇」，未當位也。

程、朱皆以「拇」指「初」。愚按，王輔嗣曰：「『四』失位而比於『三』，故『三』得附之，爲其『拇』。」李鼎祚亦曰：「『四』爻震體，震爲足，『拇』居足下，猶『三』居震下，奔走趨附之象。」今從之。「拇」當指「三」，而「未當」指「四」，而「拇」者，見「三」爲「四」所親也，故爲告「四」之辭，曰必「解」去汝之「拇」，而後「朋」之「至」，「斯」相「孚」信。「拇」不「解」，未有相信者也。「二」與「四」同德，故稱「朋」。自「初」至「五」，位皆不當，《小象》獨於「四」指出「未當位」三字，蓋以「四」爲震主，恐其有私暱「六三」之意，故特深儆之。若以「拇」指「初爻」，剛柔正應，似非「解去」之義。

六五，君子維有解，吉。有孚于小人。《象》曰：君子有解，小人退也。

古注云，「以君子之道解難，小人猶知服而無怨」。程、朱皆謂「君子之解，以小人之退爲驗」。愚按，「君子」、「小人」，於「六五」發之。「五」柔中，與「二」正應，又近與「四」比，得二陽之力，有進君子、退小人之象。此時「狐」已「獲」矣，「拇」已「解」矣，大度之君，更不用他術，惟有一意蕩滌，與之冰消霧釋，同游赦過宥罪之天。不獨「君子」「朋至斯孚」而「吉」，抑且「有孚于小人」矣。「四」、「五」爻兩「孚」字相應，蓋「小人」向來止知結黨結仇，今見朝廷寬大若此，彼將爽然自失，不惟斂其跡，而有以服其心。然則「小人」之「退」，非「君子」退之，乃「小人」自「退」也。一説，「維」字作防維之義。「小人」反噬之禍，卒至不可解者，皆由君子之不解者先之，故必自「解」其「維」，乃可以

「孚小人」。又一說，「君子維有解，吉」，言解之「吉」者，「維」用「君子」一事而已，兼存以備考。

上六，公用射隼于高墉之上，獲之，无不利。《象》曰：「公用射隼」，以解悖也。

愚按，「射隼」有兩解。有以「三」言而「上」射之者，有即以「上」言者，今以「上」射「六三」爲正解。「公」，「上六」也。「隼」指「六三」，與「上」敵應，不相與。「三」之所云「致戎」者，「上」亦其一。中爻自「二」至「四」互離，爲戈兵受射之象。不是謂「隼」集「高墉」，謂「公」在「高墉」之上，俯而「射隼」，有居高必獲之勢，所以「无不利」。「三」負陰險之才，當險難既除時，又將發天下之大難，故《小象》斥之以「悖」。「悖」者，大逆之罪名也。計其竊位擅權，已非一日，至此則悖逆之跡，昭然難掩。「射」而「獲」之，乃可「解悖」。《繫傳》所謂「藏器於身，待時而動，何不利之有」也。不然，一擊不勝，「小人」之爲害於「君子」，可勝言哉！漢之竇武、何進，唐之李訓、鄭注，可鑒也。諸爻惟「六三」爲「小人」之尤，亦可醜也，猶未見其爲惡，以「解悖」也，其惡著矣。「以」字重看，有與衆共棄之義，勿謂赦過宥罪與除逆去奸，有二道也。

易學典籍選刊

周易玩辭集解

下

〔清〕查慎行 撰
范道濟 點校

中華書局

周易玩辭集解卷第六

海寧後學查慎行

䷨兑下艮上

損：有孚，元吉，无咎，可貞，利有攸往。曷之用？二簋可用享。

《本義》謂「損兑澤之深，益艮山之高。『損下益上』，剥民奉君之象，所以爲『損』。」愚竊按，内卦本乾，外卦本坤，損乾之「三」，益坤之「上」，以陽之有餘，補陰之不足，「損」亦時爲之也。所以不損「初」、「二」，而損「三」者，陽之數至三則已盈，「損」者，殺其盈也。卦體六爻皆應，所以「有孚」。《彖》義只是「有孚」「二簋可用享」七字盡之，中間「元吉，无咎，可貞，利有攸往」十字，多從「有孚」中來。文王自爲問答，言「損」而「有孚」，將何所「用」之乎？可用「二簋」以「享」也。凡宴享之禮。八簋爲盛。四簋爲中。「二簋」其最簡者。即《左傳》「苟有明信，澗、溪、沼、沚之毛，蘋、蘩、薀、藻之菜，可羞於王公」之意。胡雲峰曰：「占辭之繁，自坤卦來，未有如此詳悉者。『損』，本拂人情之事，未必大『吉』，未必無過，未必可固守，未必可有『往』。惟『損』其所當損，於理可行，而人信之。其占乃如此耳。觀孔子於『有孚』上加一『而』字，其義昭然。」

《彖》曰：損，損下益上，其道上行。損而有孚，「元吉，无咎，可貞，利有攸往。曷之用？二簋可用享」。二簋應有時，損剛益柔有時。損益盈虛，與時偕行。

《本義》於《彖傳》專釋末句，似乎太略。愚竊據《程傳》及諸儒之説詳釋之。「損下益上」者，卦體也。「損」對「益」言，此「損」則彼「益」，故《彖傳》兼言之。專取以剛益柔，蓋剛可損，而柔不可損。故不以損上爲「損」，而以損下爲「損」。「損下益上，其道上行」，卦體本如此。以人事言，「損下」則下與上俱「損」，又有民貧君不獨富之義。《卦彖》發「損」之理，《彖傳》明「損」之用，所以揭過「元吉」等十字，專釋「曷之用」二句，謂「二簋」之簡，應用於「損」之時。又恐人泥於「二簋用享」一語，爲已盡「損」之道，故復就「時」之義，而推廣言之。以卦畫言，剛必至「三」乃「損」，柔必至「三」乃益，所謂「損剛益柔有時」也。以天下之理言之，不當「虛」之時而「益」，不當「盈」之時而「損」，皆非可常之道。所貴「損益盈虛」，與時偕行也。《彖傳》言「盈虛」者，惟剥、損二卦，消息盈虛，乃造化循環之理。《孔疏》云：「鳧足非短，鶴脛非長，何須『損』我以『益』人，虚此以盈彼？但時之所在，不能不爾。」陸君啓曰：「因『損』而知『盈』之必『虚』，聖人不能留其時之去，能爲不『盈』。因『益』而知『虚』之必『盈』，聖人不患其時之不來，患其欲速。」朱罍庵曰：「一卦有一卦之時，一爻有一爻之時。損不獨在『三』，益不獨在『上』，所謂『與時偕行』也。」

《象》曰：山下有澤，損。君子以懲忿窒欲。

同此少男少女，「山上有澤」，則氣通而成咸，「山下有澤」，則氣泄而成損。然澤氣下行，又有流惡疏穢之義。先儒多謂少男血氣方剛，忿起如山。少女柔順以悦，欲流如澤。不「損」則「忿」盈「欲」縱矣。「懲」之，「窒」之，道貴日「損」，君子之修德以之。愚又謂人性本善，如山之静，如澤之清。其「忿」也，有觸之者也。其「欲」也，有誘之者也，亦不出陰陽二類。陽惡莫如「忿」，以内卦言，「上六」下而成兑悦，則其「忿」消而不熾，所謂「懲」也。陰惡莫如「欲」，以外卦言，「九三」上而成艮止，則其「欲」遏而不流，所謂「窒」也。

初九，已事遄往，无咎，酌損之。「已」音「紀」，下同。**《象》曰：「已事遄往」，尚合志也。**

古注「已」讀作「以」，故以「已事」謂「止其事」，程、朱多從此解。《黄氏日抄》云：

「三說雖不同，而皆主於『初九』自『損』，以應『六四』。」惟來矣鮮曰：「『己』者，『我』也。」今從之。卦體六爻相應，内三爻皆「損」己以「益」人者也。「初」應「四」，以濟柔爲事。「四」有「疾」，「初」當往救，若視爲他人之事，未免遲回觀望矣。聖人親切告之曰，此非他人之事，而「己事」也。速「往」則「无咎」，遲則有「咎」矣。「酌損之」，就「遄往」中示以「損」之良方。救病如救火，固當「遄往」，用藥時或緩或急，又須細細商量，故曰「酌」。又如飲酒然，量其所受，隨器而止。乃「初」之所以益「四」也，「四」正欲「損」己之疾，以求助於「初」，得「初」之「遄往」，其志豈不相「合」？「初」曰「遄往」，「四」曰「使遄」，皆是宜急不宜緩之意，故云「尚合志」也。

九二，利貞，征凶。弗損，句。**益之。《象》曰：「九二，利貞」，中以爲志也。**

《程傳》：「『二』以剛中當損剛之時，以柔悅上應『六五』陰柔之君，則失其剛中之德矣。」故「利」於「貞」以自守，而戒其以「征」取「凶」。「弗損，益之」，分兩句讀。蘇氏《易傳》云：「天下固有不必『損』己而可以『益』人者，則其『益』爲無方是已。」《小象》「中以爲志」，《程傳》本「利貞」說來，謂「志存乎中，則自正矣」。愚竊謂，内三爻皆以益「上」爲「志」者，「初」之「遄往」，跡與心合者也。「二」之應「五」，獨心向之耳，故云「中以爲志」。守其剛中，乃所以益柔中，其跡不往，而心往也。「二」之益「五」如此。觀反對卦，損之「九二」，即益之「九五」，損之「六五」，即益之「六二」。此以「弗損」爲「益」，彼之受「益」，如獲「十朋之龜」。兩爻皆云「弗克違」，正可互相發明。

愚又按，兩卦之受「益」者，不在「九二」、「九五」，而在「六五」、「六二」，以柔中故也，亦有「謙受益」之義。

六三，三人行，則損一人。一人行，則得其友。《象》曰：「一人行」，三則疑也。

《程傳》謂「三陽同行，則損『九三』以益『上』；三陰同行，則損『上六』以益『三』」。《本義》謂「下卦本乾，而損上爻以益坤。一陽上而一陰下，『一人行』而『得其友』也」。來矣鮮謂「益下卦三爻，居於損上三爻。『三人行』，『六三』上行而居『四』也。『損一人』，損『六三』也」。諸説各不同。愚竊謂卦以損下得名，「三人行」，似當兼指内三爻。「損一人」、「一人行」，似皆指「六三」一爻。「得其友」者，謂「上」與「三」應也。天地間，陰陽對待，兩而已。故「三」爲當「損」之數，亦是當「損」之爻。「三」而「損」一，兩也。一而「得友」，亦兩矣。少女少男，艮、兑相合，而成化醇化生之功。《繫傳》所謂「致一」也。《小象》申之曰「三則疑」，謂内卦三爻本乾，外卦三爻本坤，則疑於陰陽不相交，今一陽行而上，彼此相應矣。復何「疑」哉？胡雲峰曰：「『損』因『三』而成，故必損『六三』，然後陰陽各以兩而相資。『六三』損，則『三』於『上』爲『得友』，『上』於

『三』爲『得臣』，『三』與『上』成兩矣。『九二』『利貞』，『六五』『元吉』。『二』與『五』成兩矣。『初』『合志』，『四』『可喜』，『初』與『四』成兩矣。故曰『三則疑』。」

六四，損其疾，使遄有喜，无咎。《象》曰：「損其疾」，亦可喜也。

凡剛柔失中者，謂之「疾」。「六四」以陰居陰，而乘承皆陰，其「疾」在柔，常失之緩，緩則宜以急治之。「損」剛「益」柔，乃對症之藥。「四」與「初」正應，「遄」字從初爻來，「初」之「遄往」，若「四」有以「使」之速來，以「損」其柔緩之「疾」者。兑悦在下，「有喜」之象。「疾」則有「咎」，「疾」已「損」矣，何咎之有？《小象》於「可喜」上，加一「亦」字，言無疾固「可喜」，今「損」其「疾」，則與無疾同，「亦可喜」也。張彦陵曰：「『使』字要重看，『疾』是自家的『疾』，全在自家主張。來『損』我『疾』者，尚且用『遄』，而我且玩愒優柔，何以能去其疾？故曰『使遄有喜』。『疾』能『損』，便是『喜』，便無終迷之『咎』。」

六五，或益之，十朋之龜弗克違，元吉。《象》曰：六五，「元吉」，自上祐也。

《黄氏日抄》云：「古注與《本義》皆云獲益而得『十朋之龜』，蓋謂兩龜爲朋也。惟《程傳》『或益之』爲句，『十朋之』爲句，『龜弗克違』爲句。」愚竊按，《程傳》舍象而言理，故云「『十』者，衆詞。『龜』者，決是非吉凶之物。衆人之公論，必合正理，雖龜策不能違也」云云。今不從。「六五」，柔順得中，受益之主也。「上」乃受益之地，「五」以受益之主，而所居非受益之地，本不求益，而物自益之，不知所從來，故曰「或」。自「二」至「上」，中虚有離象，離爲龜。「十朋之龜」，重寶也。既不知其所自來，豈能違之而去？「違」者，辭避之意。以其不可避，知其非妄求，故「元吉」。古者，以貝爲貨，兩貝爲一朋。《漢書·食貨志》「元龜岠冉長尺二寸，直二千一百六十，爲大貝十朋」是已。大凡人之「益」我，必有所自來。《爻》云「或益之」，未定指爲何爻。《小象》推原其意，或者其「自上祐」乎？《程傳》以謂「自上天降之福祐」，愚竊謂「上」字，當指「上九」。損「三」，本以益「上」，因「上」與「五」比，不私爲己有，而歸諸「五」，「五」之「祐」，蓋自上爻來也。何以不言「九二」？「五」與「二」正應，不得云「或」。「二」在下，不得言「自上」也。

又按，否、泰「初」、「上」相易，故「茅茹」象同。損、益「二」、「五」相易，故「龜朋」象同。既濟、未濟「三」、「四」相易，故「鬼方」象同。皆反對觀變之例。

上九，弗損，句。**益之，无咎，貞吉，利有攸往。得臣无家。《象》曰：「弗損益之」，大得志也。**

《本義》：「『上九』居卦之上，受益之極，而欲自損以益人也。惠而不費，故曰『得臣无家』。」《黄氏日抄》云：「諸家皆謂『得臣』，無間遠邇。惟蔡氏、鄒氏謂『得臣』之國爾忘家者。」愚竊按，「弗損，益之」，《爻辭》與「二」同。「二」不損己以益人，「上」不損下以益己。「三」以陰從陽，曰「得友」，以内對外也。「上」以陽應陰，曰「得臣」，以上對下也。各據爻位言。「上」與「三」正應，得「三」之益，爲「得臣」象。近與「五」比，不敢私受「三」之益，而歸諸「五」，爲「无家」象。居卦之上，其道上行，故《彖辭》「无咎，貞吉，利有攸往」歸之。何以致此？曰「有孚」。「有孚」者，心也。《象》申之曰「大得志」，可見天施地生，充滿盈溢。「上」以大公無我爲益，不以自私自利爲益，其「志」不「大得」乎？　錢國瑞曰：「『上』、『二』皆曰『弗損益之』，有『三』爲損於中，與『五』互成『坤』體。『二』惟『弗損』是以剛中，貞之於下，而於『五』爲『益之』。『上』惟『弗損』，是以剛正祐之於上，而於『五』爲『益之』。亦合『五』、『上』兩爻看。」

項平甫曰：「『六三』所以『損』也，故《爻辭》極論損之精義。『上九』受『損』之『益』者也，故《爻辭》備言損之成效。」

愚按，卦體不獨六爻相應，每爻亦與《彖辭》應。「初」之《象》曰「上合志」，「二」之《象》曰「中以爲志」，「上」之《象》曰「大得志」，即《卦象》所云「有孚」也。「二」以無損有益爲貞，「上」以益「五」爲貞，即《卦辭》所云「可貞」也。「四」之「无咎」，即《卦辭》之

「无咎」，「五」以受益「弗克違，元吉」，即《卦辭》之「元吉」也。「初」之「遄往」，「四」之「使遄」，「上」之「攸往」，即《卦辭》之「利有攸往」也。

建安邱氏曰：「『損』者，損下乾之陽，以益上坤之陰也。合六爻觀之，損在下，則益在上矣。其在下卦，初爻位俱剛，可『損』也，故曰『酌損之』。『二』處柔得中，不可『損』矣，故曰『弗損益』。『三』則有餘於陽，當『損』其一以與『上』，故曰『損一人』。此三爻皆知『損』者也。其在上卦，『四』陰虛，賴初陽以爲『益』，故曰『損其疾』，『五』受『二』之『益』，而又得『上』之『益』，故曰『或益之』。『上』與『三』爲往來之爻，既得『三』之『益』，不待『損』人以『益』己，故曰『弗損益』。此三爻則處『損』而得『益』者也。」

楊誠齋曰：「『損』之道凡七，而所以『損』者，一也。『二簋可享』，損奢以從儉也。《大象》之『懲忿窒欲』，『六四』之『損疾』，損不善以從善也。『初』之益『四』，『二』之益『五』，『三』之益『上』，此損己以益人也。『五』虛中以受諸爻之益，此損己而取人之益也。『初』以己益人，而又『酌損』，此《損》之『損』也。『三』以一人之『損』而『得友』，『五』爲損主而得益，此《損》之『益』也。『二』與『上』之『弗損』，此不損之『損』也。所以『損』者一，『有孚』是也。」

胡雲峰曰：「上經陰陽各三十畫，然後爲否、泰；下經陰陽各三十畫，然後爲損、益。」愚按，《雜卦傳》云：「損、益，盛衰之始也。」泰之陽極於「三」，即交坤之「上六」而爲損，衰之始也。否之陰極於「三」，即交乾之「初九」而爲益。盛之始也。關子明《易傳》亦云：「始衰者，由盛而『損』。始盛者，由衰而『益』。先儒謂損所以保泰，益所以治否。故四卦當合看。」

愚又按，據《本義》卦變之例，損、益二卦，《彖傳》皆有「上下」二字，亦可作卦變說。朱子於損，但云「損下卦上畫之陽，益上卦上畫之陰」，於益但云「損上卦初畫之陽，益下卦初畫之陰」，只就反對說，十九卦可以類推矣。

䷩震下巽上

益：利有攸往，利涉大川。

卦體六爻皆應，與損同，而「二」、「五」得位、得中，適與損相反，遂成「損上益下」之象。震在五行爲木，巽在八卦爲木，故「利涉大川」。胡雲峰曰：「他卦《彖》言『利往』者，不言『利涉』。益兼之。所爲『益』以興『利』也。」愚又按，「攸往」中，已包得「涉川」，但平時之「利」「益」，不見其大，故又從濟變説，「益下」之「利」有加無已如此。

《彖》曰：益，損上益下，民説无疆。自上下下，其道大光。「利有攸往」，中正

有慶；「利涉大川」，木道乃行。益，動而巽，日進无疆，天施地生，其益无方。凡益之道，與時偕行。

「上」、「下」，指「初」、「四」兩爻。卦之變自否來，損上卦「四」之剛，以益下卦「初」之柔也。兩爻中，又以「四」爲卦主。王者之道，惟在利民，故取下則謂之「損下」，與下則謂之「益下」。損之《彖傳》但言「損下」，不言「損民」；此則説出「民説」，快之也。耕田鑿井，帝力何有？王者之民皞皞，與驩虞不同，故曰「无疆」。「自上下下」，承「損上益下」來。「自上」而能「下下」，是謂天道下濟而光明，仁心仁政，光被四表也。「二」柔中正；「五」剛中正，何「往」不「利」？故曰「中正有慶」。「木道」，「木」字，王輔嗣云：「『木』以『涉川』爲常，而不溺者也。」《程傳》謂「『益』字誤作『木』」。來矣鮮謂「『木』當作『水』」。三説不同。《本義》於本卦不添註脚，而於《或問》發之：「或問，程子以『木道』本『益』字之誤。朱子曰：『看來只是木字，有八卦之金木水火土，有五行之金木水火土，如乾爲金，《易》卦之金也。兑爲金，五行之金也。巽爲木，是《易》卦取象。震爲木，是五行之木也。』」愚按，卦體震，陽木也。巽，陰木也。《彖傳》云「利涉大川，木道乃行」，即「中孚乘木舟虚」之義。惟「涉川」，乃見「木」之「利」於用，細玩「乃行」語氣，當從《注疏》、《或問》，作「木道」無疑。以上釋《卦彖》已畢。「益，動而巽」二句，復就卦德言人事之「益」，「動」者，振作有爲；「巽」者，深入有漸，所以功崇業廣。而「日進无疆，天施地生」二句，復就卦義言造化之「益」，乾分一陽於坤，而爲震；坤一陰上升乎乾，而爲巽。於時爲春夏，所以品物咸亨。而「其益无方，凡益之道」二句，又合造化人事言之。凡此「損上益下」之道，皆「時」爲之也。王者之於民，春不足而補，秋不給而助。初非有意市恩，惟其「時」而已。夫「益下」之道，亦當「與時偕行」，況「損下」以「益上」乎？此又聖人言外之意。

《象》曰：風雷，益。君子以見善則遷，有過則改。

先儒多謂「風雷」之勢，交相助「益」。愚竊謂，撓物者莫疾乎風，動物者莫疾乎雷。「風雷」一過，而天地爲之改觀。惟其疾也，君子以之遷善改過，兩「則」字，只是雷厲風行，取及時奮迅之意。洪覺山曰：「遷善改過，無所疑貳，可謂大勇者矣。何以能即遷即改也？勇莫神於幾初也，初之不審，時過而後及焉，則其及也不力矣。是故震、巽，一陰一陽之始生，幾之謂也。」張横渠有云，「利者爲神，滯者爲物」，二語良可思。

初九，利用爲大作，元吉，无咎。《象》曰：「元吉，无咎」，下不厚事也。

先儒多以「初」爲始進之臣，「五」用之以益民者。愚竊按，損以上受下之益者，上爻也。益以下受上之益者，初爻也。損「上」得九而成艮，艮止者，以無事爲義，故曰「弗損，益之」。益「初」得九而成震，震動者，以有事爲功，故曰「利用大作」。「初」在下，民也。《尚書・召誥》：「庶殷丕作。」《傳》云：「大作言勸事。」此其義。震位在東，東作方興，「亦服爾耕，十千維耦」，其「大作」之象乎？當「益」之世，上有惠心之主，民安耕鑿之天，豈非「元吉，无咎」？《象》申之曰「下不厚事」，謂益乃下民厚生之事，顧「下」不能自厚其事，必有人焉爲之制田里、教樹畜，方得用其力而爲「大作」。以見益「下」之權，操之自上也。舊注以「大作」爲受益不可無所報效。又云，「下」本不當任「厚事」，似於「元吉，无咎」之義難合。先儒又或以「初」爲大有作爲之人，於《爻辭》不無顛倒。《繫傳》：「耒耨之利，以教天下，蓋取諸益。」《本義》注云：「二體皆木，上入下動，天下之益，莫大於此。」故竊援此義，以釋初爻之象。

六二，或益之，十朋之龜弗克違，永貞，吉。王用享于帝，吉。《象》曰：「或益之」，自外來也。

本卦與損反對，此爻即損之「六五」，故取象同。損卦義在益上，「五」承「上」，所受者「上」之「益」也。益卦義在益下，「二」與「五」應，所受者其「五」之「益」乎？但曰「或益之」，則不知其所自來，似難拘正應也。柔順中正，虛而能受，自然「貞吉」。但須永守不變耳。「王用享于帝」，《本義》謂「以其居下而受上之益，爲卜郊之吉」。先儒或云，「二」「永貞」，虛中之心，必如人君對越在天，小心翼翼也，此一句乃占中之象。愚按，「帝」出乎震，齊乎巽。本卦兼此二體，原有「帝」之象，但「二」居臣位，如何稱「王而用享于帝」？或是大司徒以祀禮教敬之意，所不可知。《象》曰「自外來」，先儒謂「初九」本自「四」來居於初爻，以其與「二」非正應，故曰「或益之」。愚按，卦體本以「四」益「初」者也，而「二」受其益，故曰「自外來」，外者，外卦也。

六三，益之，用凶事，无咎。有孚，中行，告公，句。**用圭。《象》曰：「益用凶事」，固有之也。**

《本義》：「『六三』陰柔不中，不當得益者也。有益之以『凶事』者，警戒震動，乃所以益之也。」《程傳》以「守令」救災爲言。愚又按，林黄中曰：「『凶事』有三，有札瘥之政，有死喪之禮，有甲兵之事。歉歲曰『凶』，『益』之時，『損上益下』，其爲凶荒札瘥之政乎？」潘氏曰：「汲黯發倉廩以救饑民，『益之用凶事』也。」今據此義推之。《周禮》荒政十二，首曰散利。六官之屬，倉人掌粟入之藏。有餘則藏之，以待凶而頒之。司救，於天災民病則施惠；司市、司關，凶荒則無征；掌客，凶荒則殺禮；士師，凶荒則移民通財。不獨大司徒以荒政聚萬民也。「益之，用凶事」，年饑而賑恤也。「告公用圭」，即荒政散利之事。《周禮》：「珍圭以徵守，以恤凶荒。」《注》：「珍，鎮圭也。王使人徵諸侯憂凶荒，則授之，以往致命焉。」《程傳》亦云「大夫執圭而使，所以申信也」。「三」居下卦之上，非無位者，但行不敢擅專，「用圭」以「告」於「公」者，乃發積儲耳。《象》曰「固有之也」，積儲本以備荒，如旅師聚粟、遺人委積之類，本民間「固有」之物，不用更求益也。「公」指「六四」，近君之大臣也。「三」與「四」比，故曰「有孚」。惟「有孚」，故「三」「告」而「四」「從」。當「益」之時，聯上下之情者，在「三」、「四」兩爻。胡雲峰曰：「以二體言，則『二』、『五』各居中；以全體言，則『三』、『四』並居中。故《中孚》以『三』、『四』爲中，此『三』、『四』稱『中行』。」《本義》釋《小象》云：「欲其困心衡慮而『固有之』也。」大難理會。

六四，中行，告公從，利用爲依，遷國。《象》曰：「告公從」，以益志也。

愚按，卦體自乾、坤來，「四」自上而遷於「初」，「初」自下而遷於「四」。坤爲國土，有「遷國」之象。人情安土重遷，「遷國」於民何利，而云「利用爲依」？「遷國」，即《商書》「視民利用遷」，《周禮·小司寇》「掌外朝之政」，「國遷」一事，必「致萬民而詢」問之意。葉竹埜曰：「『邦畿千里，惟民所止』。不得已而徙都，必民心樂從而后可。非以國徙，實以民遷也。商自契至湯，凡八遷，至盤庚五遷。周則公劉遷邠，太王遷岐，文王遷豐，遷岐，武王遷鎬，成王卜洛，所謂一勞而永逸也。『告公』者，謀及卿士也，必衆謀僉同。『四』乃『從』而行之，無非以益下爲『志』耳。周之東遷，晉、鄭焉依。此『依』字之義。」愚又按，「三」、「四」兩爻，當合看。《周禮・廩人》：「以歲之上下」詔國用，「若食不能二鬴，則令邦移民就穀」。《士師》又有「移民通財」之道。皆因其凶荒相賙，而暫爲遷徙者也。合《爻辭》觀之，因「凶事」而議「遷」，移民也。「三」「告」「四」「從」，以益民爲「志」，前曰「告公」，此曰「告公從」，彼此正相應。

九五，有孚，惠心，勿問元吉。有孚，惠我德。《象》曰：「有孚惠心」，勿問之矣。「惠我德」，大得志也。

卦體「損上益下」，在第四爻。「五」居「四」之上，操「損上益下」之權者也。剛中居尊，實心惠民，故曰「有孚」，上孚於下也。勞「心」以「惠」民，即「損上」以「益下」，其爲「元吉」，「勿問」而可知。與《革・九五》「未占有孚」義同。再曰「有孚」者，下孚於上也。民皆謂君之惠我以德，非口惠而實不至者也。「四」以「益」爲「志」，「五」則「大得志」，兩爻相比，君臣志合，天下有不咸受益者乎？

上九，莫益之，或擊之，立心勿恒，凶。《象》曰：「莫益之」，偏辭也。「或擊之」，自外來也。

先儒謂卦體上下互易爲恒，本爻即恒「九三」，故彼曰「不恒」，此曰「勿恒」。愚又謂，風以從雷爲「恒」，雷以得風爲「益」。「上九」居巽之極，下與「三」應，進退無常，惟求「三」來益己。國富而家貧，財聚而民散，非但「莫益之」，且「或擊之」矣。推原其致「凶」之故，皆由「立心勿恒」也。損之「上九」「弗損」則「吉」，益之「上九」「莫益」則「凶」。可見「損下」是一時權宜之計，「益下」是萬古不易之規。「損」不可「恒」，「益」則當「恒」者也。《程傳》於「偏辭」二字，詮釋不甚明白。《困學記》云：「『莫益之』者，上無以益人也，所以《象》云，此特就其慳吝一節而言。若概論其生平，有巧取强奪，罄竹難書者矣。豈特莫益一端而已，故曰『偏辭』也。『自外來』，人人得而擊之也。」《黄氏日抄》云：「凡求益者，皆『偏辭』。」林次崖曰：「『偏辭』，猶云一偏説話也。究言之，一定有擊之者，乃危之之詞。『自外來』，歸咎在致其來上。」

葉竹埜曰：「先王之於民，必有以與之，斯有以取之。後世授田無法，農民已無可耕之地。山澤一孔之利皆歸公，上而無遺，上之人略不加恤，方且苛政而重役之。是徒知閭師任民之貢，而不知太宰任民之職也。」《象數論》曰：「分田授土於下，貢税終事於上。上與下交相損益者也。以損卦觀之，『初九』，粟米之征也。『九二』，布縷之征也。『六三』，力役之征也。『四』，損民之疾苦者也。『百姓足，君孰與不足』？故『五』有『或益之龜』。不以天下自富，故上有『无家』之譽。以益卦觀之，『初』之『大作』，受田而耕。『六二』『享帝』，春秋祈報，國之大事在祀與農。二爻皆養生之事也。『六三』『凶事』，送死之事也。『四』之『遷國』，封建諸侯，各行井田也。『九五』『惠心』，『以不忍之心行不忍之政』也。『損』、『益』之道如此。聖人逆知後世剥下奉上，不授田以養民，則上無益下之道矣。民買田以自養，又復重税，驅而納諸溝壑，使下損無可損，而俗吏猶曰『十一而税，先王之制也』，是上之於下，非『益之』，乃『擊之』也。故以『上九』終焉。」

愚按，「山澤」，形也，有形者必敝。山有時崩，澤有時竭，故主「損」。「風雷」，氣也，氣以神行，鼓動萬物，惟主生長，何曾虧損？故主「益」。山在上，澤在下，上實而下虚，故爲「損」。風在外，雷在内，外散而内盈，故爲「益」。山吸澤之氣，風動雷之威。觀損、益二卦，聖人之行事見矣。

䷪乾下兑上

夬：揚于王庭，孚號有厲。告自邑，不利即戎，利有攸往。

下五剛而上一柔，三月之卦也。五剛皆以「決上」爲義。胡雲峰曰：「以五陽去一陰，亦易易耳。而《彖》爲危懼儆戒之辭不一，爲君子謀至矣。」愚按，《彖辭》以「揚于王庭」一句爲主，專指上爻。君側用事，小人也。小人在君側而用事，豈易決去？必先暴其罪惡，使小人無地自容。然衆君子雖同聲相應，亦有危道。爲五陽計，尤當自相告戒，不可專事攻擊，故曰「告自邑，不利即戎」。《黄氏日抄》云：「程、朱皆以『告自邑』爲『先自治』，然恐『自』乃『自從』之義，如云告戒自其居邑始也，『不利即戎』，若依舊注，相與合力解，則是『利』即『戎』矣。」愚按，上文既云「不利即戎」，何以復「利攸往」？當剛長之時，又恐其失機會也。他卦「利往」以效言，此「利往」以事言。剛長從復卦一陽來，故復曰「利有攸往」，此亦曰「利有攸往」。何伯宗曰：「於復，欲舒君子之氣，故其辭平；於夬，欲密君子之幾，故其辭危。」

《彖》曰：夬，決也，剛決柔也。健而説，決而和。「揚于王庭」，柔乘五剛也。「孚號有厲」，其危乃光也。「告自邑，不利即戎」，所尚乃窮也。「利有攸往」，剛長乃終也。

夫子妙在以「決」字釋「夬」之義。先儒云，「以決訓夬，内含『決去』、『果決』二意」。愚竊按，《説文》：「決，流行也。」从水不从冫。初無「衝決」、「潰決」之解。一陰在五陽之上，有必去之勢，而未能即去，全要不動聲色，如水之流行，而百折必東，中間自有潛移默奪之用。所謂「剛決柔」者如此，以決之名與剛，便凛凛不可犯。「健而説」

二句，正善其決之道。以卦德言，「健」則有力，「悦」則能「和」。「和」者，事合機宜，動中肯綮。非和柔調停之謂也。柔乘五剛，正其飛揚跋扈時。「五」與之比，恐君心爲其所惑，故「有厲」。夫子於危厲處，看出卦之全局，曰「孚號有厲，其危乃光也」。「五」之《象》曰「未光」，則「孚號」當指「五」。衆陽與「五」同德，皆「號」於「五」，卒賴「五」以去「上」，一小人去，而衆賢盈朝，豈非邦家之「光」乎？「所尚乃窮」，指「上六」。小人所尚者，兑上之口耳。我不「即戎」，則彼之讒口無所施，伎倆「乃窮」矣，彼「窮」則我「利」。復「初」，剛反之始；夬「上」，「剛長」之「終」。五剛並進，一柔自退，必至此「乃終」者，「終」指乾。對姤一陰始生説，又有除惡務盡之意。朱子曰：「今人謂陽不能無陰，君子不能無小人，故小人不可盡去。」今觀「剛長乃終」一言，則聖人豈不欲盡去耶？但所以決之者，自有道耳。

《象》曰：澤上于天，夬。君子以施禄及下，居德則忌。

「澤上于天」，《本義》謂「潰決之象」，又以「施禄及下」爲「潰決之意」。以「潰決」釋「夬」字，殊難理會。又云：「『居德則忌』，未詳。」《程傳》謂「『居德』爲安處其德，則者，約也；『忌』者，禁也，約立禁防，而無潰散」。《黄氏日抄》亦以《程傳》爲難曉。楊龜山云：「以德厚自居，則『忌』之所集。」鄒氏曰：「『澤上于天』，勢必將決而下流，君子觀此象，以之『施禄』則可，以之『居德』則不可。」愚竊據後説推明之。「雲上于天」爲需，澤尚有待，今「澤上于天」，一決注便成雨。澤以潤下爲義，君子之「施禄及下」，恩澤下逮之謂也。「居德」與「施禄」相反，「居」者，吝而不施也。人君當施澤於下，不當「居德」於上，「居德」乃人君所最忌者。「德」字只作「澤」字解，於理易通。或云，「施禄及下」，小人既畏其威，復懷其德。若居而不施，而自以爲功，非徒不感，且以爲忌矣。又似太多轉折。

初九，壯于前趾，往不勝，爲咎。《象》曰：不勝而往，咎也。

大壯四陽，「初」曰「壯趾」。夬五陽，初爻加一「前」字，又爲直往無前之象。君子之決小人，論理固當勝。但須量力審勢，瞻前顧後，不可先挾必勝之心。「初」以剛居剛，位又最下，而欲決最上之陰，不量力，不審勢，一味勇猛向前，如此而「往」，非惟「不勝」，抑且「爲咎」。「爲」者，「咎」乃「初」所自取也。《爻》曰「往不勝」，「不勝」猶在「往」之後。《象》曰「不勝而往」，「不勝」已在「往」之前。如京房欲去恭顯，劉蕡欲去宦官，皆「不勝而往」者也。《彖辭》所云「不利即戎」，此爻當之。

九二，惕號，莫夜有戎，勿恤。《象》曰：「有戎，勿恤」，得中道也。

《黄氏日抄》云：「程、朱皆以『惕號』爲句。按象，則分句，合依諸家『有戎勿恤』爲句，以《經》文爲據。」愚按，小人之中君子，多以陰謀，君子常失於疎，而不爲預備。「二」以剛居柔，「孚號」同德，惕然戒備，此處無事時而若有事也。雖有陰謀，無所伺隙，「莫夜有戎」，不足憂矣，此處有事時若無事也。「有戎」與「即戎」相應，「我不即戎」，所以「有戎勿恤」，「莫夜有戎」四字連讀，於上文初無礙。「恤」字與「惕」字相應，由其能「惕」，所以「勿恤」。《象》曰「得中道」，見「勿恤」非姑示閒暇，居中制勝，自有道在。「二」與「四」，皆以剛居柔，而「四」不如「二」者，「二」「得中道也」。「二」之所「得」，正「初」之所失。老成經國，與少年喜事者不同。居乾體之中，《乾・三・爻》曰「夕惕」，此曰「惕」，曰「莫夜」，與「夕惕」同。兑，四日莫象〔一〕；乾，西北夜象。愚又按，「初」不宜壯，而「三」與之應。「四」不當位，而「五」與之比。卦體雖五陽，而「二」之一陽所處尤難，以諸陽之不同心，焉得不「惕」而自厲？焉得不「號」之使聞？此爻乃處夬之最善者，所以與「五」同爲剛中，《小象》獨許其「得中道」。

九三，壯于頄，有凶。君子夬夬，獨行，遇雨，若濡。有慍，无咎。《象》曰：「君子夬夬」，終无咎也。「頄」，音「逵」，又音「求」。

〔一〕「四日」，四庫全書本作「西日」。

「頄」，面顴也。「三」居乾上體，「頄」象。過剛不中，「壯于頄」之象。此爻之義，《朱注》已詳。張雨若曰：「『有凶』以下，是聖人教『三』如此，何必『壯頄』爲哉？」愚又竊謂，「壯頄」者，動於氣也。聖人恐其悻悻見面，故戒以「有凶」。蓋「三」之所處，視諸陽爲尤難，故曰「夬夬」。先儒謂上「夬」，「果決」之義。下「夬」，「決去」之義。其心真在決去小人者，故以「君子」之稱歸之。諸陽中，惟「三」與「上」應，故曰「獨行」。兑澤在上，「遇雨」之象。《黄氏日抄》云：「『遇雨』，『九三』獨應『上六』，『若』將爲雨，『濡』而『有愠』色者。」愚竊謂，「若濡」者，似被小人之污。「有愠」者，不爲同類所喜。種種形跡，「三」不求遽白，「獨行」可也；不必與衆偕，「遇雨」可也；不妨與陰和，「若濡」可也；冒嫌而不辭，「有愠」可也。群疑而不辨，由其有「夬夬」之心。雖與「上」相應，究與諸陽並進，卒能成去小人之功。《小象》要其「終」曰「无咎」，可見有多少宛轉在前。

九四，臀无膚，其行次且。牽羊悔亡，聞言不信。《象》曰：「其行次且」，位不當也。「聞言不信」，聰不明也。

《程傳》：「『九四』以陽居陰，欲止，則衆陽並進，勢不得安，猶『臀』傷而居不能安也。欲行，則居柔不能强進，故其『行次且』也。」愚按，《爻》之言「臀」者，皆「坎」象，坎爲溝瀆，流惡者也，困下卦坎，曰：「臀困于株木。」姤「九三」變則爲坎，曰：「臀无膚。」本卦與姤反對。「四」在上卦之下，此爻變亦爲坎，故其象同。「臀无膚」，豈能行哉？二象只是一義，「四」居兑體之下，欲行則不能，偪於「壯頄」之「三」，又不得不行，故成「次且」之象。以陽居陰，蓋大臣之依違瞻顧，而不能剛决者。「次且」與「趦趄」同。諸家多以「牽羊」爲「牽連」衆陽而進，惟張横渠云：「『牽羊』者，讓而先之。」愚按，兑爲羊，當指「上六」，「四」雖與「上」同體，而近比者，「五」也。人或告之，曰「五」爲「牽羊」之人，汝第執鞭隨其後，「悔」可「亡」矣。而「四」才剛，則無下人之志。聞「牽羊」之言，當信者也。而「四」位柔，又無聽言之決。《小象》一原其「位不當」，一咎其「聰不明」，惜之之辭，亦是激之之辭，皆不中不正所致也。或云「羊」即指「九四」，羊性善觸，不至羸角不已。聖人教以自牽其羊，抑其很性，即「壯頄有凶」之意。亦是一解。愚又按，《易》凡兩言「聰不明」，夬「四」與噬嗑上爻同，「聰」而「明」者，始乎坎，終乎離。坎化成離，是謂耳順。若只自恃其「聰」，而不求其所以「明」，即如既、未濟「鬼方」之義。離日中天，而蔽之以黑雲，南國文明，而反淪入於幽都矣。

九五，莧陸夬夬，中行无咎。《象》曰：「中行无咎」，中未光也。

《本義》：「決而決之，又不爲過暴，合於『中行』，則『无咎』。」愚竊謂，「九五」以陽剛中正之君，去一陰柔之小人，如刈草然，本非難事。但與「上」比，而同爲悦體，恐其中懷私暱，决去不勇，故必如去「莧陸」然，方合於「中行」之道，而「无咎」。似不必添過暴一層。建安邱氏曰：「凡陽之决陰，遠則不相及，惟應與比當之。『三』應而『五』比，所以皆曰『夬夬』，言當决而又决，不可係累於小人也。」愚按，《爻》許其「中行」之决，曰「无咎」。《象》戒其近比之私，故曰「中未光」。可見去小人非難，難在去君心之小人。欲其以必去爲主也，「中行」正在「夬夬」上見。天下有過剛而爲中者，所謂「其危乃光」。又按，「莧陸」，諸家注各不同。《子夏傳》云：「木根草莖。」馬融、王肅云：「一名『商陸』。」則以「莧陸」爲一物。董遇云：「『莧』，人莧。『陸』，商陸。」朱子云：「『莧』，馬齒莧。『陸』，章陸。」則以爲二物。《王注》但云「草之柔脆者」，得其大意，似不必作《爾雅》疏。或云：「『莧』，三月生。」正與卦氣合，但《説卦傳》「兑」無草木象，而此取「莧陸」，所未詳。

上六，无號，終有凶。《象》曰：「无號」之「凶」，終不可長也。

《本義》：「小人居窮極之時，黨類已盡，無所號呼，終『有凶』也。」愚按，《卦》、《爻辭》凡三言「號」。陽剛者發露於外，「孚號」、「惕號」，衆君子大聲以攻小人也。陰柔者隱忍在内，「上六」「无號」，一小人暗自結於人主也。唐德宗不覺盧杞之奸，因人言之衆，謂杞孤而無黨，正如此耳。《爻》曰「終有凶」，《象》曰「終不可長」，兩「終」字，與《彖傳》「剛長乃終」相應，陰窮則變，剛長則終。天地有自然消息之數，君子無決然用「壯」之心。直待陽終長而陰終消，小人安能長居此位乎？此雖小人末路光景，要見天地之數如此，君子之心亦如此。一説，「上六」正當兑口，「无號」者，非謂無所號訴也。小人得志之秋，方且樹頞頰，騰口説，肆無顧忌，聖人絶之曰「无」以「號」，爲一時稱快，到底「有凶」，所以戒小人也。於義亦通。

余酩缶曰：「一陽之剥，曰『終不可用』，慮其變而爲純坤也；一陰之夬，曰『終不可長』，惟恐不得爲純乾也。」「長」字作上聲讀，亦可。

蘇紫溪曰：「甘露之變，以小人攻小人也，不知『揚庭』之義者也；元祐之朋，以十人制千虎也，不知『孚號』之義者也。以手推虎，徒犯『壯頄』之凶；産、禄猶存，罔防『莫夜』之戒，非『有厲』也。何進徵卓、紹之群，昌遐結朱温之援，皆『即戎』而非『自邑』也。故其決之而不勝也，則禍集於君子；決之而勝也，則禍貽於國家。」蔡子木曰：「『初』恃剛長；『二』便『惕』、『戎』；『三』戒『壯頄』，所以責小臣；『四』之不剛，非能決小人者。然公議不可不從，故示以隨人，所以責大臣。『五』於陰爲近，不無狎昵，然大義不可不斷，故示以『中行』，所以責人君。

䷫巽下乾上

姤：女壯，勿用取女。「取」，去聲。《周易舉正》「取」下無「女」字。

「姤」，古文作「遘」，《説文》：「姤，偶也。」剥、復、姤、夬，陰陽消長如循環。陽纔剥於上，一陽旋生於下而爲復；陰纔夬於上，一陰旋生於下而爲姤，五月之卦也。《月建》：「一陰之月爲蕤賓。」則陰爲主而陽爲賓矣。四陽方成大壯，姤一陰，即云「女壯」者，自姤而爲遯，爲否，爲觀，爲剥，爲坤，皆此一爻始，所以惡其「壯」，非以一女遇五男爲「壯」也。姤以天，取以人，故有「勿用取」之戒，與蒙「九三」辭同，嫌其舍正應而近相比也。姤以一陰爲卦主，故言於《卦彖》。

《易簡録》云：「乾、巽相遇，小畜稱『妻』、稱『婦』，姤乃『勿取』，畜之巽，志在於應乾；姤之巽，志在於消乾。畜之巽在外卦，乾爲主；姤之乾在外卦，巽爲主也。」錢國瑞曰：「『大壯』震男動於外，而男爲主；『女壯』巽女入於内，而女爲主。主在女，則賓在男。非如小畜之乾爲主於内，其於巽女，可以『妻』，可以『婦』也。」

《彖》曰：姤，遇也。柔遇剛也。「勿用取女」，不可與長也。天地相遇，品物咸章也。剛遇中正，天下大行也。姤之時義大矣哉！《舉正》「勿用取女」上有「女壯」二字，「取」字下亦無「女」字。

姤與夬反對，皆以柔爲主爻。《詩》「邂逅相遇」，《穀梁傳》「不期而會曰遇」，「姤」之義也。夬之後，正當純陽四月，陰有心於合，而陽不疑陰之來，故謂之「遇」。卦體剛在上，而曰「柔遇剛」者，一柔自夬上外卦來也。「長」字，上聲，「不可與」，責重在取女之人。巽爲長女，陰勢方長，若復與之長，是助長矣。故以「不可」爲戒。卦義本非美名，而《彖傳》復極贊之者，上以陰陽之淑慝言，下以陰陽之相須言。蓋卦體從純乾而變，此一陰即坤之初爻。乾施坤成，皆由於此。故就「遇」字推言其「時義」之「大」。以天運言，則建午之月，南離之光，無所不照，正「天地相遇，品物咸章」之時。以世道言，則剛遇中正，乃「天下大行」之世。天地相遇，一陰來與五陽「遇」，上下卦象也。「剛遇中正」，兼「二」、「五」兩爻。蘇氏《易傳》云：「陰之『長』，自『九二』之變爲遯，始無臣；自『九五』之變而爲剥，始無君。在姤之時，上有君，下有臣，豈非『天下大行』之象？卦中又有此『時義』也。」邵堯夫曰：「復次剥，明治生於亂；姤次夬，明亂生於治。時哉時哉，是以聖人貴未然之防。」

《象》曰：天下有風，姤。后以施命誥四方。

張中溪曰：「『風』者，天之號令，所以鼓舞萬物，君之命令似之。」愚又按，「風行天上」爲小畜，與物未相遇也。「天下有風」，萬物皆相見矣。「風行地上」爲觀，「先王以省方設教」。輶跡所至，不過方岳之下而已。「天下有風，后以施命誥四方」，則山陬海澨，靡遠勿屆。所以濟巡守之不及也。

初六，繫于金柅，貞吉。有攸往，見凶，羸豕孚蹢躅。《象》曰：「繫于金柅」，柔道牽也。

此正「女壯」之爻，卦之立名，以此。古注以「金柅」指「九四」，謂「『繫于』正應，乃得『貞吉』」。《黄氏日抄》從之。愚竊謂，「初」之正應在「四」，他卦取正應，姤則以「遇」爲義，近與「二」比，即爲所「繫」。與隨卦「係小子」、「係丈夫」義合。上卦乾體，中互純乾，「金」之象。「金柅」似當指「九二」。若依《注疏》，指「九四」，則「四」《爻》不當云「包无魚」。且正應，可謂之「繫」乎？《爻辭》分兩截説，「繫」則「貞吉」，「往」則「見凶」。「貞吉」二字，屬上句。比本非正，而云「貞吉」者，所謂静正則吉也。「二」若不「繫」而縱「初」所「往」，則立「見凶」矣。《本義》謂「以二義戒小人，使不害於君子，則『吉』而無『凶』」。似非《爻》義。末句承「攸往見凶」來，又於占中得象。一陰在下，其卑污柔弱如「豕」之「羸」，其孳尾如「豕」之「孚」，其蠢動跳梁如「豕」之「蹢躅」，皆「見凶」之象也。胡雲峰曰：「《象》指一卦而言，則以一陰當五陽，故於女爲『壯』，《爻》

指一畫而言，五陽之下，一陰甚微，故於『豕』爲『羸』。『壯』，可畏也；『羸』，不可忽也。當以戒君子爲正。」「柅」之解不一，《廣雅》：「柅，止也。」馬融謂「柅在車下，所以止輪」，王肅謂「織績之器，婦人所用」，《程傳》、《本義》依之〔一〕。《説文》「檷絡絲趺也」。來矣鮮云：「收絲之器，籆上之孔用金。」諸家訓詁雖不同，要之金爲剛物，剛以止柔，其義一也。《象》曰「柔道牽」，《本義》：「『牽』，進也。以其進，故止之。」愚按，巽爲繩，有「牽」之象，柔之爲道，纏綿不斷，「二」用「金柅」止之，即所以「牽」之也。《程傳》謂：「止之以『金柅』，而又繫之。」似多添一層。凡剛居「二」者，多稱「金」，例見蒙、困二卦。又按，《説卦傳》「坎爲豕」，今取巽象，所不解。

九二，包有魚，无咎，不利賓。《象》曰：「包有魚」，義不及賓也。

《説文》：「魚，水蟲也。」愚按，剥「五」陰，曰「貫魚」，姤「一」陰，但曰「魚」。「初」與「四」正應，「魚」本當爲「四」所有，因與「二」遇，先爲剛中者所「包」，使「初」自「二」而止，不得他適，所以「无咎」。「魚」既爲「二」所有，則「二」爲主，「四」爲賓矣。《爻》

〔一〕按，「《程傳》、《本義》依之」者，乃依馬融，而非依王肅也。《程傳》釋「柅」爲「止車之物」，《本義》亦謂「柅，所以止車」。

云「不利賓」，譬如漁人取魚，先至者舉網得之，後來者曷利乎？《象》云「義不及賓」，更進一層說。男女之道，一陰一陽，「初」既遇「二」，便當從一而終，非獨「利」不「及賓」，於「義」亦不及矣。「包」如「苞苴」之苞，以大包小，以陽包陰。「二」若不能包「初」，則此爻變而成遯矣。「初」之不遽消陽者，「九二」之力也。唐凝庵曰：「『不利賓』，正言所以『包』之故。『四』與『初』爲正應，然陰在内而爲主，則陽爲『賓』矣，取之必『見凶』。所謂『不利』也，『二』之包『初』，正以其『不利賓』也。『不利賓』而使之『不及賓』，『義』之所當然也。」又是一解

九三，臀无膚，其行次且，厲，无大咎。《象》曰：「其行次且」，行未牽也。

愚按，姤以一陰遇五陽，「三」亦與「初」遇者，姤「三」即夬「四」，故取象同。人坐，則「臀」在下，故困於「初」言之。行則「臀」在中，故夬、姤於「三」「四」言之。「三」以剛居剛，正而不中，見「初」之爲「二」有也，意欲下行，而隔於「二」，未免有情，行坐爲之不安，「臀无膚，其行次且」之象也。然「初」比「二」，而與「三」無「繫」，則「三」之情「牽」，而「行未牽」。「臀无膚」，所以「厲」。「行次且」，所以「无大咎」。《左傳》曰：「美疢滋

毒」〔一〕、「尤物移人」，如此壯女，不遇則未爲所牽制，何必非「三」之幸乎？「行未牽」與「柔道牽」相反，剛柔之别也。

九四，包无魚，起凶。《象》曰：「无魚」之「凶」，遠民也。

「包无魚」，承「九二」《爻辭》説來。「初」陰比「二」，「魚」已爲「二」所「包」矣，彼有則此無。「四」若據正應之理，而與之争，則釁端自「四」起矣，故曰「起凶」。《小象》推原「无魚」之故，由於「遠民」。《易》以陽爲君，陰爲民。「民」指「初」也。「初」與「二」近，而去「四」遠。「初」既舍正應而從「二」，「遠」者其能與近者争此「民」乎？張彦陵曰：「『二』，剛得中，以近比而得『初』之從；『四』，剛不中正，以位遠而失『初』之應。爲上而下離，故有『凶』象。」胡雲峰曰：「以爲小人，遠之可也；以爲民，『民』則不可『遠』也。《小象》别是一義。」竊恐未然。

九五，以杞包瓜，含章，有隕自天。《象》曰：九五「含章」，中正也。「有隕自天」，志不舍命也。

〔一〕按，「疢」，原本作「疚」，據四庫全書本改。四部叢刊初編本《春秋經傳集解·襄四第十七》亦作「疢」。又，「滋毒」，《春秋經傳集解》作「毒滋」。

《黄氏日抄》云：「《程傳》以求賢，而天降之賢。《本義》以『杞』爲『五』之陽，而『包』下初生之『瓜』，而防其潰，『含章』以俟，可回造化，未知於爻象果何如？其餘紛紛各出。惟蔡節齋謂『五』與『初』無相遇之道，猶以高大之『杞』包在地之『瓜』，惟當自畜其德以待之。其有隕墜，乃出於天，非人所能爲」云云。愚竊謂，巽體剛中，巽爲木，杞之象，「杞」當指「九二」，「瓜」指「初」，於本爻爲「豕」，於「二」、「四」爲「魚」，於「五」爲「瓜」，皆陰而在下之象。《爻辭》三個「包」字，《王注》作兩般解。「二」、「四」之「包魚」，作「庖厨」之「庖」，古字通用，猶可言也。至「五」之「包瓜」，作「匏瓜」，乃出《子夏傳》。以繫而不食爲「九五」處尊無應之象，大似説壞「九五」。按，《易》之言「包」者，多取在中之義。本卦「二」、「五」皆中爻，雖敵應，乃同德也。「二」知「魚」之爲物，有所繫即止，故「包」之。「五」知「瓜」之爲物，得所附即止，故以杞「包」之。《舉正》謂「『以杞』，『以』字，當作『似』字」者，非。「以」者，用也。蘇氏《易傳》云：「『五』委『二』以制『初』，猶以『杞』而『包瓜』。」吴氏《纂言》亦作此解。蓋諸爻中，「二」與「初」比，惟「二」能「包」「初」，故「五」因而用之，非「五」自「包」之也。陽剛中正，所以能内含章美，於一陰之來，何所不容？正位居中，「自天」施命，如「天下有風」，無物不遇，故曰「有隕自天」。《小象》「命」字，從《大象》「施命」來，似不當作「天命」解。「志不舍命」

句，先儒詮釋不同。蘇子瞻云：「凡陰中之陽爲『章』，姤陰長而陽消，天之『命』也，有以勝之，人之『志』也。君子不以『命』廢『志』，言人之『志』，天不能勝也。」張待軒曰：「周公推本造化，孔子歸功人事。凡事委於氣運，是『舍命』也。『志不舍命』，在『含章』內看出。『舍』則不『含』，『含』則不『舍』。中心藏之，有默與造化相通者。宜其『有隕自天』也。」姑采二說以備考，究竟於《象辭》未能了然。按，《說卦傳》「艮爲果蓏」，此無艮象，而云「瓜」，亦所不詳。

上九，姤其角，吝，无咎。《象》曰：「姤其角」，上窮吝也。

先儒云，夬、姤反體，夬「初」以「壯趾」窮，姤「上」以「角姤」窮，多以「上窮」爲姤「上」自取。愚竊謂，「上」所處之地，去陰最遠，自「初」視之，如角然，欲與之遇，而勢不能相及。「上窮」者，謂「初」至「上」而「窮」。曰「吝」，「初」受之也，「上」賴此「窮」得免「女壯」之禍。曰「无咎」，「上」之占也。與晉「上」之「角」不同。楊誠齋曰：「晉之『角』，角在己；姤之『角』，角在彼。」吴草廬云：「下之所遇者，如『角』之剛。」亦是此解。

蘇君禹曰：「復爲天根，陽含陰也。姤爲月窟，陰含陽也。如陰不遇陽，陽不遇陰，天地無以成咸章之化矣，聖人之心亦然。謂陰可與長而不抑之，非也。謂陰可終絶而使之不遇，亦非也。『女』不可『壯』，『家』不可使『蹢躅』，何峻也！『魚』可『包』，『瓜』可『包』，又何宏也！有履霜堅冰之防，未嘗無藏垢納污之量，非所謂剛遇中正，天下大行者乎？」

䷬坤下兑上

萃：亨。王假有廟，利見大人，亨，利貞。用大牲，吉。利有攸往。「假」音「格」。

《説文》：「『萃』，草貌。」蓋取叢聚之象。卦體兑上坤下，地得水之潤，而草叢生也。中爻巽木在艮闕之上，「廟」之象。兑爲羊，坤爲牛，「大牲」之象。上「亨」字，卦德之「亨」也。下「亨」字，「利見」之「亨」也。《本義》謂上「亨」字「衍文」，《程傳》亦然。《黄氏日抄》云：「程、朱蓋以《彖傳》不及『亨』字，而下文又有『利見大人亨』也。鄒氏曰：『「萃」者，民富物阜，財力有餘之時也。「萃」則「亨」矣，然則依經文亦未嘗不可也。』至《吴氏纂言》於經文『萃』字下，竟删去『亨』字，似不必從。『王』、『大人』皆指『九五』。」愚按，本卦當與比卦參看，皆以「五」爲主爻。比惟一陽，諸爻盡比於「五」；萃二陽，有「四」以分「五」之權，故諸爻有萃「五」者，有萃「四」者。文王恐人之萃於「四」，故曰「利貞」，以萃「五」者爲「貞」也。民無二王，得主則一，此聖人受命而興，爲天下神人主之卦。在「王」者當「假有廟」，在天下「利見大人」，所以「亨」而「利」於「貞」。「用大牲，吉」，「假廟」之事；「利有攸往」，「見大人」之事。愚又按，「萃」聚而「涣」散，二義相反，而《卦彖》同云「王假有廟」者，涣，恐民之散，「有廟」者所以攝其攜貳之心；萃，因民之聚，「有廟」者所以堅其向往之意。兩「假」字有别，涣之「假」作「至」字解，入廟之義。萃之「假」作「格」字解，廟祭之義。

《彖》曰：萃，聚也。順以説，剛中而應，故聚也。「王假有廟」，致孝享也。「利見大人，亨」，聚以正也。「用大牲，吉，利有攸往」，順天命也。觀其所聚，而天地萬物之情可見矣。《舉正》：「大人亨」下有「利貞」二字。

「順以説」，卦德之「聚」也。「九五」以「剛中」而下「應」「六二」，卦體之「聚」也。王者在位，必先「聚」一己之精神，盡誠盡物，「致孝享」以格祖考，然後可「聚」天下之人心。所謂「大人」而「利見」者也，必其人可以爲神人之主，則群情所屬，乃爲「萃」之得其正，所以「利」於「貞」。「用大牲，吉，利有攸往」，郊焉而天神格，廟焉而人鬼享之義，故曰「順天命」。天命攸歸，人心之「萃」可知矣。人與天地萬物，總是一個精神。吾之精神聚，則天地與我一，萬物與我一，故「觀其所聚，而天地萬物之情可見」。王輔嗣曰：「情同而後聚，氣合而後群。」徐子與曰：「《彖傳》言『天地萬物之情者』三：咸見其情之通，恒見其情之久，萃見其情之同。」

《象》曰：澤上於地，萃。君子以除戎器，戒不虞。

「地上有水」爲比，「澤上於地」爲萃。水流而澤聚也，水聚則慮其決，人聚則慮其亂，不可無意外之防。「除」者，修治之義，去舊更新也。「戒」者，豫防之義。「除戎器」，正所以「戒不虞」，即《大雅》所云「弓矢戎兵」、「用戒」「用遏」也。洪覺山曰：「聚天下之人心，莫若敬畏。《象》以『王假有廟』爲言，敬也。《大象》以『除戎器』爲言，畏也。敬畏存而人心合矣。」

初六，有孚不終，乃亂乃萃。若號，一握爲笑，勿恤，往无咎。《象》曰：「乃亂乃萃」，其志亂也。

愚按，萃與比，卦體略相似，初爻皆曰「有孚」。比「初」無正應，上卦止有一陽，故「終來有他吉」，「終」、「比」於「五」也。萃「初」與「四」應，雖「有孚」而「不終」。「不終」，「萃」於「四」也。只爲上卦有「四」、「五」兩陽，於彼於此，未能決擇，「初」之方寸亂矣，故曰「乃亂乃萃」。聖人就其「志」眩惑時，導以歸往之路，曰「若」能「號」召同體二陰，握手偕行，則可變「號」爲「笑」，何所憂「恤」而不「往」乎？與「四」之「孚」，雖「不終」，而「往」則「无咎」，終「萃」於「五」矣。兑口在外，「若號」以下十一字，只宜一氣讀下，不必多作轉折。舊注將「號握笑」三字，一一說斷，於《爻》不甚分明。竊以鄙見，詮釋如此，未知當否？《小象》止釋「乃亂乃萃」四字，而歸咎於「志亂」，由「初」之才柔位剛也。「志」不「自亂」，其誰得而「亂」之？堅其「有孚」而「往」，則「志」治矣。

六二，引吉，无咎，孚乃利用禴。《象》曰：「引吉，无咎」，中未變也。

愚按，處二陰之中，柔順中正，與「五」相應，能引二陰以「萃」於「五」，故曰「引吉，无咎」。「五」爲萃主，得力全在「二」。內卦三爻，「初」應「四」，「三」比「四」，若無「二」之「引」，則權分勢散，不成「萃」矣。凡同類相引者，或出聲名相附，未必由「中」。「二」之薦賢爲國，發於「中」之至誠，與「五」相「孚」，明可以格君父者，幽可以格鬼神。感應之道在誠，而不在物，故《象》以「大牲」爲「吉」，《爻》以「用禴」爲「利」。備物，王者所以享親；朴誠，臣子所以格主也。《黄氏日抄》云：「『孚乃利用禴』，語脉有兩節。蔡氏云，未『孚』而『用禴』，有簡薄之嫌，必待交『孚』而後『用』。鄒氏云，『用禴』在既『孚』之後。」愚又按，「禴」之名，在殷爲春祭，在周爲夏祭，皆祭之簡者。《既濟·九五·爻辭》亦是此義。《小象》「中未變」，與初爻「有孚不終」對看，「初」孚「四」以萃「五」，故不中；「二」與「五」以中正相應，故未變。

六三，萃如嗟如，无攸利。往无咎，小吝。《象》曰：「往无咎」，上巽也。

「三」居下卦之上，上卦之下，不中不正。「五」爲卦主，則隔於「四」而不得近；上爲己應，又不相與，有「萃如嗟如，无攸利」之象。「往」者，往而上也。舊注謂「往」從「上六」。愚竊謂，「上」當指「五」，「初」、「三」之與「五」，皆非比非應，「初」必因正應之「四」，「三」必因近比之「四」，以「往」而上萃於「五」，故兩爻皆曰「往无咎」。與「五」本非正應，故「小吝」。自「三」至「五」，中爻互巽，「五」居巽體之上，故曰「上巽」。若依舊注，似失「萃五」之義。

九四，大吉，无咎。《象》曰：「大吉，无咎」，位不當也。

愚按，「四」以剛居柔，不中不正，何以云「大吉无咎」？蓋戒詞也，合《象辭》看始明。上比於「五」，則事權所屬，下乘三陰，則衆心所歸。「四」之位，適居於此。夫「五」之「萃有位」，君位也。「四」居臣位而「萃」衆心，可乎？故必「大吉」，乃得「无咎」。《象》曰「位不當」，欲「四」思善處之道也。張氏《困學記》曰：「此爻位不當，有二義：以剛居柔，一也；居『五』之下，群陰之上，二也。『位不當』，即以『位不當』處之，有歉然不自安之意。『四』所以『大吉』而『无咎』，《易》之妙用也。」就《經》作解，與諸家不同，另備一解。

九五，萃有位，无咎。匪孚，元永貞，悔亡。《象》曰：「萃有位」，志未光也。

愚按,「九五」陽剛中正,《爻辭》不云「有德」,而云「有位」者,就「萃」之時言也。以剛中居尊位,自然「无咎」。但「萃」之時,諸爻皆當萃於「五」,今正應惟「二」,而「初」則與「四」應,「三」則與「四」比,乃「萃」於「四」,而非「萃」於「五」者。特以「五」居君位,不得不「萃」耳。夫盛世之臣民,宜其懷仁慕義,心悦誠服。今但「萃有位」而已,義雖「无咎」,而「志」則「匪孚」,所以不能無「悔」,必修「元、永、貞」三德,以孚於衆,「悔」乃可「亡」。《小象》「志未光」,從「匪孚」中看出。「元、永、貞」三字從《比·卦象》來。比卦諸爻皆比於一陽,則「元、永、貞」之德系於《卦辭》矣。所以《比·五》曰「顯比」。《萃·五》曰「未光」。蓋其心歉然,慮己德之不足以孚衆也。胡雲峰曰:「欲當天下之萃者,不可無其位。有其位者,人不可無其德。」

上六,齎咨涕洟,无咎。《象》曰:「齎咨涕洟」,未安上也。

先儒謂此爻照「後夫凶」例看,比之「上六」,以最後而「凶」。萃之「上六」,亦以最後而「未安」。愚又謂,「上」以悦體乘「二」剛,位在「五」,而權在「四」,身居卦終,亦有求萃之心,而勢窮於無所往,悦極則悲,有「齎咨涕洟」之象。「齎咨」,兑口之聲,「涕洟」,兑澤之流,以其能反悦體爲憂懼,鯢殰而未敢自安於上,故「无咎」。錢塞庵曰:「『三』失『萃』而『嗟』,求『萃』不得,尚可『往』也。『上』失『萃』而『涕洟』,孤臣孽子,操心慮患者也。」

李子思曰：「全卦六爻，或有應，或無應；或當位，或不當位。皆云『无咎』。『萃』乃『天地萬物之情』，真情相合，『吉』多『凶』少。『萃』之所以『亨』也。蓋人情莫真於聚散之際，處孤獨而恬不介意，老莊之學，非聖賢之道也。曰『號』，曰『笑』，曰『嗟』，曰『咨』，曰『涕洟』，歡欣悲戚，皆真情發見處，所謂『見天地萬物之情』，以此。」

䷭巽下坤上

升：元亨。用見大人，勿恤。南征吉。

「升」，鄭康成作「昇」。《説文》：「『昇』，日上也。」古文只用「升」字，《詩》「如日之升」是也。卦名以「上升」爲義。巽木在地下，「升」之象。巽性善入，「初」陰不爲「二」陽所阻，故「大亨」。以人事言，方升之初，宜擇所從，故「用見大人」。巽爲進退不果，故戒以「勿恤」，而勸之以「征」，向陽明之方，則得「吉」也。

《彖》曰：柔以時升，巽而順，剛中而應，是以大亨。「用見大人，勿恤」，有慶也。「南征吉」，志行也。

愚按，「柔升」有二義，通四陰而言，則萃之下卦，今「升」而在上，「時」爲之也。專主初爻言，則一陰在下，有上「升」之勢，亦「時」爲之也。「柔」之爲道，必從容漸進，故曰「以時升」。「巽而順」，卦德也。二氣迭爲升降，而陰必以陽爲主。「剛中」者，「九二」也。「應」者，「六五」也，即「大人」也。「見」之者，「初」也。不曰「利見」，曰「用見」者，「二」與「五」正應，「初」用「二」，以往「見」「五」也。八卦方位，坤西南，巽東南，離正南。巽、坤相求，皆會於離，故「南征吉」。《象》曰「勿恤」，《傳》曰「有慶」，曰「志行」，鼓其向往之氣也。「慶」莫大於得君，「志」莫切於行道。先儒或以「九二」爲「大人」，似於「用見」語意不合。

「柔以時升」，本卦與萃反對之象，不必云卦變。《本義》亦作卦變看，但於解謂「自升來，『三』往居『四』」。於升謂：「自解來，柔『上』居『四』。」今從《啓蒙卦變圖》推之，順數則解自升來，逆數則升自解來。又不知朱子何以於解取順，於升取逆也。

《象》曰：地中生木，升。君子以順德，積小以高大。

愚按，《大象》於巽不言「風」而言「木」者，不止一卦，於升取木象，尤確切。地道敏樹，爲長，爲高。生「地中」而上升者也。在拱把之初，已具干霄之勢。當摇落之候，常含發生之機。而人莫見其升之迹，以積漸致之耳。「君子以之順德」，尊所聞而高明，行所知而光大，日積月累，馴而致之，勿助長以害之。若地之於木，從勾萌中順其生理，以至「高大」。「順」者，坤德也。似不當以「順」作「慎」[一]。許升《字序》引此卦《大象》而釋之云：「因其自然之理，而無容私焉，『順』之謂也。由是而之，則其進德也孰禦，故因其名而字曰『順之』。」此序作於紹興十八年，本以經文爲據，不知後來注《易》，何以改從王肅本也？

初六，允升，大吉。《象》曰：「允升，大吉」，上合志也。

愚按，「初」在下，與「五」非應，疑於難「升」者，以與「二」同爲巽體，「初」志欲「升」，而「二」允之，與《晉·三》「衆允之」義同。晉爲下二陰所信，此爲上一陽所信，「初」爲卦主，所謂「柔以時升」者。然柔不能自「升」，必待剛者掖之以上。《象》申之曰「上合志」。「二」居「初」之上，爲「五」之正應，「志」在上進，而「初」與之「志」合，得「二」之力，以同「升」，所以「允升，大吉」。「五」《象》曰「大得志」，與此「志」字正相應。

吴草廬云：「升自臨變，升之『初六』，本臨之『六三』也。『六三』之陰，下退於『初』，而進『初九』之陽，以上升於『三』，故曰『允升』。」又是一解。

九二，孚乃利用禴，无咎。《象》曰：九二之孚，有喜也。

〔一〕按。原本奪「慎」字。

愚按，萃與升反對，則「用禴」之象，宜如《損・六二》「十朋之龜」[一]，言於反卦之「六五」，今亦於内卦中爻言之，何也？　胡雲峰曰：「萃『六二』求『萃』於上，升『九二』求『升』於上，其義同。萃『六二』以柔應剛，升『九二』以剛應柔。其以至誠感應，一也。故《爻辭》同，而《象傳》『剛中而應』之詞，亦同。」愚竊謂，「禴」與「礿」同，《周禮》作「龠」，「龠」者，和樂之器。當祭之時，以聲音求諸上下，祈神之來格也。樂必合衆音以成，而後動神之聽。「二」與「初」之同「升」，亦猶祀之「用禴」也。與萃「六二」解稍不同。玩「乃」字，見必「孚乃利用禴」，不「孚」則不「利」可知。「二」以中實爲「孚」，以人事君，其誠足以格君心。「二」能感「五」，「五」能待「二」，乃成升道，不但「无咎」，且有明良喜起之風，《象辭》深許之也。

九三，升虛邑。《象》曰：「升虛邑」，无所疑也。

「三」以剛居剛，在内卦之上，進遇坤土，有升國邑之象。《程傳》謂「如入無人之邑」。愚竊按，「虛」與「墟」同，似非空虛之象。《詩》云「升彼虛矣」，《疏》云「高可登之

[一]「六二」，當爲「六五」之誤。按，《損》卦第二爻爲陽爻，爲「九二」。「十朋之龜」乃《損・六五》之《爻辭》。

以望」。《左傳》「晉侯登有莘氏之虛」是也。身登高處，道路山川瞭然在目，見可而進，自「无所疑」阻。此升之樂境也。

吴草廬云：「臨之『三』、『四』、『五』互坤，爲邑；柔畫偶，爲虛。『三』自『初』而『升』，以實臨『三』之虛，故曰『升虛邑』。」又是一解。

六四，王用亨于岐山，吉，无咎。《象》曰：「王用亨于岐山」，順事也。「亨」，如字。

《程傳》於本爻，「王」字作「文王」、「亨」字只作本音解。愚按，文王之享岐山，《經》《傳》無明文。周公《爻辭》，多是因爻立象，初無指爲文王者。以「王」爲「文王」，其説起於《注疏》，而《程傳》從之，故《本義》注隨卦《上六・爻辭》云：「『亨』當作『享』，自周而言，岐山在西。」於此卦云：「義見隨卦。」亦以「王」爲「文王」也。蔡虛齋遂謂「文王爲諸侯時，有享岐山之事」。考之《周頌・天作》一章，《注疏》以「高山爲岐山」，顧所云「文王康之」者，亦非祭享之義。使果有之，周公何不説出文王，如「帝乙歸妹」、「箕子明夷」、「高宗伐鬼方」之例？今《爻辭》未嘗明言文王，何敢遽以爲信？蓋「五」爲君位，凡《爻》之言「王」者，多指「五」。師之「王三錫命」，比之「王用三驅」，離之「王用出征」，益之「王用享帝」，萃、渙之「王假有廟」，皆其例也。本卦「王」亦當指

「五」。但觀諸儒之説，與程、朱雖或有異同，而合諸卦義《爻辭》，於愚意皆所未愜，惟徐子與曰：「『二』應『五』，大臣也。『四』承『五』，近臣也。升則有偪上之嫌，故『二』曰『孚』，『四』曰『順』。」竊取此解，以備考。

六五，貞吉，升階。《象》曰：「貞吉，升階」，大得志也。

《程傳》：「君道之『升』，患無賢才之助爾，有助則猶自『階』而『升』也。」吴草廬云：「『二』之『升』至『五』，如『升階』然。坤『三』偶，如地之自下而高也。」愚竊謂，「六五」柔中居尊，下應剛中之「二」，「初」因「二」而「升」，「三」與「二」同德而「升」，「四」比於「五」而「升」。虚己用賢，人君之正道，故曰「貞吉，升階」者，不下堂階，垂拱而治之象。「五」以求賢爲志，今衆賢畢「升」，故「大得志」。

上六，冥升，利于不息之貞。《象》曰：「冥升」在上，消不富也。

《程傳》云：「『六』以陰居升之極，昏冥於『升』，知進而不知止者也。」《本義》因之，多將此爻説壞，似於爻象未甚合。愚竊按，位至「上」，無可「升」矣。惟以盛德大業爲日新富有，愈高愈進，其「升」無已時。「冥升」與「冥豫」不同，豫上體動，故欲其「有渝」。升上體順，故美其「不息」。凡草木之長皆以夜，此「冥升」之象。位雖至上，而「升」猶「不息」，有升降循環，純亦不已之意。所謂「不息」則久也，故「利貞」。「消不富」者，言雖有盛德大業，其心若止見其消，而不自以爲富也。陽實陰虚，故云「不富」。

張待軒曰：「升六爻盡善盡美，無一『凶』『悔』『吝』之語。蓋士人同朝共事，最忌爾猜我虞，已升者摧抑其下，未升者掩襲其上。今『六五』以『貞』主持於上，『初』『合志』，『二』『有喜』，『三』『无疑』，『四』『順事』。同心一德，朝無媢嫉之臣，野無放棄之士。六十四卦，豈可多得？『上』居卦終，『階級已極』。聖人於是别設一義，謂之『冥升』，又於『冥升』中，展開一徑，曰『利于不息之貞』，理欲利害，如環無端，《易》之爲道，於是爲不可測矣。」

《象數論》曰：「以卦爻推之，乃王者受命，升中祭告之象。《記》曰『升中於天』，《注》云『升，上也，中，成也』。祭天以告成功，卦象原有向明出治之義。『初』之『允升』，德孚於幽明也；『二』之『用禴』，宗廟之祭也；『三』之『虚邑』，爲壇於郊外也；『四』之『亨岐山』，祭天下名山也；『五』之『升階』，兆於南郊就陽位也；『上』之『冥升』，其香始升，上帝居歆也。《易》象固無所不有。」

☵☱坎下兑上

困：亨，句。貞，句。大人吉。无咎，有言不信。

愚按，困與井反對，以坎水之上行下漏爲義。井「初」、「二」互易爲既濟，困「五」、「上」互易爲未濟，故井通而困塞。「口」，古「圍」字。六書義，木在口中，不得伸之象。《卦辭》言「困亨」者，聖人教人以處「困」之道，朱子所謂「時雖困而道自亨」，胡雲峰所謂「身雖困而心自亨」是已。「貞」字，據《彖傳》，當自爲句。「大人」兼指「二」、「五」。「无咎」二字，當屬下句，觀《彖傳》以「吉」字絕句可見。兑口在上，「言」之象。「无咎」，謂不用怨尤也。當「困」之時，「有言不信」，怨尤無爲也，此戒之之詞。一説，「不信」，非人不見信也，「信」乃「安」義。命之實心，「困」而「有言」，則心不安於義命矣。

《彖》曰：困，剛揜也。險以説，困而不失其所，句。**亨，**句。**其惟君子乎！「貞，**句。**大人吉」，以剛中也。「有言不信」，尚口乃窮也。**

《本義》：「『二』爲二陰所揜，『四』、『五』爲『上』所揜，所以爲『困』。」劉調甫云：「不曰『柔揜剛』，而曰『剛揜』。無所歸咎，故以剛自揜爲詞。」愚按，三陰爻有小人欲困君子、而適以自困之象。三陽爻有始困終亨、君子不爲小人所揜之象。《易》爲君子謀也，卦德之「險以説」，即是「困亨」之義。在險而悦，所以能處「困」。「所」字，如「止其所」之「所」，人失其「所」則「困」。若曉得險中有悦境，則雖「困」而不失其「所」，故「亨」。「不失」二字當玩，見得胸中原有自得之妙，不因處「困」而失，非剛中之君子，誰能若此？「君子」即「大人」。胡雲峰曰：「他卦言『貞亨』，不『貞』則不『亨』。『亨』由於『貞』也。此言『亨』，而後言『貞』。處『困』能『亨』，則得其『貞』。『貞』，由于『亨』也。」《程傳》：「困而能『貞』，大人所以『吉』也。」《本義》曰：「『貞』，又曰『大人』者，明不正之小人不能當也。『有言不信』，又戒以當務緘默，不可『尚口』，益取困窮。」愚又謂，卦本坎體，坎曰「維心亨，行有尚」，第四爻變而爲兑，遂成「尚口」之象。處「困」之道，亦宜尚行，不宜「尚口」也。失路之言，人不見信，且至於窮。然則「困」何能「窮」人？惟「尚口乃窮」也，處「困」之時，内不可不剛直，外不可不緘默。東漢諸賢互相標榜，黨錮之禍遂起，聖人之垂戒久矣！吴草廬作「以言傷人」解，似非正旨。

《象》曰：澤无水，困。君子以致命遂志。

不云「澤下有水」、「水在澤下」，直云「澤无水」者，水性潤下，澤不能瀦，是名「漏」。澤下漏上枯，所以爲「困」。張待軒曰：「屯、蹇、困皆以『坎』名，然而莫若困甚者。坎在内卦，欲動如屯，止如蹇，不可得也。『致命遂志』，先儒多謂殺身成仁之事，愚竊謂得喪榮辱，一安於命，而此志百折不回，君子之固窮，當如此。」胡雲峰曰：「『澤无水』，命也。井有水，性也。知困之義則安命，知井之義則盡性。」劉石間曰：「窮源而後知天下無枯澤，『致命』而後知天下無窮途。」王伯厚曰：「『致命遂志』，『命』可『致』而『志』不可奪，行法俟命，命可俟而法不可變。」

初六，臀困于株木，入于幽谷，三歲不覿。《象》曰：「入于幽谷」，幽不明也。《舉正》「不明」上無「幽」字。

初陰在二剛之下，「臀」象。坎於木爲堅多心，自「三」至「五」互巽，亦有「木」象。木下曰本，上曰末，中曰「株」。朱子云：「臀在株木上不安。」愚按，「株木」似當指「二」，「入于幽谷」與「入于坎窞」同。水注溪曰「谷」，「初」在坎水之下，「坎」爲隱伏，幽谷之象，中爻又互離，離位在「三」，「三歲」之象；居離之下，「不覿」之象。「初」與「二」比，首欲揜剛者也。君子當困時，雖無位之小人，皆思乘機而騁志。既不知邪正，復不知利害，本欲困「二」，適自取困。剛其可揜乎？人之體，行則趾在下，坐則臀在下。「初」乃坐困之象。「入幽谷」且「三歲不覿」，總以見小人之愚暗，終於困者也。《象》以「幽不明」三字釋之，惟其「幽」，故「不明」。「幽」指本心昏昧説，「不明」指暗於事變説。一説，「株木」，無枝之木也。「初」者，「四」所底也。「四」居困而爲「上六」所揜，猶無枝之木，不能庇「初」，是乃爲所困也。與《程傳》「無所庇而不得安居」義同。

九二，困于酒食，朱紱方來，利用亨祀。征凶，无咎。《象》曰：「困于酒食」，中有慶也。「亨」當作「享」。

先儒多云「九二」爲困主爻，一剛爲上下二柔所揜，其受困獨深，而以剛居中，處困之道，亦爲獨得。愚又按，「困于酒食」與「需于酒食」同。凡《爻》之言「酒食」者，多在坎、兑二卦，需，坎在外，中爻兑，故言「酒食」，安常以待時者也。本卦兼坎、兑二體，亦言「酒食」，居常而憂時者也，「困」之中有「需」義焉。「紱」，蔽膝也。「三」、「四」、「五」互巽爲股，坎之色爲赤，「朱紱」之象。「朱紱」方來，與「四」之「來徐徐」、「五」之「徐有説」，多取「緩」義。「二」與「五」皆爲柔所揜，雖不相應而爲同德，守此剛中，自有精誠感通處。兑爲巫，「享祀」之象，天子「朱紱」，諸侯「赤紱」，皆祭服也。《斯干》之詩曰「朱芾斯皇」，君服也。「二」之「朱紱」，指「五」，承君寵，故曰「來」。《采菽》之詩曰「赤芾在股」，臣服也。「五」之「赤紱」，指「二」，失臣翼，故曰「困」。「紱」、「芾」二字，古通用。「二」言「享祀」，「五」言「祭祀」，兩爻須互看。大抵當「困」之時，躁動違時，則「征凶」。居中静待，則「有慶」，「九二」之所以「无咎」也。《程傳》謂「酒食所以施惠，未得遂其欲，施於酒食，故困」，《本義》以困爲「厭飫苦惱」之義。《黄氏日抄》從朱不從程。愚竊謂兩先生之解，似於《小象》「有慶」皆未甚合，故從需卦推其義。又按，「困于酒食」，乃似賢勞王事，以才受困之象。「朱紱方來」，正是受困之故。「享祀」句，正教「二」竭誠圖報處，知酒食之爲困，方肯出身濟難。世之享高爵厚禄者，不少優游伴食，只是不以此爲「困」耳。「困」在一己，而「慶」在天下，非剛中者孰能之？

六三，困于石，據于蒺藜，入于其宫，不見其妻，凶。《象》曰：「據于蒺藜」，乘剛也。「入于其宫，不見其妻」，不祥也。

愚按，「六三」《爻辭》義詳《繫傳》中〔一〕，今據象推之。一陰在二陽之中，不中不正，前承「九四」之剛，則「困于石」；下承「九二」之剛，則「據于蒺藜」。其義本欲援「二」爲黨，以困「四」，豈知「二」之剛中，非「三」之所可據哉？非所據而據焉，身必危。身既危矣，家於何有？以陰居陽，自以爲陽，求配於「上六」，又敵應而不相與。蘇子瞻所云「宫則是，而人則非」。「三」互離之中畫，中虚爲入宫不見妻之象。夫子不釋「困石」，單釋「據于蒺藜」，惡其乘剛也。《爻》要其終曰「凶」，《象》啓其端曰「不祥」。喪身亡家，自此踵至，不但不能揜剛，而自困如此。「初」之「不覿」，失在愚暗，「三」之「不見」，真天奪其魄矣！吴氏《纂言》云：「坎中畫之剛爲『石』，『三』在『石』上，爲所困也。『據』，謂居坎之上畫，『蒺藜』之象，亦坎也。《坎·上六》曰『寘于叢棘』，即此『蒺藜』。」又是一解。

〔一〕「六三」，原作「六五」，四庫全書本亦同，今據《易》例改。

九四，來徐徐，困于金車。吝，有終。《象》曰：「來徐徐」，志在下也。雖不當位，有與也。「當」，去聲，下同。

諸家皆以「四」與「初」應，以「四」下就「初」爲「來」。「金車」指「二」。「四」志在援「初」，而隔於「九二」，故爲「初」戒。「四」之《辭》曰姑「徐徐」而「來」，「來」則必爲「九二」所「困」也。以其「不當位」，故「吝」；以其正應，故「有終」。《小象》「在下」、「有與」，亦皆指「初」而言。愚按，以上就爻位作解者也。若論全卦之義，「初」與「三」共揜「九二」者，「四」與「二」爲同德，似不宜下援揜剛之「初」。楊誠齋曰：「氣同則從，聲比則應。各從其類，《易》之相應者，豈必在位哉？『四』與『初』之應者，位也。困之『九四』，其應不在『初六』，而在『九二』者，類也。類苟同矣，應不在近；『志』苟通矣，『來』不在速。期於終不爲小人所揜而已。」張待軒曰：「『二』在險中，援之者『五』，觀變乘時，有可援之機者，『四』也。『四』承『五』而比『三』，應『初』承『五』，則居近君之地，比『三』應『初』，則小人之怨毒未開。此時奉『五』之命，因『初』、『三』之好，褰裳奔走而援『二』，猶恨其晚，乃從容援溺，揖讓救焚，憂人之憂者，固如是乎。幸其與『二』原是氣味中人。故夫子原其心，曰『志在下』；要其終，曰『有與』，皆謂『二』也。凡陽之困於陰者，必求其『與』。『四』惟『志在下』，『二』雖『來徐徐』，知其必來也。雖『不當位』，而有剛德之『與』，終能成亨『困』之功。據此，則《小象》之『在下』、『有與』，皆當指『二』。」並存以備參考。

九五，劓刖，困于赤紱，乃徐有説，利用祭祀。《象》曰：「劓刖」，志未得也。「乃徐有説」，以中直也。「利用祭祀」，受福也。「説」與「悦」同，陸氏云：「『祭』，一本作『亨』」，與『九二』同。

「劓刖」之象，諸解不同。《程傳》謂「截鼻曰『劓』，傷於上也。去足曰『刖』，傷於下也。上下皆揜於陰，爲其傷害」。《本義》「傷於上下，則赤紱無所用而反爲困矣」。先儒或謂「九五」陽剛中正，操拯困之權，不應有受傷之義。蓋「五」與「二」同德相應，忿其爲「三」所揜，上者，我「劓」之；下者，我「刖」之。輕用其威，威窮而物不服，故「困」。愚竊按，本卦上一陰，下二陰，鼻一足二之象。「初」與「三」，方併力以困「二」。「五」與「二」，乃相應之正位，又同此剛中之德，志在拯「二」。而同體之「上六」，亦陰類也，面目變態，與「劓」者同，舉足見礙，與「刖」者同。「五」之「志未得」，爲拯「二」而受困耳，故曰「困于赤紱」，《小象》所以云「志未得」。然此三陰者，急之則謀合，徐之則變生。迨至「上」「有悔」，則「三」之繫絶，「四」「有與」，則「初」之援孤，而後君臣相悦可知也。兑口在上，悦之象。以「五」之中正，與「二」之剛中，從容相拯，卒能出「困」。故「二」曰

「利用享祀」，「五」曰「利用祭祀」。君臣一德，通於神明，神其享之，祭則受福者也。「中直」與「中正」同，例見同人五爻《小象》。

上六，困于葛藟，于臲卼，曰動悔、有悔，征吉。《象》曰：「困于葛藟」，未當也。「動悔有悔」吉，句。**行也。**「臲卼」，古本亦作「劓刖」。陸氏曰：《荀九家》〔一〕、王肅、陸績作「臲卼」，鄭云：「當爲倪仉」，晁氏曰：「『倪仉』即『臲卼』之古文也。」

程、朱於《爻辭》皆作「困極則變」解。愚又按，「上」亦欲揜剛，而「困」君子者，與「三」無應，而柔道相牽，中爻互巽。「上六」以柔纏繞巽木之上，「葛藟」之象。乘「五」之剛，而不自安，「臲卼」之象。以柔居柔，位雖當，而所以居位者未當。若能於困極時，發悔悟之心，知剛之終不可揜，捨而去之，「征」則「吉」矣。兑口在上，小人心口相語之詞。若曰以爲不可「動」，「動」且「有悔」，而不知不動乃所以「有悔」也。上「悔」字屬事，下「悔」字屬心。《爻》商其利害，曰「征吉」，《象》斷之以理，曰「行也」。「吉」字，連上四字爲句。「行也」二字，當自爲句。下五爻不言「吉」，獨於「上」言之。聖人爲小人大開方便法門，正所以爲君子謀也。鄭亨仲曰：「『困』有不可動，『九二』是也，故『征

〔一〕按，「九家」，原本闕，據四庫全書本補。

凶』。有不可不動，『上六』是也，故『征吉』。」愚又按，三陰皆爲草木所困，株木陰翳之象，錮人聰明。蒺藜鈎棘之象，傷人肌膚。葛藟纏繞之象，縈人心曲。上居悦體，行將出「困」，悔心一萌，葛藤盡斬矣。亦猶睽之「群疑」，至上爻而盡釋，小人亦何苦自取多般之「困」哉？

馮元敏曰：「柔之『困』，以犯剛爲忌；剛之『困』，以躁動爲戒。陰『困』其宜也，陽『困』其變也。而『株木』、『葛藟』、『金車』、『赤紱』，其詞低昂，則聖人扶抑之意也。」愚按，「九二」，受困者也。「四」、「五」兩陽，因援「二」而得「困」者也。據「二」之上，以揜「二」者，「三」也。伏「二」之下，以助「三」者，「初」也。揜剛之勢，「三」最横，故其占獨「凶」，「上」居卦終，與「三」無應，不覺悔心之萌，故其占獨「吉」，此六爻之情。

䷯巽下坎上

井：改邑不改井，无喪无得，往來井井。汔至，亦未繘井，羸其瓶，凶。

李隆山云：「『坎』者，天一之水。見於諸卦者，皆下流之失。在卦而得水之真性者，井也。」愚按，「坎」，乾水也。一陽升而爲坎，巽木下入，而坎水上升，故爲「井」象。以盈縮驗之，歲值旱乾，溪澗有時涸，而井泉不竭；以寒暑驗之，冬月嚴凝，江河有時冰，而井泉獨温。所謂坎之真性，中一陽是也。

「改邑不改井」，以及《卦象》之義，程、朱之注詳矣。愚又按，古者立邑，必相水泉之所在。邑由人建，故可「改」；「泉」由地脉，故不可「改」。此句言井之體。汲之而不竭，故「无喪」；不汲而不盈，故「无得」。此言井之德。在困則坎來而下，在井則坎來而上，有「往來」之象。「井井」者，取給不窮也。此言井之用。上三句以「井」言，「汔至」以下三句，以「汲井者」言。「井」以上出爲功，所以出水者，瓶也。中爻離，「瓶」象。在離曰「缶」，在井曰「瓶」，曰「甕」，皆取中空之義。「繘」者，引瓶之綆也。巽爲繩，繘之象。「汔」者，幾也。「羸」者，弱也。謂汲水者，幾至井口，而引瓶之綆弱，致壞其瓶也。張待軒云：「卦體中，初無『羸瓶』之象。文王《繫辭》至此，惕然動此慮。蓋一瓶之成壞，何足言凶？恐其垂成而敗，不得收井養之功也。」即功虧一簣之義。愚又按，吴氏《易纂言》云「此申言來而在下之井，『二』、『三』之水，實在汲水之『瓶』，而下是偶畫，猶瓶底傷毁，而水下漏」云云，據此，則卦體中固有「羸瓶」之象，聖人之辭，非虚設也。

愚又按，朱子言卦變者凡十九，而井不與焉。若以《卦象》「改邑不改井」及《彖傳》「往來」之義推之，下體本乾，上體本坤，「初」與「五」剛柔互易而爲井，剛往居「五」，柔來居「初」，獨非卦變乎？竊取吴草廬之言以補之，云，卦自泰而變，上體之坤爲「邑」，泰「初」易「五」，坤地之中畫降「初」，而坤「邑」變成坎水，此「邑」之「改」也。泰「五」易「初」，而「初」、「二」、「三」、「四」肖坎之水，在下爲「井」象。「二」、「三」之陽畫，井水也。而「二」畫不改易，此井之不改也。以「往來」言之，「初」、「上」往「五」而成坎體，井水之至上者也。「五」下來「初」，而「初」、「二」、「三」、「四」亦肖坎體，井水之在下者也。剛往而成上之井，柔來而成下之井，故曰「往來井井」。

《彖》曰：巽乎水而上水，井。井養而不窮也。「改邑不改井」，乃以剛中也。「汔至，亦未繘井」，未有功也。「羸其瓶」，是以凶也。

《本義》謂「以巽木入乎坎之下，而出其水」。則「巽乎水」，「水」字似當作「木」，與《大象》「木上有水」義同。蓋木德養人，功兼水火。在井爲汲引之用，在鼎爲烹飪之用，多於「巽」象得之。愚按，古人汲者皆用瓶，以木器汲水，始於漢初丁寬，今南方多用之，而北方仍用瓦器。《卦辭》分明說「瓶」，非「木」也。《彖傳》只應作「巽乎水」，「巽」者，入也。入乎水，「而上水」，乃汲水之象。「木上有水」，則以卦象言，《彖傳》《大象》不必盡同，各有取爾也。井之出水，以「養」爲義。「井養而不窮」句，包括「无喪无得，往來井井」二句，在内惟其「養而不窮」，所以井无得喪，往來皆取給也。在困爲兑，在井爲巽，則「改邑」矣。而「二」、「五」兩爻，皆以剛仍居上下卦之中，則「不改井」也。井之所以有功於人者，以用汲也。水在井而「未繘」，是以「未有功」，既汲而「瓶羸」，由于繘弱，是以「凶」，咎不在瓶，亦不在井也。

《象》曰：木上有水，井。君子以勞民勸相。「勞」、「相」，皆去聲。

朱子云：「凡草木之生，澤潤皆上行，直到木末。」《黄氏日抄》從之。蔡虚齋亦云：「木之枝葉花實，每朝有垂露如珠者，是水氣隨陽氣而上也。井之上水似之。」愚按，「木上有水」，乃以木轉轆轤，懸瓶入井，汲而上水之象。當依《程傳》「木承水而上之」作解。馮文所曰：「木以德言，非以器言也。造化以五德用事，而水爲之紀，木爲之行，故水木之用相通。當閉藏之時，則木氣入於水，而井爲温。及發生之時，則木氣出於水，而井爲溢。木氣之出入，惟井可見。而坎之爲卦，又自巽成，故曰『木上有水井』。」此解尤爲明析。「勞民勸相」，《程傳》云：「法井之用與施。」《黄氏日抄》謂「於『木上有水』之義無相關」。愚按，井以養人爲義，井田之制，實本於此。古「井」字，於中空處加一「○」，蓋於八家公田中，穴地取水，所謂鄉田同井也。「勞民勸相」，乃田官勸農之事。《曲禮》「春不相」，《注》云：「『相』，送杵聲。」《雜卦》所謂「井通」，其遂人溝洫澮川之法乎？《甫田》、《大田》諸什，其「勞民勸相」之辭乎？竊因《本義》「君以養民」、「使民相養」二語，而究言之。

初六，井泥不食，舊井无禽。《象》曰：「井泥不食」，下也。「舊井无禽」，時舍也。「舍」與「捨」同。

《程傳》謂「『初』無應援，無上水之象」是已。愚又謂，「初」居井底，「泥」之象，與「九五」「寒泉」相反。井以陽剛爲泉，陰柔在下，縱使有水，亦非清品，況泥之穢濁，而可食乎？凡言「食」者，兑口多在上。今巽口在下，乃「不食」之象。「舊井」與井甃相應，井以甃而新，不甃之井，泥在井底，上無汲水之人，潤不及物，禽鳥亦不至矣。坎在外卦，「无禽」之象。朱疊庵曰：「《漢書·張讓傳》作渴烏以轉水〔一〕，井上之禽或類此。」又是一解。「時舍」，《本義》「爲時所棄」是已。愚又按，上古有改火之制，又有易水之制。《管子》曰：「鑽燧改火，抒井易水。」《淮南子》云：「八方風至，浚井取新泉。」取新則舍舊可知。蘇紫溪曰：「人心物欲之污，其井中之泥乎？不能强爲善，而惟安於舊染，不惟人所共棄，且物類之不若矣。」

九二，井谷射鮒，甕敝漏。《象》曰：「井谷射鮒」，无與也。「甕」，《説文》作「罋」。

楊誠齋曰：「谷之水，以注而下爲功；井之水，以汲而上爲功。注而下者，其功及

〔一〕「漢書」，誤，當爲「後漢書」。

魚鼈；汲而上者，其功及百姓。谷下注，甕漏亦下注，皆不上出之義。」愚又謂，井有井之地，在谷則非其所矣。以井言，澤居巖谷，爲旁流之水，下比「初六」。「鮒」魚，陰物，「射鮒」之象。以汲井言，上有「九五」，而不相應，如「㴬甕」不能以上行，而反漏於下之象。「鮒」與「漏」，皆指初爻。「无與」，與《困・四》「有與」相反，井「二」即困「五」，井「三」即困「四」，《困・四》曰「有與」，《井・二》曰「无與」，何也？朱疊庵曰：「困貴同德相助，故『四』比於『五』，爲『有與』。井須二氣相濟，故『二』比於『三』，爲『无與』。『上六』以陰乘陽，則水自上出。『初六』以陰承陽，則水由下漏。」愚按，《象辭》合下爻觀之，同是感慨之意。凡汲水者視其器，薦賢者視其人。「㴬甕」安能施汲引之力，此汲者之過，於井何尤？夫子所以致歎於「无與」也，乃惜之之辭。又按，《爾雅》：「鱖，小魚。」《注》云：「似鮒子而黑。」《儀禮》：「魚用鮒十有五而俎。」《注》云：「此魚好旅行以相附，謂之鮒。」即今之鯽魚也。《程傳》以「鮒」爲「蝦蟇」，沙隨程氏謂當作「蚹」，與《爾雅》、《儀禮》注不同。

九三，井渫，句。**不食，爲我心惻。可用汲，王明，並受其福。《象》曰：「井渫不食」，行惻也。求「王明」，受福也。**

《程傳》云：「有才未得用，如井潔不見食，既以不得食爲『惻』，豈免有求？故求

『王明』以『受福』。」《本義》云：「『井渫不食』而使人『心惻』。『王明』則汲井以及物，而『並受其福』也。」愚竊合兩夫子之解而詳釋之。「渫」者，浚井而去泥也。「不食」與初爻相應，「我」者，「九三」也。「惻」者，心傷也。「用汲」，本是取水，今借爲「汲引」之義。「王」指「九五」。中爻自「三」至「五」互離，「王明」之象。「九三」以陽居陽，在內卦之上。「初」以「泥」故「不食」，「三」則「渫」矣，可食矣，而亦「不食」，無「用汲」之人也。不獨「三」之心「惻」然，旁人皆爲我「心惻」也。「行」，謂行道之人，對「我」字說。「惻」者，惻此水可「用汲」而無人「汲」也。「三」本與「上」正應，而「上」陰柔，力不能汲，可「用汲」者，其惟「王明」乎？「九五」陽剛中正，有汲引之力者也。如其汲而用之，則天下「並受其福」矣。「可用汲」以下，皆設爲「行惻」之詞，有惜其「不食」而期其不終於「不食」之意。屈原有言曰：「王之不明，豈足福哉？」夫子他日所以有「明王不興，天下孰能宗予」之歎！求「王明」而「受福」，安所得「王明」乎？言外有無限感慨。楊誠齋曰：「微明揚之帝堯，則大舜雷澤之漁父。微明哲之高宗，則傅說巖野之胥靡。」張彥陵曰：「『三』可用而不見用，『三』自遭際之窮耳。於行道之人何與，而爲之惻耶？此天下人心之公也。『求』字，亦作旁人爲『三』求，乃是期望之意。」此解更深一層。

六四，井甃，无咎。《象》曰：「井甃，无咎」，修井也。

程、朱皆謂，「六四」以柔居大臣之位，才弱不能濟物，故取「修井」爲象。《黄氏日抄》云：「此在有井谷之處，故因勉以『井甃，无咎』。」愚竊按，「四」與「初」無應，柔得正而比於「五」。「初」之「舊井」，「四」從而「甃」之。「三」在内卦，「渫井」以致其潔；「四」在外卦，「甃井」以禦其污，已入坎體，不「甃」則潔者易污。但以柔居柔，不能「改邑」，而能「修井」。「五」之「井洌」，甃者與有功焉，故「无咎」。胡雲峰曰：「不『渫』則污者不潔，不『甃』則潔者易污。此内外交修之道。」

九五，井洌，寒泉，食。《象》曰：「寒泉」之食，中正也。

《易讀》曰：「『洌』與『渫』異，有污不停曰『渫』，不澄自清曰『洌』。」愚按，「洌」即《小雅》「氿泉」之義。清寒者，水之本性。遇物然後濁而温，井泥已渫，舊井已修，井道全矣。所謂「井養」者，正指此爻。故曰「寒泉，食」，重在「食」字。胡雲峰曰：「井以寒洌爲貴，泉以得食爲功。『三』可食矣，而不如『五』之食。『五』在上，『三』猶在下也。然則『渫』與『洌』，性也。『食』與『不食』，命也。」吕仲木曰：「惟中正，則四方皆被其澤。《詩》云『泉之竭矣，不云自中』，此德之不中正者也。揚子中流之水，稱中泠，故當爲天下第一泉。」

上六，井收，勿幕。有孚，元吉。《象》曰：「元吉」在上，大成也。《易纂言》，「幕」當作「冪」。

自古注以及程、朱諸家，皆以「上六」處井之極，水已出井，故曰「井收」。「收」者，汲取也。「收」者汲缾之出，「幕」者，覆蔽之義。偶畫兩開在上，「勿幕」之象。王介甫以井口之臼爲收，讀去聲，訓作收口之義，即井欄也。又是一解。愚竊謂，「九五」陽剛中正，「井養」之德已具。「上六」柔得位，故「井養」之功則自上收之。「寒泉」所以得食，由坎口之「勿幕」也。與「五」同爲巽體。「上」以柔濟剛，故曰「有孚」。井道自下而上，天下共享其功，故曰「元吉」。《小象》申之以「大成」，即《象傳》「井養不窮」之義。胡雲峰曰：「《小象》始末，揭『上下』二字，見井之用在上不在下。」邵國寶曰：「井至於『渫』，修己之極也，井道之小成也。井至於『收』，及物之極也。井道之『大成』也。」

朱疊庵曰：「一『缾』之『羸』，致敗於垂成。一『幕』之去，收功於『元吉』。上有仁心仁政，而或被其澤，或不被其澤，祗爭萬分之一，不可以不慎也。」

愚又按，卦體三陰爻爲「井」，三陽爻爲「泉」。「初」爲眢井，無水，故爲時所棄；「二」有水而旁出，清濁未分也；「三」則「渫」而使之清；「四」從「舊井」而加「甃」焉，向之「不食」者至「五」而「寒泉食」矣。然非井口上水，何以收養人之功？六爻自下而上，不論有應無應，有一爻好似一爻之象。《繫傳》所云「井居其所而遷」，義不外乎此。人之遷善，日進而日上，亦猶是也。

周易玩辭集解卷第七

海寧後學查慎行

䷰離下兑上

革：己日乃孚，元亨利貞，悔亡。「己」音「几」。

《説文》：「革，獸皮治去其毛，革更之。」《雜卦傳》云：「革，去故也。」主變法説，有「改革」、「變革」二義。「改」者，當「革」之時，詳加斟酌。「變」者，已「革」之後，耳目一新。「己日」，程、朱多作「終日」解，惟朱漢上云：「十日至庚而更，革也。自庚至己，十日浹矣。『己』者，浹日也。」今從之。文王於蠱言「甲」，於革言「己」，皆用十干之名。此借「己」字，以證「孚」字。土主信，《彖傳》所以云「革而信之」。戊爲艮土，己爲坤土，不言「戊」，言「己」者，離、兑皆陰卦，故以陰土言。張慎甫曰：「卦位自離而坤、而兑，離爲夏，兑爲秋，而坤居其中，火大燥，金大肅，使其中非坤土，上以藴火之燥，下以温金之肅，則金爲火所剋，不成造化矣。」此「己日」之確證。「乃孚」者，難辭也。蓋「革」之事重大，變舊爲新，朝夕間，欲人之共信，豈能速效？故「革」即「日」不「孚」，必浹「日乃孚」，即《豐·初爻》「雖旬无咎」「旬」字之義，猶云「經旬乃孚」也。當「革」之初，人未必遽信，「悔」，在所不免。既周旬日，必可通行无礙，而又得其正，其「悔」乃可「亡」。先儒多以爲「日」，離象，故以日入澤爲「己日」，則是朝不孚而夕孚，似乎太速，非「乃孚」語氣。全卦總以「孚」爲主。蘇君禹曰：「『己日』，不求速也。盤庚之告殷民，示以祖父，引以迪簡，汲汲乎以言柔之。至於保釐既成，天下不知其變，若商君、荆公之『革』，輕變速禍，只是信未孚於民耳。」

《彖》曰：革，水火相息，二女同居，其志不相得，曰「革」。「己日乃孚」，革而信之，文明以説，大亨以正，革而當，其悔乃亡。天地革而四時成，湯、武革命，順乎天而應乎人，革之時大矣哉！

睽、革皆「二女同居」，睽，離上兑下，中、少猶不失序，未嫁之姊妹也，彼此不同行而已。革，兑上離下，已嫁之妯娌也，少女反居中女之上。水在上固可以剋火，火在下亦可以剋水，遂成「同居不相得」之象。先儒皆云然。愚又謂，睽之義在分，革之義在合。分則相違，合故相息。坎爲流水，火所不能剋；澤爲止水，火炎上，勢能息之，雖云「相息」，卦體乃離革兑也。夫水之勝火，其常也；火之勝水，其變也。革之道，取變不取常。常則爲水火既濟，不「相息」矣。《本義》謂有「滅息」、「生息」二義，《黄氏日抄》云：「水火不能相生，當爲息滅之息。」愚又竊謂，坎水離火，乃男女之道，其質根陰根陽，故相生。離火，中女也；兑金，少女也。火能革金，惟勝者能滅不勝者耳，恐无相生之理。張彦陵云：「兑爲正秋，全是金體，爲火所勝，而金又爲水之母，水又足以勝火，相剋之中，復寓相生之理。」特爲《本義》作解耳！

「革」在我，「孚」在人。必我先有以取信於人，而後人信於我。所謂「已日乃孚，革而信之」也。卦德内「文明」，而外和悦。「文明」則酌義理而非妄「革」，和悦則順時勢而非强「革」。所由「大亨以正」，而「革」無不「當」也。「當」字，即「貞」字之義。「悔亡」以下四句，舉「天地」以盡造化，舉「湯、武」以盡人事，見得時之所趨，不得不與人更始，「革」非聖人意也，時也。「天地革而四時成」，「革」春而夏，「革」秋而冬，一歲之事也。「湯、武革命」，天未順未可以「革」，人未應未可以「革」，易代之事也。時之既極，不變則窮，湯、武之變革，即天地之變革。三才一體，人情事變一體，「革之時」豈不「大」哉！高存之曰：「天地之四時，差一日不得；湯、武之革命，早一日不得。」愚又按，《彖傳》獨言「湯、武」，不言「堯、舜」者，揖讓所以繼治世，其道同；征誅所以繼亂世，其道異也。

《象》曰：澤中有火，革。君子以治曆明時。「曆」，《石經》作「歷」。

胡雲峰曰：「『澤中有火』，如海尾閭，名爲焦釜之谷，水入其中，焦乾無餘，此『革』之正義。」吴草廬亦云然。愚按，《大象》不曰「澤在火上」，而曰「澤中有火」，火豈澤中所當有？乃必「革」之象。天地之化，去者故而來者新。「君子」之「治曆」，所以「明時」。「明」者，明其去來消長之變也。洪容齋曰：「自乾至革，其卦凡四十有九，大衍之用也。分而象兩，天地革矣。揲之以四，四時成矣。是以至革始云『治曆』。」朱疊庵曰：「一歲有一歲之消長，歲差有多寡，而歲爲之進退矣。一月有一月之消長，月離有遲疾，而月朔爲之損益矣。一日有一日之消長，日躔有盈縮，而晷刻爲之饒乏矣，此則『治曆』之通乎《易》道者。後世以日法閏餘，强合象數，何其固哉！」俞玉潤曰：「水火相息，乃成四時。時運之革，中有數存，曆所以步其數也。」楊敬仲曰：「天道不可窮盡，故『治曆』者，當數變以求合。」

初九，鞏用黄牛之革。《象》曰：「鞏用黄牛」，不可以有爲也。

先儒謂「牛革」亦主變革言，非謂皮也。又以「初」與「四」無應，作不當事任解。愚按，離卦《象》言「牝牛」，第二爻言「黄離」，此合而取黄牛之象。《周禮·考工注》：「未練治曰『皮』，已練治曰『革』。」「革」字，只當作「皮」字解，取象也，與遯「二」爻同。彼云「執」，「執持」之義，屬人；此云「鞏」，鞏固之義，屬己。卦以「革」名，《爻辭》即借「牛革」以示象。「初」位在下，法猶未敝，時尚可待。用者，用堅忍之道，以自守也。夫子恐其以剛居剛，急於求「革」，故申之曰「不可有爲」，「爲」乃改革之義。謂「初」本有能「革」之才，但時未至而不可耳。潘雪松曰：「『鞏』者，以外束内之義。『黄牛』乃離中一陰，當指『六二』。『初』與『二』比，宜用『二』之中順以爲『革』，而不可自用其剛。」於義亦通。

六二，己日乃革之，征吉，无咎。《象》曰：「己日革之」，行有嘉也。

《本義》謂「猶未可遽變」。愚竊按，「二」爲成卦主爻，柔順中正。上與「五」應，「文明以悦」，「革」道歸焉，所謂「大亨以正」者，故既曰「吉」，又曰「无咎」，以終悔亡之意。《卦象》「乃孚」，緩計也。《爻辭》「革之」，决詞也。居離體之中，惟明乃斷，「革」之謀，「二」實主之。「己日乃孚」者，「革」而信之，正可「革」之時矣。所以《爻》曰「征吉，无咎」，《象》曰「行有嘉」，勸「二」往從「五」，以成「革」之功也。凡言「嘉」者，皆「二」、「五」相應，隨、遯與本卦同。

九三，征凶，貞厲。革言三就，有孚。《象》曰：「革言三就」，又何之矣？

朱子有云：「『三就』，言三翻結裹成就，却不是三人來説。」愚竊按，「三」與「二」，同是離明之體，與兑上之口爲正應，亦有識有謀者也。而「征凶」與「征吉」相反，何也？「二」以柔中正，應「五」剛中正，時不可失，故「征吉」。「三」當上下之際，正而不中，時未可行，故「征凶」。爲「三」之計，惟守正道而懷危懼，不敢躁動，而人自來就我。諸葛武侯躬耕南陽，先主三顧草廬，是其象已。蓋時至此，不得不「革」，正要斟酌商量。「革言」者，欲有謀焉則就之也，似當指「四」。「三」與「四」比，「四」來就商於「三」，至再至三，「革」之謀審矣，彼此有不孚者乎？兩爻同德相「孚」，「三」議革而後「孚」，「四」既「孚」而後「革」，將「革」而謀謂之言，「革」而行之謂之命。兩爻合看，「四」之「改命」，未必非用「三」之「革言」也。《象》曰「又何之矣」，謂人方來就商於我，我又何必「征」而取「凶」耶？

九四，悔亡，有孚，改命，吉。《象》曰：「改命」之吉，信志也。

離交兑，水火之際。九居「四」，剛柔相際，以能「革」之人處當「革」之時，又近君而受「革」之重任，從龍之佐也。《卦辭》之「悔」，「亡」於事後；《爻辭》之「悔」，「亡」於事先。三陽同德，「四」聯上下之交者也。下「孚」於「三」，則共事之情洽；上「孚」於「五」，則授任之意專。下不駭而上不疑，《卦象》所謂「乃孚」而「悔亡」者，皆於「四」觀其成矣。故合前後三爻，皆曰「有孚」。《本義》謂「又必『有孚』然後『革』，乃可獲『吉』」，似多一轉。愚竊按，「有孚」，當據現成説。「改命」者，易世受命之謂。本「九五」之事也，而繫於「九四」者，阿衡致主王道，師尚父鷹揚肆伐，此爻足以當之。《象》曰「信志」，謂「四」爲上下所「孚」，不獨「信」之於事，直「信」其心矣。

九五，大人虎變，未占有孚。《象》曰：「大人虎變」，其文炳也。

「五」爲「改命」之主，以陽剛中正之德，下應離明，爲順天應人之舉，掃除舊俗，氣象一新，以下四爻皆言「革」，臣下之謀也。「變」則大人之象，乾之「飛」曰「龍」，革之「變」曰「虎」。先儒云：「堯舜之揖遜，天下惟德之見，故曰『龍』。湯武之征伐，則有威存焉，故曰『虎』。」愚竊謂，世運有因革，唐虞之時，道在因；湯武之時，道在革。爲龍爲虎，易地皆然。觀《乾·九四·文言》曰「乾道乃革」，龍亦有革之時矣。凡卦爻之辭，皆以占事。他卦未嘗明言，獨於此爻發之，曰「未占有孚」，非謂「占」可不用，謂「占」已在未革之先，「孚」又在「未占」之先，不必謀及卜筮，而早「有孚」於人，如「三」、「四」皆「有孚」是已。「三」、「四」之「有孚」，占諸人也；「五」之「未占有孚」，信諸己也。本爻又與「二」應，離之「文明」，由内而達外，「其文炳」，猶曰「焕乎其有文章」。

上六，君子豹變，小人革面。征凶，居貞吉。《象》曰：「君子豹變」，其文蔚

也。「小人革面」，順以從君也。

陸績曰：「兑之陽爻稱虎，陰爻稱豹，從其類也。」愚按，虎文曰「炳」，天下文明之象；豹文曰「蔚」，一身威儀之象。班孟堅所謂「雲起龍驤，化爲侯王」時也，革道既成，君臣剛柔相際，戢干戈而興禮樂，棄其舊，而新是圖，奉行者自君子始。「小人」狃於故常，豈无外遵時王之制，而中以爲未便者？故「君子」於「小人」，亦第「革」其「面」，而不必責其心也。「征凶」，前輩類作「戒其輕動」解。愚又按，《爻辭》似從「小人」直説下，「征」者，往也，即「天下之父歸之，其子焉往」之義。「革」道已成，其有不遵王路者，則爲梗化之頑民，故戒在「征」則「凶」，而勸其「順以從君」，「居」則「貞吉」。「凶」「吉」二義，皆爲「小人」設，而王者容民畜衆之大度，在其中矣。

楊誠齋曰：「觀六爻之辭，知聖人之懼『革』也。『初』戒『革』之早，『二』戒『革』之專，『三』戒『革』之躁，『四』戒『革』之疑，『上』戒『革』之過。惟『五』不待『占』而決，是以善謀人國者，與其輕變以速禍，寧安静而無功。」

陸君啓曰：「天下患莫患於因循既久，而不爲振刷之謀，聖人以『蠱』幹天下之弊。禍莫禍於瑕釁已萌，而猶爲調停之説，聖人以『革』掃天下之『凶』。然而一規一隨，庸人足以諧時；三甲三庚，聖人不免駭世，故『革』莫重於『孚』，所以消懼免駭，以行其志者也。」

䷱巽下離上

鼎：元吉，亨。

《程傳》：「鼎之爲用，所以革物。變腥爲熟，易堅爲柔，水火不可同處也，能使相合而不害，可以養人。」愚按，古鼎有二，《詩》：「鼐鼎及鼒。」《儀禮》「舉鼎」、「陳鼎」，烹飪之小器也。禹鑄九鼎，以象九州；成王定鼎於郟鄏，國家之重器也。卦取烹飪之用。《周禮》：「烹人，掌共鼎鑊以給水火之齊。」「鑊」乃煮牲體之器，既熟，乃升於鼎，而調和之是已。革以離火鑄兑金，而「鼎」出焉，既成「鼎」體，又以水火爲「鼎」之用。在人事，則革命之後，創立新制，以養天下。萬世之業，在乎始創。横渠所謂「正始而取新」，故「元吉」，即《春秋》「重元」之意。《卦辭》自乾、坤而外，言「元亨」者三：大有與蠱與鼎，皆有更始之義。用元始之道，建萬世之基，故「元吉」而「亨」。《程傳》、《朱注》因《彖傳》無「吉」字，皆以爲衍文。愚按，《卦彖》所有而《傳》不必盡舉者，如《坤·卦辭》有「主利」二字，《彖傳》則無；《屯·卦辭》云「元亨利貞」，《彖傳》止云「大亨貞」；《萃·卦辭》云「萃亨」，《彖傳》止云「萃聚也」；《漸·卦辭》云「利貞」，《涣·卦辭》云

「利貞」，《彖傳》皆無「利貞」字樣，此「吉」字似不當衍。

《彖》曰：鼎，象也。以木巽火，亨飪也。聖人亨以享上帝，而大亨以養聖賢。巽而耳目聰明，柔進而上行，得中而應乎剛，是以元亨。上三「亨」字，音義與「烹」同，末如字。

伏羲制字，先象形。鼎之名，蓋取「鼎」象。《程子》云：「鼎之爲器，法卦之象。有象而後有器，卦復用器爲義。」今按，卦畫「初」陰在下，足象；中三陽，腹象；「五」兩陰對峙，耳象；「上」一陽橫亘，鉉象。爻位一一不紊，「象」者，鼎之體。「亨飪」者，鼎之用。井與鼎皆有養人之功，井言「巽乎水」，鼎言「以木巽火」。「巽」字，只作「入」字解。「以木巽火」，緩急適宜，始得調和之味。烹，煮也；飪，熟也。「享帝」、「養賢」，皆禮之大者，獨於「養賢」曰「大亨」，即「天地之牛角繭栗」、「賓客之牛角尺」之義。「享帝」之禮尚簡，「養賢」之禮貴豐也。「巽而耳目聰明」句，別從人身發卦德。離爲目，目明之象，兼言耳聰者。坎、離飛伏，互相取也。「聰明」從巽來，非作聰明可知。萬以忠曰：「聰明人所自有，不巽便心高氣粗，自爲蔽塞。木本是助火者，一巽便成妙用。今聰明人加以意氣，是以薪助火矣。」愚按，「柔進而上行」二句，與革卦反對之象，革下卦二爻之柔，進而上行，爲鼎之「六五」，得中而下，應「九二」之剛，義本了然。《本義》以卦變言，謂

「自巽來，陰進居『五』，而下應『九二』」，則「四」「五」兩爻同在上卦，似不得云「上行」。

《象》曰：木上有火，鼎。君子以正位凝命。

《大象》與《卦象》之「鼎」，名同而器異。《卦象》取烹飪之用，故曰「以木巽火」，此取國家之重器，故曰「木上有火」，乃鑄鼎之象。鄭東鄉謂「『革』似風爐」，朱子稱其解得好。愚又謂，兩卦反對，「革」是鼓鑄之時，尚未成「鼎」，至此則金從「革」而成重器矣。《程傳》謂「取其端正安重之象」是已，蘇氏《易傳》曰：「革以『改命』，鼎以『凝』之。」《程傳》以「命」爲「命令」之「命」，《本義》云：「『凝』，猶『至道不凝』之『凝』」，所謂協於上下以承天休者也。」《黄氏日抄》亦從朱。

初六，鼎顛趾，利出否。得妾以其子，无咎。《象》曰：「鼎顛趾」，未悖也。「利出否」，以從貴也。 「否」音「丕」。

《程傳》曰：「『六』在鼎下，『趾』之象也。上應於『四』，『趾』而向上，『顛』之象也。傾出敗惡以致潔取新，則可。」張元岵曰：「禮祭，先夕溉鼎滌濯，當革之後，鼎之『初』，正洗濯之時。陰柔不能負重，有顛倒之象，而因可『出否』，則未爲『悖』也。『從貴』，取新之意。」此因《雜卦傳》而云然。愚竊謂，《爻辭》當作兩層看，下二句申明上二句意，乃象中之象，陽實陰虛，初柔在下，「鼎」之未有實者，倒而滌之，足反居上，口反居下，似乎「悖」矣。以其「利」於出鼎中之穢濁，故未害爲「悖」。「否出」，則「鼎」可「實」，因賤以致貴，猶妾本賤，「得妾」以其子，母從子貴也。合《小象》看，下句似是比擬之義。中爻互兑，有「得妾」之象。《本義》所云：「因『顛』而『出否』，則爲利『得妾』而因得子。」亦猶是也。若以應「四」爲「從貴」取新，「四」且「折足覆餗」，何新之可取乎？

九二，鼎有實，我仇有疾，不我能即，吉。《象》曰：「鼎有實」，慎所之也。「我仇有疾」，終无尤也。

胡雲峰曰：「鼎與井相似，井『初』爲『泥』，『二』爲『泉』，而『二』視『初』爲『鮒』。鼎『初』爲『否』，『二』爲『實』，而『二』視『初』爲『疾』。」愚按，「二」，剛中，鼎之有實者也。「仇」，匹也，指初陽與陰比，故曰「我仇」。「疾」即鼎中之「否」，「初」已「出否」，可以實物於鼎矣。何疾「能即」我乎？我若無實，則「否」「能即」我矣。兩「我」字，明「二」自爲主也。不曰「使之不我即」，而彼自不「能即」我，所謂不惡而嚴。《象》曰「慎所之」者，必俟「否出」，而後納實，「慎」之於始，所以「終无尤」，只是不能浼我之意。一説，「二」與「五」正應，「仇」當指「五」，「疾」當指「四」。「五」方任「四」，而不知其有「折足」之「疾」，「二」自遠於下，彼雖「覆餗」，不能相及，故曰「不我能即，吉」，爻義或然，但與《象辭》難合。

九三，鼎耳革，其行塞，雉膏不食。方雨，虧悔，終吉。《象》曰：「鼎耳革」，失其義也。

「三」居下卦之上，巽體將變離矣，革之位也。先儒多以「鼎耳」指「六五」，或云「古鼎耳有在腹旁者，有在口上者，三乃腹旁之耳」。愚按，《漢書·五行志》：「鼎三足，三公象，而以耳行。」凡物之行以足，鼎則須用鉉貫耳，乃可舉之以行。「三」過剛不中，偪近離火，木火迅烈，鼎中沸騰，腹旁之耳亦變熱而不可舉，故爲「耳革」之象。與「上」無應，故「行塞」。離爲「雉」，「膏」者，腴也。「雉膏」，即鼎中之「實」。「三」雖承上卦文明之腴，而「不得食」，由於火烈，烹飪失宜也。夫火烈，則當濟之以水，水火調和，庶幾得宜。此爻變坎，則内外皆成雨象。「方」者，將也。「虧」者，少也。「方雨」者，冀望之詞，故不曰「亡悔」，而曰「虧悔」；不曰「吉」，而曰「終吉」。《小象》推原「耳革」之故，曰「失其義」，「義」者，「宜」也。「三」過剛不中，所以失宜。

九四，鼎折足，覆公餗，其形渥，凶。《象》曰：「覆公餗」，信如何也？

「覆餗」之義，《繫傳》言之詳矣。今從卦體推之。「四」以陽居陰，才剛而位柔，離中一陰爲耳，巽初陰在下爲足，中爻互兑爲毁折，「折足」之象。「初」未有「鼎實」，故「顛趾」以「出否」；「四」已承「鼎實」，故「折足」則「覆餗」。「三」實而液於内，象士人文德之腴，故曰「雉膏」；「四」珍而列於外，象王家大烹之養，故曰「公餗」。「形渥」，乃「覆公餗」之象，謂鼎旁汁瀋淋漓也。《程傳》解「形渥」謂「赧汗」，謂「大臣任用匪人，至於覆敗，可羞愧之甚也」。程沙隨以「渥」爲「厚漬」，謂：「『公餗』所以『養賢』，『九四』既『覆』養賢之『餗』，而膏潤於己者獨厚，所以『凶』。」於義亦通。《小象》申之以「信如何」。胡雲峰曰：「言失信也。」殊難理會。愚按，「四」比「五」，大臣而爲君所信任者。今乃至於「覆餗」，不知其向來取「信」於君者「如何」，似詰責語，又似嘲笑語。不言「凶」而「凶」可知。《本義》以「形渥」作「刑剭」，謂「重刑也」，似可商。

六五，鼎黄耳，金鉉，利貞。《象》曰：「鼎黄耳」，中以爲實也。

張彦陵曰：「『金鉉』，《本義》兩存其說。竊謂『鉉』，所舉鼎者也，必在耳上方，可貫耳，主『上九』說爲勝。」愚竊按，「五」當「鼎耳」之位，中一畫禀坤之中德，「黄耳」象。「鉉」，《說文》作「鼏」，以木横貫鼎耳也。《儀禮》作「扃」，《士昏禮》：「設扃鼏。」鄭康成注：「今文『鉉』爲『扃』字。」〔一〕陸德明《釋文》：「扃所以扛鼎。」此爻變乾，「金鉉」之象。「耳」在鼎上，受鉉以舉鼎者，「六五」也。「鉉」在鼎外，貫耳以舉鼎者，「上九」

〔一〕「今文『鉉』爲『扃』字」，據四部叢刊本《儀禮·士婚禮》鄭康成注文爲「今文『扃』爲『鉉』」。

也。鼎非鉉無以爲舉，耳非虚無以爲受。二物不相離，故於「五」並言之。貫鉉以行，必正乃無傾覆，故「利」於「貞」。《易》之道，陽實陰虚。「二」之鼎「有實」，以剛中也；「五」柔中曰「實」者，「二」、「五」正應，《彖傳》所云「柔，得中而應乎剛」。「五」蓋以「二」之「實」爲「實」者乎！或云：「『耳』非虚無以受『鉉』，『耳』虚而『鉉』實，『鉉』之實，『耳』之虚，中受之也。」亦是一解。

上九，鼎玉鉉，大吉，无不利。《象》曰：玉鉉在上，剛柔節也。

「上」之正位爲「鉉」，故不復言「耳」。「鉉」，一也，「五」取「金」，「上」取「玉」，中爻未變，同此乾體也。「金」以言其堅，「玉」以言其潤。「上九」以陽居陰，剛而能温之象。「鼎」之爲器，承鼎在足，實鼎在腹，行鼎在耳，舉鼎在鉉，至於「上」，厥功成矣。功成可以養人，亦猶井之「元吉，大成」。故「大吉，无不利」。歸震川曰：「『大亨以養聖賢』，天子當以聖賢置三公之位，上爻是已。」卓去病曰：「兩鉉總是一爻，以『六五』言，則爻陰而位陽；以『上九』言，則爻陽而位陰；合兩爻言，則『六五』爲陰，『上九』爲陽，俱『剛柔節』之妙理。」愚又按，風在火上，爲家人；火在風上，爲鼎。家人第三爻即鼎之上爻，彼以剛居剛，故曰「失家節」；此以剛居柔，故曰「剛柔節」。

胡仲虎曰：「鼎與井相似，井以陽剛爲『泉』，鼎以陽剛爲『實』。」愚又按，火澤爲睽，反對則風火家人；澤火爲革，反對則火風鼎；皆以離爲上下，而兑巽迭處焉。「離火」入澤則熄，入木則焰。

《像象》曰：「《噬・五》『得黄金』，《鼎・五》『黄耳』『金鉉』。此『金』原胎於震、巽二木中，又皆從火中鍛就。『彖』《易》聖人以明罰勑法、正位凝命爲教。巽流竊之，名爲九轉金液還丹，以離爲九，以九爲金，爲火。金火色皆赤，爲丹，《圖書》七九互易，故又假圖書名爲還丹，遂使四聖之教，夷爲聃、喜、鍾、吕之術。」

䷲震下震上

震：亨。震來虩虩，笑言啞啞。震驚百里，不喪匕鬯。「喪」，去聲。

《程傳》謂「陽生於下而上進，有亨之義。『虩虩』，顧慮不安之貌。『啞啞』，言笑和適之貌。雷聲所及，人無不懼而自失，惟宗廟執『匕鬯』者，則不至於喪失。惟誠敬而已。」愚竊按，卦本坤體，分乾初畫而爲震，一陽動於二陰之下，雷初出地，流動暢達，無有不「亨」。震又自乾來，故曰「震來」。雷之來也，其勢奮迅，嘘吸風雲，動摇山岳，若有鬼神異物，往來矆睒於其間者，「虩虩」之象，此句釋「震」字。曾不移時而歛怒收威，天地爲之改色，草木欣然向榮，「初」之「虩虩」者，後成「笑言啞啞」之象，此句釋「亨」字。

「虩」本蠅虎之名，其捕蠅，周環壁間，數數驚顧，故取此象而重言之。「虩虩」、「啞啞」二句，只就震象説。下二句，方説到人事。明於「震亨」之義，則當震驚時，得寧定之精神，乃能守而無失。如其不然，以俄頃而喪生平者，多矣！「百里」，極雷聲所至而言。震爲長子，故言「匕鬯」。楊誠齋云：「『震』能『驚百里』，而不能失『匕鬯』於主祭者之手。蓋一敬之外無餘念，一鬯之外無他物也。」愚又按，《詩疏》：匕所以載鼎肉，而升於俎，以赤心木爲之，鬯以秬黍酒加鬱金，以灌地降神，皆祭禮也。長子主器，匕牲薦鬯之外，餘皆有司職事矣。

《彖》曰：震，亨。「震來虩虩」，恐致福也。「笑言啞啞」，後有則也。「震驚百里」，驚遠而懼邇也。出，可以守宗廟社稷，以爲祭主也。

先儒多以《彖傳》爲處「震」之道是已。愚又按，《卦彖》言「虩虩」，驚動之象，《傳》申之以「恐致福」。《彖》言「啞啞」，安詳之象，《傳》申之以「後有則」。《彖》言「不喪匕鬯」，鎮定之象，《傳》申之以「守宗廟社稷」，皆從人事發《彖》中未盡之意。人情聞震雷，未有不恐者。因「恐」以「致福」，福非外至也。「虩虩」之後，繼以「啞啞」，非侈然自放之謂，不過循其常則而已。言笑自如，便是莫大之「福」。「匕鬯」「不喪」，便是「笑言」之「則」。「驚」以震言，「懼」以人言。所「驚」者遠，而所「懼」者邇。震在彼，懼在此也。「出，可以守宗廟社稷」，《程傳》依之，臨川鄒氏及《黄氏日抄》皆主此解。《本義》則謂「繼世而主祭」。愚按，朱子之説與《説卦》「帝出乎震」之義合，震主出，不主入，故曰「出可以守宗廟社稷」，當依《本義》爲正。

《晁氏讀書志》云：「《象傳》内脱『不喪匕鬯』四字。」《程傳》亦云然。愚竊按，先儒鄭孩如云，「可爲祭主」是解「不喪匕鬯」之義，而藏其辭，原無脱訛也。

《象》曰：洊雷，震。君子以恐懼修省。

「洊雷震」，與「水洊至」義同，重也，再也。前雷方至，後雷洊至，莫不震疊，天之威也。「恐懼」從《卦辭》「驚」字來。凡人悔心之萌，多自「恐懼」中出，故云「震无咎者，存乎悔」。雷所以啓人心之悔者也。因「震驚」而生「恐懼」。因「恐懼」而加「修省」，到得工夫純熟，自然不遠復無祇悔。所謂淵默而雷聲，不待徵色發聲而喻矣。顔子不貳過之基在此。「恐懼」是敬天之心，「修省」是回天之事。邱行可曰：「君子於『恐懼』之後，必以『修省』繼之者，所以盡敬畏之實也。徒『恐懼』而不『修省』，則變至而憂，變已而休，猶之無懼耳。『恐懼』者，憂其變之來，初震象。『修省』者，思其變之弭，洊震象。」

初九，「震來虩虩」，後「笑言啞啞」，吉。《象》曰：「震來虩虩」，恐致福也。

「笑言啞啞」，後有則也。

震之用在下，重震之「初」，又最下者，爲卦之主爻。周公《爻辭》即用文王《卦辭》，《小象》又與《彖傳》同，所以别於「九四」之「震」，三百八十四爻所獨也。鄭申甫曰：「『震』之所以貴於六子者，以其擔當氣力，能爲諸子之先鋒，故在家爲家督，居則監國，出則撫軍。一於震懼，何以承『乾』主器哉？故『震』者，動之謂，非『懼』之謂也。知懼之爲動，則知『初』之所爲『虩虩』，以動而爲懼，非『四』之所爲『遂泥』也。」愚按，「虩虩」之象，原爲「震」之初來而設，「笑言啞啞」，則復其故常矣。故周公於初爻，但加「後」、「吉」兩字，以見震之爲「震」，只是這箇道理。夫子分觀其象，而玩其辭，知《爻》之置「啞啞」於「後」，而云「吉」者，仍是「致福」「有則」之理，無容更贊一辭也。黄元公曰：「震一陽動二陰之下，艮一陽止二陰之上。動以『初』爲貴，故震之『吉』在『初』，而『四』則否。止以終爲貴，故艮之『吉』在上，而三則否。」

六二，震來厲，億喪貝。躋于九陵，勿逐，七日得。《象》曰：「震來厲」，乘剛也。

「二」與「三」，皆受「初」之「震」者也。「二」與「初」尤近，聞「震」則驚，危厲之象。《程傳》以「億」作「憶度」之「憶」解。臨川鄒氏、吴氏依之。愚竊謂「億」與「憶」字，體相似，而義各別。十萬曰「億」，言「喪貝」之大也。胡雲峰作「大喪其貝」解，與「六五」《小象》正合。震爲足，「躋」之象，中爻互艮，「陵」之象。下乘「初九」之剛，「九陵」之象。「七日」者，陽數極於六，至七則變而反其初，「勿逐，七日得」之象。初震之威，勢極猛厲，「喪貝」亦人之常情。「喪貝」至十萬之多，「二」能不顧，而飄然遠避，置身高處，無心於逐而自得。「得」字，對「喪」字看。「喪」者，喪其外來；「得」者，得其固有。由其居中得正，故雖乘剛，而鎮定若此。吴幼清曰：「有墮甑不顧之達，必有去珠復還之理。」二語得之。胡雲峰曰：「《屯・六二》、《豫・六五》、《噬嗑・六二》、《困・六三》、《震・六二》皆言『乘剛』，惟困『三』乘坎中爻，其餘乘震之初，皆不以『吉』稱。」

錢田間曰：「昭烈聞雷失箸，史以爲詐。夫迅雷色變，聖人有然，昭烈固以孟德『天下英雄』一語爲霹靂也。失箸以往，徘徊南服，不敢北向争雄。及在荆州，聞孟德之來，狼狽引去，可謂『喪貝』而『躋陵』者矣。而卒有荆、益，亦『勿逐自得』之效也。」

六三，震蘇蘇，震行，无眚。《象》曰：「震蘇蘇」，位不當也。

程、朱皆以「六三」所處不正，當去不正而就正，固已。愚又謂，「三」亦下受「初」震，而上無應與，故成「蘇蘇」之象。「蘇蘇」者，因震而意氣阻喪也。「震行」與「蘇蘇」相對，若能反其阻喪之氣，奮往前行，則可變災爲福，亦以避震爲義者也。不曰「无咎无悔」，而云「无眚」者，中爻互坎，坎多「眚」，人皆疑雷霆之「震」，爲天之降殃。聖人曰，「震」之道乃教人遷善改過，不「行」則有「眚」，「行」則「无眚」矣。「三」以陰居陽，「位不當」，故貴乎「行」。

九四，震遂泥。《象》曰：「震遂泥」，未光也。

《漢書·五行志》引「震遂泥」，《注》云：「從『三』至『五』，有坎象，坎爲水，『四』爲泥，溺於水，不能自拔，道未光也。」《本義》以「泥」爲「滯溺」之象。吴氏《易纂言》云：「中爻互坎，『四』當坎之中畫，在二陰之間，有遂陷於泥之象。」愚按，卦本坤體，互坎，則土得水而爲泥。自「二」至「四」，中爻互艮，又有止象。「遂泥」者，發而即止也。與「三」之「震行」相反。凡陽氣上行，則有光，今震於已震之後，朝氣盡而暮氣來，又爲内外四陰所掩，陽光豈能透露？故《小象》曰「未光」。「泥」字，从去聲亦可，震之威，惟倏往倏來，使人莫測其所至，若止而不行，人且習而玩之矣。

六五，震往來，句。**厲。億无喪有事。《象》曰：「震往來厲」，危行也。其事在中，大无喪也。**

《本義》：「以六居五，而處『震』時，無時而不危也。以其得中，故『无喪』而能『有事』。」愚又按，震至於「五」，「往來」數數矣，而無時或忘「恐懼」。《小象》所謂「危行」

是已。「億无喪」從「九二」「億喪貝」來〔一〕。「二」之「震」在「初」，突如來如，其勢猛。繼「震」不若初「震」之猛，「五」經事變，操於心慮者久矣。故二「億喪」，一「億无喪」。《小象》以「大」字易「億」字，猶云「萬萬勿喪」也。「二」居柔，則氣稍餒；「五」居剛，則守能堅。此以不避爲義者也。「有事」者何？即往來於危厲中，而「无」所「喪」是已。張待軒曰：「『五』之事在中上做工夫，中無時而喪，則事亦無時而喪。孟子所謂必有事也。」

胡庭芳曰：「『二』與『五』相似而相反，所以相似者，上卦之『五』，即下卦之『二』；所以相反者，『二』以柔居柔，『五』以剛居柔。『二』乘『初』，『五』乘『四』也。」

上六，震索索，視矍矍，征凶。震不于其躬，于其鄰，无咎。婚媾有言。《象》曰：「震索索」，中未得也。雖凶无咎，畏鄰戒也。

建安邱氏謂：「『五』乘四剛，已無足畏。上又遠之，則『震索索』然，無聲矣。」愚竊按，「索索」者，氣盡也。「矍矍」者，目動也。雷聲入耳，而不入目。今「上」居卦終，見下爻之被「震」，而耳目皆驚，過於畏懼，故成「索索」「矍矍」之象，如此心膽，安往而

〔一〕按，「九二」，當爲「六二」之訛。

可？故「征凶」。吴幼清曰：「『躬』謂『九四』，『鄰』謂『六三』。」愚竊謂，「躬」當指本爻，「震」尚在「鄰」，而未及其「躬」，故雖「凶」「无咎」。然猶不免「婚媾有言」者，謂「六五」當「震往來」，而「億无喪」。「上」方「震鄰」而耳目俱爲之動也。《象》申之曰「中未得」，可知處「震」之時，此中要有本領，方見得事明，立得脚定。「上」以柔居柔，所以旁皇莫措，由其「中未有得」也。《爻辭》以「震不于躬于鄰」爲「无咎」，《象》復申之曰「畏鄰戒」。可見修省工夫，要在變故未切身之前，以「鄰」爲「戒」，而預加敬畏，方能臨事不懼也。「婚媾」，《易纂言》謂「指應爻」。愚竊按，凡言「婚媾」者，皆在震遇坎之卦。屯，震上坎下；賁，中爻互坎；震、睽，中爻互坎，上爻變震，本卦中爻亦互坎。

愚又按，六爻二陽四陰，皆以「震」發端，「初」與「四」，所以爲「震」者也；「二」、「三」、「五」、「上」爲「震」所「震」者也。分内外言之，「初」在二陰之下，雷初出地，「二」、「三」猝不及備，曰「躋陵」，曰「震行」，皆以避爲義。「四」陷二陰之中，「泥」而「未光」，且「往」而復「來」，則天威褻矣。故「五」之「大无喪」，「六」之「不于躬」，皆以不避爲義。此六爻之情。

䷳艮下艮上

艮其背，不獲其身；行其庭，不見其人。无咎。

臨川吴氏引《詩》「言樹之背」，以「背」爲北堂，指初爻，爲「背」象。謂「其與『四』無應，故内不獲身，外不見人」。愚竊按，《易》之爲道，變動不居，獨艮取「止」義，陽自下升，至「三」而止，屹然不動，「艮」之象。一陽横亘於上，彼此不相應，「背」之象。「艮」爲門闕，「庭」之象。以人身觀之，五官百骸，皆動物也。惟「背」之爲體，止而不動，故以「艮」象歸「背」。惟「艮其背」，所以「不獲其身」。惟「艮其背」，所以「行其庭」而「不見其人」，不是四句分對。伊川以「艮背，不獲其身」爲「忘我」，「行庭，不見人」爲「不交於物」。明道謂「與其是内而非外，不若内外兩忘」。朱子謂「内不見己，外不見人」。象山云：「無我無物。」薛敬齋云：「動静各止於理，而不知有人我。」五先生同作理解。惟孔穎達云：「所見者在前，背則無見之物也。」濂溪云：「『艮其背』，『背』非『見』也。」就象作解，與《卦辭》最合。《黄氏日抄》云：「『艮其背，不獲其身』，背後自不見其身，『行其庭，不見其人』者，相背亦不見人也。静止之義理，皆在其中矣。」愚竊據後説推之，内卦以「三」爲背，則「初」、「二」爲身。背在身後，不與面相對，故「不獲」

自見「其身」。外卦以「上」爲背，則「四」、「五」爲人。與人相背，而不見其面，故「行其庭，不見其人」。文王只是就卦體説卦象，至象中所寓之理，豈一一説得盡？朱子於他卦皆言象占。於「艮背」，亦舍象而專言理，幾同莊子之「吾喪我」，釋氏之「無我相」、「無人相」矣。

魏莊渠云：「天文，左右前皆動也，惟北辰不動。人身，背亦如之，故字从北、从肉，此即六書假借之義。後人不明訓釋，六經多爲所梗，費了多少分疏。」

《彖》曰：艮，止也。時止則止，時行則行，動静不失其時，其道光明。艮其止，止其所也。上下敵應，不相與也，是以「不獲其身，行其庭，不見其人，无咎」也。

張雨若曰：「只緣『艮』義爲『止』，聖人怕人墮落寂滅境界去了，故特發出箇『行』字來。」愚按：《卦辭》於「止」中原兼「行」説，中爻互卦，上震下坎，亦有「行」象。夫子復就「行止」而以「動静」發明之，「行止」以對待言，「動静」作一串説，歸重又在「時」上。艮與震反對，震行而動者也，艮止而静者也。震時則「行」，艮時則「止」，所謂「動静不失其時」。人心煩擾則昏暗，凝静則光明。艮陽外見，陰不得而揜之，所謂太宇定而天光發也。道者何？「不失其時」之謂。羅念庵云：「『動静』皆從容閒雅，此乃身心安著處，不患明之不足於照矣。」正與此義合。顧「止」有「止」之「時」，亦有「止」之「所」。如當止而「止」，則止在「止」上；當行而「行」，則止又在「行」上。即有物有則，各得其所之謂。夫子以「止」字當「背」字，即「時止時行」，至當不易之處也。似不必依晁氏本改「艮其止」爲「艮其背」。王龍溪曰：「『敵應』者，應而未嘗應也。」馬經綸曰：「云『所』似有方向，似有邊際，故以『敵應不相與』爲『所』。」愚按，陰陽和則交，謂之和應；不和則不交，謂之絶應；皆陰皆陽，雖應而不和，謂之「敵應」。六爻「上下敵應」者，八純卦皆同，獨於艮言之者，艮是「止」體，所取專在「不相與」。相與則動，動則不免有咎矣。「是以」以下，一氣讀到底，只完得《卦辭》之義。

《象》曰：兼山，艮。君子以思不出其位。

「兼」者，兩也。「坎」、「離」、「雷」、「風」、「澤」，五子皆有往來之義。「兼山」不然，各成一山，前後相背，非連岡接嶺也，故爲「止」象。君子之素位而行、不願乎外似之。先儒謂「思」，心之用，著於無「思」，即爲沈空；著於有「思」，則爲逐物。愚竊謂，「位」字即《象傳》「所」字，從定理而論，曰「所」；從現前而論，曰「位」。天下無一定之位，有是「位」則有是「思」。「止」亦無定「位」，而當「位」即「止」，時「行」時「止」，便即「行」即「止」，所謂「思不出位」也。《程傳》云：「或過或不及，便是出位。」愚又按，《左傳》：

「子太叔問政於子産。子産曰：『政如農功，日夜思之，思其始而成其終，朝夕而行之。行無越思，如農之有畔，其過鮮矣。』可爲《大象》注脚。

初六，艮其趾，无咎，利永貞。《象》曰：「艮其趾」，未失正也。

先儒謂「聖人觀心於復，觀身於艮。諸爻近取諸身，與咸略同，此却是『背』象，如人背面而立，『腓』、『限』、『夤』、『輔』，皆從後可見，惟『趾』則見於前者」。愚按，身之「行止」由乎「趾」，「艮趾」是第一步工夫，「止」在方動之初也。工夫愈早愈好，所謂遏人欲於方萌，故「无咎」。所難者終身不變耳，故須「永貞」方得。「初」爻剛位柔，本非正，《象》曰「未失正」，謂義在當止，未爲失也。

六二，艮其腓，不拯其隨，其心不快。《象》曰：「不拯其隨」，未退聽也。

《本義》謂「『三』止乎『上』，不肯退而聽乎『二』」。先儒或云：「『三』者，『二』之所『隨』。『三』『艮其限』，止所不當止。『二』當『腓』之處，不能以隨時之學，化其執一之弊，而反隨『三』而止，故『其心不快』。」愚竊謂，取象即在本爻，「腓」，足肚也，有肉而無骨，在「趾」之上，股之下，上隨股而下隨趾。「二」，陰柔居下卦之中，故有此象。「腓」不自動，隨足而動。足亦不自動，其權在「心」。以「心」爲制，則全足皆止。以「腓」爲制，「趾」動則「腓」隨之矣。「二」，本欲「艮其腓」，今「腓」隨趾以動，而不能救止之。

君子「艮止」之學，原是以我御物，不以我隨物。今不能「拯」而反「隨」之，此「心」終日役役，安能快然耶？《小象》云「未退聽」，言未能退而聽命於「心」也。若「心」作得主，則百體皆從矣。中爻互坎，爲加憂不快之象。張待軒曰：「後世之止，祇求息心。大《易》之止，却求快心。快即自慊之學，此心作得主，凡情俗念俱退聽矣。」《易纂言》以「腓」指「二」，以「隨」指「三」，以心指「五」。釋《爻》義太破碎，吾不取也。

九三，艮其限，列其夤，厲熏心。《象》曰：「艮其限」，危熏心也。

虞仲翔云：「『限』，束帶之處。」王輔嗣云：「『夤』，夾背肉。」程沙隨云：「『限』分上下，『夤』列左右。」《本義》謂「『限』，即腰胯也。『夤』，膂也」。諸説不同。愚竊按，『限』乃『夤』之字義，非腰胯之名，乃上下之界限。一陽在下卦二陰之上，故曰「艮其限」，本一物也。有如「夤」之「列」而爲二，故曰「列其夤」。「夤」則腰膂也。兩句似當相連説。中爻互坎，「九三」一陽，坎中水也。坎爲心病，心猶火也。自「四」至「上」，《大象》「離」，離爲火，有「熏」象。人身水下火上，水欲其升，火欲其降，腰膂居其中，屈伸所係。中爻又互震，宜動不宜止者也。今上自上，下自下，彼此判隔，水不升而火不降，「三」欲遏炎上之勢，其勢轉熾。本欲制心，適以「熏心」，此告子强制之學，危而不安者也。「二」、「三」兩爻，皆提出「心」字，心體固不可妄動，亦不可以惡動而求静。「二」

之病在過柔,「三」之病在過剛。「二」役於有動之心,「三」偏於有靜之心,不動心之學,豈易易哉?

六四,艮其身,无咎。《象》曰:「艮其身」,止諸躬也。

吴草廬曰:「『身』謂腹以上膈以下,呼吸之根,氣所從生也。」唐凝菴曰:「『三』分上下爲兩截,『四』通上下爲一體。『三』以剛居剛而心危,『四』以柔居柔而身安。」愚按,「身」字,從《卦象》來,「身」者,人之全體。言「身」則「背」與「心」在其中矣。胡雲峰曰:「咸『四』以心之動者言,此不言心而言身,兼動静也。」愚又謂「六四」爻位皆陰,純是静體。身止則背止,心亦得所止矣。勞而逐物,不如逸而證身,故「无咎」。此近裏著己之學,躬行君子也。楊龜山云:「《爻》言『身』,《象》言『躬』者,伸爲『身』,屈爲『躬』。屈伸在我,不在物。」王伯厚云:「偃身爲躬,見躬而不見面。『止諸躬』,即所謂『艮其背』也。」

六五,艮其輔,言有序,悔亡。《象》曰:「艮其輔」,以中正也。「正」字當衍。

李隆山曰:「人所見於外者,不過言行二者。在下有『腓』、『趾』,以象其行;在上有『輔』、『頬』,以象其言。」吴幼清以「輔」指「上九」,愚竊謂即指本爻,與咸卦不同。「輔」者,言之所從出也。文王於《卦辭》單説「行」,周公於《爻辭》補出「言」字。咸取

「輔頰舌」，此單取「輔」。《釋名》云：「『頤』，輔車，其骨彊，可以輔持其口。」在兩頰之旁，亦從背後見者。「艮其輔」，非不言也，止在「言」前，故出之「有序」。「序」者，義理之次第也。多言則多悔，「有序」，故「悔亡」。「初」「艮趾」，「止」其「行」也。「五」「艮輔」，「止」其「言」也。「中」者，時而已。時言時默，即時行時止。發語有先後，出令有緩急，皆是也。以陰居陽，中而不正。《本義》云：「『正』字，羨文。」而《語類》載朱子之言，則曰：「艮之『六五』，以『中正』而『言有序』。」薛敬齋謂《語類》出門人之手，多失朱子意。此亦其一也。

上九，敦艮，吉。《象》曰：「敦艮」之「吉」，以厚終也。

吴幼清曰：「『上』變爲柔成坤。」胡雲峰曰：「『上』獨不言象，乃取坤土象。」邱行可曰：「艮以人身取象，艮，止體。身，動體也。六爻自『趾』至『輔』，皆囿於一體，未能盡止道之善。獨『上』爲艮主，於當止之地，而能止焉，所謂『止於至善』。聖人以爲非形之可拘，故曰『敦艮吉』。」愚按，上爻吉占無多，而艮在上體者，蒙、蠱、賁、大畜、頤、剥、損、艮八卦皆「吉」，聖人喜静而惡動也。艮，陰土也。居「兼山」之上，有敦厚之義，故「吉」。唐凝庵曰：「上之『厚終』，與『初』之『永貞』相應。蓋末路易失，故步難持。『上』得止之『終』，則通上下爲一身，合行止爲一道矣。止難於『終』，其始皆暫止者也。

至於『終』止，則真能止矣。」愚又謂，人之氣象，動者多薄，静者多厚。厚非一朝一夕之故，自「艮趾」以後，「二」之「心不快」，「三」之「心危厲」，必也反躬「无咎」，出言「悔亡」，而後得「敦艮」之「吉」，輕動之象，至「終」乃得免焉。人可不躬自厚哉！

朱子曰：「復卦静中有動，艮卦又是動中要静。復卦便是一箇大翻轉底艮，艮卦便是兩箇翻轉底復。復是五陰下一陽，艮是二陰上一陽，在下便震動，在上則没處去了，只得止，故曰『艮止』也。」愚又按，《繫傳》卦位起於震，而終於艮，上下皆震，獨初爲卦主，動惟發於始也。上下皆艮，獨「上」爲卦主，止必要其「終」也。

䷴艮下巽上

漸：女歸吉，利貞。

《程傳》：「漸與歸妹正相對，女之歸，能如是則正而吉。蓋其固有，非設戒也。」

《本義》以「利貞」爲「戒辭」。愚竊按，卦象長女在上，將入而來歸。少男在下，方止而未往。「女」之於「歸」，必俟納采、問名、納吉、納徵、請期、親迎，六禮備而後行。天下之進以「漸」者，無如女子之於歸，故曰「女歸吉」。咸「取女吉」，取婦之卦也。漸「女歸吉」，嫁女之卦也。咸以正感，男下女；漸以正進，女從男，皆以「貞」爲主。「利貞」者，其利乃在「止而巽」，似非戒詞，當依《程傳》。王伯厚曰：「漸，男方求女之事；歸妹，女將歸男之時，以未成夫婦而名卦。」愚又按，外卦本乾，内卦本坤，「三」「四」互换，而乾變巽，坤變艮，中爻自「二」至「五」，各得其正，而女居外卦，乃自外來歸之象也。

《彖》曰：漸之進也，「女歸吉」也。進得位，往有功也。進以正，可以正邦也。其位，剛得中也。止而巽，動不窮也。

《本義》云：「『漸之進也』，『之』字疑衍，或是漸字。」愚按，晉與漸同取進義，本卦所重却在不遽進。「漸」不是「進」，「漸」乃所以「進」也。「漸之進」，「之」字與「比之自内」、「否之匪人」句法相似，言「漸之進也」，如「女歸則吉也」，「之」字似不當衍。《彖傳》於《卦辭》不多添注脚，只點綴幾箇虚字，「利貞」之意已明。「進得位」以下，皆釋「利貞」之故，「得位」、「得中」，皆指「九五」一爻。「止而巽」，又從卦德發「漸進」之義。兩「進」字，從上「漸之進也」來。「進以正」，即是「進得位」。「正邦」，即是「有功」。以「正」者「得位」之本，「正邦」者，「有功」之驗。卦之中，四爻皆「得位」。聖人恐人誤認，故復申之曰「其位剛得中也」，所以别於「六二」之柔「得中」，惟其「止而巽」，所以「動不窮」。下「止」則凝静不擾，上「巽」則相時而動。以此而「進」則「得位」，以此而「往」則「有功」。所謂「漸之進」者如此，所謂「貞」之「利」者如此。

「進得位」，《本義》謂「卦之變自渙來，九進居『三』，自旅來，九進居『五』，皆得位之象。」亦雜舉兩卦爲卦變者也。愚按，漸與歸妹反對，歸妹下卦之兑，進而爲漸上卦之巽，則「二」、「三」、「四」、「五」皆「得位」，而「五」又「得中」，乃反對之象。若以卦變言，成卦之主在「三」、「四」兩爻，何不云漸三陰之卦自否來？「三」進居「四」，而剛柔得位；「五」剛得中，似不必云自渙來，又自旅來。

《象》曰：山上有木，漸，君子以居賢德善俗。《舉正》作「善風俗」。

《黄氏日抄》云：「《程傳》以『山上有木，其高有因』爲『漸』。晦庵謂『木漸長則山漸高』，似勝『有因』之説。」愚又竊謂，地勢平衍，木之長也易見，故謂之「升」。山勢高峻，木之長也，不覺止於下而進於上，故謂之「漸」。《本義》疑「賢」字當衍，或「善」下有脱字。愚竊謂，「賢德善俗」，猶云「仁里」也。從來風俗之美惡，視男女之貞淫。入其鄉而嫁娶以正，婚姻以時，則風俗之善可知。君子居仁里，則事賢友仁，積日積月，吾德不覺漸成，如「山上有木」，不見其長，以漸而高也。若衍却「賢」字，則與《夬·大象》「居德」無別矣。

初六，鴻漸于干，小子厲，有言，无咎。《象》曰：小子之厲，義无咎也。

《本義》：「鴻之行有序，而進有漸。始進於下，未得所安，上復無應，故象如此。」愚竊按，文王《卦辭》以「漸」爲婚禮，故周公《爻辭》多以「鴻」取象。《婚禮》「奠雁」，取其不再偶也。鴻之飛，翼次肩隨，成行而進，「漸」之象。中爻互坎爲水，水涯曰「干」。「鴻」，水鳥也。「初」居最下，「漸干」之象，不獨遠無應，近亦無比，離群孤飛，「厲」之象。爻位皆陰，「小子」之象，與隨卦陰爻稱「小子」同。鴻性多警，失群則呼，「厲而有言」之象。以其心知危懼，故雖「厲」而「无咎」。以義揆之，寧有危懼，而陷於咎過者乎！

六二，鴻漸于磐，飲食衎衎，吉。《象》曰：「飲食衎衎」，不素飽也。

《程傳》：「『磐』，石之安平者。」愚按，「二」居艮體之中，艮爲石，「磐」之象。「漸于磐」，視「干」稍進矣。中爻互坎，有「飲食」之象。「二」，柔順中正，與「五」本正應，「五」云「三歲不孕」，則「二」猶爲未嫁之女。《雜卦傳》所謂「女歸待男」者，正指此爻。不急於進，而從容自養以待時，故「吉」。有「鴻漸于磐」，飲啄自如之象。「衎衎」，和樂也。人見其「飲食」宴樂，居中無事，未必不蒙素餐之譏，故《象》以「不素飽」釋之，以見「二」之從容有待，非甘豢養而妄進者也。又按，《漢書·武帝紀》引此文，「磐」作「般」，《注》云：「水中堆也。」《易纂言》云：「『磐』，水旁石墩。」

九三，鴻漸于陸。夫征不復，婦孕不育，凶。利禦寇。《象》曰：「夫征不復」，

離群醜也。「婦孕不育」，失其道也。利用禦寇，順相保也。

《爾雅》：「高平曰陸。」「三」居艮上，視「干」「磐」漸高矣。鄭剛中曰：「『三』上無應而親『四』，『四』下無應而奔『三』。『三』務進而妄動，故『征』則不可還。『四』失守而私交，故『孕』則不敢『育』。」吴幼清曰：「『三』往爲『六四』，『四』來爲『九三』，故否變成漸，而『九三』得居正位。『三』『四』，男女之交也。今『九三』剛躁，不安其居，又欲往『四』，則漸復變爲否，而男女不交矣。『三』往，則『四』來，因『夫征不復』，故『婦孕不育』也。」愚按，卦中夫婦之義，於此爻發之。《卦辭》之「女歸」，『二』『五』正應也。《爻辭》之「夫婦」則指『三』『四』兩爻。『四』無歸『三』之理，以近比而成偶，本失「女歸」之正，因兩爻各得艮、巽之正位，故聖人亦許其爲「夫婦」也。中爻互坎，陷而止之，「夫征不復」象。坎中滿，婦孕象。自「三」至「五」互離，中虚「不育」象。又，坎爲盗，寇象；艮止也，「禦寇」象。胡雲峰曰：「『三』悦『四』之陰，往不以正也。『四』從『三』之陽，合不以正也。故一則『征』而『不復』，一則『孕』而『不育』。『不復』、『不育』，『凶』之極矣，而云『利禦寇』，不可解。或曰，鴻宿處必有司夜，以防掩捕。遇警一號，則舉群皆起，乃『禦寇』之象。」今據《小象》釋之，「三」本艮體，去其儔類，而比「四」，故曰「離群醜」。「三」以私情，與「四」相合，故曰「失其道」。「四」巽體，而性順，與「三」既合，物莫能奪，故曰「利禦寇，順相保」。張彦陵曰：「『禦寇』與『婚媾』相反。此句正教『三』以待『四』之法，蓋夫婦而出於私情比昵，匪媾也，而實『寇』也。惟以『禦寇』之法禦之，庶幾不受私情之累，乃爲『利』耳。」又是一解。

六四，鴻漸于木，或得其桷，无咎。《象》曰：「或得其桷」，順以巽也。

「四」入巽體，「漸于木」，視「陸」又高矣。「鴻」，駢趾，豈能集木？「四」與「初」無應，繞樹三匝，無枝可依，宜有咎矣。《程傳》、《本義》皆以「桷」爲「平柯」。愚竊按，《詩疏》：「『桷』，榱也。」夏侯湛《玄鳥賦》：「銜泥結巢，營居傅桷。」吴幼清云：「屋椽之方者，似非『平柯』之解。」或得木枝横平如桷者，則可以託處而「无咎」。「九三」，一陽在下，有「桷」象。《象》曰「順以巽」，與前「順相保」相應。「四」以陰居陰，「巽順」者，婦道也。故於此再言之。

愚又按，《爻》、《象辭》皆詳於「三」，而略於「四」，必兩爻參看始明，似側重在陰一邊。當「夫征不復」時，一離群之婦，懷抱無兒，外多强暴，幾幾有不能自保之勢。於此而能守身禦寇，擇木孤棲，卒能婉孌相保，以待「征夫」之「復」。《爻辭》於「三」曰「凶」，於「四」曰「无咎」，嘉其得「巽順」之道也。

九五，鴻漸于陵，婦三歲不孕，終莫之勝，吉。《象》曰：「終莫之勝，吉」，得所

願也。

《程傳》以「陵」爲「最高處」，象君位之尊。愚竊按，《爾雅》：「大阜曰陵。」艮山在下，「漸于陵」之象。「五」與「二」正應，「婦」指「二」，中爻互離，中虚，「不孕」之象。離位居「三」，「三歲」之象。「五」以剛中正應柔中正，非「三」、「四」之比。「三」云「不育」，已「孕」而「不育」，以合之不正也。「五」云「不孕」，未合而「不孕」，以有待而合也。「終莫之勝」，謂「五」之心惟屬於「二」，視人世女歸之正，「終莫」有「勝」於「二」者，雖于歸有待，到底是德配，故「吉」。同人「二」、「五」亦爲「三」、「四」兩爻所隔，故「九五」曰「大師克相遇」，此曰「終莫之勝」，其義相同。胡雲峰曰：「卦以巽爲女，艮爲男，而爻以『五』爲夫，『二』爲婦者，以『二』『五』相應爲言，取義不同也。」愚又謂天下之躁進者必驟退，易合者亦易離。「二」不輕進，「五」不輕合，相須之久，相信之深，至此始得所願，其進之正，而得位如此。

上九，鴻漸于陸。當作「逵」。**其羽可用爲儀，吉。《象》曰：「其羽可用爲儀，吉」，不可亂也。**

愚按，六爻之象，「上九」爲最吉。「漸」道已成，離群高舉，「漸逵」之象。先儒或以「漸陸」爲退飛之象，或以「三」爲南陸，「上」爲北陸，皆從木字作解。《晁氏讀書志》

「陸」作「逵」，胡安國亦然。《程傳》：「『逵』，雲路也。」吴草廬云：「『陸』，當作『逵』，字體相類，傳録誤也。」愚按，下五爻皆叶韻，本爻「逵」與「儀」叶，其義可見，當從之。「漸于逵」，言其翱翔雲路，使人可望不可即，吉光片羽，留爲世珍，所謂進退可法者也。「儀」字，如「鳳凰來儀」之「儀」。亦當從《程傳》。《纂言》作「儀刑」解，亦猶《蠱·上九》「不事王侯，志可則也」之義。《本義》以「儀」爲「旌纛之飾」，似非正解。「可用」，「用」字當玩，大抵無位者，多無用。「上九」乃賢人之高致，其「用」可以爲「儀」。雖高而無位，非無用者也。鴻之飛，成群而不失次。《小象》獨於上爻言之者，要其終而知其「不可亂」也。「亂」者，失次之謂。只就「鴻漸」説，不必説到不以富貴利達亂其心也。

吴草廬曰：「鴻，水鳥，而乘風以飛，下卦艮止，而有坎水，故下三爻之《象》曰『干』，曰『磐』，曰『陸』，皆『漸進』而止於水際者也。上卦巽爲風，爲高，故上三爻之《象》曰『木』、曰『陵』、曰『逵』，皆『漸進』而飛於風中者也。此六爻之情。」

䷵兑下震上

歸妹：征凶，无攸利。

《程傳》：「『歸妹』，女之嫁，歸也，男上女下，有悦少之義。以悦而動，則不得其正矣，故位皆不當。」愚竊按，《説文》：「『妹』，女之少者。」女少，故字從未。六子相配之卦，凡十八。咸、恒、漸、歸妹四卦皆取嫁娶之義。三卦《彖辭》或「吉」或「利」，惟《歸妹》獨「凶」。咸二少相感，恒二長相承，漸以少男下長女，此則以少女下長男。本非匹敵，不待父母之命，媒妁之言，明是妹自爲政，故曰「歸妹」。《禮》「男子三十而娶，女子二十而嫁」。女未有不少於男者，女少則有待年之義。今妹往而求夫，故「凶」，「凶」在「征」也。吴幼清曰：「以『三』『四』兩畫言，泰之『三』『四』本當位，今『三』往『四』來，則皆不當位，故既曰『征凶』，又曰『无攸利』，深戒之也。」程敬承曰：「六十四卦中，《彖辭》全無好處者，惟否與歸妹耳。否是小人肆志之日，歸妹是小人進身之時。」

《彖》曰：歸妹，天地之大義也。天地不交，而萬物不興。歸妹，人之終始也。説以動，所歸妹也。「征凶」，位不當也。「无攸利」，柔乘剛也。

愚按，《卦彖》極言歸妹之「凶」，夫子却從「歸妹」二字，先發「天地之大義」。蓋本卦從泰而變，「三」「四」兩爻互換，而爲兑、震，兑爲少女，乃女之終。震爲長男，乃男之始。上震，乃乾交於坤之始；下兑，乃坤交於乾之終。坎、艮、巽、離，皆包羅於中矣。「萬物」皆六子之變化，出震見離，悦兑勞坎，所謂「興」也。「天地不交」二句，乃反言，以明天地之大義，因交而生物也。以下復説到人事，夫婦原以人合，前者有終，後者有始，與天地生生不已一般，纔完得「天地之大義」。舊注以「終」屬女，「始」屬生育，似不必泥。男女本是天地間大道理，只爲「悦以動」，所以爲「歸妹」，非惡其歸。惡其所歸者，妹也。斥其爲妹，罪有專屬矣。「三」以陰居陽，則位不當，踞「九二」之上，則柔乘剛。「説以動」以下，接連六句，專指「六三」一爻。《卦象》因女「悦」以致男「動」，所以云「凶」而「无攸利」也。若依《程傳》，謂「二」、「三」、「四」、「五」位皆不正，「三」、「五」皆柔乘剛，則罪不獨在一女子矣。

《象》曰：澤上有雷，歸妹。君子以永終知敝。

《本義》：「雷動而澤隨，歸妹之象。」胡雲峰曰：「澤隨雷動。」來矣鮮曰：「雷震澤上，水氣隨之而升。」似乎將「悦以動」多倒轉看了。愚竊謂「澤上有雷」，上之雷聲未動，下之澤氣先升，方合「悦以動」之義。夫婦之道，欲其有終而無敝，其始不以正者，其終必有敝可知。不獨夫婦也，君臣朋友亦然。衆人無終，由於不知敝，君子知敝，是以能永終。

初九，歸妹以娣，跛能履，征吉。《象》曰：「歸妹以娣」，以恒也。「跛能履」，吉。句。相承也。

先儒多以「三」「四」兩爻爲成卦之主，建安邱氏則指「二」「五」爲主爻，吴幼清以初爻統全卦之義，惟陸庸成謂歸妹六爻俱無夫象。愚按，本卦與漸反對，漸是民間之嫁娶，此是帝室之婚姻。在全卦則兑從震，以「六三」爲主爻。在六爻則不論陰陽，又各有「歸妹」之義。古者，天子一娶九女，諸侯一娶三女，有嫡有媵。媵者曰「娣」「姪」，「歸妹以娣」，蓋妻之妹從嫡以適人者。「初」無正應，「娣」象。居卦之下，「履」象。兑爲毀折，「跛」象。以剛居剛，本能「履」者也，而託之於「跛」，嫌並嫡也。存此不敢上人之心，何往不吉？《小象》曰「以恒」，以分言，乃今古之常禮，非「説以動」可知。曰「相承」，以德言，「二」承「五」，「初」承「二」，安於爲「娣」，非柔乘剛可知。所以《彖辭》曰「征凶」，《爻辭》曰「征吉」。《小象》「吉」字當連上讀，「相承也」三字自爲句。

九二，眇能視，利幽人之貞。《象》曰：「利幽人之貞」，未變常也。

《本義》：「『眇能視』，承上爻而言。」愚竊據兩爻合看，「二」亦「娣」也。以「視」承「履」，其爲「娣」所不待言。居「初」之上，中爻互離，爲目，視象。「二」剛中，亦能「視」而託於「眇」者也。「幽人」猶云「静女」。本卦「九二」即履卦之「九二」，故其占同。《象》於「初」曰「以恒」，於「二」曰「未變常」，夫婦之道，不可不久，惟各安其常。「初」所以「吉」，「二」所以「貞」，與履「六三」取象同，而義則不同。

六三，歸妹以須，反歸。句。**以娣。《象》曰：「歸妹以須」，未當也。**

「須」字，先儒有三解。《程傳》作「待」字義，或云「須飾」之「須」，是爲盛容飾以待「歸」也。朱漢上引《天官書》「須女四星，賤妾之稱」，《本義》依之。愚按，「六三」不中不正，居悦體之上，爲卦主爻。所謂「征凶，无攸利」者也。蓋婢僕之流，非世家之女，以色見售，而不得列於「娣」者，故以「須」名之。「歸妹」若以「須」從，將來妬寵争妍，禍有不可勝言者。爲「六五」計，當去「六三」之「須」，而以「初」「二」爲「娣」。「反歸」者，反「須」，使歸母家也。二字似當屬上句讀，「以娣」二字自爲句，指下二爻。《象》曰「未當」，幸「三」未當位，尚在貫魚之列，宜及此時去之也。「以須」爲「未當」，則「反歸」之「當」可知。若以「須」爲「待」，「反歸」爲「娣」，則待年之女，似與「九四」無别矣。

愚又按，内卦三爻亦當合看。「五」爲女君，諸爻皆其媵也。以象言，兑爲妾；以位言，上貴而下賤。妾婦之道，履不踰閾，視不出户。「初」、「二」曰「跛」、曰「眇」，既不自多其能，又見不尚色之意，《本義》所謂「女之賢」者也。至「六三」，則「娣」中之匪人矣，故加之以賤稱。從來並妻奪嫡之事，多出帝王貴戚之家。故聖人於内三爻惓惓垂戒，謂「歸妹」而「以娣」，雖「跛眇」亦「能履」、「能視」，「吉」而且「利」。「歸妹」而「以須」，何必更言「凶」、言「不利」，只有「反歸」之一法耳。

九四，歸妹愆期，遲歸有時。《象》曰：愆期之志，有待而行也。

《易纂言》以「九四」震長男，爲「歸妹」之兄，「五」爲妹，「二」爲壻。似乎强生分别。愚竊謂「九四」亦「娣」也。婚姻宜有常期，卦至四爻，女猶在室，「愆期」之象。《詩》云：「士如歸妻，迨冰未泮。」今卦入震體，則冰已泮矣。由「愆期」故「遲歸」。「時」者，婚姻之時。「愆期」者，數也。「有時」者，理也。女無不嫁之理，但遲早自有數耳。時未至，則當待。故《象》申之曰「愆期之志，有待而行」，以見非人不我娶，乃我不輕許人也。「九四」以剛居柔，蓋女子之有志而能貞潔自守者。《摽梅》之詩曰：「求我庶士，迨其吉兮。」《江沱》之詩曰：「之子歸，不我以。」古者，女未及笄，有待年於國之義，以《詩》證《易》，理自相通。

六五，帝乙歸妹，其君之袂，不如其娣之袂良。月幾望，吉。《象》曰：「帝乙歸妹」，「不如其娣之袂良」也，其位在中，以貴行也。「幾」，平聲。

《程傳》以「五」下應「二」，爲下嫁之象。《易纂言》：「『帝乙』謂『九四』，所歸之『妹』謂『六五』。」楊止庵以「三」「四」得合，「五」爲主婚。愚竊謂以卦論，則「三」爲成卦之主。以爻論，則「五」爲衆爻之主。似難定所歸之爲某爻。「帝乙歸妹」與《泰·六五》辭同，必實有其事。《京氏易》載有「帝乙歸妹」之辭，注詳泰卦下。今就《爻辭》釋之。未歸則稱妹，已歸則稱君。正其爲小君，所以别於諸娣也，「五」柔中居尊，以德禮爲貴，不以衣服爲容，故「君之袂」，反「不如其娣之袂良」。「袂」者，容飾也，長袖善舞之意。「袂」不如「娣」，德勝可知矣。「月幾望」，謂陰之盛德，足以儷陽，故「吉」。與小畜、中孚抗陽者不同。「在中」者，「五」之德也。「以貴」者，帝之妹也。「行」者，下嫁也。《小象》節取《爻辭》，以「帝乙」二句連合成文，見得「帝乙」之妹，地位尊重如此，乃「不如娣袂之良」，洗盡鉛華，獨昭壼德，有王姬肅雍氣象。復申之曰「其位在中，以貴行也」。所貴「在中」，則有容而不妬，雖「跛眇」之「娣」，亦得進御於君，《樛木》垂仁而下逮，《小星》援命以自安，非聖女賢妃，孰克當此！

上六，女承筐，无實；士刲羊，无血。无攸利。《象》曰：上六「无實」，承虛筐也。

蘇子瞻曰：「天地之義，正大而已。大者不正，其終必有名存實亡之象。」愚按，「上六」震體，本土也，而爻位皆陰，虛而「无實」之象。又，「六三」悦體在下，兩陰敵應，亦「无實」之象。震爲蒼筤竹，筐之象。内卦兑，羊之象，中爻互坎，血之象。「女承筐」，以實蘋藻。「士刲羊」，以取血膋，皆祭禮也。今不成夫婦，以言乎「女承筐」則「无實」，以言乎「士刲羊」則「无血」，未嘗告廟，而成夫婦之禮也。先言「女」而後言「士」，其咎在於陰虛，所以「无攸利」。《小象》不言「士女」，只從「承筐无實」句，指出一「虛」字以結之。「上六」以陰居陰，「无實」則虚，所謂名存而實亡，咎在「女」，不在「士」，可知矣。先儒或謂咎在「士」，而不在「女」，竊所未解。

愚按，六十四卦，除乾、坤純陽純陰外，餘卦凡取男象者，爲陽爻；取女象者，爲陰爻。獨歸妹不論爻位陰陽，多取女象，而以「六五」爲主爻，雖與「九二」正應，却無以君歸娣之理。究不知「妹」之所「歸」者何爻。闕疑，俟再考。

䷶離下震上

豐：亨，王假之，勿憂，宜日中。「假」音「格」。

《程傳》「格」字作「致」字解，吴草廬以《彖辭》爲天子適諸侯之義。愚竊謂「豐」取滿盈爲義。以天道言，滿盈之象；以世道言，正滿盈之時，「豐」之所以「亨」也。「王」者至此時，正當憂盛危明，而曰「勿憂」，非謂不必「憂」也。蓋當雷電交作時，則日光失照。日復其照，則一切陰慝不得障蔽於吾前矣。豐而「宜日」，有不可過動之意。「日」而「宜中」，又有不可過明之意。此保豐之道也。

愚又按，卦體離日在下，惟恐失之闇，賴火勢炎上。内三爻不論應否，皆上適於震，合而成豐，雖云明動相資，而以明爲主。觀《彖傳》「宜照天下」，及《爻辭》言「蔀」、言

「見」，其義曉然。

《彖》曰：豐，大也，明以動，故豐。疑當作「亨」字。王假之，尚大也。「勿憂，宜日中」，宜照天下也。日中則昃，月盈則食，天地盈虛，與時消息，而況於人乎？況於鬼神乎？

先儒於《彖傳》注釋略同。愚又竊謂，「大」，當以規模氣象言。「明動」者，卦德也。然必先「明」而後「動」，不「明而動」，冥行將何之？「明以動」，自無不亨之理。「尚大」者，非謂王者至此有心好大也，乃時尚所必至，席豐履厚，規模氣象，不期侈而自侈。《書》曰：「無疆惟休，亦無疆惟恤。」此其可憂者也。《卦辭》「勿憂，宜日中」，《彖傳》「宜照天下」，兩「宜」字，是「勿憂」中之作用。蓋惟「日中」，則光輝能徧照；「日昃」，則不能矣。文王言「日中」，夫子補其所未足，可見「日」豈長「中」？有「中」則必有「昃」，徒「憂」何爲哉？「月盈則食」，又從上句推言之。離卦與坎反對，《彖傳》言「日」亦言「月」，此其例也。「中昃」「盈食」，即「盈虛」「消息」之象，皆「時」爲之也。天地且不能違時，況人與鬼神乎？甚言「豐」之不久也。「盈虛」「消息」四字，夫子於剥、豐二卦言之，一以見天下無常「剥」之時，一以見天下亦無常「豐」之時。又按，「照」字爲全卦要領。「照」亦「日中」也，「昃」亦「日中」也，「蔀」亦「日中」也。「盈」則必

「虚」，「息」則必「消」，爲「昃」；以「盈」處「盈」，以「息」處「息」，爲「蔀」；知「盈」守「虚」，知「息」持「消」，爲「照」。王者不能使造化無「日昃」「月食」之時，而常存此「日中」久「照」之心，所謂善用其明也。

《象》曰：雷電皆至，豐。君子以折獄致刑。

先儒謂，「雷」者陰陽相薄之聲，「電」者陽光也。雷之動物，有聲有光，故《大象》於震、離相遇，多言電。三畫爲電，重離爲日。離上震下曰噬嗑，震上離下曰豐。兩象皆取治獄，一動而明，一明以動。噬嗑乃章程初設，懸象魏以示人，從立法者言。豐則令甲久申，據爰書以定罪，從用法者言。所謂國家閒暇，及是時明其政刑也。愚按，雷發聲之後，五日始電。雷電亦有不「皆至」者，威至而明不至，則片言何以「折獄」？明至而威不至，則姑息何以「致刑」？故必「皆至」，乃合「豐」義。亦猶噬嗑之「雷電合而章」也。始則法電之明以「折獄」，是非曲直，必得其情；終則法雷之動以「致刑」，大小輕重，必當其罪。天下豈有寃民乎？

愚又按，豐與旅反對，離爲兵戈，中爻皆互兑，爲毁折，故《大象》皆取刑獄。

初九，遇其配主，雖旬无咎，往有尚。《象》曰：「雖旬无咎」，過旬災也。

《易纂言》以「配主」爲「六二」，愚竊據諸儒之説，似當指「四」。「初」與「四」敵應不相與，謂之「配主」者，兩剛同德，而成匹偶之象，《程傳》所謂「同舟則胡越一心」是也。勸「初」往從「四」，故云「雖旬无咎」，「往有尚」。《注疏》以「初」「四」皆陽爻，訓「旬」爲「均」，程朱皆依之。愚竊按，《書》「十旬勿反」，《曲禮》「旬之外，旬之内」。《説文》云：「編〔一〕，十日爲旬。」文王《卦象》以一日言，曰「日中」；周公《爻辭》以十日言，曰「旬」。爻居豐初，乃一月上旬，「初」宜及時而往，與「四」明動相資，共圖保豐之道。稍遲旬日，雖亦「无咎」，但須以「往」爲「尚」耳。《象》申之曰「過旬災」，恐其過時而不往也。

焦弱侯曰：「『初』以『四』爲『配主』，『四』以『初』爲『夷主』，上下之詞也。自下並上曰『配』，如妻之仰而配於夫。自上並下曰『夷』，如明之夷而入於地。」

六二，豐其蔀，日中見斗，往得疑疾。有孚發若，吉。《象》曰：「有孚發若」，信以發志也。

《廣雅》：「蔀，草名。」《注疏》以「蔀」爲「障光明之物」。楊誠齋云：「日蔽雲中稱蔀。」《玉篇》云：「覆也。」愚按，諸釋不同，總是蒙蔽之象。「豐其蔀」者，當「豐」時而有

〔一〕「編」，《説文》作「徧」。

蒙蔽之患也。「二」爲離主，居卦中爻，「日中」之象。「斗」爲天樞，指「五」。「見」之者，「二」也。「斗」宜夜「見」，今晝見，則日無光矣。「二」本至明之體，而爲「五」暗君所蔽，於此之時，若「往」而從之，必因「疑」而得「疾」，如杯中蛇影之類。中爻互巽，進退不果，故有此象。「日中見斗」，幾疑晝爲夜矣。而「二」之於「五」，不以明暗二其心，盡誠相孚，以俟君心之悟。迨至「有孚發若」，則障去而疑消。「孚」者在「二」，「發」者在「五」，故「二」曰「往」，「五」曰「來」，二字相應。「來章」之譽，豈獨「五」「有慶」哉？兩爻所以皆「吉」。「信以發志」，《象辭》與大有「六五」同，彼以「五」發「二」之志，此以「二」發「五」之志，其「孚」同也。

九三，豐其沛，日中見沬。折其右肱，无咎。《象》曰：「豐其沛」，不可大事也。「折其右肱」，終不可用也。

「沛」，蘇氏《易傳》作「旆」，釋爲「旛幔」，說本陸氏，《本義》依之。楊誠齋以「日在雲下」爲「沛」。愚竊就字作解，「沛」者，沛然下雨貌。中爻自「三」至「五」，互兑爲雨。「豐其沛」者，大雨之象。「沬」，《易纂言》以爲斗下小星。愚竊按，古本作「昧」，「昧」者，晦也，大雨則晝晦矣。晦則無所見，而云「見沬」者，昧在彼，而見者在此也。蓋「沛」之蔽甚於「蔀」，沬之「見」甚於「斗」。「三」與「上」正應，「上」以柔暗居卦終，錮蔽方深，如何可與共大事？雖有股肱之用而不知，「三」之所以寧「折其右肱」，而不爲「上」所用，猶云無從措手也。由其離體，見事明，故「无咎」。豐與明夷，下體皆離，明夷「六二」去「上」遠，故「夷于左股」，傷之未甚，猶可用也。豐「九三」與「上」應，故「折其右肱」，傷之切而終不可用也。又按，本爻與大過「九三」同爲「上六」之應爻，彼以「棟橈」致「凶」，此以「折肱」「无咎」。《小象》於彼曰「不可有輔」，於此曰「不可大事」、「終不可用」，皆諄諄告戒之辭。

九四，豐其蔀，日中見斗。遇其夷主，吉。《象》曰：「豐其蔀」，位不當也。「日中見斗」，幽不明也。「遇其夷主」，吉句。**行也。**《舉正》「行」字上脱「志」字。

《易纂言》「夷」字作「傷」字解，謂「四」變而柔，爲明夷，故「四」以「二」爲「夷主」。愚竊按，「四」與「初」應，「初」曰「配主」，「四」曰「夷主」，兩剛相遇，敵應等夷之象。「豐蔀」，「見斗」之象，與「九二」同〔一〕。「二」當位而「豐蔀」，「四」不當位，而亦「豐蔀」。「二」離明而「見斗」，「四」幽不明而亦「見斗」。當「豐」之時，障蔽同也，「二」上與「五」應，而「有孚發若」；「四」下與「初」應，而「遇其夷主」。剛與剛遇，柔與柔應，

〔一〕「九二」，當爲「六二」之訛。

明動相資，又同也，故《爻辭》皆曰「吉」。《小象》略於「二」而詳於「四」者，「二」指「六五」爲「蔀斗」，故不可往，往則入於暗，而得「疑」；「四」之「蔀斗」皆自謂也，故利於行，行則遇明而得「吉」象。恐人以二爻同看，亦以「四」之「蔀斗」歸咎「六五」，故「九四」之《象》最詳。

六五，來章，有慶譽，吉。《象》曰：六五之吉，有慶也。

《程傳》謂「『六五』無虚己下賢之義，聖人設此以爲教」，《本義》亦云：「因其柔暗，而設此以開之。」愚竊按，上下四爻皆言「豐」，「五」爲卦主，而不言「豐」。人君以得賢爲慶，不以富有爲豐者也。「來章」與「大蹇朋來」同。凡爻位，自下而上曰「往」，自上而下曰「來」。以君位臨之，則下之往者皆來矣。因「二」以來「初」，因「四」以來「二」，内三爻離明，故曰「章」。「五」，柔順得中，又是動體，能用下之明以爲明。向來「豐蔀」、「豐沛」，至此障蔽悉開，明則資於人，譽則歸於己；「二」自往「五」，則得「疑疾」，「五」能來「二」，則有「慶譽」，「六五」之「吉」，未必非「有孚」發志之功也。

上六，豐其屋，蔀其家，闚其户，闃其无人，三歲不覿，凶。《象》曰：「豐其屋」，天際翔也。「闚其户，闃其无人」，自藏也。

《本義》：「以陰柔居『豐』極，處動終，明極而反暗者也。」愚竊謂「上六」一爻，關係全卦。處「豐」之末，已是「日昃」「月食」時矣。以人事言之，如富貴人末路，身居華膴，高大門閭，「豐其屋」之象。門以內，耳目相蒙，「蔀其家」之象。門以外，衆畔親離，「闚户无人」之象。主人如帝，謁者如鬼，有經年伺其門牆，不得一見者矣，「三歲不覿」之象。《爻辭》既備言其「凶」，《小象》復申之。曰《爻》言「豐屋」，非富潤屋也，謂其志滿樂極，飛揚跋扈，如「天際翔」也。《爻》言「无人」，非無人跡也，謂其深居高拱，只見有己，不見有人，是「自藏」也。「六五」以謙接物，「六二」敵應而必來，「上九」以亢自居，「九三」正應，而不爲用。兩爻互看，「吉凶」之斷在此。蘇子瞻曰：「豐者，至足之辭。足則餘，餘則溢。揚子雲曰：『炎炎者滅，隆隆者絶。高明之家，鬼瞰其室。』『上六』之謂與？」《漢書·五行志》：「其在《周易·豐》之離，弗過三矣。」注云：「離下震上，豐。『上六』變而之離，曰『豐其屋，蔀其家』。言無道德而大其屋，不過三歲必滅亡也。」

張待軒曰：「國家之患，莫大蒙蔽，『豐』時特盛，故曰『宜照天下』。夫階前萬里，人主何所用其明哉？致治以人，保治亦以人。但使賢者在位，何憂讒諂蔽明？此卦『五』『來章』，『二』『有孚』，君臣一德；『初』遇『四』，『四』遇『初』，大小同心。更何『豐』之足憂？『上六』有一『九三』而不能用，以至『闃其无人』，雖翺翔天際，亦何益哉？此六爻之旨也。」愚按，「初」「四」、「二」「五」在他卦爲敵應不相與，在豐則取其明動相資，曰「遇」，曰「見」，曰「往」，曰「來」，曰「无咎」，曰「吉」。「三」與「上」本正應，而無往來之義，一曰「无咎」，一曰「不覿」。惟「上六」一爻，其占獨「凶」者，由其去明最遠，而處「豐」之極盛也，可以悟「盈虚」「消息」之理矣！

《象數論》曰：「豐爲日食之卦。日會在朔，而食亦在朔；月盈在望，而食亦於望。『初』之配主，月也。此在日食前月之望，故爲『過旬』之『災』。離，南方之卦，五、六月之交，日在午未，食於井柳，則斗宿遠而得見。『日中見沬』，日食之既也，其應在大臣，故『折其右肱』。震，東方之卦，日在戌亥，日食於室壁，則斗柄之在午未者，遠而得見。『來章』復圓也。『闃其无人』，日入而息也。」朱曇庵則於「二」爻言之，謂「天之變異，日中見五緯者有矣，未有見經星者。『豐其蔀』，日有食之也。日食甚，則斗可見矣。以其居陰從陰，故『得疑疾』；以其離明得中，故『有孚』。其『疑』也，如日之食；其『孚』也，如日之更」。鄭孩如曰：「《易》雖假象，亦須以意會之。設『蔀』以自蔽，何至『日中見斗』？惟日食將既時，渾天暗黑，『斗』乃見於『日中』。日食既者，月掩之也。則是月者，日之『蔀』也。奸臣蔽君，亦猶月掩日，蔀之『豐』也，乃大臣壅蔽其君之象，『九四』爲之也。」《易》之道，固無所不有，存此三説，以備參考。

䷷艮下離上

旅：小亨，旅貞吉。

《程傳》：「爲卦，離上艮下，山止而不遷，火行而不居，違去而不處之象。」臨川王氏曰：「入而麗乎内，所以爲家人；出而麗乎外，所以爲旅。」吴幼清曰：「凡家居者，入而舉火於内；旅寓者，出而舉火於外。」愚又按，「旅」者，客寄之名。《周禮·地官》所謂「羈旅」也。分内外二體看，火在上，動而不止，旅人之象。山在下，止而不動，旅舍之象，《公劉》詩中所謂「廬旅」也。與豐反對，豐爲大，故旅爲小。先儒謂處「旅」之道，切忌自大。「六五」爲卦主，以其「得中」而「順乎剛」，「小」之所以「亨」。愚又謂，「旅」雖小道，然必「貞」，乃得「吉」。道無往而不在，事無微而可忽也。再提「旅」字，丁寧鄭重之意。吴草廬以「旅貞吉」三字指「九三」而言，似不必從。

《彖》曰：「旅，小亨」，柔得中乎外而順乎剛，止而麗乎明，是以「小亨，旅貞吉」也。旅之時義大矣哉！

《程傳》以《彖傳》五句多爲「處旅之道」。愚竊按，《彖傳》不釋卦名，專釋卦德。「二」「五」皆「柔得中」者，曰「外」，則專指外卦，「六五」在外者爲客，所以合乎「旅」之義。「六五」一柔在外，乘承皆剛，「順乎剛」之象。此句專屬上卦。「止而麗乎明」，合上下卦德言。「止」者，不能無所「麗」，猶旅人不能無所依，艮止，則隨寓而安；離明，則因不失親，是以「小亨」而「貞吉」也。又按，他卦《彖傳》於釋《彖》之後，多推廣言之，以見「時義」之大。此不加一辭者，錢田間曰：「吾夫子轍環天下，一生固旅人也。嘗筮《易》得旅。商瞿氏曰：『子有聖知而無位。』子曰：『命也』。故於旅發深慨焉。」今竊合六爻論之，人生天地間，何在而非逆旅？「瑣瑣」之災，固所自取。即次之安，其偶然耳。人世之「焚次」、「焚巢」、「喪資斧」、「喪童僕」者，比比皆是。而旅懷無厭，或且「得資」，而心猶「不快」。惟「二」「五」柔順得中，庶幾知止知足者。然其道，止於「小亨」而已。若聖賢當此，不遑家食，豈徒曰桑弧蓬矢，志在四方而已哉？蓋難處者，「旅」之時；難盡者，「旅」之義。夫子嘆「時義」之「大」，意或如此。

以卦變之義推之，則旅自否來，否下卦之「三」，來居旅上卦之「五」，故云「柔得中乎外而順乎剛」，亦可謂之卦變，《本義》顧不言。

《象》曰：山上有火，旅。君子以明慎用刑，而不留獄。

《注疏》：「火在山上，逐草而行，勢不久留，故爲旅。夫子亦取刑獄之象。」《本義》謂「慎刑如山，不留如火」是已。愚又謂「留」者，淹滯之義。「不留」二字，從卦名得來。

旅人之就舍，過而「不留」者也。聖人之視有罪如羈客然，視犴狴如郵傳然。其初無留牘，其既「不留獄」，惟「明」惟「慎」，故能剖決如流。

初六，旅瑣瑣，斯其所取災。《象》曰：「旅瑣瑣」，志窮災也。

「初」以柔居剛而在下，楊誠齋謂「是小人之棄逐者」，胡雲峰謂「是道途負販之旅」。兩皆置勿論。愚按，「初」本止體，恃與「四」應，而不能自止，艮爲小石，「六」爲陰，「初」又卑下。《詩疏》云：「瑣瑣，小也。」正合此象。「瑣瑣」之狀，干求非止一端，由君子觀之，争名於朝，争利於市，其爲齷齪鄙細，一也。此等人，於世則取賤，於己則「取災」。「災」即下文「焚次」之類。如慶封奔吴而致富，識者知其族殲，亦是也。《爻辭》賤其行，《象辭》鄙其志。天下未有「志窮」而途不窮者。斯其所以取災乎？

六二，旅即次，懷其資，得童僕貞。《象》曰：「得童僕貞」，終无尤也。

《易纂言》：「『旅』字指『六五』，『旅』以應位爲『次』。『五』下就『二』，既得中，又得位。」愚竊謂義即在本爻。處「旅」之道，貴乎柔順。凡位陰爻，柔者皆吉。「六二」獨兼之，居《艮》體之中，得陰之本位，「即次」之象。《左傳》「一宿爲舍，再宿爲信，過信爲次」是已。「資」與「貲」同，上承二陽，以虚受實，「懷資」之象。《纂言》又云：「艮，少男童也。」愚按，「二」與「初」比，得「童僕」之象。「貞」字，連上讀。《程傳》謂「雖童僕，亦得其真信」是已。三者兼得，「旅」之最善者。《小象》單釋末句而曰「終无尤」，蓋「旅」中所與處者，「童僕」耳。非得「童僕」之「貞」，「即次」未必安，懷資適爲累矣。「无尤」，從「貞」字看出。

九三，旅焚其次，喪其童僕，貞句，厲。《象》曰：「旅焚其次」，亦以傷矣；以旅與下，其義喪也。

吴幼清云：「『旅』謂『九三』，『其次』則『上九』也。」愚竊謂，「二」柔順中正，「三」過剛不中，兩爻正相反。「二」去離火遠，故「即次」；「三」與離火近，故「焚其次」。「二」去「初」近，故「得童僕貞」；「三」去初遠，故「喪其童僕貞」。「三」所居乃危地也，故「厲」。「次」既「焚」，「僕」既「喪」，則資之喪不待言矣。《小象》若爲感歎解慰之詞，曰「旅」至「焚次」，情亦可傷矣。但「旅」之時，焉得人人皆遇順境？「二」在「三」之下，凡即次、懷資、得僕種種好處，若「三」推以與之者，彼得則此喪，義有固然，無足怪也。「下」當指「六二」，語氣與上爻「以旅在上，其義焚也」相似。先儒多將「與下」二字作御童僕解，愚未敢謂然。

九四，旅于處，得其資斧，我心不快。《象》曰：「旅于處」，未得位也。「得其

資斧」，心未快也。

吴幼清云：「此旅指『六五』也。」愚竊據本爻説，「四」爻離體，自下而上，非諸侯之寓公，則人臣之載質出疆者，「旅于處」之象。「旅」者託宿，「處」者久居。「旅于處」，有久留人國之意。夫士君子，或出或處，各有初心。今但云「得其資斧」而已，所以「我心不快」。「我」者，「四」自我也，齊宣欲養弟子以萬鍾，而孟子謂「久於齊，非我志」，正與此爻合。《小象》只添「未得位」三字。「四」以剛居柔，本非正位，此邦其可久處乎？「三」不言「喪其資斧」，「四」言「得其資斧」者，自「二」至「四」，中爻互巽，爲近利市三倍也。胡雲峰曰：「得資足以自利，得斧足以自防。資以潤身，斧以斷事。」愚又按，《漢書·叙傳》「資」作「齊」，應劭注云：「齊，利也。」

六五，射雉，一矢亡。終以譽命。《象》曰：「終以譽命」，上逮也。

在卦則「六五」爲「旅」，在爻則「五」有主象。文明中正，「旅」中之賢主人也。「柔得中乎外而順乎剛」，此爻當之。離爲「雉」，又爲兵戈矢象。古人相見必有贄，雉者，士之贄也。「四」與「五」比，「四」未得位，「五」則在位者。「四」執雉以來見，若「五」之射而獲之者然，非以利交可知，「亡」「一矢」而獲一「雉」，得喪適足相當。「五」無求多之念，故與「四」之交有終。中爻互兑，爲毁折，亡矢之象。「譽命」者，推賢讓能之事，上互兑，爲口；下互巽，爲命，「譽命」之象。「四」得信友之名，「五」爲聲氣之主。虛懷延攬，善則歸人。《小象》所以云「上逮」，「逮」者，及也，「上」指「五」。「旅」無君位，「五」居「四」上，「譽命」，即自「五」而逮「四」，所謂「順乎剛」者，此也。《本義》云「譽命聞於上」，似乎指「上九」矣，與「聞」字、「逮」字義難合。

上九，鳥焚其巢，旅人先笑，後號咷，喪牛于易，凶。《象》曰：以旅在上，其義焚也。「喪牛于易」，終莫之聞也。

吴幼清謂：「上爻變成《小過》，有『飛鳥』之象。」以「鳥」指「九三」。愚又按，中爻互巽爲木，「上」在木杪，「巢」象。「鳥」之有「巢」，乃其歸宿處。「旅」至於「上」，亦其倦飛思歸時。「三」《艮》體，以近離火，所「焚」者，「旅次」耳，「巢」猶在也。「上」以剛居離極，火炎上，並其「巢」而「焚」之，身如窮鳥，欲歸無所矣。陽主笑，陰主哭。「上九」位柔而爻剛，一「笑」一「號」之象。離之牝牛，變震又爲「喪牛」之象。「三」，「喪其童僕」，牛猶在也，尚有可行之資。今「牛喪」，則欲行無資矣。火性燥，故「笑」變爲「號」，無非「凶」象。「初」曰「志窮」，至此真日莫途窮矣。同人，親也，故「先號咷而後笑」。親寡，旅也，故「先笑後號咷」。羊性善觸，大壯、中孚互兑，故「喪羊於易」，而「无悔」。牛性本順，旅「上九」，過則不中，故「喪牛于易」，而「凶」。《小象》謂「旅」本非

「在上」之人，今「以旅」而「在上」，則過高而亢，其焚巢也，固宜。「六五」「亡矢」而得「雉」，離之中位，故終有「譽命」。「上九」「焚巢」而「牛喪」，居離之極，並「譽命」而失之，故曰「終莫之聞」也。

《像抄》曰：「豐、旅之義，隨照隨止。豐『四』，動體，動於明上，明動不相遇，便『蔀』。旅『三』，止體，止於明下，止明不相麗，便『焚』。豐『上』遠『二』，明窮於外動；旅『初』遠『五』，明窮於內止。動之明主在內，是謂豐『家蔀』，則內無所歸，奚啻鬼幽。止之明主於外，是謂旅。『次焚』，則外無所往，有同孤鳥。」

張待軒曰：「內卦三爻，士庶人之『旅』，其得喪不過『資斧』、『童僕』之事。外卦三爻，卿大夫之『旅』，故或以『得』而『未快』，或以『亡』而『譽命』，非區區於『資斧』、『童僕』間論得喪者。」

《易纂言》：「此卦六畫，惟『六五』、『九三』爲旅人。『初』言其時，『二』、『四』、『上』言其地。『五』本失位，而以『六二』爲次，則得位；『三』本得位，而以『上九』爲次，則失位。蓋處『旅』之道，宜柔不宜剛。『五』柔而中，『三』剛而過。是以『五』得財得人，而『譽命』。『三』既無可居，又不可行也。」蘇氏《易傳》與此又不同，謂：「『二』、『五』兩陰爻，據用事之地，而『九三』、『九四』、『上九』三陽，寓於其間，所以爲『旅』。

小者爲主，而大者爲旅。爲主者，以『得中而順乎剛』爲『亨』；爲旅者，以『居貞』而不妄動爲『吉』。」蓋《易》象之義，隨人闡發，無所不通。初不必拘定一説也。並存之以備考。

周易玩辭集解卷第八

海寧後學查慎行

䷸巽下巽上

巽：小亨，利有攸往，利見大人。《石經》作「巽」，《説文》作「巺」。

《本義》：「『巽』，一陰伏於二陽之下，其性能入，其象爲風，亦取『入』義。」愚按，「小」，謂「初」、「四」兩陰爻，卦之才可以「小亨」，但「小」必從大，陰必從陽。「利有攸往」，往而從陽也。「利見大人」，利見乎陽也。又按，離、兑皆一陰，獨於巽言「小」者，重巽則伏之至、入之至，與離之居中、兑之居上者不同，所謂「卦有大小」也。

《彖》曰：重巽以申命。剛巽乎中正而志行，柔皆順乎剛，是以「小亨，利有攸往，利見大人」。

《注疏》：「上巽能接於下，下巽能奉乎上，上下皆巽，命乃得行。」愚按，「申」字從「重」字來，不是兩番降命，乃丁寧反覆之義。論成卦之主，在「初」、「四」兩陰爻。《彖傳》卻歸重在陽。「九二」、「剛巽乎中」者，「重巽」，則兼「五」言之，故曰「剛巽乎中正」。「初六」、「柔順乎剛」者，「重巽」，則兼「四」言之，故曰「柔皆順乎剛」。「剛」若「不順乎中正」，則褊隘而爲邪；「柔」若「不順乎剛」，則嫵媚而爲諂矣。「大人」，專指「九五」，操「申命」之權者也。凡命令，必禀承乎一尊，「志」乃得「行」。先儒或謂「初」順乎「二」，而「四」順乎「五」。分開兩截，似非全卦之義。愚又謂卦以「五」爲主，以「二」爲用。「五」，施命者也；「二」，「申命」者也。「初」之順「二」，所以順「五」，故「利有攸往，利見大人」。

《象》曰：隨風，巽。君子以申命行事。

程、朱皆以「隨」爲「相繼」之義。愚又按，「風」者，所以發揚天之號令。先後相隨，而不相逆，故其入物也深。他卦《大象》與《彖傳》取義不同，巽則仍以「申命」爲義。「申命」者，曉諭於行事之先；行事者，踐言於申命之後。「命」，風象。「申命」，隨風象。《商盤》、《周誥》，當事之未行，先諄諄於言語之間，無非欲天下曉然於上意之所在，故令出而民順耳。

初六，進退，利武人之貞。《象》曰：「進退」，志疑也。「利武人之貞」，志治也。

吴幼清曰：「『初』欲進而從於陽，又欲退而安於下。以『二』之剛爲己之强，如人之被甲冑戈兵。」似非取象之義。愚竊謂，「初」以陰居下，多疑而寡斷，承「二」則爲進象，敵「四」則爲退象。《説卦》巽又「爲躁卦」，「武人」之象。「武人」取其能斷，乃「初六」對症之藥，軍法聞鼓則進，聞鉦則退，此「武人之貞」也。履「三」以陰居陽，亦曰「武人」，彼以「志剛」得「凶」；此以「志治」得「貞」。《小象》提出「志」字，「志」者，氣之帥，事之樞也，與《彖傳》「志行」相應。陰性多疑，「疑」者，事之賊也。何以治之？去其「疑」而已。

九二，巽在牀下，用史巫紛若，吉，无咎。《象》曰：「紛若」之「吉」，得中也。

《黄氏日抄》云：「程、朱皆以『牀』爲人之所安，『在牀下』爲遇所安有不安之意。」鄒氏云：「『牀』者，尊者之所據也。『巽在牀下』，則其屈己已甚，惟『用』之於『史巫』，則『吉』而『无咎』。達其卑下之忱，不厭其忉怛之意。」愚又按，「巽爲木」，陽奇在上，「牀」象。陰偶在下，牀足象。「二」無應於「上」，下與「初」比。「二」據牀上，「初」在牀下。「二」不自用，而「巽」於「初」，凡事俯而聽之，氣象謙冲，禮文繁縟，用「史巫」之道以相接。中爻自「二」至「四」互兑，有「巫」之象。《周禮》太史之職，「大祭祀，與執事卜曰」，「男巫，掌望祀、望衍」，「女巫，掌歲時祓除」。蓋史作策，以告神巫，歌舞以求神，或求諸陽，或求諸陰，於彼於此，事雖「紛若」，而不以爲煩。夫子恐人以此象卑而近諂，故申之曰「得中」。「二」剛而能柔，居卦之中，處巽之最善者，《爻辭》所以云「吉，无咎」也。

九三，頻巽，吝。《象》曰：「頻巽」之「吝」，志窮也。

王伯厚曰：「柔而剛，則能遷善；剛而柔，則能順理。復『三』柔不中，勉爲『初』之剛而屢失，故『頻復』。巽『三』剛不中，勉爲『初』之柔而屢失，故『頻巽』。」愚又謂，「三」當兩巽之交，故曰「頻巽」，與重巽不同，重巽以「申命」，三令五申，即此一命，中之而已。「頻巽」，則今日一令，明日又一令，紛更不常，使人莫知適從，命且不行矣，所以致「吝」。《象》歸咎於「志窮」，謂「三」本剛體，位又剛，又乘剛，如何能「巽」？「志」雖欲「巽」而「窮」於無所施也。「三」曰「志窮」，「上」曰「上窮」，兩爻敵應，其《象》略相似。

六四，悔亡，田獲三品。《象》曰：「田獲三品」，有功也。

《黄氏日抄》云：「《程傳》以『六四』乘承皆剛，宜有『悔』而『悔亡』者，如『田獲三品』，徧及上下也。晦庵謂此説牽强，且當缺疑。臨川鄒氏曰：『惟「悔亡」，然後「田獲三品」也。」『巽』若無能爲者，易於有悔，『六四』得巽之正，非巽懦無力者，故『悔亡』。田以講武，且除苗害，興事之大者。『田』而有『獲』，則爲『有功』。此説與《象辭》相應。」愚又謂，「悔」與「疑」相因者也。「初」不得位，其入未深，故進退而「有疑」。「四」得巽之正位，再入則謀審，復何疑哉？無疑則無悔，故直曰「悔亡」。《本義》以「田獲三品」謂「卜田之吉占」，愚竊按，中爻互離，爲戈兵，田之象。「獲」者，田獵獻禽也。「三品」，先儒據王制，一爲乾豆，二爲賓客，三爲充君之庖。愚竊按，「三品」皆卦象中所自有，本卦巽爲鷄，一也；中爻互兑爲羊，二也；互離爲雉，三也。「四」與「初」敵應，「初」「利武人之貞」，「四」之「田獵」，亦武事也，殆因講武以「申命」，兼收獲禽之功者乎？蘇紫溪曰：「解之『田獲三狐』，去小人也。巽之『田獲三品』，親君子也。三損三益之辨，其嚴哉？」

郝仲輿曰：「巽下一陰，震下一陽，皆成卦之主。重震『初』『吉』，而『四』『遂泥』；重巽『初』『疑』，而『四』『有功』，何也？剛得『初』，柔得『四』，皆正也。陽在下，其出壯，重出則力衰；陰在下，其入深，再入則謀審。」

黄氏湇曰：「以言乎變，則巽自遯來。『四』得位而近君，占所以『悔亡』。而『有功』者，『四』以一陰處二陽之間，而上順乎『五』，皆以正而相得，『巽』之善者也。」據此，則六十四卦，皆可以卦變言，亦足破十九卦之説。

九五，貞吉，悔亡，无不利。无初有終。先庚三日，後庚三日，吉。《象》曰：九五之吉，位正中也。

此剛「巽」乎中正之大人，爲重巽之主。巽以行權，有變更之事者也。以剛居剛，「貞」而且「吉」，「貞」則内無疑心，外無疑事，故「悔亡」。「貞」則下令如流水之源，故「无不利」。「无初有終」，當合下「先庚」「後庚」看。《本義》謂：「有『悔』，是『无初』也。『亡』之，是『有終』也。『庚』，更也，事之變也。」其説本於《漢志》，「先庚三日」，丁也；「後庚三日」，癸也。丁所以丁寧於事前，癸所以揆度於事後。其説本於鄭康成，先儒蔡氏、鄒氏多依之。愚又謂巽與蠱異者，在此爻，《爻辭》「先後三日」之義，從《蠱·彖》得來，《蠱·彖傳》「終則有始」之義，又從此爻出，今參而釋之。文王言「先甲」、「後甲」，周公言「先庚」、「後庚」者，「蠱」者，事之壞也，以造端言，故取諸「甲」。「巽」者，事之權也，以變更言，故取諸「庚」。蠱言「甲」，十干之首，故「有始」；巽言「庚」，十干已過中，故「无初」。巽「九五」一爻變則爲蠱，事變終而復始；蠱「六五」一爻變則復爲巽，蠱既始事，巽但終之而已，故「有終」，亦取「先後三日」者。上下重巽，各以一爻當一日，不但反覆申明，以要其終也。「先庚」二句，乃是發明「无初有終」之義。重巽「申命」，惟此爻盡美盡善，所以《爻辭》既云「貞吉」，復云「吉」；《象辭》以一「吉」字包舉《爻辭》，以「正中」二字包舉辭中之義，「正中」與「中正」同，倒轉以叶韻也。

上九，巽在牀下，喪其資斧，貞凶。《象》曰：「巽在牀下」，上窮也。「喪其資斧」，正乎凶也。

《易纂言》：「『巽』謂『六四』，『牀』者『五』也。『六四』在『五』之下，『巽在牀下』也。卑伏以從上二陽，與『初』同。」愚竊按，「上」與「二」雖同取「巽在牀下」之象，而一「吉」一「凶」。「二」柔順中正，卑而不踰者也。「上」不中不正，而在卦終，窮上反下，亦作巽伏之象。前倨後恭，適自喪其利器耳。雖「貞」亦「凶」，況不貞乎？《象辭》「正乎凶」，即《爻辭》之「貞凶」也。一説，「二」在下卦，曰「巽在牀下」，巽乎民也；「上」在卦上，亦曰「巽在牀下」，巽乎君也。巽乎民，不失爲仁人；巽乎君，則日莫途窮，無謀無斷，惟事諂佞，胡廣、張禹之徒也。所以「喪其資斧」。「資」謂謀，「斧」謂斷，義詳旅卦注中。

建安邱氏曰：「『巽』之謂卦，以居中得位爲善。『二』得中而失位，『三』、『四』得位而失中，『初』、『上』則位與中俱失，皆不能盡『巽』之道。惟『九五』，位乎中正，所以『貞吉』，而爲『申命』之主，此六爻之情。」

䷹兑下兑上

兑：亨，利貞。

一陰居二陽之上，悦之見乎外者，《卦辭》與咸同。先儒謂咸取無心之感，兑取無言之悦，悦則「亨」矣。「利貞」者，戒辭也。愚竊按，「利」者，悦之情；「貞」者，悦之理。「兑」乃天地間之柔氣，故聖人於少女之卦，多以「貞」爲戒辭。

《彖》曰：兑，説也。剛中而柔外，説以利貞，是以順乎天而應乎人。説以先民，民忘其勞；説以犯難，民忘其死。説之大，民勸矣哉！

先儒謂通條是釋「利貞」之意。《本義》以「亨」、「貞」分屬「剛中」、「柔外」。愚竊按，「兑」之爲「悦」，本在「三」、「上」兩爻，夫子却從卦體看出「剛中柔外」四字，發《卦彖》所未盡。蓋「悦」之義，偏在柔一邊。悦口既在外，若中外皆柔，則爲小人之容悦矣。「悦」之易涉於不正者，病在「柔外」。其所以能得正者，實本「剛中」。故不曰「柔外」而「剛中」，而曰「剛中」而「柔外」。惟「剛中」，乃可「柔外」也。今「二」、「五」在中，則中心誠實，「三」、「上」在外，則接物和柔。具此卦德，方合乎「悦」之正道，揆之天理而順，驗諸人心而安。「悦」之中，有天道焉，有人道焉。「順天應人」，純是一團和氣。王者之民皞皞，與驩虞不同。「先民」，在上之事；「犯難」，在下之事。「悦」之感人，至於「忘勞」、「忘死」，豈「上」所能强哉？「民」自「勸」也。夫「勸民」之與「民勸」也，相去遠矣，此「貞」之所以「利」，「悦」之所以「大」！

愚又按，「二」、「五」皆「剛中」，彼此不相應，和而不同，群而不黨者也。「三」之「來兑」嫌於同，故「二」之「吉」在「信志」；「上」之「引兑」嫌於黨，故「五」之「厲」在「剥陽」。

《象》曰：麗澤，兑。君子以朋友講習。

愚按，六子重卦，《大象》或曰「習」，或曰「兩」，或曰「兼」，或曰「重」。於兑則曰「麗」。「離」者，「麗」也，本離卦之義。兑之上澤下澤，有兩相附麗、彼此滋益之象。君子於此，得朋友之道焉。人生可悦之事，無如取友讀書，講在人，而習之者在己，内外相資也。《坎·大象》曰「常德行，習教事」，此曰「朋友講習」。一以不厭不倦爲工夫，一以精詳紬繹爲工夫。《論語》首篇以「朋來」繼「時習」之後，皆取悦樂之義，於兑卦得之。

初九，和兑，吉。《象》曰：「和兑」之「吉」，行未疑也。

愚按，兑卦同有「和」義，獨於「初」言者，蓋六爻剛柔敵應，只取相比，「二」比「三」，

「三」比「四」、「五」比「六」。惟「初」與「二」，以剛遇剛，而無私比。在悦體之下，而不援上，所悦得情之正，發而中節者也。故以「和」之義歸之。内不違心，外不忤物，自然履「吉」，行復何「疑」？本卦於巽反對，《小象》與巽「初」言「疑」，於兑「初」言「未疑」。巽「初」以柔居剛，兑「初」以剛居剛也。不曰「无疑」，曰「未疑」者，以「初九」所處得地，未與陰比，故其行「未」有可「疑」。「二」則「疑」於「三」，「五」則「疑」於「上」也。

九二，孚兑，吉，悔亡。《象》曰：「孚兑」之「吉」，信志也。

《易抄》曰：「兑『剛中而柔外』，無柔不成兑。柔亦安可盡去？要在有以『孚』化之。」西溪李氏、雲峰胡氏皆以「九二」之「孚」爲孚「五」。愚竊按，「二」承比陰柔之「六三」，所以不能無悔。由其陽剛中實，非道不悦，而有感孚之誠，故「吉」而「悔亡」。「二」之「孚」，似當指「三」。《小象》於「初」曰「行未疑」，於「二」曰「信志」，兩爻互看，爲「初」易，爲「二」難。「初」去「三」尚遠，不特「志」可「信」，「行」亦不涉於可「疑」；「二」與「三」最近，「行」則未免致「疑」，惟「志」則可以自「信」，故同爲吉占，較「初」多「悔亡」二字。

六三，來兑，凶。《象》曰：「來兑」之「凶」，位不當也。「當」字，去聲。

程、朱皆以「來兑」爲下行就「二」以求悦。愚又謂當兼指「初」、「二」兩爻。内卦之

「柔外」者，「三」也，與「上」無應，反而就同體之二陽，「來兑」之象。《春秋》鄭詹自齊逃來，《公羊傳》謂「佞人來矣」，「來兑」之謂也。「初」剛正，「二」剛中，豈以小人之「來」爲「悦」者哉？《象》歸之「位不當」，言其「和」不能如「初」，「孚」不能如「二」也。全卦六爻，不中不正，無若「三」者，所以「凶」。一説，兑本乾體，坤自外來，居「三」而爲兑，乾惕之心，忽變而爲兑悦，亦「來兑」之象。此因《彖傳》有「外」字，《爻辭》有「來」字，作卦變看，故云然。

九四，商兑未寧，介疾有喜。《象》曰：「九四」之「喜」，有慶也。

《程傳》：「『四』上承中正之『五』，而下比柔邪之『三』，雖陽剛而處非正。」來矣鮮曰：「『四』上承『九五』，公也，理也；下比『六三』，私也，情也，此其所以商度未安。『商』者『四』，『介』者『九』。」愚按，中爻互巽，進退不果，「商」之象。「四」居兩《兑》之交，天人理欲之際也，故云「介」。「疾」指「六三」，悦我之人也。「四」，爻剛而位柔，比「三」則爲男女相悦，承「五」則爲君臣相悦，二者相持，故商度而未定。夫「三」之媚我以私者，必將中我以疾。《左傳》所謂「季孫之愛我，疾疢也」。「四」能割情以理，自守介然，疢疾何由而生？「喜」其舍「三」而就「五」，君臣一德，爲社稷蒼生之福也。《小象》釋「喜」爲「慶」，以見「四」之有「喜」，非一己之私情，乃天下之公理。楊誠齋云：

「『六三』者，君心之膏肓也。『九四』者，膏肓之鍼艾也。故『九四』者，『六三』之所甚不喜也。『六三』不喜，則『九四』有喜矣。非『九四』之喜也，天下國家之大慶也。」

九五，孚于剥，有厲。《象》曰：「孚于剥」，位正當也。「當」字，平聲。

《易簡録》曰：「剥以五陰一陽，而兑之一陰亦謂之『剥』者，『五』爲陽剛之主，君心一格，則衆正始敗也。」愚又按，他爻皆稱「兑」，「五」不稱「兑」而言「剥」。兑爲正秋之卦，「九五」乃深秋之際，萬物剥落時也，有柔剥剛之象。「剥」指上爻，陰柔不正，志在剥陽。「五」爲陽剛中正之主，才足勝小人之柔，自以爲事權在我，彼何能爲，而不覺其「孚于剥」矣。由「五」所居之位，適與「上」比也。大抵小人柔媚而近君，則其言易入，其情易「孚」。唐德宗曰：「人言盧杞奸邪，朕殊不覺。」陸贄曰：「此其所以爲奸邪也。」正合此爻。《爻》以「有厲」儆之，《象》言「位正當」，與履「九五」同。彼則「有夬」之「厲」，此則有「剥」之「厲」。《易》爲君子謀，因小人悦體易孚，故設危厲之戒。不然，「九五」陽剛中正，安得「有厲」乎？一説，「孚于剥」與《解・六五》「有孚于小人」同〔一〕。「孚」者，小人信而服之也。「九五」嚴毅之性，絶不以悦人爲念，表裏洞然，雖小人亦心悦誠

〔一〕「解六五」，原本作「解九五」，訛。

服，愓然知懼，故曰「有厲」。亦是一解。

上六，引兑。《象》曰：「上六，引兑」，未光也。

《程傳》：「『上六』居悦之極，又『引』而長之。」《本義》謂「『引』下二陽，相與爲悦」。邱行可曰：「『三』以柔居剛，動而求陽之悦，故曰『來兑』。『上』以柔居柔，静而誘陽之悦，故曰『引兑』。『來兑』之惡易見，故本爻『凶』。『引兑』之情難知，故此爻當戒。」張待軒曰：「『引兑』之機深，有不露聲色、坐收人望之象。《爻辭》不言吉凶，《象傳》申言『未光』，直刺其中扃矣。柔卦以剛爲主，故六爻之吉凶以『剛中』『柔外』爲定案。」愚又謂柔道以牽爲「引」，萃上卦亦悦體，萃「二」曰「引吉」，兑「上」曰「引兑」。彼「引」同類以進，故「吉」；此「引」二陽以悦，「引」之將以「剥」之。「未光」者，所悦必闇昧迷惑之事，故「五」有「孚剥」之「厲」，「上」之凶不必言矣。

一説，兑之卦，惟「三」、「上」爲陰，「三」曰「來兑」，來就於「上」也。「上」曰「引兑」，下引乎「三」也。乃小人比周之象，謂來就二陽，引下二陽者，非也。又是一解。

《象數論》曰：「《説卦傳》：『兑，正秋也，萬物之所説也。』總六爻觀之，皆有秋象。下二爻火流暑退，温風扇和，孚乳未散，七月之象。中二爻凉風徐來，商聲應律，陰陽分界，八月之象。上二爻寒氣總至，陰將剥陽，陽當引避，直是九月之象矣。從此至戰乎乾，勞乎坎，不過極其兑之用，而萬物以成，皆悦以勸之也。」《困學記》曰：「秋氣肅殺，草枯木落，而萬物悦之，何也？天之於物，聖人之於人，欲其長養成就，非嚴凝堅實之氣，不能使物各得其所，故萬物之悦在秋，而不在春。固知沾沾之愛，煦煦之恩，非聖人所以治天下也。」

愚又按，諸爻皆取一字爲義，辭亦簡嚴，與他卦異。蓋兑爲口舌，聖人不欲繁稱文辭也。

䷺坎下巽上

渙：亨。王假有廟，利涉大川，利貞。「假」音「格」。

《本義》以「渙」爲「離披解散之象」，爲「占者之深戒」。楊誠齋曰：「濟難者，才也；散難者，德也。巽之才，木也；其德，風也。才以濟之，德以散之，天下之大難，一朝散而不復聚，所以『亨』。」季彭山曰：「『渙』者，仁恩洋溢，如冰融釋而水充滿也，非以離散言。」張待軒曰：「坎爲正北方之水，嚴冬寒沍，凝冰深厚之時。巽居東南，温和解凍之風。」《老子》云：「渙兮若春冰之釋」，以此言「渙」，庶幾得之。愚又按，本卦與節反對，渙離而節止，「離」乃流之義。本卦巽上坎下，水凝結則冰合，遇風則冰釋，而水流何處不通？故「亨」。「王」指「九五」，中爻互艮，爲門闕，廟之象。「假」，至也，「三」、「四」、「五」互艮，爲宗廟，「九五」當互艮之上，象王者祭祀，而至廟中也。巽爲木，水上有木，舟楫也，「涉川」象。坎在内卦者，凡七，惟於涣言「利涉大川」，好處全在外卦。第四爻乃成卦之主，卦之所由取名，似不得説壞。涣義，有德以散坎體之險；有才，以成「利涉」之功。成功者，「四」也。而受其成者，則「五」也。故曰「王假有廟，利涉大川」。卦體，「四」、「五」兩爻得正位，所以「利貞」。《本義》先將卦名説壞，故以「利貞」爲戒辭。

《彖》曰：「涣，亨」，剛來而不窮，柔得位乎外，而上同。「王假有廟」，王乃在中也。「利涉大川」，乘木有功也。

愚按，本卦「剛柔」、「來往」，不在反對，與噬嗑、賁同。以卦變言，乃自否來，「二」、「四」互易而成涣，九自外卦之「四」，來居内卦之「二」，故曰「剛來」。「二」陷於重陰，「四」以風散之而出險，故曰「不窮」。柔自内卦之「二」，往居外卦之「四」，「四」乃巽之正位，故曰「柔得位乎外」。「四」得陰柔之正位，「五」得陽剛之正位，故曰「上同」。《程傳》謂「涣」自九來居「二」，六上居「四」，只少得否卦字樣耳，其義固在。吴草廬云：「否之三陽聚處於上，『四』之一陽降而居『二』，乃成坎，即其義也。凡三陰之卦，皆自否來，即朱子《卦變圖》之説也。」不知於此卦何以自變其説？謂涣自漸卦，九來居「二」而得中，六往居「三」得九之位，而「上」同於「四」，則是以漸内卦艮體之「二」「三」爻，彼此互易矣。「三」在内卦，似不可謂之外，既云六往居「三」，復云得九之位，「三」以柔居剛，似不可謂得位。只因「三」、「四」兩爻皆陰，要取合「上同」二字之文，而於「柔得位乎外」五字，遂欠分明。且「六四」之柔，必有所自來，何竟置而不釋？所以胡雲峰云：「涣之『柔得位』者，『二』往居外卦之『四』，故曰『得位乎外』。所謂『上同』者，『上同』於『五』也。《本義》以二爻相比者爲變，朱子雖有是疑，而不及改正也。」

按，「假廟」、「涉川」，俱以象言。「王乃在中」者，如在廟中，洞洞屬屬，聚精會神，此恭己無爲之象。「乘木有功」者，如木爲舟楫，而人乘之，「五」用「四」以「有功」，此得賢圖治之象。又，按《彖傳》末，《周易舉正》有「利貞」二字。

《象》曰：風行水上，涣。先王以享于帝，立廟。

朱與三曰：「風無形也，水上有風，則爲淪爲漪。鬼神亦無形也，郊廟有禮，則如在其上，如在其左右。無形而無不形者，風之象，『享帝』、『立廟』之義也。」胡雲峰曰：「『享帝』，與天神接，『立廟』，與祖禰交，皆聚己之精神，以合其涣者也。」錢國瑞曰：「上帝生物，散而爲萬，久則愈散，不測其源之出於天矣。祖宗生子孫，亦散而爲萬，久則愈散，不知其源之出於祖宗矣。非聖人孰能推其水木本源，而聯屬之哉！」愚按，卦體又有剛來文柔之象，《大象》不曰「風在水上」，而云「風行水上」，即《伐檀》詩疏「風行吹水而成文章」之義。先王既聚人心於「享帝立廟」，則偃武修文，禮明而樂備，七世之廟，可以觀德。德者，文德也。《爾雅》以之釋水，郭璞、木華得之，爲《江》《海賦》；蘇明允得之，爲《文甫字説》。《象》有大小，於義皆通。

初六，用拯，句。**馬壯，吉。《象》曰：「初六」之「吉」，順也。**

《程傳》：「『馬』指『二』，『二』有剛中之才，『初』陰柔無應，託於剛中，以拯其『涣』，如得『壯馬』以致遠。」〔一〕則以「二」拯「初」矣。愚按，「九二」一陽，陷於坎中，「初」與「四」無應，而與「二」同體相比，能拯「二」者，「初」也。坎爲美脊亟心之「馬」，「馬」少則「壯」，老則弱，「初」之「馬」，所以爲「壯」也。凡爻自上而下曰「逆」，自下而上曰「順」。「初」爻柔而位剛，不用以陷「二」，而用以拯「二」，「吉」由於「順」也。若以

〔一〕此段引文，頗多節略，中華書局《二程集·周易程氏傳》卷四《涣傳·初六》：「馬謂二也，二有剛中之才，初陰柔順，兩皆無應，無應則親比相求。初之柔順，而託於剛中之才，以拯其涣，如得壯馬以致遠，必有濟矣，故吉也。」

「二」拯「初」，則逆而非順，且「九二」之吉，不當云「『初六』之『吉』」矣。

九二，涣奔其杌，悔亡。《象》曰：「涣奔其杌」，得願也。

「杌」，《石經》作「机」，與「几」同。《程傳》：「『杌』者，憑以爲安者也。」凡剛在上者，必有所託以爲安。吴草廬曰：「坎爲輿，『二』在坎輿中，如車中有杌，凡乘安車者，用『杌』。」愚按，「杌」當指「初」，「二」在險中，上無正應，宜有「悔」矣。比「初」，則得所安。「奔」字從「馬壯」來。「初」用「壯馬」拯「二」，「二」憑以爲安，故「悔亡」。蓋當「涣」之時，又居險中，必安其身而後動。身安，而後可以安天下。「二」之「願」，得「初」而遂，所謂近相取者也。《本義》謂「九奔而二杌」，大難理會。一説，「九二」一爻，所謂「剛來而不窮」者也。「剛」自外來，故曰「奔」，得其「杌」則「不窮」。本爻自有此象，非關無應有比也。

六三，涣其躬，无悔。《象》曰：「涣其躬」，志在外也。

吴草廬以「躬」指「四」。愚竊謂當指本爻。「三」居坎上，而與「上九」應，陷陽之力，「三」爲多。陰柔是其本體，自私自利，所謂「躬」也。前遇巽風，涣然吹散，「涣其躬」之象。「三」之「躬」，「四」「涣」之也。不有其「躬」，安得有「悔」？「志在外」，當指「四」。二陰相比，在「三」曰「涣躬」，在「四」曰「涣群」。此失位彼得位，兩爻合看自明。

六四，渙其群，元吉。渙有丘，匪夷所思。《象》曰：「渙其群，元吉」，光大也。

愚按，此成卦之主爻，所謂「柔得位乎外而上同」者，故以「元吉」歸之。卦内三陰，「四」爲長，得位之正，下無應與，「渙其群」之象。「三」方引「四」爲己之群，豈意「四」散其私黨，而「上同」於「五」，乃成大群乎。中爻互艮，「丘」之象。「渙有丘」，大群也。「夷」者，等也，當指「三」。「三」之志在外，初不料「四」之及此也，故曰「匪夷所思」。《小象》專釋上截，而贊其「光大」，蓋「六四」下絶黨與，表正群辟，心無曖昧曰「光」，無偏黨曰「大」。此正「匪夷所思」處也。李衷一曰：「渙之卦，凡陰皆從陽，『五』之有『渙』，實『四』之『渙』爲之。下三爻爲坎，群然受『渙』者。『四』居坎上，『五』又居『四』上，『四』之有『渙』，下三爻正其所『渙』者。散則成群，聚則成丘。皆爲『五』用，此『五』之所以得成其『渙』也。諸爻之中，陽均宗『五』，無非『四』上同之力，聖人所以深嘉之。」

張待軒曰：「最切莫如身，自私自利，蟲膈之胚胎也。至害莫如黨，分立門户，肝膽之楚越也。『渙其躬』則『无悔』，『渙其群』則『元吉』，作用全在此兩爻。」

九五，渙汗，句。其大號，渙。句。王居，无咎。《象》曰：「王居，无咎」，正位也。

《本義》以「汗」爲「出而不反」之象。《易纂言》曰：「『大號』者，風也。『五』者，心之位；『汗』者，心之液。風中於心，以汗而散。」張待軒曰：「醫家謂陰陽表裏關隔不通者，得汗而解。解則二氣和暢，四肢百骸無不調攝，以『汗』象『涣』，極形容之妙。若以『不反』爲『汗』，涕唾何嘗反哉？」愚又竊按，「三」「涣躬」，「四」「涣群」，「五」則「涣」道成矣。以成效言，故曰「涣汗」，謂「涣」至此而「汗」也。「大號」與《莊子》「萬竅怒號」同。叫譹于喁，所以舒天地鬱結之氣。在人君，則爲誅大奸、賞大功，凡大詔令、大赦宥皆是。必如此，鬱結始開，精神始暢。散積貯，特其一事耳。《爻辭》若曰「汗」，何以得散，因其「大號」而散也，故復加一「涣」字。玩《象辭》，言「王居无咎」，而不言「涣」，則「涣」字似當屬上句讀。《黄氏日抄》云：「程以『九五』能『涣』，『大號』居王位爲稱，朱以爲散其積聚，觀《小象》，合從程説。」愚又按，「王居」是根本處，「汗」自汗，「號」自號，王惟中心無爲，以守至正，如北辰之居其所，何咎之有？「五」陽剛中正，故《爻》曰「王居」，《象》曰「正位」，與《彖傳》「王乃在中」相應。若作散積貯解，於「正位」之義似難合。

上九，涣其血，句。**去逖出，无咎。《象》曰：「涣其血」，遠害也。**

下卦坎，爲「血」卦，九居巽上，「涣其血」之象。「逖」取遠義。《小象》所謂「遠害」

也。「上九」下與「三」應，「三」，坎體之陰血也。「血」以養榮衛，本非有害，鬱結而不散，則有害矣。「上」居渙終，去「三」遠，爲「渙其血」之象。《本義》謂「『逖』當作惕，與小畜『六四』同。言『渙其血』則『去』，『渙其惕』則『出』也」。二語殊難理會。今依《易纂言》，上下各以三字爲句。又取瞿塘來氏之説補注之，曰，「上」以陽剛當渙之極，方其始「渙」之時，或傷害，或遠去，二者皆所不免。今在「渙號」，正位之後，則傷害者得渙散，遠去者得復出矣，何咎之有？「五」取象於「汗」，「上」取象於「血」，可見「渙」之爲義，只是氣脉流通而已。先儒有云，君臣上下，扞格不入，如寒證之不汗，瘀血之不消，死亡可立而待。渙卦乃疎風散氣，發汗行血之劑也。

朱子嘗云，渙卦不可曉，只以大意看，故《本義》於《彖》、《爻》，詮釋俱不甚明晰。愚又以《象數論》推之。「渙」之時，内坎外巽，風波疊起，有王者作，必先收衆望，事莫有大於「享帝」「立廟」者，如武王之立柴望，祀周廟，群情之渙於是乎聚。「初」之用拯，志在救溺也。「二」之「奔机」，出險就安也；「三」之「渙躬」，以身扞患也。當是時，不知幾人稱王，幾人稱帝。「四」之「渙群」、「渙丘」，小德役大德，小賢役大賢之象。上之「渙血」「逖出」，百姓遠離湯火，滌蕩腥穢，咸與維新之象。

舊注以「渙」爲「離披解散」之象。愚竊謂巽之在渙，與巽之在蠱相反。蠱之風爲山所止，涣之風遇水而行。天地間釋滯宣鬱，賴有此風。《卦》《象》所以云「涣亨」，六爻所以有「吉」而無「凶」、「悔」、「咎」，多是説「涣」之好處。夫子於《繫傳》只説「涣，離也」，今添出許多字作注脚，似乎將「涣」之義説壞。聖人設卦，乃以救「涣」矣。

䷻兑下坎上

節：亨，苦節，不可貞。

《説文》：「節，竹約也。」《埤雅》：「竹，物之有筋節者。」故「節」字從竹。愚按，卦象又有「節制」之義。《説卦》「坎爲通」，通者，坎水也。澤，則止水。坎在上，委輸於澤，「坎」之出水無窮，而澤之納水有限，是「坎」受澤之「節制」，故卦以此名。下三爻爲「節」者也，上三爻受「節」者也。又，内外卦皆陽剛居中，有中滿之象。滿則溢，不可無以通之，節之所以「亨」。《雜卦傳》云：「節，止也。」止之中，固有「亨」道焉。吴草廬曰：「『苦』，火之味。『初』至『五』肖離，『上六』爲離火所熏蒸，故其象爲『苦節』。」劉静修曰：「在物皆有自然之節，至於『苦』，則非自然之節矣。凡卦之所謂『亨』與『貞』者，其『亨』與『貞』皆同，而所以爲『亨』與『貞』則異。『涣』即『亨』也，『亨』在事先；『節』有『亨』之道而已，『亨』在事後。『亨』在事先者，以『亨』爲主，而守之以『貞』。

『亨』在事後者，以『貞』爲主，庶幾其有『亨』也。」愚又按，《卦彖》分兩層，「節」則適中，有可「亨」之道。「苦節」則不中，故不可「貞」。聖人欲維其道於不窮，故「節」之義不取苦，而取甘，不於「貞」而於「亨」。「貞」字作「久」字解，不可久則窮，窮則變，變則通，所以《彖傳》補出「窮」、「通」二字。

《彖》曰：「節，亨」，剛柔分而剛得中。「苦節不可貞」，其道窮也。說以行險，當位以節，中正以通。天地節而四時成，節以制度，不傷財，不害民。

愚竊從《彖傳》推之，節亦可云卦變，涣自否來，則節自泰來，三剛在下，三柔在上，本泰也，今分下卦第三爻之剛，上居於「五」而得中，故曰「剛柔分而剛得中」，即不必言分柔居「三」，其義已明。節與涣反對，變在「初」、「上」兩爻，而「二」、「五」仍不變，故曰「剛得中」。不知朱子何以於涣言卦變，於節則不言。一說，「初」、「二」兩爻是剛，「三」、「四」兩爻是柔，「五」爻是剛，「上」爻是柔。一雙一單，均齊方正，是謂「剛柔分」。愚按，「剛柔分」者，自然之「節」，「剛得中」者，節制之人也。「苦節」，《爻》有明文，當專屬「上」爻。「節」貴乎中，過中則「苦」。「節不可貞」，「不可貞」便「窮」，「窮」與「亨」相反。然「窮」者其道，不以非道而窮也，與「上六」《象辭》同。「說以行險」，統言卦德。「當位以節，中正以通」，專指「九五」一爻。「説以行險」，則本於人心之安，毫無勉强，隨接「當位」句，見如此爲「節」，是「當位以節」也。又接「中正」句，見如此爲「節」，是「中正以通」也。語意流貫融洽。邱行可曰：「節六爻以『當位』爲善，故『初』『无咎』，『四』『亨』，『五』『吉』。『二』、『三』不『當位』者也，故『二』『凶』，『三』『嗟』。『上』『當位』而亦『凶』者，以其當節之極，取義又不同也。」胡雲峰曰：「《易》至節，卦六十，爻三百六十，合『天地節而四時成』。每月有中氣，有節氣，『節』所以抑其過而歸中也。」洪景盧曰：「節已備三百六十爻，尚餘四卦，計二十四爻，以當二十四氣。」愚又按，《漢書・律曆志》：「時所以紀啓閉，月所以紀分至。啓閉者，節也。分至者，中也。」蓋一年四立，是四時之節氣，二分二至，是四時之中氣。節氣居九十日之全，中氣居九十日之半。半則適中，全則過中而宜節。「節」者，節四時之過，以成四時之功也。「制」者，法禁之謂。「度」者，準則之謂。「節以制度」，是量入爲出，如《周禮》「太宰，以九式節財」，「小宰，執九式之貳〔一〕，以節財用」，惟合乎「制度」而已。「不傷財」，則用不至於匱乏，「不害民」，則下不困於誅求，所謂「節用而愛人」也。

《象》曰：澤上有水，節。君子以制數度，議德行。

〔一〕原本奪「之貳」二字，據四部叢刊本《周禮》補。

「澤」者，瀦水之陂也。水性易流，必防閑以制之。「數」者，一、十、百、千、萬，「度」者，分、寸、尺、丈、引。古來器用，宫室冠服，莫不有多寡之數、隆殺之度，使賤不踰貴，下不侵上，各循其分，所謂節也。君子存於中者爲德，發於外者爲行。隨時合宜，無過不及，斯爲中節。「數度」，示民以「節」也；「德行」，持身以「節」也。曰「制」，曰「議」，無非求合於中正而已。此内聖外王之學。

初九，不出户庭，无咎。《象》曰：「不出户庭」，知通塞也。

《程傳》以「初九」爲戒辭。馮厚齋曰：「『初』、『四』有應，宜『出』者也。然前有陽爻蔽塞，一不可『出』也。『四』爲坎體，應則入於坎窞，二不可『出』也。剛在下而無位，三不可『出』也。『不出』，則無三者之『咎』矣。此知『節』者也。」愚又按，節之異乎習坎者，『初九』一爻，塞乎兑底也，「不出」之象。陽爲户，陰爲門。「初」陽位陽爻，前遇「九二」，皆「户」象，當「節」之初，如「户」之有限，時止則止，得慎密之道，故「无咎」。「不出」不專指出處，凡動静語默皆是。《爻辭》止有「塞」義，《小象》兼「通」而言，以見道有行止，時有「通塞」。「塞」則止，「通」則行，「知塞」則「知通」矣。「知通塞」者，知通中之有塞也。中正以通在「九五」，門庭之通在「九二」。則通中之塞，在「初九」可知。

九二，不出門庭，凶。《象》曰：「不出門庭，凶」，失時極也。

吴幼清曰：「『三』、『四』在『二』前，爲門外之庭。畫皆偶而無窒礙，出『三』、『四』，則上合於剛中正之『九五』矣。『二』以敵應不相與，故『不出門庭』。」愚又謂，門在户外，所以通行。「初」與「四」應，坎險在前，時當墐户者也。「二」與「三」比，前無蔽塞，時當出門，而亦不出，是當禹稷之世，守顔子之節矣。剛雖得中，而爻不當位，故其象如此。《象》於「初」曰「知通塞」，於「二」曰「失時極」，「極」者，甚也。《詩·東方未明》「刺無節也」，末云：「不能晨夜，不夙則莫。」謂不失之早，則失之晚，由其無節，所以「失時」。「時」之爲道，頃刻不可差，況「失時」之甚者乎？此「凶」所由來也。

張彦陵曰：「『初』與『二』之『不出』均也，而「凶」與「无咎」異者，以『失時』爲『二』罪，固已。然何以見得『二』之時宜『通』，而不宜『塞』耶？蓋『初』、『二』兩爻，實爲水之門户，單者爲户，旁者爲户，猶水之竇。兩者爲門，中者爲門，猶水之道。竇不塞則有耗漏之虞，道不通則有潰决之患。『通塞』之辨在此。」

六三，不節若，則嗟若，无咎。《象》曰：「不節」之「嗟」，又誰咎也？

胡庭芳曰：「自上三爻觀之，水出於兑澤之上，非『三』之所能『節』者，故有『不節』之象。但見兑口之開，故又有『嗟若』之象。兩『若』字，摹寫『六三』小心翼翼之象。」《易纂言》云：「『三』『節』而能『嗟』，與泰侈而不自知其非者，異矣。」愚又謂「初」、

「二」皆「不出」，守「節」者也。「三」爲成卦之主，若復循成轍，塞者終於塞矣。惟「不節」，而上流之坎乃通。「五」之「甘節」，「四」之「安節」，未必非「三」之功。「不節」則「嗟」，蓋「嗟」前人積累之勞，而以「不節」之「咎」自任者，所以《爻》曰「无咎」，《象》曰「又誰咎」，謂塞者從此而通，雖「不節」之「嗟」，又誰得而咎之與？《同人·初九·小象》義同。舊注作「無所歸咎」解，似失語氣。

六四，安節，亨。《象》曰："「安節」之「亨」，承上道也。

《易纂言》云："「『四』承中正之『五』，『安』於『節』而無所勉强者。坤體静重，故能『亨』。」"愚按，「四」柔順得正，在坎之下流，中爻互艮，有安止之象。其所以「亨」，由於「承上道」，先儒謂「上」順於「五」是矣。但於順「五」之義，尚未明析。竊謂外卦坎體，凡爻遇坎者多險象，此獨曰「安」，「安」者，險之反。水性下，安瀾歸澤，則「上」失其險矣。「五」之「往有尚」，「往」而之「四」也。「四」之「承上道」，承「五」之流，而下注於「三」也。此「承上」之義。

九五，甘節，吉，往有尚。《象》曰："「甘節」之「吉」，居位中也。

胡雲峰曰："「諸爻之『節』，節其在我者。『五』當位以『節』，節天下者也。」"愚按，《彖傳》「節以制度，不傷財，不害民」，所謂「中正以通」，「節」之宜於人，猶味之宜於口，故曰「甘節，吉」。施之可大，行之可久，故曰「往有尚」。「甘」字從「苦」字出。「甘」者味之中，「五」者位之中，「剛得中」而能「節」，乃爲「九五」之「甘」。柔過中而失「節」，則爲「上六」之「苦」。

愚又按，「節」之取義多端，在天地爲節候，在禮爲節文，在樂爲節奏，在信爲符節，在用爲儉節，撙節，在軍爲節鉞，在士大夫爲名節、氣節。得之者爲達節、中節、廉節、高節、全節，反此，則爲凌節、踰節、失節、改節、逆節、違節。以人身言，則有筋節、骨節；以草木言，則有根節、枝節。《卦辭》取義於味，只用「甘」「苦」二字括之。中爻互頤，有飲食之象。外卦本坤，中央土，其數五，其味甘，「九五」來居中位，中爻自「二」至「五」，又有離象。上爻居炎上之地，其味「苦」，皆卦體所自具，《易》奇而法，可以類推。

上六，苦節，貞凶，悔亡。《象》曰：「苦節，貞凶」，其道窮也。

《黄氏日抄》曰：「《程傳》云『固守則凶』，朱云『得正而不免於凶』，合從程説。」愚竊謂兩説當兼取。《卦象》所云「苦節不可貞」者，此爻也。《爻》不曰「不可貞」，而曰「貞凶」，「貞」豈「凶」德乎？故繼之曰「悔亡」。言於象則「凶」，於理則「无悔」，與大過上爻「過涉滅頂，凶，无咎」義同。「上」居卦終，明知「苦節」，未必得吉，而寧爲其苦者，首陽之餓，汨羅之沉，有犯凶災，而矢死靡悔耳，《象》申之曰「其道窮」。「道」曷有

「窮」？「節」之「苦」者「窮」之也，荀慈明所云「或可艱難於一人，而未可公行於天下；或可勉强於一時，而未可通行於萬世」，皆「窮」之「凶」也。聖人既憫其「苦」，而許以「貞」，復哀其「窮」，而歸諸「道」，所以勵苦節一種人，毋使變更於末路也。

陸庸成曰：「觀下卦『通塞』二字，上卦『甘苦』二字，乃知『節』道之貴中矣。大抵『通』處味『甘』，『塞』處味『苦』，而因時以調劑者，中也。時不一而中一，時不一，故『二』不得狃於『初』之『塞』；中一，故『四』當『安』於『五』之『甘』。『塞』極必『通』，故『三』受焉。『甘』失反『苦』，故『上』受焉。此六爻之情。」

䷼兑下巽上

中孚：豚魚吉，利涉大川，利貞。

卦名兼「孚信」、「感孚」二義，卦象兼「中虛」、「中實」二義，合二體則中虛，分二體則中實。《程傳》謂「中虛信之本。二陰在内，氣合而成孚，故曰『中孚』」，似乎只説得「合」象。《方言》：「鷄伏卵而未孚。」《説文》：「卵孚也。」鳥孚卵皆如其期，不失信也。蘇氏《易傳》作此解，似乎單説得「孚」字，而脱却「中」字。愚竊謂中孚之卦象，則取中虛；中孚之卦德，重在中實。實者，誠也。不但「孚」同類，兼可「孚」異類。故曰

「豚魚吉」。劉静修曰：「頤與中孚，皆有離之象。離則有水蟲之象，故在頤爲『靈龜』，在中孚則爲『豚魚』。」《易纂言》云：「『豚魚』，澤中之物，似猪，俗謂『江豚』。澤將有風，則浮出水面，有南風則口向南，有北風則口向北。舟人謂之『風信』，與中孚之義正合。巽木在兑澤上，卦體中虚，如舟『利涉大川』之象。『利貞』者，戒詞也。天下固有信而或失其正者矣。」胡雲峰云：「信而失正，如盗賊相群，男女相私，皆人爲之僞，非天機之合也。」

愚又按，中孚與頤相似，皆中虚之象，而頤不言「孚」者，中四爻無陽，則陰不能成「孚」乳也。

《彖》曰：中孚，柔在内而剛得中，説而巽，孚，乃化邦也。「豚魚吉」，信及豚魚也。「利涉大川」，乘木舟虚也。中孚以「利貞」，乃應乎天也。《舉正》「信及」下無「豚魚」二字。

愚按，《彖傳》不釋卦名，却將「中孚」二字拆開説。「三」、「四」，「柔在内」；「二」、「五」，「剛得中」，故以卦體言「中」；兑與巽合，在上一陰，巽與兑合，在下一陰，故以卦德言「孚」。「説」爲中心之説，「巽」爲中心之「巽」，純是一團實意，人人見肝膽而不疑，故曰「孚乃化邦」也。「化邦」是「孚」於同類。「豚魚吉」是「信及」異類。「及」者，由人以及物也。「大川」，兑澤象。巽爲木，益言木道，巽言乘木，此因兑、巽合體，外實而中虛，獨發中虛之義。禽之伏卵，木之浮水，皆天也。天無形，虛之象；天無心，虛之理。「中孚」，原不出乎人爲，「應天」止適合乎本體而已。楊誠齋云：「海客之機心，鷗鳥先知之，『中孚』之信，所以及『豚魚』。燕客之忮心，白虹先覺之，『中孚』之『利貞』，所以應乎天。」楊用修曰：「人欲凈則中虛，天理充則中實，所謂『應乎天』也。」二説並存，末句道理方足。

《象》曰：澤上有風，中孚。君子以議獄緩死。

《本義》：「風感水受，『中孚』之象；『議獄緩死』，『中孚』之意。」愚又按，「澤上有風」與「風行水上」不同，「澤」，止水也，風行其上，寂而感，虛而通，「中孚」之象。「君子以議獄緩死」，先儒謂「獄」與「死」，兑秋之肅殺；「議」與「緩」，巽風之長養，固已。愚又謂「中孚」，信也，信與疑相反。凡用人行政，當以疑爲戒，惟治獄之道，利用疑。《書》云：「罪疑惟輕。」寧失之疑，而不敢過於自信。三槐九棘，皆議疑獄之地也。「議」者，求其入中之出；「緩」者，求其死中之生。若用刑，而中心有毫髮之「疑」，即非「中孚」。文王惟於噬嗑取「獄」象，夫子則於賁、豐、旅、中孚四卦，盡其義，皆取象於雷火，本卦《大象》離，中爻互震，故亦以「獄」言。兑爲口舌，「議」之象；巽爲不果，「緩」之象。

初九，虞吉，有他《石經》作「它」。不燕。《象》曰：「初九，虞吉」，志未變也。

《程傳》謂「『初』與『四』不取相應之義」，《本義》謂「當中孚之『初』，上應『六四』，能度其可信而信之，則『吉』」。愚竊謂君子之「孚」，先求自信，度於理之謂「虞」，雜以私之謂「他」。内度之己而「吉」，以無「他」也。「燕」，謂心不自安，如其「有他」，已且不安，何以孚人？《小象》「志未變」，從「有他」來。「有他」，則變矣。楊誠齋曰：「『虞』雖訓『度』，亦『防』也。《書》『儆戒無虞』，萃『戒不虞』是也。邪不閑則誠不存，家人之『閑有家』，中孚之『虞有他』，皆見於『初九』，防家防心，皆在『初』也。故《小象》皆以『志未變』贊之。」袁了凡曰：「『有他』，非謂舍『四』而『有他』也，謂既從『四』，而心復『有他』也。『虞吉』，欲其審於始；『不燕』，恐其『變』於終。」

《田間易學》曰：「中孚以全卦内外上下，共成一孚，不重正應，專以能絶繫應者爲『孚』，『初四』之應，猶『三』『上』之應也。『四』絶類而上，『初』亦絶所繫矣。而猶『虞』其後之『有他』也。如『三』既和『二』矣，而『上』復以『翰音』争之，致歌泣鼓罷，不能自主。豈非『有他不燕』者乎？而『初』幸無是虞也。『四』之『馬匹亡』，則『初』『志』可無『變』矣。」又是一解。

九二，鳴鶴在陰，其子和之。我有好爵，吾與爾靡與「縻」同。之。《象》曰：「其

子和之」，中心願也。

以爻象觀之，「初」「四」、「三」「上」，剛柔正應，宜相孚者也。「二」、「五」敵應，宜不相孚者也。以《爻辭》觀之，「初」「四」、「三」「上」皆不相孚，惟「二」、「五」則相孚，兩爻皆「剛得中」者也。舊注謂「二」，「中孚」之實，「五」亦以「中孚」之實應之，故有「鶴鳴」、「子和」之象。愚竊謂「鶴鳴」指「二」，「子和」似當指「三」。因其近相取，所以《繫傳》發此爻之義，云「千里之外應之，況其邇者乎」，夫邇莫邇乎「三」矣。「我」者，「九二」自稱。「爾」字，方指「九五」。「靡」者，羈縻之謂，比「三」之象也。「二」與「五」本同德，靡「三」以應「五」，有以人事君之義。《爻辭》若爲「二」語「五」曰「我有好爵」，所以「靡」「三」，乃與「爾靡之」也。《禮》，大夫以上與燕享，則賜爵。「爵」本酒器名，與「我有旨酒」義同，後人借作秩位解。《象》曰「中心願」，可見同聲相應，皆本「中孚」之誠，非此「鳴」而强求彼「和」也。《禽經》：「鶴爲露禽，八月白露降，即鳴而相警。」兑，正秋也，故以「鶴」言。「二」本陰位，又居二陰之下，故曰「在陰」。「六三」，兑口在上，故曰「鳴」，曰「和」。

六三，得敵，或鼓，或罷，或泣，或歌。《象》曰：「或鼓或罷」，位不當也。

《本義》：「『敵』，謂『上九』，信之窮者。『六三』，陰柔不中正，而與之應，故不能自主，而其象如此。」愚竊按，「三」與「上」正應，而非敵應。《爻辭》云「得敵」者，只爲「三」位剛而爻柔，「上」位柔而爻剛，一居悦極，一當巽終，爲「得敵」之象。「三」既與「二」孚，「鶴鳴」而「子和」矣。「上」據正應，復來與「二」争。「二」，「鶴」也，「上」，雞也。雞其能與鶴争乎？或「鼓」，或「罷」，作止之無常；或「泣」，或「歌」，哀樂之無定，似皆爲「上九」設。睽卦亦兑在下，「六三」一爻，許多妄見，多從「上九」來，其義正同，《小象》亦曰「位不當」，謂「三」非兑之正位也。若外卦，巽之居「四」，位則正矣。兑、巽合而成中孚，在「三」、「四」兩爻。「三」舍「上九」，而下孚「二」；「四」絶「初九」，而上孚「五」，皆因近比，取「剛中」之孚者也。似不可獨説壞此爻。

吴草廬云：「『三』與『四』，二柔雖同類，然其志相反。『三』『鼓』『四』『罷』，『四』『泣』『三』『歌』，『三』居剛，互震之中畫，震動故爲『鼓』，又兑口也，故爲『歌』。『四』居柔，互艮之中畫，艮止故爲『罷』，『四』多懼，又離目也，故爲『泣』。『四』得正，而上孚於『五』，『三』不實，而欲『四』之孚，故『四』不來孚也。」又是一解。

六四，月幾望，馬匹亡，无咎。《象》曰：「馬匹亡」，絶類上也。

來矣鮮曰：「卦體下兑，中爻互震，震東兑西，日月相對，『月幾望』之象。」愚按，《説卦傳》「巽爲月」，「四」居巽初，月猶未盈，故曰「幾望」。《爻辭》言「月幾望」者，凡三：小畜「上九」，變坎以抗陽而「凶」；《歸妹》「六五」中爻互坎，以柔中有應而「吉」；本卦「初」「上」兩爻變皆成坎，「四」以陰居陰，近比「九五」之陽，故亦有此象。又互震，馬象，「匹」者，兩馬也，同類也。「四」本「初」之正應，故曰「匹」。不與「初」交，馬亡其「匹」矣，「絶」其同類矣。「上」指「五」，「四」，陰柔得正，惟其能「絶同類」，而上從剛中之「五」，所以「无咎」，與坤之「喪朋有慶」同。天下固有同類而不相孚者，「三」「四」與「初」「上」是已。方蛟峰曰：「『月幾望』，不處盈也。『馬匹亡』，不爲黨也。禹之不伐，周公之不驕，『月幾望』也。晏子不入崔、陳之黨，韓退之不污牛、李之朋，『馬匹亡』也。」

九五，有孚攣如，无咎。《象》曰：「有孚攣如」，位正當也。

先儒謂諸爻不言「孚」，惟「九五」言之。「孚」之主也，與「九二」有固結之象，故「二」曰「靡」，「五」曰「攣」。愚按，「二」、「五」皆剛中，「五」得中又得位，所謂「孚乃化邦」者，正指此爻。下合「九二」之「剛中」，以包中間二陰，君臣同德，上下相孚，有固結不解之義。故曰「有孚攣如」，與《小畜・九五・爻辭》同。《小象》推原「无咎」之故，曰「位正當」，可見「孚」必由中。「五」雖與「二」敵應，只是以剛居中，各「當」其位，自然無詐無虞，非别有固結之術也。

上九，翰音登于天，貞凶。《象》曰：「翰音登于天」，何可長也！

《曲禮》：「雞曰翰音。」雞鳴，必先振其羽。本卦巽爲雞，在上卦之上，「登天」之象。「鶴」警秋，雞知旦，皆取其有信。「登天」與「在陰」相反。鶴，陽鳥也，鳴於九皋，聲聞於天，宜其「登天」，乃爲在陰之物。雞，家畜也，「日之夕矣，雞棲於塒」，宜乎「在陰」，反爲「登天」之音。「翰音」無「登天」之理，所謂聲宏而實不至者也，故雖「貞」亦「凶」。「孚」不由中，末變爲此象。凡世之無實而博虚名者，皆「翰音」類耳。「何可長」，言聲聞過情，旋即消滅，可立而待，「凶」其所自取，不必言矣。錢啓新曰：「『二』『鳴』在内，剛得中之『鳴』，與『三』、『四』聯爲一體而成動，有唱必和之鳴也。上音在外，剛不得中之音，與『三』、『四』不克聯爲一體而成動，獨唱無和之音也。『二』雖在陰，無禦於遠，『上』即『登天』，無應於邇。」

李衷一曰：「卦名『中孚』，《象傳》以『柔在内』居先，及觀『三』、『四』二爻，又若不足於柔之内，而『鶴鳴』之『和』，『有孚』之『攣如』。獨『二』、『五』之剛能之，又何以説？大抵『孚』貴中，中則『孚』，不中則『不孚』。『二』、『五』中而『三』『四』不中，故但取同德，不取同情。同德則『孚』而真，同情則『孚』而昵。他卦以相應爲信，本卦以同德爲信。此其所以獨名『孚』也。然就爻言之，『中孚』在『二』、『五』；就卦言之，『中孚』

在『三』、『四』。非『二』、『五』之『和』、『攣』，不得名『中孚』，人皆知之。非『三』之『得敵』，『四』之『亡馬』，亦不得名『中孚』，人未之知也。」邱行可曰：「『柔在内而剛得中』，則剛中者，成『孚』之象也。在六爻，以『二』、『五』之剛爲主，故『二』言『鶴鳴』、『子和』，『五』言『攣如』，其交孚之實，可見矣。餘四爻，『初』、『上』則以實應虚，『三』、『四』則以虚應實；而所居之位，又皆不中，皆未能『有孚』者也。合六爻而詳其虚實之義，則剛中爲『孚』之象，昭昭矣。」

䷽艮下震上

小過：亨，利貞。可小事，不可大事。飛鳥遺去聲。之音，不宜上，句。宜下，大吉。

程子謂「『過』者，過其常也。事有待『過』而後能『亨』者，故『小過』自有『亨』義」。愚竊謂《易》之道，中正而已。過中則失正，卦體四陽在内，曰大過；四陰在外，曰小過。大過以「本末」言，取象於「棟」，物之重者；小過以「上下」言，取象於「鳥」，物之輕者。中孚四陽外而二陰内，如鳥爪之抱子；小過四陰外而二陽内，如鳥翮之飛肉，皆卦體自然之象。時當「小過」，氣或稍偏，勢或畸重，必矯枉而後平，小過之所以「亨」也。然豈可以不正哉？故「利」在「貞」。卦畫陰多陽少，「小」者，柔順之事；「大」者，陽剛之事。「遺音」者，鳥飛已過，而音始聞於下也。「飛鳥」是不吉之象，非「小過」所「遺」者，乃所「宜」之「音」，則不「上」而「下」，爲「小過」之「吉」，故又借「上下」二字，申明「大小」之義。上二陰乘陽，下二陰順陽。「不宜上宜下」者，鳥音也。「大吉」者，「宜下」則「吉」也。所謂「亨」而「利貞」，其義如此。先儒謂聖人以喻語解正語，復以正語解喻語者，是已。愚又按，本卦之言「利貞」，與他卦不同。以「大小」言，則「小」者爲「貞」，以「上下」言，則「下」者爲「貞」，皆從「小過」得義。「不宜上」，故「不可大事」；「宜下，大吉」，故「可小事」。大抵無命世之才者，不可希非常之業；量力而審處，寧爲其「小」，毋爲其「大」；寧爲其「下」，勿爲其「上」，處「小過」之道，當然也。可不可，宜不宜，皆斟酌無過之詞，而「不宜上」三字，尤全卦綱領。看來六爻總是一意。

《彖》曰：小過，小者過而亨也。過以利貞，與時行也。柔得中，是以小事吉也，剛失位而不中，是以「不可大事」也。有「飛鳥」之象焉。「飛鳥遺之音，不宜上，宜下，大吉」，上逆而下順也。

愚按，《彖傳》釋卦名，却於中間加一「者」字，以見先聖立卦之妙用。「小者」有時而「過」，不過則不行，故有「亨」道，在因其「過」而善用之耳。他卦或言「利貞」，或言

「與時行」，此獨曰「過以利貞」，「過」即所謂「貞」，「貞」即所謂「時」。非「時」有「小過」，乃「時」當「小過」也。聖人處此，亦與時偕行而已。「柔得中」，指「二」、「五」，而「五」之不正不言。「剛失位」，指「三」、「四」，而「三」之得位不言。當柔過乎剛之時，柔既得中，不必言正位；剛既失「中」，猶之失位也。兩箇是以皆從《卦象》申明「可不可」之義，只爭箇「中不中」，中則過而不過，失中則過而已矣。卦象中二爻陽爲腹背，下二陰爲左翼，上二陰爲右翼。夫子繫《彖》至此，因文王言「飛鳥之音」，不覺嘆曰「有飛鳥之象焉」，若從意外感觸者！聖人立言，豈必拘一定之體哉！《程傳》謂「此句不類《彖》體」，疑「解者之辭，誤入《彖》中」者，非也。「飛鳥」之「音」，文王但言「上下」，夫子復以「順逆」釋之。凡鳥立而鳴，則首向上；飛而鳴，則首向下。故其音逆而上則難，順而下則易。只借鳥音之「順逆」，以明「宜下」「不宜上」之意。

《象》曰：山上有雷，小過。君子以行過乎恭，喪過乎哀，用過乎儉。

先儒謂雷在山上，止而不動，其聲亦不離乎山下。《詩》所謂「殷其靁」也，威而不猛，「小過」之象。「君子」當「小過」之時，不能不過，亦不容太過，取法乎此。愚謂雷在天上，爲大壯。雷在山上，爲小過。「小過」亦時爲之，聖人之補偏捄弊，豈得已哉？「行過乎恭」三句，非有取於「過」也，「恭」以救諂，「哀」以救易，「儉」以救奢，救其「過」

以補其不足，要歸於中而已。所謂「時中」也，晁嵩山云：「時有舉趾高之莫敖，正考父矯之以循牆；時有短喪之宰予，高柴矯之以泣血；時有三歸反坫之管仲，晏嬰矯之以敝裘，雖非中行，亦足移風勵俗也。」

初六，飛鳥以凶。《象》曰：「飛鳥以凶」，不可如何也。

《易纂言》：「『飛鳥』指『九四』。過盛之陰，傷不及之陽，正應乃爲敵仇。『初六』，害『九四』者也。『九四』之『凶』，以『初六』而『凶』。」愚竊謂「初」柔在下，又艮體，宜止不宜動者也，恃其有應於「四」，自成「飛鳥」象，非以害「九四」也。鳥之飛在翼，故於「初」、「上」言之。蔡虛齋曰：「不好處全在『飛』字，是『上』而不『下』者也。」愚又謂「以」字與「飛」字相發明。鳥既飛矣，外三爻遇動體，中爻互巽爲風，一「上」不可復「下」，其飛也，乃其所以致「凶」也。「不可如何」，非但從旁莫捄，鳥亦有不能自主之勢矣。「初」之「不宜上」，其象如此。

六二，過其祖，遇其妣，不及其君，遇其臣，无咎。《象》曰：「不及其君」，臣不可過也。

《本義》：「『六二』進，則過『三』、『四』而遇『六五』，是過陽而反遇陰也。如此則不及『六五』而自得其分，是『不及君』，而適『遇其臣』也。皆過而不過，守正得中之意。」愚竊據此闡發之。諸卦内外爻，類取相應，小過獨取其不相應。蓋卦體陰過乎陽，陽又失位，相應則陰抗陽矣。惟「二」、「五」以陰遇陰，故「五」不言「過」，「二」言「過」，即言「不及」。「過」與「不及」兩相形，乃見「過不過」之妙。如其進而求「遇」，則「過」「三」、「四」而「遇」「五」、「六」；如其止而不進，則不及「五」、「六」而自得其分。全卦是過，「二」止於「三」下，獨《象》「不及」。「祖」指「三」、「四」兩陽爻。「妣」指「六五」陰爻，對「三」、「四」言，則爲「妣」，對「二」言，則爲「君」。「二」居臣位，「五」居君位，君臣以上下卦言。「三」，艮主；「四」，震主。二陽在上下之交，「祖」也。「二」必歷「三」、「四」而後遇「五」，則是「過其祖」而「遇其妣」矣。然「五」雖「妣」，君位也。「二」爲「臣」，惟「不及」其「君」，斯爲「遇」。「二」在下卦，故曰「不及」。「五」在上卦，故曰「過」。「不及其君」者，「臣不可過」乎「君」也。「不過」乎「君」，故「无咎」。「過」與「不及」，皆非中道。「六二」柔順得中，當「小過」之時，與其爲「過」，寧爲「不及」。「二」之「不宜上」，其義如此。胡雲峰曰：「相過之謂『過』，『過』是有心；邂逅之謂『遇』，『遇』是無意。我所欲曰『及』，及則不惟與之齊，且主在我矣。『遇』與『及』相反，『過』與『不及』相反。他爻『過』者不『遇』，『遇』者不『過』。惟『六二』，『過』亦『遇』，『不及』亦『遇』，柔順中正，所以如此。」

九三，弗過，句。**防之，**句。**從，**句。**或戕之，**句。**凶。《象》曰：「從，或戕之」，凶如何也？**

《易纂言》：「『九三』與『上六』正應。然陽不及之時，豈可踰越於陰？是謂『弗過』。惟當如扞水之防，備『上六』不爲己害，斯可矣。」愚竊謂「弗過」者，陽不能過乎陰也。「九三」陽剛居正，在内卦之上，乃群陰所欲害者，故當「防之」。若不「防」而反「從」之，或且「戕」害於我而「凶」矣。「從」者，順乎陰也。因「三」與「上」應，故有此戒。《小象》單釋末句，正見「三」「不宜上」之意。

九四，无咎，弗過，遇之，往厲，必戒，勿用，永貞。皆二字爲句。**《象》曰：「弗過遇之」，位不當也。「往厲必戒」，終不可長也。**

項平甫曰：「『九三』、『九四』兩爻，爲陰所過，非能過人者也。故皆曰『弗過』。」愚竊按，「九四」雖交動體，而以剛居柔，不爲群陰所忌。《爻辭》先言「无咎」，幸其可免於「戕」也。「弗過」與「三」同，而「遇」與「防」異。蓋捄「小者」之「過」，惟有「防」「遇」兩途。「三」曰「防」，是先事預圖，有心備禦之法。「四」曰「遇」，是彼此邂逅，無心任處之法。「遇之」者，利於彼來，不利於我往，故曰「往厲」。中心若惕，故曰「必戒」。臨機當斷，故曰「勿用」。持守當堅，故曰「永貞」。因「四」上與「五」比，故戒之如此，此「四」

之「不宜上」也。《小象》申之以「位不當」，歎詞，亦憫詞。若使「九四」居位得中，莫夜有戎，何足恤哉？「終不可長」，「長」字，《程傳》讀上聲，與《姤·彖傳》「不可與長」義同。言「四」若往而從陰，是與之「長」矣。《本義》謂「爻義未明，當闕」。竊參會先儒之意，以補之。

愚又按，「三」、「四」兩爻當合看。蓋二陽相比，在上下四陰之間，不可無先幾之防、輕往之戒。「三」之「弗過，防之」，似指下二陰，言弗恃我能「過」之，而當防其見「戕」也。「四」之「弗過，遇之」，似指上二陰，言彼來與我遇，則「无咎」。我往與彼「遇」，則「有厲」而當戒也。一戒之以「凶」，一斷之以「勿用」。《易》爲君子謀，一片苦心，溢於言表。

六五，密雲不雨，自我西郊，公弋取彼在穴。《象》曰：「密雲不雨」，已上也。

「六五」《爻辭》，本《小畜·卦辭》。關子明云：「小畜一卦之體，當小過一爻之義。彼以陰畜陽，此則陰過陽，同爲『密雲』之象。彼以陽多而不與陰和，此則陰多而不與陽和，同爲『不雨』之象。」吴草廬曰：「中爻互坎，『四』、『五』得坎之上體。又有『九三』重蔽其下，如雲之密。然坎之下畫，塞而不通，則陰上而不下，故『不雨』。『九四』爲主爻，陽弱陰强，故陰陽不和。『我西郊』，謂『四』也。」愚又按，坎水在下爲雨，在上爲雲，此《易》之通例。小畜中爻互兑，本卦中爻亦互兑，「西郊」之象。程子釋《小畜・卦彖》所云：「凡雲自東而來西，則有雨。」今自西而東，則水生木而洩其氣，故「不雨」是已。《小象》言「已上」者，謂「雲」雖「不雨」，而其氣上升，所謂「不宜上」者，今「已上」矣，所以不能與陽和也。草廬又云：「『公』謂『四』，『彼』謂『初』。蓋言『四』但下取『初』而不上取『五』。」愚竊按，「公」當指「六五」，「彼」當指「二」。「二」，艮體，伏二陽之下，「在穴」之象。「五」欲取「二」爲己助，其如伏者之不出何？「公弋」句從「密雲不雨」説來，「密雲」不能致雨，「在穴」豈可「弋取」乎？因「二」與「五」敵應，又有此象也。

上六，弗遇，句。**過之，飛鳥離**去聲。**之，凶，是謂災眚。《象》曰：「弗遇過之」，已亢也。**

《本義》謂上爻「遇過」當作「過遇」，與「九四」同。愚竊就《爻辭》本文解之。「上」與「四」相應，而實相反。「四」曰「弗過，遇之」，言陽不能過乎陰，而與「五」相比，是「弗過」乎陰，而適「遇」夫陰也。此言「弗遇，過之」，言「上六」爲「五」所隔，「弗遇」乎陽，而位居於上，乃「過」乎陽也。《卦辭》云「不宜上」，而外三爻皆動體，動而彌上，「初」之「飛鳥」至此，終不得免。「離」即《詩》「雉離於羅」之義。「凶」從外來，孽自己作，是之謂「災眚」。「凶」字與初爻相應，「已亢」與「已上」相應，皆犯「不宜上」之戒者也。然則陰之「過」，豈陰之利哉？乾「上九」陽爻曰「亢」，此陰爻亦曰「亢」者，中爻互巽，鳥乘風愈飛則愈高，不但「已上」，而且「已亢」。在「初」已是「凶」象，況居卦終乎？建安邱氏曰：「卦體四陰二陽，故爲『小過』。合六爻而論，『初』、『上』兩爻，皆陰不中，過者也，故皆曰『凶』，戒其『過』也。『二』、『五』兩爻，『二』比『三』，『五』比『四』，剛柔相濟，復得中，『不過』者也，故皆無凶咎之戒。此上下四陰爻之别也。至『三』、『四』兩陽爻，在『三』則曰『弗過防之』，防下二陰也；『三』在二陰之上，而不謹爲之防，則陰柔必至害己，故『凶』。『四』曰『弗過遇之』，遇上二陰也；『四』在二陰之下，一或輕動，致『五』、『六』之遇，則危厲之事也，故『往厲必戒』。然陰在陽上，其害猶可逭；陰在陽下，其禍不可測矣。是以『九三』『凶』而『九四』『无咎』，此又中兩陽爻之别也。觀小過者，於爻位陰陽求之，則『過』與『不過』之義得矣。」

臨川吴氏曰：「此卦『初六』與『九四』，『九三』與『上六』，兩爻之《辭》皆相表裏。然『初六』之以『凶』，其《辭》若急，至『九四』則曰『无咎』，曰『勿用』，則其《辭》緩，何也？『九三』之『或戕』，其《辭》猶疑，至『上六』則曰『凶』，曰『災眚』，則其《辭》決，何也？蓋陰柔過盛，陽則但『宜下』退，『不宜上』進。『四』居柔，能下也。『三』居剛，則好上也。下則『凶』或可免，上則『凶』不可免矣。此『初』、『四』之《辭》所以先緩而後急，『三』、『上』之《辭》所以始疑而終決歟！」

《象數論》曰：「卦體有『飛鳥』之象，故《卦辭》、《爻辭》多就『飛鳥』取義。至治之世，不麛不卵，不殺胎，不覆巢，故麟鳳游於郊藪。大道不行，而獸亂於下，鳥亂於上矣。聖人傷之，特設此卦。初爻即從『飛鳥』二字而斷其『凶』，『三』則『戕之』，『四』以『往』而危，『五』之『弋』，矰繳也；『上』之『離』，網羅也，四方上下，無非殺機。『飛』者固難逃，『穴』處者將盡取。人情安忍？且謂取之『小過』，不足傷仁，豈復有祝網縱麑之舉乎？夫鳥翔於空，上下惟其所之。今云『不宜上』『宜下』，『上逆而下順』，戒之以『凶』，申之以『防』，惕之以『厲』，極之以『弋取』，終之以『災眚』。若爲『飛鳥』示趨吉避凶之道者。人世暴殄之慘，不待言矣。於斯時也，士君子之出處，可不審哉？」

䷾離下坎上

既濟：亨。句。**小利貞，初吉終亂。**

《爾雅》：「濟，渡也。」二卦皆以「濟」名，專取坎象。蓋天一生水，火乃水之用也。「既」字對「未」字説，已然之辭。關子明《易傳》以既濟終下經，與《序卦》不合。愚竊按，凡坎在上者，如屯、需、蹇、節等卦，多言險象，此云「既濟」，非出險之謂。在時則爲已往，在事則爲已成。又，卦體離火在下而升，坎水在上而降，彼此相交，猶「天地交」而成「泰」，故「亨」。但六爻陰皆乘陽，「小」者之「利」也。「六二」柔中，故曰「貞」。《本義》：「『亨小』當爲『小亨』。」《程傳》則云：「『小』字在下，語當然也。若言『小亨』，則『亨』爲『小』矣。」愚又按，《彖辭》與遯「亨，小利貞」同例，當依《程傳》。六爻皆應者，泰、否、咸、恒、損、益、既、未八卦。應而又得位者，六十四卦中獨既濟而已，聖人却從好處看出未盡善來。「初吉終亂」，猶曰「泰極當否」也。一治一亂，乃天地氣運之常。氣運流行，未嘗暫止，猶水火升降，循環不息，所以「初吉」，一息則水火各反其本性矣。今内外陰陽，各安其位而不動，故有「終亂」之戒。柔在「二」則「吉」，在「上」則「亂」。安静而不擾，固陰柔爲之。治極而偷安，亦陰柔爲之。使「既濟」之終，常若「未濟」之始，何「亂」之足憂哉？汪化昭曰：「凡事有既往，有未來，有現在。『既濟』之時，『小利貞』者，其現在也。『初吉』者，其既往也。『終亂』者，其未來也。『利貞』者，盡其現在之理，以維其既往之運，以杜其未來之端。」

《彖》曰：「既濟，亨」，小者亨也。「利貞」，剛柔正而位當也。「初吉」，柔得中也。終止則亂，其道窮也。

《本義》謂「『既濟』下疑脱『小』字」。愚竊按，《彖傳》以「小」字統全卦之義，多在

「小者亨」三字内。《易》之道，陽大陰小，今六爻雖剛柔平分，而三陰在三陽之上，故舉「小」者以明之曰，「既濟」之「亨」，以「小者」而「亨」也。既云「小者亨」，則「小」之「利貞」可知矣。中男在上，中女在下，剛柔正也。陰居陰位，陽居陽位，位當也。「柔得中」指「六二」，不言「九五」之剛得中者，「既濟」之時，利用柔道，故以「初吉」歸之。「初吉終亂」，《卦象》只言天道，《傳》則歸於人事，不徒曰「終亂」，而曰「終止則亂」，「亂」由於「止」也。不「止」則「亂」何由生？「道窮」二字，正發明「止」字之義。來矣鮮曰：「以人事言之，怠勝敬則凶，人道以理而窮也；以天運言之，盛極則必衰，天道以數而窮也。」愚又竊玩「則」字語氣，有戒人不得援天自諉之意。

《象》曰：水在火上，既濟，君子以思患而豫防之。

項平庵曰：「人之用莫大於火，而火常生『患』。善濟火者，莫如水。『思』火之爲『患』，而儲水以防，使『水』常『在火上』，則『患』止矣。」愚又謂水必潤下，火必炎上。既能相濟，亦能相息，所謂「患」也。「既濟」之時，人情方以爲無「患」，正惟無「患」乃生「患」，「患」生於無，隱而不覺，故貴於「思」。「思」者，思其終也。「患」生於無，或卒不及持，故貴於防。「防」者，防其始也。「防」之「豫」，則終無「患」矣。

初九，曳其輪，濡其尾，无咎。《象》曰：「曳其輪」，義无咎也。

《本義》：「輪在下，尾在後，『初』之象。」愚又按，坎在外卦，爲輿爲輪，又中爻「二」、「三」、「四」亦互坎，「初」在輿後，「曳輪」「濡尾」之象。與未濟「初」、「二」兩爻取象同而義異，本卦乃「既濟」以後事也。在「未濟」，「輪曳」則不能前，「尾曳」則不能渡。在本卦，則「輪」與「尾」「既濟」矣，猶若有「曳」之、「濡」之者，才大而心小，事後不忘前艱，義當「无咎」。朱子又有云：「『曳輪』『濡尾』，不是不欲濟，是要濟而未敢輕濟。」吴幼清云：「『初』可以濟，而守正不遽進。」似乎多説向後卦去了。解之下卦坎，「九二」言「狐」。未濟之下卦坎，《卦辭》言「狐」。既濟之坎在上，似亦當取「狐」象。郝仲輿謂「『初』，離體，牛尾之象」。愚按，牛之渡水，浮鼻而不揭尾，「尾」雖「濡」，牛亦能濟。狐「濡其尾」，則不能濟矣。觀象者，當知物理。

六二，婦喪其茀，勿逐，七日得。《象》曰：「七日得」，以中道也。「茀」音「費」。

《易纂言》：「『二』『五』相應，猶女之將從夫，而需待未行。」愚竊按，「六二」一爻，《彖傳》所謂「柔得中」者。「初」陽剛，御車之人；「二」柔順中正，車中之婦也。「茀」，車蔽也。以其承乘皆剛，故有「喪茀」之象。以其居中得正，又有「勿逐自得」之象。「得」字從「喪」字來。人情急於濟世，未免以「得喪」動心，故患得患失，逐逐無已時。「二」之妙，在於「勿逐」，「逐」者未必「得」，而「勿逐」者自「得」之。陰數極於六，至七而變矣。每一爻當一日，自「二」數至「上」爲五，又自「初」數至「二」凡七。震卦「六二」亦以乘剛，而取象同。彼避初「震」之勢，此成「既濟」之功。皆以中道俟時者也。

九三，高宗伐鬼方，三年克之，小人勿用。《象》曰：「三年克之」，憊也。

《易纂言》：「『九三』，離之終，南方之窮處也，故象『鬼方』。」愚按，「高宗伐鬼方」，乃實有之事。周公援以作象，與「箕子之明夷」例同。「三」居水火之交，離爲戈兵，有伐國之象。用離明以破幽暗，如「伐鬼方」而「克」之象。離位居「三」，「三年」象。「九三」以剛居剛，内治已濟。聖人慮其任用小人，而有喜功圖大之心，《爻辭》所以戒之曰：「高宗」以中興賢主，其「伐鬼方」也，「三年」僅乃「克之」，師之不可輕用如此，其可「用」小人以僥幸成功乎？《詩》：「自彼氐羌，莫敢不來享。」《西羌傳》云：「殷室中衰，至武丁伐鬼方，三年乃克。」是其證也。張元岵曰：「從來開創時征伐易，守成時征伐難。人但知盛時物力之甚裕，不知盛時舉事之易憊也。竭中國之民力，以騁志於邊隅，欲不憊可得乎？」

六四，繻有衣袽，終日戒。《象》曰：「終日戒」，有所疑也。

「繻」，《注疏》云：「宜曰『濡』，『衣袽』，所以塞漏。」《程傳》因之。「袽」，敝衣也。「終日戒」，如乘敝舟而水將至者然。一說，「繻」，繒采也。「袽」，絮緼也。謂繒采將敗，而有絮緼。當坎之初，是「初吉」之時已過，「終亂」之期將至，猶「繻」之爲衣，而將敗也。愚按，二解不同，而儆戒之義則同。大凡處「既濟」之時，最易疎忽。「四」，陰柔得正，能自朝至夕，終日「戒」備，有備患之具，而常存慮患之心。妙處在有所疑，不敢自信爲已安已治也。「四」出離入坎，坎爲加憂，故多「疑」。因「疑」而生「戒」，補苴罅漏，何險不濟？況「既濟」者乎？程敬承曰：「『九三』善用其剛，所防在外。『六四』善用其柔，所防在内。其爲思患豫防，一也。」

九五，東鄰殺牛，不如西鄰之禴祭，實受其福。《象》曰：「東鄰殺牛」，不如西鄰之時也。「實受其福」，吉大來也。

《本義》：「東陽西陰，言『九五』居尊而時已過，不如『六二』之在下而始得時，當文王與紂之事」云云，其説固有本，《坊記》引此文，鄭康成《注》云：「『東鄰』謂紂國中，『西鄰』謂文王國中。」顔師古注《漢書·郊祀志》亦引之。此後儒穿鑿之論，朱子取之，以紂居東土爲君位，文王居西土爲臣位。「五」剛中，何得斥之爲紂耶？細玩《爻辭》，全無此義，程沙隨嘗闢之矣。愚又謂八卦方位，離東坎西，東當指下卦，西當指上卦。六爻相應，水火之鄰也，不必專指應爻。以人事言，東主作而西主成，離則奏「既濟」之功，坎則享「既濟」之福。「五」，剛中居尊，有主祭之象。牛，大牲也。「禴」，祭之薄者，殺牛不如「禴祭」，言人享用大牲，我享用二簋。盛祭者，未必獲福；而薄祭者，「實受」之。惟其時也。陽實陰虚，陽大陰小。《象辭》「吉大來」，「大」字即《爻辭》「實」字，「吉」字即《爻辭》「福」字。謂時之既至，大福不求而自來也。《漢書》杜鄴謂成帝曰：「德修薦薄，吉必大來。」正是此義。

上六，濡其首，厲。《象》曰：「濡其首，厲」，何可久也！

吴草廬曰：「『上六』陰柔，如人之濟水，將及岸而濡其首。」愚竊按，「初」爲「尾」，「上」爲「首」，此《易》之通例。「上六」居坎終，「濡首」之象，志亦存乎濟人，身自蹈於危地，與《大過》之「滅頂」，取象略似，而義不同。彼當「滅木」之終，欲出而無路；此當「既濟」之終，從井而自陷者也。《卦辭》所謂「終亂」，《彖傳》所謂「道窮」，此爻當之。洪覺山曰：「《易》中言『厲』，皆聖人起死回生妙訣。不與『悔』『吝』等一例。『何可久』，即『厲』之深意，求可以長久之道也。不是决絶語。」愚又謂「既濟」之終，乃「未濟」之始，故兩爻皆取「濡首」之象。物不可以終窮，曰「何可久」，固有循環之義焉。「濟」者，過涉而已，非可久止於水中也。上以坎陷而止，至「濡其首」全身皆溺，離明盡息矣。然一轉即爲「未濟」，其勢不失，故但謂之「厲」，不謂之「凶」。

趙庸齋曰：「坤上乾下爲泰，以天地之交也。坎上離下爲既濟，以水火之交也。以畫觀之，則乾居坤中爲坎，坎者，乾之中也，故乾居西北，而坎居正北。坤在乾中爲離，離者，坤之中也，故坤居西南，而離居正南，坎、離者，乾、坤之大用也。泰六爻雖相應，而『二』、『五』處非其位；既濟六爻不惟皆應，而剛柔無一不當位，其應者皆正也。水火相交，而剛柔正應，其爲既濟，豈不大哉？」

䷿坎下離上

未濟：亨，小狐汔濟，濡其尾，无攸利。

《本義》：「卦之六爻皆失位，故爲『未濟』。」《纂言》以「『六五』陰柔爲『小狐』，未至『上九』，則猶『未濟』也」。愚謂未與既反對，六爻剛柔相應，與既濟同，而爻位不當，適與既濟相反，亦六十四卦所無。「火在水上」，不相爲用，故名「未濟」。「未濟」則必求濟，故「亨」。《荀九家》：「坎爲『狐』，解卦中爻互坎，故『九二』取『獲狐』象。本卦坎在下爲穴，爲隱伏，中爻自『三』至『五』亦互坎，物之近水而穴居者，『狐』也。《風俗通》曰：『狐欲渡河，無如尾何？』正合此象。」《程傳》：「『狐』能渡水，其老者多疑畏，故履冰而聽，懼其陷也；小者則未能畏懼，故勇於濟。『濡尾』而不能濟也。」又謂「『汔』當作『仡』，壯勇之狀」。愚竊謂「汔」者，幾也。《詩》「民亦勞止，汔可小康」，鄭康成《注》如此解。「小狐」涉冰，力既不足，又不自量，幾及岸，而「濡其尾」，是終未成濟。故「无攸利」。凡事每成於老成練達之才，而多敗於少年輕鋭之氣，故以「小狐」「濡尾」象之。《注疏》解「汔」字作「水涸」者，亦非。水既涸，小狐亦可濟矣。

《彖》曰：「未濟，亨」，柔得中也。「小狐汔濟」，未出中也。「濡其尾，无攸利」，不續終也。雖不當位，剛柔應也。

胡雲峰曰：「乾、坤之後，爲坎者六，至既、未，雖因坎取義，然皆曰『柔得中』，則又專指離而言。」愚按，既濟之「柔得中」，「六二」也。未濟之「柔得中」，「六五」也。當濟之時，事期有濟，惟柔乃能濟剛。《卦彖》之言「亨」者以此。坎在下，故曰「未出中」。「小狐汔濟」，而「未濟」者以此。水火相濟，如頭足之相續，不至中絶。今「未出中」，「柔」從「初」而「濡」，不待要「終」，而已知其「不續」矣。「濡其尾，无攸利」者以此。然豈終於不濟哉！剛柔雖失位，而皆相應，終有協力共濟之功。聖人於「未濟」常存必濟之念，故於釋《彖》之末，從卦體中又發此義。

按《史記·春申君傳》引《易》曰「狐涉水，濡其尾」，與《彖辭》小異。

《象》曰：火在水上，未濟。君子以慎辨物居方。

歐陽永叔曰：「『火在水上』，『物』各失其所『居』矣。故君子以『慎辨』其物宜，而各置其物於所『居』之『方』，使不相犯，所以待『濟』也。」愚按，《睽·大象》曰：「上火下澤。」二性判然不交，未濟「火在水上」，非不交也，特「未」耳。《大傳》云：「方以類聚，物以群分。」「辨」以分其群，「居」以聚其類，所以合異爲同，拯男之窮於「未濟」也。

初六，濡其尾，吝。《象》曰：「濡其尾」，亦不知極也。

《程傳》：「六以陰在下，而應『四』，『四』非正應之才，不能援之以濟也。」愚又按，初爻反對，即既濟上爻，在「上」爲「濡首」，在「初」爲「濡尾」。後卦之初，乃前卦之終。《彖辭》所謂「小狐」，《彖傳》所謂「不續終」，皆指此爻。未濟之「初」，事期有濟，宜徹始徹終，通盤打算，量力而行。今位剛而爻柔，如「小狐」之急於求濟，而「濡其尾」，沾泥帶水，汔不得濟，可恥孰甚焉？始事如此，那得有終局？《象》曰「亦不知極」，猶云不知所終也。同一象也，既濟之「濡尾」，可以爲求濟者之法；未濟之「濡尾」，可以爲冒進者之戒。《小象》「極」字，先儒有作「竭」字解者，謂狐濟水必揭「尾」，「未濟」而「尾濡」，則力已竭矣，焉能更進？《本義》云：「『極』字未詳。考上下韻亦不叶，或恐是『敬』字。」愚又竊意，「初」與「四」應，有望拯之意。「極」與「拯」，字體相近，或當作「拯」，與《涣·初·爻》「用拯」，同爲坎體，且與「九二」《象辭》「正」字叶韻。但前輩所未言，不敢憑臆説也。

九二，曳其輪，貞吉。《象》曰：九二貞吉，中以行正也。

「曳輪」、「濡尾」之象，既濟一爻兼之，此則兩爻分言之。「初」「吝」而「二」「吉」，一急於求「濟」，一不欲輕「濟」也。坎中一陽，「輪」象；承乘皆陰，「曳輪」象。剛得中，故「吉」。「九二」，中而不正，所以《小象》發「貞吉」之義，曰「中以行正也」。《本義》謂「以中，故得正」，則脱却「行」字矣。愚竊謂，「二」有陽剛之才，與「五」正應。身在坎中，外若「曳輪」而不行，「中」實有圖濟之事，位雖不正，能以「中」而「行正」，故曰「貞吉」。「正」字從「行」字來，似非「以中得正」之謂。

六三，未濟，征凶，利涉大川。《象》曰：「未濟，征凶」，位不當也。

愚按，卦名獨於「六三」言之。「三」在坎上，而猶「未濟」者，陰居陽位，非可往之時也。所以「征凶」。幸與「上九」正應，故有「利涉大川」之象。《本義》既云「以柔乘剛，將出乎險，有『利涉大川』之象」。又「疑『利』字上當有『不』字」，初無定説。《易筌》曰：「未濟之卦，以水火不交也，是以居中者，其責重。『三』出坎而乘離，故以『涉川』爲名。」《困學記》曰：「『三』居坎體之上，當『初』、『二』兩爻之後，人皆謂『已濟』矣。聖人獨曰『未濟』，蓋上下兩卦之交，水火相克，是何等世界？『征凶』，危之也。事到艱難，迴避不得，奮勇上前，庶克有濟。『利涉大川』，激之也。『征凶』，以時勢言。『利涉』以道理言。古來定大難成大業，誰非於『征凶』之時，奏濟川之功者？諸爻位皆『不當』，何獨言於此爻？蓋『三』當利害之關，衝風破浪，幾於不出而凶者，『三』也。轉眼之間，風恬浪静者，亦『三』也。作用之妙，全於此爻見之。」

九四，貞吉，悔亡。震用伐鬼方，三年有賞于大國。《象》曰：「貞吉，悔亡」，志行也。

吴幼清謂，「四」以陽比柔中之「五」，故「吉」而「悔亡」。愚竊按，九居「四」，非正也，何以亦云「貞吉」？《王注》所謂「出險難之上，居文明之初，體乎剛質，以近至尊」。時已大通者也。蓋「四」之「貞」，志在濟時，能「貞」則事皆盡善，故「吉」；能「貞」則無悔於心，故「悔亡」。夫豈藉比爻之力哉？《纂言》又以「震」爲諸侯之象。愚按，本爻反對即既濟「九三」，故取象同。加一「震」字，有聲靈赫濯之義。既濟言「克之」，「鬼方」在上，而我仰攻，故久而後「克」。未濟離明在上，彼自俯服，故不言「克」而言「賞」。「賞」者，功成而班爵於大國也。亦曰「三年」者，前卦離位居「三」，此承前言之耳。「志行」即「震用」二句之意。「四」以濟時爲「志」，出遇文明之主，多少經綸事業，於此得「行」，與「三」之「未濟，征凶」相反。彼猶是坎體，此已入離體也。

愚又按，郭璞注此爻，謂「『震』乃摯伯之名，王季妃太任父也」，其言必有所據。先儒注《易》，未有采其說者，録存以廣異聞。

六五，貞吉，无悔。君子之光，有孚，吉。《象》曰：「君子之光」，其暉吉也。

項平甫曰：「未濟諸爻皆失位，凡用事之爻，皆曰『貞吉』，『二』、『四』、『五』是也。」吴草廬曰：「『君子』謂『二』。離日下照，光被於『九二』，而爲『九二』之光。」愚按，「五」爲離主，「柔得中」而應乎剛，未濟之「亨」在此爻。「貞吉」，其所固有，「悔」其本無，不待於「亡」也。離火中虚，光明之象。所謂「君子之道，闇然而日章也」。「五」與「二」正應，故曰「有孚」。有「九二」坎中之「孚」，而後有「六五」離中之「光」。《爻辭》於三百八十四爻將終，曰「貞」，曰「吉」，曰「无悔」，曰「光」，曰「有孚」，又曰「吉」。辭繁而不厭，深有味乎「柔得中」之旨也。愚又按，《詩》「庭燎有暉」，《周禮》「眡祲」以「十暈」爲「十煇」，皆謂光中之氣。「五」，離中虚，故爲「光」；「二」，坎中實，故爲光中之「暉」。光即「孚」，藴之而發越，「暉」即光，布之而炳燿，非有殊也。

上九，有孚于飲酒，无咎。濡其首，有孚失是。《象》曰：「飲酒」「濡首」，亦不知節也。

《本義》：「以剛明居未濟之極，時將可以有爲，而自信自養以俟命，『无咎』之道也。若縱而不反，如『狐』之涉水而『濡首』，則過於自信，而失其義矣。」兩「孚」字，俱作自信解。愚竊按，未濟之極，反於既濟，「上」與「三」正應，「三」之「利涉」，恃有「上」也。又與「五」比，「五」「有孚」，「上」亦「有孚」。君臣「飲酒」宴衎，從容共濟，本自「无咎」。若「飲酒」而至於「濡首」，則沉湎忘反，並「有孚」之義而失之矣。「失是」與「无咎」相應，「濡首」，冒上文「飲酒」來。所以《小象》云：「『飲酒』『濡首』，亦不知節。」言「飲酒」者不可「不知節」，猶「未濟」者不可「失是」「孚」也。未濟之終，而既濟之始，故夫子於「初」之「濡尾」，云「亦不知極」；「上」之「濡首」，云「亦不知節」。既戒其始，復廑其終。此《易》之爲道，懼以終始歟？按，《小象》言「節」者，凡四，皆擬坎、離而言。蹇外卦坎，中爻互離，「九五」，剛中正，曰「中節」；家人下卦離，中爻互坎，「九三」，剛而不中，故「失家節」；鼎「上九」離，剛而能柔，故「剛柔節」；未濟水本潤下，坎又在下，火本炎上，離又在上，過中不正，故「不知節」。「節」者何？中而已矣！

楊誠齋曰：「既濟之『濡首』者，水也；未濟之『濡首』者，非水也，酒也。水溺人之身，酒溺人之心，以及天下國家。故禹惡旨酒之功，大於平洚水。」

張獻翼曰：「未濟因既濟立象，『濡尾』、『濡首』，兩卦既同；『伐鬼方』與『曳其輪』，先後一位。內卦皆『未濟』之事，欲人之謹於求濟。外卦皆『已濟』之事，欲人之謹於處濟也。」

李衷一曰：「卦所重者，離也。既濟，離在下；未濟，離在上。未濟有既濟之理，既濟懷未濟之心，兩卦合爲一卦，而《易》道終矣。」愚又按，先儒云，澤爲止水，故水火相息爲革，水火相違爲睽。以坎易兑，則爲既濟、未濟。坎乃真一之水，與火相逮而不相射，相濟而不相悖者也。坎中有離，離中有坎，所謂互藏其宅，互爲其根。坎、離者，乾、坤之中氣；乾、坤交而成坎、離，坎、離交而成既、未。若以坎之中體入乾，離之中體入坤，依然乾、坤未交之始矣。文王於兩卦《辭》曰「初」「終」，曰「尾」；周公於兩卦「初」、「上」皆曰「尾」，曰「首」，此六十四卦之終始也。上經乾、坤、坎、離，分而成卦；下經咸、恒、既、未合而成卦。上經頤、大過居坎、離之先，以二陰二陽在外者，配其分；下經中孚、小過居既、未之先，以二陰二陽在中者，配其合。坎、離以陰陽之中，救大過之弊；既、未以陰陽之交而中者，救小過之弊。又，頤與中孚，皆有離象，大過、小過，皆有坎象。頤中爻互純坤，大過中爻互純乾，坎中爻互頤，離中爻互大過，中孚中爻亦互離，小過中爻亦互大過，既濟中爻互未濟，未濟中爻互既濟，序卦之精妙如此。

周易玩辭集解卷第九

海寧後學查慎行

上繫傳

愚按，《彖傳》、《文言》、《大象》、《小象》，皆夫子贊《易》之辭，古本不附六十四卦中。《上彖傳》第一，《下彖傳》第二，《上象》第三，《下象》第四，《上繫傳》第五，《下繫傳》第六，《文言》第七，《説卦傳》第八，《序卦傳》第九，《雜卦傳》第十，通爲《十翼》。孔穎達云：「漢初爲傳訓者，皆與《經》别行，及馬融注《周禮》，欲省學者兩讀，故具載本文。《易》之以《彖傳》、《文言》、大小《象》分附本卦，亦自《注疏》始。古所謂『十翼』，今止《繫傳》以下五篇矣。」又按，《繫傳》中言聖人「繫辭」者六，皆指文、周《卦》《爻》，夫子所言者，則謂之「傳」。《上繫傳》分章，《本義》與《注疏》異。《注疏》又與漢以後諸家不同。《注疏》分十二章，《本義》自第三章後，與《注疏》互異。馬融、荀爽等則分十三章，虞翻則分十一章。今依《本義》以十二章爲定。

鄭孩如曰：「孔子作《傳》本意，曰『繫辭』者，非傳辭也，傳象也。其傳象又非六十四卦也，傳乾坤也。既於《文言》逐節詮之，猶以爲未盡，故上下《傳》二十四章，言『乾坤』『剛柔』『天地』者十有七，皆所以發明『乾坤』之理。」胡庭芳曰：「《繫辭》乃象數之總括，義理之淵藪。《易》無《繫辭》，猶天無日月，人無眼目。」

天尊地卑，乾坤定矣。卑高以陳，貴賤位矣。動靜有常，剛柔斷矣。方以類聚，物以群分，吉凶生矣。在天成象，在地成形，變化見矣。

先儒多謂乾坤三畫，卦名也；「貴賤」，卦中爻位也；「剛柔」，卦德也；「吉凶」，占辭也；「變化」，卦爻之象也。下一截言八卦既成之後，其象始著，「天地」「卑高」，「動靜」「方物」「形象」，上一截言未畫之前，其體已具。愚按，八卦畫自伏羲。《連山》首艮，《歸藏》首坤，《周易》則首乾坤。夫子所贊，《周易》也，歸重在「乾坤」二字。蓋指一畫者言，非三畫、六畫之卦也。此一畫者，一名爲「乾」，一名爲「坤」。夫子於既有《易》之後，追論未畫卦之先，其象如此。「貴賤」「剛柔」「變化」，又從「乾坤」中標出，在文、周《卦》、《爻》中，初無此名目，獨有「吉凶」二字耳，非「貴賤」等與「乾坤」並列也。看五個「矣」字，皆已然之詞，只是發明《周易》所以首「乾坤」之故。胡雲峰曰：「『乾坤』

之卦未畫，觀之『天尊地卑』，『乾坤』之位已定矣。『貴賤』之位未齊，觀『天地』之『卑高』，卦爻之『貴賤』已位矣。《易》未有卦爻，則未有『剛柔』之稱也。天地間，陽者常動，可見其爲剛；陰者常静，可見其爲柔矣。《易》未有爻位，則未有『吉凶』之辭也。天地間，事事物物，善惡各以其類而分。善者可知其爲『吉』，惡者可知其爲『凶』矣。《易》未有蓍卦，固未見所謂陽變陰、陰化陽也。『天成象』，『地成形』，蓍卦之『變化』於是乎『見』矣。此一節言畫前之《易》，固如是也。」其説本於臨川王氏。愚又按，首節論造化之「乾坤」，而《易》書在其中，以下論《易》書之「乾坤」，而造化在其中。

是故剛柔相摩，八卦相盪。鼓之以雷霆，潤之以風雨。日月運行，一寒一暑。乾道成男，坤道成女。

《黄氏日抄》云：「晦庵謂此節『《易》卦之變化』，南軒謂『《易》所以斡旋造化之間者』，臨川王氏謂『言自然之八卦』。」愚竊按，「是故」二字承上「變化見矣」來。剛柔者，一奇一偶也。「摩」以奇偶相比言，陰陽「相摩」而爲「八卦」也。「盪」以層累疊出言，八卦交錯而成六十四也。「雷霆」、「風雨」、「日月」、「寒暑」，變化而成象者。「男女」兼人物言，變化而成形者。此一節言畫後之《易》如此。「雷霆」以下四句，只是説天道自然之變化，而六十四卦中，六子迭用，不假安排，亦猶天道之鼓之、潤之、運行之也。總要見《易》中無所不有，言天而地在其中，人與物亦在其中，生者生，成者成，男男女女，共成一個世界。夫子到此，不知是贊天地，贊聖人，贊《易》？一歸之「乾道」「坤道」而已。

愚又按，震艮反，易爲「雷」，言「雷」可以該艮；巽兑反，易爲「風雨」，言「雨」則兼坎、兑。邵子以兑爲月，艮爲日，蓋謂坎月行至兑而爲月，似非以兑體爲月象。艮居亥方，以離日行至艮而爲日，似非以艮體爲日象。至寒暑之變，則隨日月之運行者也。首節因「乾坤」而究及於「變化」，此節因「變化」而推本於「乾坤」。

乾知大始，坤作成物。乾以易知，坤以簡能。易則易知，簡則易從。易知則有親，易從則有功。有親則可久，有功則可大。可久則賢人之德，可大則賢人之業。易簡，而天下之理得矣。天下之理得，而成位乎其中矣。

「乾知大始」四句，臨川王氏謂「此言『乾坤』以造化之用付之六子，而其所自處者，甚易簡也」。「易則易知」以下，朱子謂「此言人法『乾坤』之道」。愚又按，自此至末，從「乾坤」中看出「易簡」之理。而言人位乎中，兼三才而成六位也。「乾知」，「知」字不與「行」字對，乃太虛中一點靈氣，冒萬有之先，而萬物於焉資始者也。「坤作」，「作」字即下文「能」字，成物者，資生也。資始資生，看來何等煩難，造物却不勞而成化。「乾」惟

「知大始」，「坤」惟能「成物」，以其「易簡」也。張待軒曰：「伏羲仰觀俯察，將天地人物許多道理，收拾在奇偶二畫，即此便是『易簡』。夫子從此發出無窮妙處，一氣直説到底，總此『易簡』之理。」今就文繹之。「乾」本乎氣之自然，故曰「易」。「坤」因乎「乾」之自然，故曰「簡」。惟其「易」，故「易知」，天道無心也。惟其「簡」，故「易從」，地道無成也。「易知」則百姓可以與知，「簡能」則百姓可以與能。順萬物之情，故「有親」；通天下之志，故「有功」。親切於中，亹亹而不息，故「可久」。功同乎人，積漸而日益，故「可大」。「可久」者，日新之盛德；「可大」者富有之大業。至此，則人與天地參矣。「賢人」即聖人也。胡雲峰於「賢人」之外，添出衆人、聖人，頗覺辭費。所謂「天下之理」者，不外高卑、動静、群類、形象而已，總於「易簡」中得之。「成位乎中」，成人之位於天地之中也。

右第一章

言伏羲畫卦，本於「易簡」。卦成，而「易簡」之理察於天地，徵於人事，天、地、人並立而爲三矣。

聖人設卦觀象，繫辭焉而明吉凶。 虞翻本有「悔吝」二字。

自此至「三極之道也」，臨川王氏云：「前言《易》書之未作，此言《易》書之既作也。」《本義》云：「此言聖人作《易》。」愚竊按，上章言伏羲畫卦，此章言文、周「繫辭」。「觀象」「繫辭」是一篇綱領，畫卦已來，「吉凶」雖具，却未曾明白說出。自有「繫辭」，而「吉凶」之理始著明於天下。然「辭」非象則無根據。「繫辭」之本，全在「觀象」。觀某卦之吉凶生於某畫，而後「繫」之以「辭」。聖人所以洩造化之秘，至「辭」無餘剩矣。朱子發曰：「設卦本以『觀象』，不言而見『吉凶』。自伏羲至文王，皆『觀象』而自得者也。聖人懼觀者不足以知，繫之《卦辭》、《爻辭》，以明告之，爲『觀象』而未知『吉凶』者設也。」

剛柔相推而生變化。

《本義》謂此「衆人所以因蓍而求卦者也」。愚竊按，語氣承上文來，「象」以「辭」而明，「變」由「象」而出。「相推」與「相摩」、「相盪」義同。每卦有剛柔，即有變化。如在某卦爲剛，在某卦則變而爲柔；在某卦爲柔，在某卦則化而爲剛。剛柔無迹，豈有爲之推盪者？而前之所移，若迫於後，故謂之「推」。彼卦之「變化」，若根於此卦，故謂之「生」。只就卦象說，似未說到「因蓍求卦」上。此節只是原聖人「設卦觀象」之由。剛柔相推，「象」也。「象」因「變」而出，故曰「剛柔相推而生變化」。要知「剛柔相推」之中，或當位，或失位。「吉凶」「悔吝」之原，正起於此。聖人之所觀，觀此也。聖人之所明，明此也。蓋「吉凶悔吝」，雖「繫」乎「辭」，其原實起於「變化」。

是故吉凶者，失得之象也。悔吝者，憂虞之象也。

《本義》云：「『吉凶』相對，而『悔吝』居其中間，『悔』自凶而趨吉，『吝』自吉而向凶。聖人觀卦爻中有此象，則繫之以此辭也。」愚按，此四句承上「吉凶」來。「吉凶」「悔吝」，以《卦》、《爻辭》言；「失得」「憂虞」，以人事言。聖人「繫辭」，始因象以著辭，隨以辭而顯象。「象」者，有其彷彿而未形之謂。惟聖人能觀於未有辭之象，衆人則觀其既有辭之象也。《易》之爲書，本以卦爻占人事，此轉以人事明卦爻。只「得」，便是「吉」之象；只「失」，便是「凶」之象。此聖人不以禍福爲禍福，而以人事爲禍福。所謂一念之善，景星慶雲；一念之惡，妖氛厲鬼是也。「憂虞」有兩解，或分貼「悔吝」；或謂「悔吝」處，俱有「憂虞」。蔡介夫曰：「『悔吝』是『吉凶』交互處，『憂虞』不可分貼。『悔』有痛懲往失之意，然猶未至於『得』，尚可『憂虞』。『吝』有不忍割捨之意，然終必至於『失』，已可『憂虞』。」

變化者，進退之象也。剛柔者，晝夜之象也。

《本義》：「此以下明『剛柔相推而生變化』，而『變化』之極，復爲『剛柔』。」歸震川云：「一氣不頓進，『變進』則『化退』矣；一形不頓虧，『化進』則『變退』矣。一進一退，遞相出入，猶動之有靜，往之有來，常相待爲用，而不獨成，故曰『變化者，進退之象』。」來矣鮮曰：「剛屬陽明，晝之象；柔屬陰暗，夜之象。晝夜一定，故曰『剛柔者，晝夜之象。』」愚又謂聖人以「進退」觀「變化」，以「晝夜」觀「剛柔」，此借造化以明卦爻也。

六爻之動，三極之道也。

《本義》謂「天、地、人之理，三才各一太極」，胡雲峰曰：「『三極』是已動之後，各具一太極。」愚竊按，此二句，總括上文。「動」者，「剛柔」之「變化」，「吉凶」「悔吝」所自生也。「初」、「二」、「三」、「四」、「五」、「上」，六爻也。「初」、「二」爲地，「三」、「四」爲人，「五」、「上」爲天。「三極」，即「三才」也。三才之道未動則爲三，動則爲六。三才具於六爻，而「三極之道」具於「六爻之動」。爻不動，則不變。故陽動則陰，陰動則陽。謂之「極」者，到極至處則變也。似不必粘「太極」説。一説，「極」字不訓「至」，只訓「中」。天地之道，惟其變化進退，故常不過乎中。人惟不知取中之義，故常動而至於過，而「凶」「悔」「吝」生焉。聖人示以極之所在，非以「六爻之動」爲極，而以「六爻之動」自有天地人中極之理也。又是一解。

是故君子所居而安者，《易》之序也。所樂而玩者，爻之辭也。

先儒謂此節言君子之學《易》。愚又按，「安」者，處而不遷之義。「玩」者，尋繹不已之義。「序」即六十四卦之次序。如剥極則復，泰極則否，窮上則反下，自然之義不可違也。「安」之，故無入而不自得。邵子得環中之趣，亦安其序而已。卦中之六畫，便謂之「爻」，至周公而始有辭。「爻之辭」，至三百八十四，可謂煩矣。而一爻各具一爻之義，有有象無占者，有有占無象者，有假物象爲辭者，有據人事爲辭者，變動無方，反覆「玩」之，皆可悦心而研慮。卦、爻皆有辭，但《卦辭》不變，而《爻辭》則變，取象既多，析理更精，尤君子所「樂玩」者也。「居」斯「安」，非「安」則不成「居」；「樂」斯「玩」，非「玩」則不成「樂」。

是故君子居則觀其象而玩其辭，動則觀其變而玩其占。是以自天祐之，吉无不利。

先儒謂此以下言君子之用《易》。愚又按，語氣承上文來，《易》之道，不外「象」「辭」「變」「占」，君子之學《易》、用《易》，可不詳加「觀」「玩」哉。上節「居安」，乃静時事，此兼「觀變」，則動時事。「居」字對「動」字看。「觀」者，領其大意；「玩」者，尋其微旨。静而未筮之先，所「玩」者，「象」「辭」也。動則謀及卜筮，所「玩」者，「變」「占」也。學《易》與用《易》，工夫無少間斷，静既循乎天理，動必合乎天行。人見君子之「吉无不利」，以爲此有「天祐」，孰知其自《易》中來哉！郝仲輿曰：「人生有屈信往來之感、悔吝休咎之幾，懼則思占，疑則思斷。聖人體天道，明人事，舍此更無餘術。後儒執卜筮作解，至以筮法老少爲變，點畫交重爲動。夫陰陽之老少，不見於經，爻畫之交重，不見於卦。皆後世卜祝巫史之説，而以之解經，陋也。《易》者，變動而已，一卦之體，一剛一柔，變動不居，周流六虚耳。」

右第二章

言文王、周公繫辭，而以君子學《易》用《易》終之。

彖者，言乎象者也。爻者，言乎變者也。吉凶者，言乎其失得也。悔吝者，言乎其小疵也。无咎者，善補過也。

項安世曰：「此節皆解《繫辭》之文。『彖辭』所言之『象』，即下文所謂『卦』也。『爻辭』所言之『變』，即下文所謂『位』也。『吉凶』『悔吝』『无咎』，皆辭也。」孫質言曰：「須從羲皇畫卦説起，方與『卦有大小』節相應。」歸震川曰：「《易》有實理而無實事，故謂之『象』，卦立而象形。文王之《彖辭》，『言乎象者也』。《易》有定理而無定用，故謂之『變』，爻立而變生。周公之《爻辭》，『言乎變者也』。」愚又按，《彖辭》固言

「象」，《爻辭》亦無非言「象」。《彖》、《爻》中「吉凶」「悔吝」「无咎」之辭備矣，「吉凶」，「失得」之大者，不如「悔吝」之小。「悔吝」，「疵病」之小者，不如「无咎」之善。「吉凶」之分，全在「補過」二字。積「疵」則爲「過」，積「過」則爲「失」，積「失」則爲「凶」。積「補過」則爲「无咎」，積「无咎」則爲「得」，積「得」則爲「吉」。四個「言」字，兩個「其」字，通指《彖》、《爻》之辭。「善」者，嘉也。猶云「嘉其補過」也。孫淮海曰：「盡善謂之『得』，盡不善謂之『失』，小不善謂之『疵』，不明乎善，而誤乎不善之謂『過』。盡『善』而『得』則『吉』，盡不善而『失』則『凶』。覺其小不善，欲改而不及，則有『悔』。猶可以改，或不肯改，則爲『吝』。當『悔吝』之萌，不以『小疵』自恕，以求『補過』，則『无咎』。」胡雲峰曰：「前章言『吉凶』『悔吝』，未嘗及『无咎』，此章方及之。大抵不貴無過，而貴改過。『善補過』者，聖人許人自新之意。」

是故列貴賤者存乎位，齊小大者存乎卦，辨吉凶者存乎辭。

項安世曰：「自此至末，皆讀《繫辭》之法。」愚按，《易》道貴陽而賤陰，陰陽有「貴賤」之理，而「列貴賤」，必託六位而後明。陽大而陰小，陰陽有「大小」之理，而「齊大小」者，必假卦象而後顯。《彖辭》之例，專取主爻，有時以陽爲主，有時以陰爲主。而其主，又不在「位」之「貴賤」，故曰「齊」，言無有分別也。先言「存乎位」，以六爻言；後言

「存乎卦」，以主爻言。此二句，承上文「彖者，言乎象。爻者，言乎變」來。「位」以上下別「貴賤」，「卦」以陰陽分「小大」。至於「吉凶」，則有「貴」而「吉」者，亦有「賤」而「吉」者，有「小」而「凶」者，亦有「大」而「凶」者。其象具於卦爻中，非《辭》不能析而辨之，故云「辨吉凶者存乎辭」，此一句承上文「吉凶者，言乎失得」來。而歸重尤在末句，正見觀象玩辭，觀變玩占之學，須從「辭」上理會。

憂悔吝者存乎介，震无咎者存乎悔。

蔡虚齋曰：「『憂悔吝』，《易》憂之也。『震无咎』，《易》震之也。」愚按，此二句又在「存乎辭」中析出，以足「辨吉凶」之義。《易》辭總爲「吉凶」「憂悔吝」，「震无咎」，正「辨吉凶」之幾處。夫有辭以「辨吉凶」，而「吉凶」未判之先，又有「憂悔吝」之「介」；「吉凶」既成之後，又有「震无咎」之「悔」。雖三句，實一句也。「吉凶」之「辨」，所争在幾微之間，毫釐千里，所謂「介」也。辭以「憂」之，因其「介」也。本「有咎」而「无咎」，惟能「悔」也。「辭」以「震」之，使知「悔」也。「憂」者，危疑之意；「震」者，儆動之意。「介」在事前，「悔」在事後。又按，「介」有二義，韓康伯云：「纖，介也。」《本義》云：「辨别之端，要而言之，是善惡分路處。」

是故卦有小大，辭有險易。辭也者，各指其所之。

《説統》曰：「上文逐一説個通例，此則總言卦爻《辭》原是合一的，非卦是卦，而辭是辭也。」愚按，「是故」二字，承上文來，歸宿只在「辭」上。「卦有小大」二句，一氣説下，以陽爲主則大，如復、臨、泰是也；以陰爲主則小，如姤、遯、否是也。「辭有險易」，「易」者，明白而易曉。《卦辭》如「利用獄」、「取女吉」之類，《爻辭》如「師左次」、「同人于門」之類。「險」者，奇奥而艱深，《卦辭》如「履虎尾」、「先甲三日」之類，《爻辭》如「龍戰于野」、「載鬼一車」之類。「卦有小」也而「辭險」，不惟戒君子，亦以儆小人；「卦有大」也，而「辭易」，不惟慰君子，亦以安小人。「易」固指之以爲「吉」，「險」亦指之以爲「吉」，「所之」謂或趨或避，要歸於「吉」而已。

又按，楊誠齋曰：「讀謙、復之『辭』者，如行夷途，如逢陽春，如對堯舜周孔，何其氣象之樂易！　其辭夷易，而指人以『所之』之『吉』也。讀遯、剥之『辭』者，如涉風濤，如履霜雪，如對紂桀盗跖，何其氣象之慘栗！　其辭艱險，而指人以『所之』之『凶』也。」據此説，則「各指所之」兼「吉凶」「悔吝」言，義亦可通。

右第三章

上章言《繫辭》，此釋《卦》、《爻辭》之通例，以明聖人憂世覺民之心。

《易》與天地準，故能彌綸天地之道。

韓康伯云：「作《易》以準天地。」《本義》以「卦爻」爲「《易》書」。愚竊謂此章主贊《易》道，説卦爻未具之前，《易》道在天地。聖人作《易》，效法乎天地，而與之準，則天地之道在《易》中矣。「準」是「準」其道，非「準」其形。「彌」者，彌縫而無少滲漏。「綸」者，經綸而各有條理。非作《易》之聖人，其孰能之？二句是一章綱領，下文反覆發明此意。

仰以觀於天文，俯以察於地理，是故知幽明之故。原始反終，故知死生之説。精氣爲物，游魂爲變，是故知鬼神之情狀。

《本義》：「此聖人窮理之事。『以』者，聖人以《易》之書也，《易》者，陰陽而已，『幽明』『死生』『鬼神』，皆陰陽之變。」愚竊謂天地之道，只是陰陽之理。聖人體《易》，只是窮盡陰陽之理。但本章不曾説破「陰陽」二字，只從「幽明」「死生」「鬼神」隨在而異名。其實，只「通乎晝夜之道而知」一句便了，「幽明之故」不易「知」，於觀天察地知之；「死生之説」不易「知」，於「原始反終」知之；「鬼神之情狀」不易「知」，於「物變」知之。三「知」只是一「知」，「幽明」即「死生」，「死生」即「鬼神」，「鬼神」即「萬物」。「幽明」，有所以然之理，故曰「故」；「死生」，本人之常談，故曰「説」；「鬼神」，體物而不可遺，故曰「情狀」。三個「故」字，乃推原其由來，非體《易》之聖人，孰能知之？「精氣」爲魄，魄爲「鬼」；志氣爲「魂」，「魂」爲「神」，「鬼」常與體魄俱，故謂之「物」。「神」無適而不可，故謂之「變」。張待軒曰：「『精氣』即『游魂』之所凝聚，『游魂』即『精氣』之所運用。二者具而爲人，人生始化曰魄。既成魄，然後成魂。『魂』者，氣之英；『魄』者，氣之精也。聖人教人，只在自身中認取。若謂生則『爲物』、『爲神』之伸，死則『爲變』、『爲鬼』之歸，則所知亦淺矣。」陸君啓曰：「天地間有一種精氣凝結，有形有聲之鬼神；有一等肅然凄然，游移往來，此是『游魂』所結，非『精氣』也。『鬼神情狀』，盡於此二者。」愚又謂，「鬼神情狀」有數種，有一種效靈造化，主持世運，如社稷山川之屬；有一種聰明正直，精爽不磨，如忠臣孝子之屬；有一種强魂怨氣，團結不散，如國殤烈婦之屬；有一種依草附木，爲妖爲孽，如魑魅罔兩之屬。至于山林曠野，燐火聚散，難以悉數。總之，福善禍淫，是其「情」；不見不聞，洋洋如在，是其「狀」。聖人只在魂氣聚散、倏有倏無處，洞如觀火，天下極奇幻之事，只作平常看，大要若此。

與天地相似，故不違。知周乎萬物，而道濟天下，故不過。旁行而不流，樂天知命，故不憂。安土敦乎仁，故能愛。

《本義》：「此言聖人盡性之事。」愚又按，承上文而言，聖人體《易》至於「幽明」、

「死生」、「鬼神」之理，無不洞然，直與天地相似矣。「不違」，與「先天而天弗違」義同。以下總見與「天地」相似處，「天地」之道，知仁而已。聖人作《易》與「天地」相似，亦知仁而已。「知周」，萬物知也；「道濟」，天下仁也。「旁行」，行權之知也。「不流」，守正之仁也。「樂天知命」，知也。「安土敦仁」，仁也。「不過」「不憂」「能愛」，皆指「天地」言。至大而莫能「過」者，「天地」之體；「不憂」者，天地之性。即「鼓萬物而不與聖人同憂」之意。〔一〕「能愛」者，天地之情。聖人與天地相似，故亦「不過」「不憂」「能愛」，而作《易》「與天地準」也。

範圍天地之化而不過，曲成萬物而不遺。通乎晝夜之道而知。故神无方，而《易》无體。

《本義》謂此「聖人至命之事」。張彦陵曰：「此節承上『與天地相似』來。」愚謂首二句是贊《易》，「範圍」「曲成」，即裁成天地之道，輔相天地之宜，以左右民，言「天地」皆有待於《易》也。至「通乎晝夜」，則《易》全在聖人矣。「通晝夜」以爲「知」，是貫「幽明」、一「死生」、同「鬼神」，非徒知其「故」、知其「説」、知其「情狀」而已。「晝夜」即陰

〔一〕按，四庫全書本闕此條小注。

陽之象，陰陽者，《易》也。所以妙乎陰陽者，「神」也。「神无方」者，不離乎陰陽，亦不滯乎陰陽也。「《易》无體」者，陰陽雖分，而實未嘗分也，惟「通乎晝夜」者知之。蓋陰陽之道，於「晝夜」最分明，故以「晝夜」表之，「晝夜」即陰陽也。通章字字説「陰陽」，却一字不露直，至下章方開口道破。

右第四章

前三章皆言「畫卦」「繫辭」，此章言聖人體《易》而贊《易》道之大，仍歸重在作《易》之聖人。

一陰一陽之謂道。

《程傳》：「『道』非『陰陽』，所以『陰陽』者是『道』。」《本義》：「『陰陽』迭運者，氣也。其理則謂之『道』。」愚竊按，此句緊承上章「通乎晝夜之道而知」來。所謂「晝夜之道」者，何？「一陰一陽」之謂也。「陰陽」二字，夫子於乾、坤《文言》中首發之，至泰、否而再見，此則於「陰陽」上加兩個「一」字，剔出道之所以然處。有對待之義，有流行之義，又有相因之義，此是聖人直指道體語。「道」者，自然而然，不落形氣之名，正從「陰陽」上見得，似不可與氣對舉。不曰「陽陰」，而曰「陰陽」者，陰静而陽動。朱子所云

「陽前是陰，故先陰而後陽」，亦猶上章言「幽明」、「死生」、「鬼神」，不言「明幽」、「生死」、「神鬼」也。韓康伯謂「道者無之稱」，孔穎達云「一謂無也」，皆異端。所謂「道」，非「一陰一陽之謂道」也。張横渠云：「大《易》不言有無，言有無者，諸子之陋也。」殆指此歟！愚又按，朱子嘗云：「天地間只是陽氣，下截便是陰。」又云：「陽氣便是六層，只管上去，下面空缺處，便是陰。」語氣微有病，「陰陽」自是二氣，夫子所以云「一陰一陽」，謂二氣循環。如一氣則可，謂只是一個陽似不可。張子云：「『兩』不立，則『一』不可見；『一』不可見，則『兩』之用息。」從此體會方得。

繼之者善也，成之者性也。

薛敬軒曰：「『繼』『成』，以氣言，從上句『陰陽』字來。『善』『性』，以理言，從『道』字來。『繼善』者，化育之始，流行而不已，陽也。『成性』者，人物稟受，一定而不易，陰也。」愚又謂，上文「一陰一陽」，就化育流行上説。「繼善」，就天所賦、人所受、中間過接處説。「繼」者，静之終，動之始，循環不已，不滯於陰，不滯於陽，所以爲「善」。至「成性」，方屬人物，謂之「性」，是有得於「一陰一陽」，非偏滯於一可知。此段是説天地生成人物之意，不是説「性」上事。

仁者見之謂之仁，知者見之謂之知，百姓日用而不知，故君子之道鮮矣。

《黄氏日抄》云：「自『一陰一陽』，至『君子之道鮮矣』，言道原於天而賦於人。」胡雲峰曰：「上章言聖人之知仁，『知』與『仁』合而爲一。此言『仁者』『知者』，『仁』與『知』分而爲二。『仁者』之見滯於陽，『知者』之見滯於陰。」愚按，「陰陽」之道，在天地間，本自無滯，人生以後，便落氣質，便有「知」「仁」之偏見。百姓之無知，氣禀不同，各以其性之近者言。「仁者」，只見得發生處，而以爲「仁」；「知者」，只見得流動處，而以爲「知」。「百姓」又下「仁者」「知者」一等，所以「日用而不知」。「君子之道」，即「一陰一陽之道」。流行而不滯者，「鮮」矣與《中庸》「民鮮久矣」義同。張彦陵曰：「『見』與『知』，從何分别？『知』者，從本性上發出靈機，『見』則落於意識了。自以爲『見』者，既不能『知』，『日用不知』者，又不能『見』，合一之道，非君子不能體其全。正借『知』『仁』『百姓』，以影出聖人不是泛論道體。」

按，天台董氏楷所輯《程朱傳義附録》，自「《易》與天地準」起，至「君子之道鮮矣」止，爲第四章。與今本異。其言曰：「『《易》與天地準』以下，只是言個『陰陽』。『繼善』『成性』，於造化流行處分『陰陽』，此是指人氣禀有偏處分屬『陰陽』耳。」存其説，俟再考。

顯諸仁，藏諸用，鼓萬物而不與聖人同憂，盛德大業，至矣哉！

《程傳》：「運行之跡，生育之功，『顯諸仁』也。神妙無方，變化無跡，『藏諸用』也。」《黄氏日抄》云：「此言造化寓之《易》，『顯仁』『藏用』，『盛德大業』，皆指造化言。先儒或謂『顯』『藏』二字，與《中庸》『費隱』相似。隱在費中，藏即在顯中。『顯諸仁』，是『用』之跡。『藏諸用』，即仁之心。如春夏之生長萬物，至秋冬則收斂成實。春夏是『顯』，秋冬是『藏』。」愚又竊謂，「顯仁」「藏用」，乃一陰一陽之實際。「仁」言「顯」，即「用」是「體」。「用」言「藏」，即「體」是「用」。爲「藏」爲「顯」，循環無端，陰陽互根，如鑄者之鼓洪爐，要生便生，要成便成。造化只管「鼓」，自有人來代其「憂」。故「不與聖人同憂」，所謂無心而成化也。「大業」從「顯仁」來，「盛德」從「藏用」來。「至矣哉」，無以復加之謂。「盛德大業」，本是聖人分上事，此以贊陰陽，非贊天地也。

富有之謂大業，日新之謂盛德。生生之謂《易》，成象之謂乾，效法之謂坤。極數知來之謂占，通變之謂事，陰陽不測之謂神。

《黄氏日抄》云：「造化之德業，『生生』不窮者，即是《易》。《易》之成象者，即是『乾』；效法於『乾』者，即是『坤』。自此以下，言卜筮妙用處。」愚按，自首至末，接連八個「之謂」，一氣貫注，多承「一陰一陽之謂道」來。「盛德」「大業」，「一陰一陽」之道在天地者也。「生生之謂《易》」，「一陰一陽」之道在《易》者也。作《易》者，因陰陽二畫，而得「乾」「坤」二象。此「一陰一陽」之道在卦者也。用《易》者，「極」陰陽之「數」以「知來」，「通」陰陽之「變」以「行事」，此「一陰一陽」之道在筮占者也。末句是通章收尾，夫孰非陰陽乎？又孰爲陰，孰爲陽乎？「神」也，神也者，妙萬物而爲言者也。《易》之精義，盡此矣。程敬承曰：「『生生之謂《易》。』論其理也。有理則有數，陰陽消息之數也。推極之，可以知『來』。『占』之義也，非實指占筮之『占』也。『通變』，通數之變，亦《易》變也，非以所占卦變而通之也。蓋此章全是論陰陽之道，未及畫卦用筮以後事。」

張子厚云：「『富有』者，大而無外；『日新』者，久而不窮。」程伊川云：「天地有陰便有陽，有一便有二，纔有一二便有三，自三以往，不可窮矣。此是『生生之謂《易》』。」朱子云：「『易』有交易、變易二義。交易者，陰陽之相感；變易者，陰陽之相推。相感者固生，相推者亦生。」錢田間曰：「『成象』謂乾一畫，『效法』謂效『乾』之一畫，以生『坤』二畫也。『乾坤』奇偶，象立而數顯。『占』者，占其變也。通其變，則陽或變陰，陰或變陽。而九六始有事。所謂功業見乎變也。」胡雲峰曰：「事之未定，屬陽；占之已決，屬陰。」張子曰：「兩在故不測，要見『陰陽』之『不測』，即從兩個『一』字内看出。」王輔嗣曰：「不知其所以然，而況之曰『神』。」趙震潛曰：「『生生之謂《易》』，是一篇關鍵。若本節論，是造化人物相生之理。若兼上文言，則『繼成』之相因，『知仁』之遞用，『德業』之互根，皆『生生』所在。若兼下文言，則法象之相禪，占事之相因，亦皆『生生』所在。」愚又謂陰陽何嘗有意於生？一陽生而「成象之謂乾」；一陰生而「效法之謂坤」。只是陰静之極了，此氣遏抑不住，不得不發舒出來。及發舒既極了，不得不收斂入去。「生生」只是相生，只管變易，故曰「生生之謂《易》」。

右第五章

《黄氏日抄》云：「此章言道原於天而賦於人。」愚按，通章只是贊陰陽之道，觀首尾二句，可見。

夫《易》，廣矣大矣。以言乎遠則不禦，以言乎邇則静而正，以言乎天地之間則備矣。

愚按，首節統贊《易》道。「廣大」者，極其所至而言。推而求之「遠」，則動而莫「禦」，即而求諸「邇」，則「静而正」。「邇」言「静」，則遠之爲動可知。天地之間，通萬物萬事言，備者無所不具，無所不包，《易》之所以「廣大」也。此章之旨，兩語可了：《易》之「廣大」，本乎「乾」「坤」；「乾」「坤」之廣大，本乎「易簡」而已。

夫乾，其静也專，其動也直，是以大生焉。夫坤，其静也翕，其動也闢，是以廣生焉。

凡《繫傳》所言「乾」「坤」，皆指奇偶也。此節就乾坤二畫，而贊其廣大。「動静」者，變與未變之分。乾畫奇，未變則「静」「專」，變則「動」「直」。以其朕兆未形，一真未散，謂之「專」；以其任真而出，絶無回曲，謂之「直」。坤畫偶，未變則「静」「翕」，變則「動」「闢」，以其收斂凝固，生意不洩，謂之「翕」；以其氣機一到，通達無礙，謂之「闢」。朱子云：「『專』『直』只是一物，『翕』『闢』却是兩個。『翕』則合，『闢』則開，此奇偶之形也。乾一而實，以質言，故曰『大』；坤二而虚，以量言，故曰『廣』。」愚又謂，「大」與「廣」皆從奇偶中出。乾一之氣，常行乎坤兩之中，是天包地之外，故「大生」。坤兩之中，常受乎乾一之氣，是地容得天之氣，故曰「廣生」。吴草廬曰：「陽本實，陰本虚也。陽主用，陰主體。則陽反似虚，陰反似實。今觀天之積氣，雖似虚，然其氣勁急如鼓，能舉大塊於其中而不墜，則實莫實於天也。地之凝形，雖似實，然其形疎通如肺，氣出入於其中而不礙，則虚莫虚於地也。明乎陽實陰虚，而聖人所以言『乾坤』者，盡矣。」

廣大配天地，變通配四時，陰陽之義配日月，易簡之善配至德。

此承上「乾坤大生廣生」來。「乾坤」者，《易》中之畫也。「天地」得其「廣大」，《易》之「廣大」如之。「四時」得其「變通」，《易》之「變通」如之。《易》所言「陰陽之義」，與「日月」相似，所言「易簡之善」，與聖人之「至德」相似。朱子云：「此是將《易》中之理，取外面一事來對。」愚按，「配」者，相似之意，不取「配合」立義。蓋此章又是借天地以形容《易》之「廣大」，不是相配合而成功用也。闔闢往來，終則有始，此『變通配四時』也。復言『七日』，以陽生爲義。臨言『八月』，以陰長爲戒。此『陰陽之義配日月』也。中庸之德，中人以上，可俯而就，此易知；中人以下，可企而及，此易從也，故曰『易簡之善配至德』。」胡雲峰曰：「首章言『乾坤』之『尊卑』，而歸諸『易簡』；此章言『乾坤』之『廣大』，而亦歸諸『易簡』。總見《易》不在天地，而在人心也。」《黄氏日抄》云：「『至德』，晦庵指爲在人之『至德』。楊氏、鄒氏皆云中庸之『至德』。伊川云，『乾坤易簡之功，乃至善之至德。』」

右第六章

此章言《易》道之廣大由於乾坤，而乾坤之藴，盡於奇偶二畫。

子曰：「《易》其至矣乎！夫《易》，聖人所以崇德而廣業也。知崇禮卑，崇效天，卑法地。天地設位，而《易》行乎其中矣。成性存存，道義之門。」

《黄氏日抄》：「鄒氏云，此章言聖人體《易》之道與天地相似，《易》與天地同出，而聖人獨得其要。」愚按，前言「繼善」「成性」，又言「盛德大業」，多就現成説。此章承上文「易簡」「至德」説來。首句先贊《易》道之「至」，下言「聖人」之「德業」，皆從《易》中出。德變易則積而日崇，業變易則推而日廣。天下至崇莫如天，至廣莫如地。聖人以「乾」之易知爲知，故「知崇」如天；以「坤」之簡能爲能，故「禮卑」如地。知窮萬物之原，則「乾」之始萬物也；禮循萬物之則，則「坤」之成萬物也。天地自有定位，聖人從「乾坤」奇偶而設，而《易》之變化即行乎其中。然則聖人效法天地，又豈在「乾」「坤」二畫之外哉？亦就天地所賦之成性，而「存存」不已焉耳。「存」字對「發」字説，所謂未發之性也。「存」之又「存」，性體渾然，「道義」皆從此出，非即所謂「易簡理得」乎？「道義」在天地，則謂之《易》，《易》在吾「性」，則謂之「道義」。「乾」「坤」爲《易》之門，猶「性」爲「道義」之門。得此之謂「德」，修此之謂「業」，悟此之謂「知」，體此之謂「禮」，率而行之之謂「道」，行而宜之之謂「義」，只完得一個「成性存存」。本來固有之善，非天下之至精至微，孰能與於此？此聖人體《易》之全功也。

右第七章

此章贊《易》，而以聖人之學《易》明之。

聖人有以見天下之賾，而擬諸其形容，象其物宜，是故謂之象。聖人有以見天下之動，而觀其會通，以行其典禮，繫辭焉以斷其吉凶，是故謂之爻。

《黄氏日抄》云：「此言聖人推其所獨見者，立象生爻，使天下皆有所見而得善其言動也。」愚又按，第一個「聖人」，有言伏羲者，有言文王者。若專指伏羲卦象，則文王《彖辭》何無一言之及？若是文王，則「形容」「物宜」，乃畫卦時事，似與文王無涉。今只就文作解。「賾」者，多也，非雜亂之謂。物之「形象」，多矣。聖人見天下之至一，故「有以見天下之至賾」，而「擬諸形容」，以「象其物宜」。「擬」在未畫之先，「象」則畫卦之事。「擬」，是「擬」其所「象」；「象」，是「象」其所「擬」。《易》之取象者有三，如「地中有水」、「地中生木」，實象也。「天在山中」、「風自火出」，假象也。「天下有山」，可以遯矣；「澤中有火」，可以革矣，意象也。物各有宜，得其形而下者，正肖其形而上者，故謂之「象」。第二個「聖人」，專指周公。一卦體要之聚，曰「會」；六爻旁通之情，曰「通」。昭晰無遺之謂「觀」。典以爲經，貴守其常；禮以爲緯，貴權其變，無所拘執之謂

「行」。天下之「吉凶」，皆自「動」中出。聖人見天下之至静，故「有以見天下之」至「動」，而「觀其會通，以行其典禮」。如卦有六爻，會其大意，則此可通於彼，彼可通於此。「典」則萬古而不易，「禮」則因時而制宜。同一象也，有在此爻則「吉」，在彼爻則「凶」者。「繫辭」所以「斷」也，「故謂之爻」。卦象即是爻象，今分而言之者，合諸一卦則爲象，散之六畫則爲爻也。前段不重畫卦，重在畫卦本於陰陽；後段不重「繫辭」，重在「繫辭」本於一理。

言天下之至賾而不可惡也，言天下之至動而不可亂也。

《黄氏日抄》云：「『賾』，幽深也，諸家皆然，晦庵獨以爲雜亂，合從伊川及諸家之説，與經文『探賾』『索隱』之意合。」愚又按，「言」者，聖人之「繫辭」。「惡」，厭也，「亂」，淆也。象自「賾」之不可見處名之，是「言天下之至賾」。爻自變之不可窮處通之，是「言天下之至動」。「賾」之「至」處，有「至」一者存，所以「不可惡」，謂不厭其多也。「動」之「至」處，有「至」静者存，所以「不可亂」，謂不患其淆也。

擬之而後言，議之而後動，擬議以成其變化。

先儒謂「擬」有「倫比詳度」意，「議」有「商確裁定」意。愚又謂，爻象自兼「言」「動」，「擬議」亦非分屬，總要見聖人心神涵泳，獨會於意「言」象數之表，時然後「言」，即是「擬而後言」。時然後「動」，即是「議而後動」。人第見聖人之《易》，千變萬化，而孰知其變化由「擬議」以成？學《易》者可不「擬」而「言」、「議」而「動」乎？以下七爻，乃夫子「擬議」之辭，一爻只作一事說。程沙隨曰：「『鳴鶴在陰』，擬《易》而爲『言』；『藉用白茅』，議《易》而爲『動』。餘皆發明『言』、『動』、『變化』之義，不必求於深遠。」胡雲峰曰：「前言『變化』，《易》爻之變化也。此言『成其變化』，學《易》者之變化也。」

「鳴鶴在陰，其子和之；我有好爵，吾與爾靡之」。子曰：「君子居其室，出其言善，則千里之外應之，況其邇者乎？居其室，出其言不善，則千里之外違之，況其邇者乎？言出乎身，加乎民；行發乎邇，見乎遠。言行，君子之樞機。樞機之發，榮辱之主也。言行，君子之所以動天地也，可不慎乎？」

蔡伯静曰：「萬化不窮，『感』『應』二端而已，夫子取中孚『九二』之辭，而推廣之。『居室』，即『在陰』之義。『出言』，即『鳴鶴』之義。『千里之外應之』，即『子和』之義。」張彦陵曰：「户之運在『樞』，矢之發在『機』。樞運而户必開，機發而矢必遠，以況言行之加民見遠也。『言行』一發，榮辱係焉。『應』在人而『感』者在己，故曰『主』。不但『榮辱』也，推而極之，可以『動天地』，安得『不慎』？所以貴『擬議』而後『言動』也。」

「同人，先號咷而後笑」。子曰：「君子之道，或出或處，或默或語，二人同心，其利斷金。同心之言，其臭如蘭。」

楊誠齋曰：「君子之道，於其心不於其跡。心同跡異，不以跡間心；心異跡同，不以心混跡，故同人之先悲後喜，與君子甲出乙處，此默彼語，皆所不計也。出處同道，則禹顯顔晦同一情。語默同道，則史直蘧卷同一意。心同故也。」愚按，《易》言「斷金」，猶《詩》言「攻玉」也。「斷金」，言其琢磨之工，屬「先號」説；「如蘭」，言其臭味之合，屬「後笑」説。

「初六，藉用白茅，无咎」。子曰：「苟錯諸地而可矣，藉之用茅，何咎之有？慎之至也。夫茅之爲物薄，而用可重也。慎斯術也以往，其无所失矣。」

蔡節齋曰：「凡天下事，過則有失。惟過於慎，則無所失。」愚按，「苟」者，輕忽之意。「慎」者，鄭重之意。「錯諸地」則爲「苟」，「藉以茅」則爲「慎」。「薄」莫薄於「茅」，「重」莫重於「藉」，在「用」之何如耳？惟其「慎」，故「用可重」，此褆躬處世之善道也。

「勞謙，君子有終，吉」。子曰：「勞而不伐，有功而不德，厚之至也。語以其功，下人者也。德言盛，禮言恭。謙也者，致恭以存其位者也。」

楊誠齋曰：「人之謙與傲，繫其德之厚薄。德厚者無盈色，德薄者無卑辭。如鐘磬焉，愈厚者聲愈緩，薄者仄。是故有『功勞』而『不伐』、『不德』，惟『至厚』者能之，德愈盛則禮愈恭矣。」俞玉吾曰：「『存位』，猶《乾・九三》之「存義」，謂禮極其恭，所以存其分義而不敢踰越。非是保其禄位，而强爲此謙也。」

「亢龍有悔」。子曰：「貴而无位，高而无民，賢人在下位而无輔，是以動而有悔也。」

《本義》云：「釋《乾・上九・爻》義，當屬《文言》，此蓋重出。」愚按，持盈之道，貴變而通之以時。前四爻舉以爲法，後三爻舉以爲戒。似非重出。

「不出户庭，无咎」。子曰：「亂之所生也，則言語以爲階。君不密則失臣，臣不密則失身，幾事不密則害成。是以君子慎密而不出也。」

先儒謂「密」字即「退藏於密」之義，謂吾心一念之微也。愚按，夫子於《節・初爻》云「知通塞」，以行言也，此又另作一解。「亂」猶禍也，即下文「失臣」「失身」之類。「户庭」與「階」，皆假借之辭。「言語」者，一身之户庭；「不出」者，「慎密」之意，非不言也，不輕出耳。唐高宗告武氏以「上官儀教我廢汝」，此「君不密而失臣」也。陳蕃乞宣臣章以示宦者，此「臣不密而失身」也。寇準欲去丁謂，被酒漏言，此「幾事不密而害成」也。

聖人雖甚易簡，亦甚愼密。第與陰謀權詐殊耳！世人不知，以愼密爲機械，所以敗事。

子曰：「作《易》者其知盜乎？《易》曰：『負且乘，致寇至。』負也者，小人之事也；乘也者，君子之器也。小人而乘君子之器，盜思奪之矣。上慢下暴，盜思伐之矣。慢藏誨盜，冶容誨淫。《易》曰：『負且乘，致寇至』，盜之招也。」

蔡虛齋曰：「『知盜』，猶云知盜情也。」楊誠齋曰：「司馬氏之盜魏，曹操教之也；蕭衍之盜齊，蕭道成教之也。蓋盜非能盜，小人之有也，小人實教盜以盜己之有也。所謂『知盜』，非知奪伐之盜也，知教奪伐者之盜，故終之曰『誨盜』、曰『盜之招』者，以此。」

項平庵曰：「七爻皆欲人畏謹也。『鳴鶴』，言處隱之誠；『同人』，言同心之一；『白茅』，貴愼有終；『尚謙』、『亢龍』、『惡盈』、『户庭』，以教密負乘以戒惕。」

右第八章《本義》：「此章言卦爻之用。」

愚按，《注疏》起「聖人有以見天下之賾」至「其臭如蘭」止，爲第六章。以「藉用白茅」至末，爲第七章。程氏以「有以見天下之賾」至「成其變化」爲一章。吳草廬則別出下七節，附於《文言傳》，而獨存「聖人有以見天下之賾」至「成其變化」九十五字，自爲一章。熊勿軒以「聖人有以見天下之賾」五十六字與後重出，故欲去此五十六字，而移置後三十九字於第十一章「極天下之賾者存乎卦」之上，諸儒分章不同，今從《本義》。

天一，地二；天三，地四；天五，地六；天七，地八；天九，地十。

愚按，韓康伯以此節居第十章之首，《漢書·律曆志》在「天數五」之上，《程傳》依之，移冠第九章。《黄氏日抄》謂「始於朱子」，似失考。

天數五，地數五，五位相得，而各有合。天數二十有五，地數三十，凡天地之數，五十有五，此所以成變化而行鬼神也。

張雨若曰：「須知此章不是推畫卦源頭，乃是明蓍數本末。」姚承菴曰：「首兩節從《圖》上説，『天地之數』下言『大衍』，正見蓍策之數，本天地來。」程敬承曰：「圖數只陰陽，蓍法亦只是陰陽之變化。」愚按，以上八章皆言象，至此方言數。「天一，地二」至「天地之數，五十有五」即《河圖》之數。聖人因之，得揲蓍之法者也。一、三、五、七、九，天數五也，二、四、六、八、十，地數五也。「五位」，《河圖》之上、下、左、右、中央方位也。「相得」者，一對二，三對四，六對七，八對九，五與十對乎中央也。「各有合」者，一、六居北，二、七居南，三、八居東，四、九居西，五、十居中，皆奇偶相配也。積一、三、五、七、九爲二十五之奇數，五其五也；積二、四、六、八、十爲三十之偶數，六其五也。合之，凡

「五十有五」，而揲蓍之法在其中。千變萬化，皆從五數出。「此所以」三字，總承上文八句來。張敬夫曰：「《月令》所謂『草木乃茂』、『草木黄落』之類，可以歷數推而得之。此『天地之數』『所以成其變化』也。所謂『其神勾芒』、『其神祝融』之類，各司其時，各治其職，此『天地之數』所以『行乎鬼神』也。」王臨卿曰：「『變化』二字，《本義》因周子有『陽變陰合而生水火木金土』之説，遂以五行解經，不知周子云云是論五行生成之序，非爲天地之數設也。謂『成變化之在水火木金土』者，不過據五數而爲言耳，非謂五行因變化而成也。」鄭孩如曰：「『變化』二字，如『乾道變化』之義，不當以五行分貼變化。『鬼神』俱就氣機言，不可以生物言。」愚又謂此章所重在蓍數，「成變化而行鬼神」，只是贊蓍。

又按，《程傳》云：「由象以知數，蓋謂數不在象外也。曰『五』，曰『十』，數也。五奇十偶，象也。聖人以數定象，象惟奇偶，重之盡於六十四卦。數有九六，其變至於四千九十六卦，卦不自變，因蓍而後變也。蓋《河圖》之數，聖人因之以揲蓍，故下文繼以『大衍之數』。」

又按，《本義》於乾卦言「陰變陽化」，至此「一變生水，而六化成之」云云，則又謂「陽變陰化」，與前説不同，未得其解。

大衍之數五十，其用四十有九。分而爲二以象兩，掛一以象三，揲之以四，以象四時，歸奇于扐以象閏。五歲再閏，故再扐而後掛。

歐陽永叔云：「『大衍』，筮占之一法耳。非文王之事也，後世用以占筮。孔子懼文王之志不見於後世，而《易》者爲卜筮用也，乃作《彖》、《象》，發明卦義。夫六爻之文，占辭也。『大衍之數』，占法也。學者專其辭於筮占，猶見非於孔子。況遺其辭而執其占法歟？」蘇子由云：「『大衍』者，敷衍天地之數，而取其五十，用於揲蓍，非天地之全數也。」歸震川云：「『大衍』者，所以求卦也。」愚按，所云「五十」者，即《河圖》中宮「天五乘地十」是也。「大衍」者，自一至十、百、千、萬，皆從此推出也。「天地之數」，是自然之數。「大衍之數」，是推衍之數。凡蓍草，五十莖。筮之初，右手取一策，反於櫝中，虚其一而不用。韓康伯所謂「《易》之太極也，其入用者，只四十有九而已」。蓋「天地之數」始於奇，「大衍之數」則以奇爲用。「其用」二字，直貫到末。「分二」者，隨手分蓍莖，半置左，半置右，象兩儀之對待也。「掛一」者，懸一莖於左手小指間也。「三」者，三才也。左爲天，右爲地，所掛之策象人，故曰「象三」。「揲四」者，先置右手之策於一處，以右手四四數左手之策，又置左手之策於一處，以左手四四數右手之策，以「象四時」也。「奇」者，所揲四數之餘策也。「扐」者，勒也。四四之外，必有零數，或一，或二，或三，或四，左手者歸之第四、第三指間，右手者歸之第三、第二指間，而「扐之」也。「象閏」者，所歸之餘策，象日之餘也。「掛一」，當一歲，揲左；當二歲，扐左，則三歲一閏矣。又揲右，當四歲；扐右，則五歲再閏矣。「再扐而後掛」者，再扐之後，復以所餘之策，合而爲一，爲第二變。再分，再掛，再揲也。不言分二揲四，獨言「掛一」者，明第二變後，不可不掛也。以上言揲蓍取卦之法如此。

程氏大昌曰：「《正易新法》之論『大衍』曰：『掛一之在四十九，元不入用，則雖去之，無欠也。』其意以爲揲蓍之初，此一既掛左指，則自不與揲數之數矣。及其揲四已定，此一又歸奇扐，則又不入七、八、九、六之用，故曰『去之無欠』也。此蓋以象數言《易》於有爻之後，而不知超象數以求《易》於未爻之前也。道生一，一生二，二生三，三生萬物。一之生二是虛，一之能生天生地者也。夫天地得此之生於太極也，其象在蓍，則分一爲二，是其形容矣。然此之分二者，從何而來？豈非從一握，則四十九用皆藏一握之內，及其分一握以爲兩握，則一已生二，而一遂無見。聖人於是即五十蓍中取其一蓍，掛之左指者，既不以揲，又不循數。其意蓋示『四十九用』之上，此之一數處總無爲，而四十九者各以七八九六聽令而受數焉耳。故此一雖虛，而天下之實，莫不由此以出。則安可知有用之用，而不知無用之用也！故知此說，不能求諸未爻之前也。」

又曰：「諸家多言蓍以七爲數，至其何以用七，則莫有言者。意謂七七四十九，正蓍之用耳。歷考諸《易》，自數總以及數變，皆無以七爲祖者，獨有七爲少陽，固在四策之一。然此之七也，進之不得爲陽數之極，退之不能爲陽變之祖。則七在四策中，特其列數之一耳，安能總攝他數也？顧獨於末流，取四十九以配七七，而謂蓍數之祖，何所本也？」愚按，蓍以七爲祖之説，今揲蓍家所不言，存以備考。

歸震川曰：「『四十有九』得用處在『掛一』，『掛一』得用處，不在一變而在二變、三變。」愚竊按，「掛一」之妙，只在第一變。若第一變不「掛一」，則四揲兩手之策，而歸其餘，但有奇而無偶矣。至於第二變、第三變，除去第一變掛扐之外，其策數奇偶，本自均齊。掛亦奇四而偶八，不掛亦奇四而偶八。但不掛則無以象三，故再扐之後，仍須掛耳。

愚又按，揲蓍法，邵子用過揲之數，朱子取掛扐之數，《孔疏》云：「乾坤之策，爲老陽三十六，老陰六十四。『所用』者，過揲之策也。」今觀下文，以乾坤之策，當「三百六十」之期，而以「歸奇」之數「象閏」，則正用「過揲」，餘用「歸奇」，可知矣。「歸奇於扐」，猶歸餘於「閏」也。若用「掛」「扐」，似舍正而取餘矣。竊疑後世何以廢邵法不用，吾甥徐接三云：「後人揲蓍，取掛扐之數，不用過揲之數者，厭煩從簡也。蓋三掛三扐之策，孰奇孰偶，取覽甚便。若用過揲之數，則必取揲過者複數之，未免煩矣。其實聖人立法，以過揲爲主，如曆法最重閏月，然未聞紀歲者專紀閏月，此後人從簡之故耳。又如『揲之以四』者，兩手之策皆當揲也。今人於『掛一』之後，但『揲』左手之策以歸其餘，右手之策不『揲』，而徑歸其餘，則非但右手之策不『象四時』，且左策『歸奇』，與右策『歸奇』，一時並『扐』，是前閏與後閏相接，不待『五歲』而後再矣。亦後人從簡之故也。」

乾之策，二百一十有六；坤之策，百四十有四。凡三百有六十，當期之日。

「策」即蓍也。乾坤之「策」，老陰老陽，過揲之數也。乾九坤六，以四營之，乾一爻得四九三十六，坤一爻得四六二十四。乾每爻得三十六，則六爻得二百一十有六。坤每爻得二十四，則六爻得百四十有四，合成三百六十爻，適當一年三百六十日之數也。胡雲峰曰：「前『掛扐』之數，『象』月之『閏』。此『過揲』之數，象歲之周。」吕與叔曰：「六十四卦，統計三百八十四爻，三百六十者，去乾、坤、坎、離二十四爻而言也。」郝仲與曰：「卦之始畫，有陰陽之象，而無老少之名。蓋因《説卦》『父母男女』而分老少，但《説卦》所謂『男女』者，以卦畫奇偶、乾坤相交而言。《筮法》所云『老少』者，以蓍策過揲之數而言，非伏羲畫卦本法也。伏羲畫卦，奇偶相推，乾坤交錯，則謂之變。《筮法》

則此爻變彼爻，此卦變彼卦，老變少不變，故卦只用九六，筮則兼七八以爲九六之升降。非七八則二老無頓變之理，無老少則變與不變無由分，故以九六象父母稱老，以七八象六子稱少。三百八十四爻，凡陽皆乾，凡陰皆坤。故夫子但言乾坤之策，不及六子。周公《爻辭》但用九六，亦以此。」

愚又按，歷法用籌算，以竹爲之，亦謂之「策」。《隋書》曰：「竹，廣二分，長三寸，正策三廉，積二百一十二枚，成三觚，乾之策也。負策四廉，積一百四十四枚，成方，坤之策也。」其數亦適與《易》合，可見《易》道無所不有，存此以備參考。

二篇之策，萬有一千五百二十，當萬物之數也。

「二篇」，上下經也。陽爻百九十二，以三十六乘之，得六千九百一十二策。陰爻百九十二，以二十四乘之，得四千六百八策。合之爲「萬有一千五百二十，當萬物之數也」，就本義作解如此。愚又按。「二篇之策」，以蓍法推之，皆老陰老陽之數也。今取陽爻百九十二，以少陽二十八乘之，積五千三百七十六；再取陰爻百九十二，以少陰三十二乘之，積六千一百四十四，合之，亦「萬有一千五百二十」。但九六有象，而七八無象，少陰少陽之數，即隱於老陰老陽之中。如是，則七九皆爲陽，六八皆爲陰；其畫，爲奇爲偶皆同。凡筮者，欲取動爻之後卦，故分别老少之象耳。

是故四營而成《易》，十有八變而成卦，八卦而小成，引而伸之，觸類而長之，天下之能事畢矣。

「營」，經營也。「四營」即上文「分二」、「掛一」、「揲四」、「歸奇」也。「成《易》」，謂一變也。三變而成一爻，十八變則得六爻，而成一卦矣。「八卦而小成」，《本義》：「謂九變而成三畫，得内卦也。」愚竊謂，此句乃承上起下之辭。《孔疏》云：「天地雷風日月山澤，於大象略盡，是《易》道之『小成』。」蓋謂十八變中，掛揲歸奇，略盡八卦之象，即唐一行所云「十八變之間有八卦」之謂也。細玩語氣，此句當連下文讀，言一卦十八變之中，雖具八卦，不過「小成」而已。未足以盡天下之能事也，惟「引」此「小成」之法而「伸之」，又「觸」此引伸之「類」而「長之」，則一卦可變爲六十四卦，「天下之能事畢矣」。若謂九變而成三畫，方得内卦，則上文明明説「十有八變」，内外二體已具矣，不應下文又説到内卦，只爲朱子將此句屬上文讀了，疑其既云「成卦」，復云「小成」，故以内卦當「小成」之義耳。郭鵬海曰：「謂『八卦而小成』，是九變，既言『十八變』，却説回九變，語氣似倒。鄙意『四營』二句，自一變直説到十八變，爲一卦之變化，『八卦小成』以下，自『小成』説到大成，爲六十四卦之變化。先儒已有此論，非末學一人之臆説也。」

顯道，神德行。是故可與酬酢，可與祐神矣。

胡雲峰曰：「『道』在天，『德行』在人。在天者幽，『顯道』，闡幽也。在人者顯，『神德行』者，微顯也。蓍與卦，可以『酬酢』其在人者，可與贊助其在天者。」愚又按，筮占雖極數之事，然數出於天地，天地不得而知；數衍於聖人，聖人不得而測。「道」因蓍而「顯」，「德行」以蓍而「神」。明可以酬酢乎人，而决其疑；幽可以佑助乎神，而代之言。此蓍之所以成變化而行鬼神也。

子曰：「知變化之道者，其知神之所爲乎！」

《本義》：「『變化之道』，即上文數法。」《灣解》曰：「聖人論天地之數，而終之以『行鬼神』；論大衍之數，而終之以『神德行』、『佑神』，『神』者一也。惟一，故『神』。」愚又謂夫子恐人泥於數，故終舉而歸諸「道」。言筮非術數之學，乃天地間自然「變化之道」。「變化」者，「神之所爲」也。「知道」，則「知神」矣。

右第九章

此章言聖人因《河圖》之數，而得揲蓍求卦之法。

《易》有聖人之道四焉：以言者尚其辭，以動者尚其變，以制器者尚其象，以

卜筮者尚其占。

《黄氏日抄》以「子曰知變化之道者」一節，冠第十章之首，今從《本義》。《易》道不外「辭」、「變」、「象」、「占」四者，聖人用之以「言」、「動」、「制器」、「卜筮」，則爲「聖人之道」，而《易》無不有焉。四個「以」字，多從用《易》者説。「尚」者，取也。程子曰：「吉凶消長之理，進退存亡之道，備於『辭』。推辭考卦，可以知『變』，『象』與『占』在其中矣。」何閩儒曰：「用《易》以『言』吉凶，則取諸『辭』；用《易》以規行事之『動』，則取諸『變』。卦爻之中，各有取『象』，用以『制器』，則可以盡創物之智。卦爻之設以『前民用』，用以『卜筮』，則可以得前知之明。」胡雲峰曰：「『辭』『占』是一類，『變』『象』是一類。『辭』以明變象之理，『占』以斷變象之用。故四者之目，以『辭』與『占』始終焉。」愚按，夫子明言「《易》有聖人之道四」，伊川止「尚其辭」，康節止「尚其象」，京、虞、郎、荀諸家止「尚其變」，朱子止「尚其占」，謂之非《易》不可，謂之「聖人之道」，似皆舉其一，而未得其全也。胡庭芳有云：「《易》之《十翼》，凡以發明性命道德之藴，於是《易》始不徒局於象數、卜筮之粗，而實有至精至變至神之妙。天下由之，以究三才之道，而盡事物之情，不假卜筮，自足爲吉凶之前知矣。」折衷先儒之説，此數語盡之。

先儒或以此章承上章「揲蓍」而言。上但言蓍策變化之數，尚未及用蓍。此言所以用蓍之道，「象」、「變」、「辭」、「占」，皆指揲蓍時所得言，非泛指全經中所具，觀下文多是贊筮占。其義亦通。

是以君子將有爲也，將有行也，問焉而以言。其受命也如嚮，《石經》作「響」。**无有遠近幽深，遂知來物。非天下之至精，其孰能與於此！**

首節兼「言」「動」「制器」「卜筮」，以見《易》道所包者廣。此節言「筮」「占」之事，而「言」「動」亦在其中。「有爲」「有行」，「動者尚其變」也。「問焉以言」，「言者尚其辭」也。「以言」，《本義》：「在人發言上説。」愚竊謂即下文所云「命」也。自筮者告蓍曰「言」，自蓍受筮者之言曰「命」。「其受命」至「來物」，一氣貫下，總見「響應」之速，而周遠近時地也。「幽深」，天道也。「來物」，吉凶也。謂蓍受筮者之言，其應「如響」。未來之事，無「遠近幽深」，皆知之。「至精」，合「辭」「占」説，以其非術數之粗，故曰「至精」。《本義》云：「此『尚辭』『尚占』之事。」

參伍以變，錯綜其數。通其變，遂成天地之文；極其數，遂定天下之象。非天下之至變，其孰能與於此！

《本義》云：「此『尚象』之事。」愚按，「參伍以變」，先儒之説不同，今取來氏《易解》，其言曰：「揲蓍法本於《河圖》，《圖》以中數爲尊，一化兩，由中而分，一居中，左右不離中而成三。三居中，左右不離中而成五。五居中，左右不離中而成九。五以三爲中，九以五爲中。一分二爲參，三互二爲伍。參之伍之，交互以觀其變也。變乃象之未定者，『參伍』只以一變言，下文通其數，則三變而成一爻。極其數，則十八變而成一卦。而總不外乎『參伍』之説。三五爲十五，五乃《河圖》中數，故數之相倚者，不曰『參伍』，則曰『參兩』。三與二倚曰『參伍』，一與二倚曰『參兩』。皆用中法也。『錯綜其數』，據掛揲後而言。」程沙隨曰：「『綜』，如織婦之用綜，合衆經相間，而上下之也。」《本義》云：「『錯』者，一左一右之謂。『綜』者，一低一昂之謂。皆揲蓍求卦之事。」「變」者，數之未定，陰陽老少，隱躍而不測，故曰「參伍以變」，「數」者，變之已成，「錯綜」之時。奇偶多寡，秩然而可數，故曰「錯綜其數」。首二句止論一爻之法，「通其變」者，通六爻之變，得十有八，遂成「初」「二」「三」「四」「五」「上」。剛柔相雜之文，老少不出乎二象，故曰「天地」。「極其數」者，極六爻之數，得七八九六，遂定天、地、水、火、雷、風、山、澤之象，動静實該乎萬有，故曰「天下」。此二句，方論成卦之法。程敬承曰：「天地間陰陽本無定位，而消息盈虚自有至理。象變本此至理來，所以變一通而文遂成，數一極而象遂定，不待湊掇安排，而文始成，象始定也。『至』『定』是贊占之法。」

《易》无思也，无爲也。寂然不動，感而遂通天下之故。非天下之至神，其孰

能與於此！

《黄氏日抄》：「此章言《易》之神。主蓍龜而言，所云『无思』『无爲』者，亦言蓍龜無心而能應，或者因以爲人不可有『思』『爲』者，訛也。」愚竊謂《易》當專指蓍卦，不必兼龜言。上文言天下遠近幽深之理，多具於蓍卦中。聖人既以盡其用，而蓍卦之體，則「无思」「无爲」。象在畫，辭在策，蓍未變，占在櫝，本寂然而不動。及揲蓍以求卦，則天下之故，感而遂通，其「寂」其「感」，皆無心也，「非天下之至神」乎？精之至、變之至便是神，非「至精」「至變」之外，别有所謂「至神」也。

夫《易》，聖人之所以極深而研幾也。惟深也，故能通天下之志；惟幾也，故能成天下之務；惟神也，故不疾而速，不行而至。

愚按，上文非「至精」、「至變」、「至神」，不能「與於此」。到此節，重提「夫易」二字，見得「與於此」者，惟聖人能之也。極未形之理曰「深」，適動微之會曰「幾」。「極深」，以義理言；「研幾」，以事變言。此聖人作《易》之本領。惟其「深」也，故以我之先知，達彼後知；以我之先覺，達彼後覺，自一心而「通天下之志」。惟其「幾」也，故未亂知亂，易亂爲治；未亡知亡，轉亡爲存，自一心而「成天下之務」。「惟神」也，故不煩擬議之久，不見有爲之跡，「神」不在「深」與「幾」之外。然非以聖人而「極深」「研幾」，則不能至於「神」也。上節「神」字贊筮卦，此「神」字贊聖人。

子曰「《易》有聖人之道四焉」者，此之謂也。

愚按，「四」者，雖云「辭」「變」「象」「占」，而自「君子將有爲也」以下，則皆論占事。末句仍云「《易》有聖人之道四焉」者，蓋「極深」「研幾」，聖人全體皆《易》，而後「辭」「變」「象」「占」自聖人用之，則爲「聖人之道」。聖人之所有，皆《易》所有。聖人之神，寓於「辭」「變」「象」「占」，而《易》即因之以爲神，故曰「《易》有聖人之道四焉者，此之謂也」。

右第十章

上章言蓍數變化，歸之於神。此承上章，推本於作《易》之聖人，亦歸於神，見蓍所謂神者，乃聖人之神也。

子曰：「夫《易》何爲者也？夫《易》，開物成務，冒天下之道，如斯而已者也。」是故聖人以通天下之志，以定天下之業，以斷天下之疑。

《本義》謂「此章專言卜筮」。愚按，承上文「筮占」說來，前章言「蓍」而未及「卦」，此則合「蓍」與「卦」而言。首四句贊《易》，當兼「蓍卦」說，下三句言聖人因「卦」以用「蓍」，「如斯而已」，不是言《易》道僅止於此，言必如此，方纔休歇也。天下之「物」，蒙昧未明，《易》示以吉凶之報，如夢頓覺，故曰「開」。天下之「務」，有始者未必有終，《易》斟酌從違之宜，趨吉避凶，首尾完足，故曰「成」。「天下之道」，上自造化氣數，下及人心謀慮，千條萬緒，自卦象一設，都收拾在裏面，不須逐項分晰，自然纖悉無遺，故曰「冒」。下三個「以」字要重看，《易》能「開物」，聖人用「蓍」，「以通天下之志」。《易》能「成務」，聖人用「蓍」，「以定天下之業」。《易》「冒天下之道」，聖人用「蓍」，「以斷天下之疑」。通章連稱「是故」，是以無所承接，總以「開物成務」「冒道」爲綱領，而贊《易》卦之用耳。

是故蓍之德圓而神，卦之德方以知，六爻之義易以貢。聖人以此洗心，退藏於密，吉凶與民同患。神以知來，知以藏往。其孰能與於此哉！古之聰明睿知神武而不殺者夫！

朱子謂「此言聖人作《易》之本」，胡雲峰曰：「此以『蓍』『卦』『爻』之理而言。」愚竊謂此言用《易》，非作《易》也。亦不必添出理字。「蓍」用於「卦」未定之前，惟變所適，運而不窮，故曰「圓」。圓則不可測，故曰「神」。「卦」成於「蓍」已定之後，各有其體，止而有分，故曰「方」。方則可率而揆，故曰「知」。「六爻」具於每卦之内，具義本非奇險，故曰「易」。易則明以告人，故曰「貢」。「蓍」「卦」言「德」，「爻」獨言「義」者，

「義」，「德」之制也。聖人以此「蓍卦」之德，洗濯其心。其未揲蓍也，「退藏於密」，鬼神莫窺其際，即「蓍卦」之寂然不動也。及其揲蓍也，趨吉避凶，物同歸一體，即「蓍卦」之感而遂通也。如此，則聖人之「神」同於蓍德，未來之吉凶，已兆於布策之先。聖人之「知」同於卦德，既往之得失，俱藏於卦爻之中。聖人與「蓍卦」，直無分彼此矣。非聖人，其孰能與於此哉！「神武不殺」，《本義》謂「得其理而不假其物」，薛敬軒謂「不假卜筮而知吉凶」。愚竊謂「蓍卦」乃聖人所設，聖人即聽命於「蓍卦」，所以聖心本「神」、本「知」，却不自用，而用「蓍卦」之「神知」，與「古之聰明睿知神武而不殺」者相似也。

是以明於天之道，而察於民之故，是興神物以前民用。聖人以此齋戒，以神明其德夫。

愚按，此節言聖人之用蓍，承上文説來。聖人之「神知」與「蓍卦」同，故能「明天道」以「察民故」，「故」猶事也，明之察之，非用蓍不可。「神物」指蓍言。生蓍者，天地也；用蓍者，人也。有蓍而不能用，則蓍廢矣，聖人始興而用之。「前民」猶云「先導」，以身先之，使民咸用也。「齋戒」，與上「洗心」相應。湛然純一之謂「齋」，肅然儆惕之謂「戒」。聖人於蓍，敬而信之，又不敢褻用，故用之而其德乃著。然則「蓍德」之「圓而神」，由聖人之「神」而「明」之也。

是故闔户謂之坤，闢户謂之乾，一闔一闢謂之變，往來不窮謂之通。見乃謂之象，形乃謂之器，制而用之謂之法。利用出入，民咸用之謂之神。

先儒於此節，有主「揲蓍」言者，有主「立卦生爻」言者，有主「譬喻」言者，今並存之。胡雲峰曰：「此章《本義》以爲專言卜筮，若從卜筮說，『闔户謂之坤』者，四十九策之合也；『闢户謂之乾』者，四十九策之分也。一合一分，是謂蓍之『變』，分合進退之中，有往來不窮之妙，是謂蓍之『通』，『見』而爲七八九六之數，謂之『象』。『形』而爲剛柔之爻，謂之『器』。此乃聖人制爲卜筮，以教人，是爲『揲蓍』之『法』。『民』一出一入，『咸用之』以爲『利』，則爲用蓍之『神』。此『立卦生爻』『揲蓍』之說也。」余息齋曰：「聖人偶有觸於一物，而發明『乾坤』之妙。知『户』之說，則知『乾坤』之說矣。」余德新曰：「一户也，『闔』即爲『坤』，『闢』即爲『乾』，且『闔』且『闢』爲『變』，可往可來爲『通』，『户』之可『見』爲『象』，『户』之有形爲『器』，『制而用之』則曰『法』，千萬世由之而不知則曰『神』。觀天地則圖書與得諸此户無異也。」瞿塘來氏亦將「户」字直貫到末，謂「百姓見《易》之神明，以爲深遠難知，故夫子取『户』以譬之，而《易》理已在目前矣」。此又一解也。

是故《易》有太極，是生兩儀。兩儀生四象，四象生八卦。八卦定吉凶，吉凶生大業。

吴因之曰：「前後俱言卜筮，中間突然提起畫卦之事者，蓋卜筮全憑卦畫，惟『八卦』中，原有預定之『吉凶』，所以能形見於揲蓍求卦之際。」愚竊據其説而解之。上言聖人用蓍，此節歸重在聖人畫卦。非「蓍」，則「卦」不行；非「卦」，則「蓍」不立，卦乃「蓍」之體。「《易》有太極」，非《易》外有「太極」也，「乾」「坤」未列，無象可見，故謂之「太極」。邵子所謂「畫前有《易》」是已。自其含蓄而言，曰「有」；自其根柢而言，曰「生」。「太極」静而生陰，動而生陽。伏羲畫卦時，初作一奇一偶，以象陰陽。於奇上再加一偶一奇，於偶上再加一奇一偶，「兩儀四象」，天造地設，不假安排而「八卦」生焉。「八卦」便相上下而爲六十四卦，皆遞升而倍之。程子所云「加一倍法」，朱子所云「作《易》自然之次第」是已。凡《繫傳》所稱「八卦」，即六十四卦也。「定吉凶」，「通天下之志」也；「生大業」，「成天下之務」也。此一節總是説設卦爲揲蓍之本。先儒或指卜筮者，「兩儀」即第一揲，分而爲二，以「象兩」也。再揲而有「四象」，三揲而有「八卦」。所謂「四象」者，即六七八九。愚竊謂，揲蓍法第九章已詳言之矣，此處言畫卦而揲蓍之序亦在其中，則可。專以揲蓍言，則不可。又按，無極之説，先儒聚訟紛然，只爲《通書》多了「無極而太極」一句，此夫子所不言者也。老少之説，從布蓍起，謂老變而少不變也。在畫卦之初，安所見其變不變，而謂之老少哉？只從父母六子之説爲是，此夫子所已言者也。

是故法象莫大乎天地，變通莫大乎四時，縣象著明莫大乎日月，崇高莫大乎富貴。備物制用，立荀悦《漢書》引《易》，「立」字下有「象」字。**成器以爲天下利，莫大乎聖人。探賾索隱，鈎深致遠，以定天下之吉凶，成天下之亹亹者，莫大乎蓍龜。**「縣」，音義與「懸」同。

《本義》疑「立」字下有缺文，「『亹亹』，猶勉勉也」。楊誠齋謂「六者皆聖人之大業」。來矣鮮曰：「上文『闔户』一節，以《易》之理比諸一物之小者。此以天地之大者言之，小而同諸一物之小，大而同諸天地功用之大。此《易》所以冒天下之道也。」徐進齋曰：「上三言以《易》之在造化者説，下三言以《易》之在人事者説。」胡雲峰曰：「六者之功用皆大也，聖人欲借彼之大，以形容『蓍龜』功用之大，故以是終焉。」蘇氏《易傳》曰：「『天地』『四時』『日月』，天事也。天事所不及，『富貴』者制之；富貴所不制，『聖人』通之；聖人所未通，『蓍龜』決之。」愚按，此節要歸重在「聖人」及「蓍龜」上。「蓍龜」，是「前民用」事，離不得聖人；「定吉凶」「成亹亹」處，離不得「備物制用」。又按，「龜」爲卜，策爲筮，前言以卜筮者尚其占，故此亦兼言「蓍龜」，其實《易》所用，在

「蓍」不在「龜」也。

是故天生神物，聖人則之。天地變化，聖人效之。天垂象，見吉凶，聖人象之。河出圖，洛出書，聖人則之。

此節承上「蓍龜」來，「神物」兼「蓍龜」説。末句，「圖」屬「蓍」，「書」屬「龜」，今專就「河圖」作解。朱子謂：「此四者，聖人作《易》所由也。」胡庭芳曰：「『神物』謂蓍，『則之』而四十九之用以行；『變化』謂陰陽，『效之』而卦爻之動静以備；『象』謂日月星辰，循度失度而『吉凶』見，『象之』而卦爻有以斷『吉凶』。『圖』『書』，則金木水火土生成尅制之數，『則之』而卦畫方位以定。」愚按，注《易》之家，自漢唐以下，經數千年，未有列《河圖》於《易》之前者，朱子以「河圖」爲作《易》之由，故創此例。今據《繫傳》考之。竊謂「河圖」之數，聖人乃因之以用蓍者也。《本義》於第九章謂「大衍之數，以河圖中宫天五乘地十得之」，則朱子固以「河圖」爲蓍數所從出矣。至本節，首云「天生神物」，末云「河出圖」，明明「蓍」先而「圖」後，天生蓍以爲《易》用，河出圖列象，以示蓍之用，「聖人則之」者，因圖象而立揲蓍之法耳，所以下文言「《易》有四象」。在《易》爲陰陽老少，在《圖》爲七八九六。聖人倚圖之中數，用蓍衍之參伍錯綜，以盡其變，而卦爻與圖遂相爲用而不廢。若論圖象，五十居中，一二三四爲位，六七八九爲數，止有四象，何嘗有八卦？似難指爲作《易》之由。果若《河圖》爲作《易》之由，夫子何不云「觀河圖而畫卦」，而曰「仰以觀於天文，俯以察於地理，近取諸身，遠取諸物，於是始畫八卦」乎？夫因圖畫卦，其説出於緯書，《春秋緯》云：「河圖龍發」，《禮緯含文嘉》云：「伏羲德合上下，地應以河圖洛書，則而象之，乃作八卦。」晁公武《讀書志》曰：「緯書僞起哀平間，光武既以讖立，故篤信之。鄭玄、何休以之通經，曹褒以之定禮。自符堅之後，其學始絶。」周子《通書》第云「聖人之精，畫卦以示，無一語及《河圖》者」。程子云：「無《河圖》，八卦亦須畫。」歐陽永叔深以龍馬爲不經，陸象山謂「河圖屬象，非作易之旨」，袁樞仲《與朱子書》亦疑《河圖》爲後人僞作。陸庸成曰：「此言蓍法生於《河圖》之數，朱子獨信緯書之説，所謂先天圖者，與《説卦傳》第五章方位全不相同。折四方之合，以爲乾坤坎離；補四隅之空，以爲兑震巽艮，此與納卦家以八卦納入《洛書》者何以別乎？」歸震川有言曰：「『河出圖，洛出書』，此《大傳》所有也；『通乾通坤，天苞地符』之文，非《大傳》所有也。以彼之名，合此之跡，雖自以爲無所不通，然有《易》，則無圖可也。」餘詳《河圖説》中。

愚又按，先儒有據《尚書·顧命篇》「天球、河圖，在東序」，以闢龍馬負圖之説者，謂「『天球』，玉也；『河圖』與『天球』並列，當亦玉之有文者爾」，其説似近之。吴草廬乃謂「《河圖》自一至十五，點之在馬背者，其旋毛之圖，有若星象，故謂之圖」。果如所言，則自伏羲至周，已閱數千年，馬毛之脱落久矣，尚堪與「天球」並列耶？

《易》有四象，所以示也。繫辭焉，所以告也。定之以吉凶，所以斷也。

伏羲畫卦，由四象而生八卦，此時但示人以意而已。至文、周，始繫卦爻之辭，以明告之，而定其吉凶。「斷」者，「斷天下之疑」也。結句與首節相應。

張彦陵曰：「此章説者紛紛，多因《本義》『專言卜筮』一句，把『闔户』一節，謂詳蓍龜始末；『太極』一節，爲卦爻立蓍龜之體；『法象』一節，爲蓍龜達卦爻之用；『天生神物』一節，爲蓍龜之生原於造化；『《易》有四象』一節，爲蓍龜之用利於天下。又有以『闔户』一節，爲蓍龜興圖而立卦生爻者，又有以『法象』一節，天地爲『兩儀』，日月四時爲『四象』，『八卦定吉凶』、『成亹亹』爲吉凶大業者。牽强穿鑿，多是欲歸重蓍龜上去，看來未然。大抵此章合蓍卦而言之，贊蓍龜之大，正是贊卦爻之大也。故章末畢竟把卦爻結局，章中三大段，一段贊蓍，一段贊卦，首末贊聖人，言卦、言爻、言象，多是發上章言蓍之所未備。」

右第十一章

《黄氏日抄》云：「此章言《易》之用。」愚又謂此章因卜筮之功用，推原畫卦之由。

《易》曰：「自天祐之，吉无不利。」子曰：「祐者，助也。天之所助者，順也；人之所助者，信也。履信思乎順，又以尚賢也。是以『自天祐之，吉无不利』也。」

《本義》云：「釋《大有・上九・爻辭》義。然在此處無所屬，恐是錯簡，宜在第八章之末。」先儒或云此節當連前章。第二章言「繫辭焉而明吉凶」，結以「自天祐之，吉无不利」。此言「八卦定吉凶」，亦結以「自天祐之，吉无不利」。論事之勢變，吉一而凶三；論事之極頭，則無凶而有吉，故曰「幾者，動之微」，吉之先見者也。

子曰：「書不盡言，言不盡意。」然則聖人之意，其不可見乎？子曰：「聖人立象以盡意，設卦以盡情僞，繫辭焉以盡其言，變而通之以盡利，鼓之舞之以盡神。」

《本義》：「兩『子曰』字，疑衍其一。」愚竊謂兩個「子曰」，上似問，下似答，乃夫子自爲問答之辭。《易學》曰：「上章言聖人以神明作《易》，此章教學者以神明讀《易》也。」愚又謂以上數章詳言《易》書中圖、數、辭、占、象、變、蓍、卦之妙，至此將一「言」字包括之，謂《易》書之意，非「言」所能「盡」。「然則聖人」二句，振起下文五句。聖人非不欲正言也，言大則遺小，言費則遺隱。凡言所不能盡者，惟象爲能盡之，故立「乾」「坤」二畫之「象」，以「盡」其「意」，而「盡情僞」、「盡言」、「盡變」、「盡神」〔一〕，都從「立象」中出。接連五個「盡」字，見聖人於《易》之精微，發洩無餘如此。吴草廬曰：「有『象』有『辭』，而無『變通』，則《易》爲凝滯之物，不合於用，於是作十八變之法。卦爻之間，陰陽彼此相通，則其用愈廣，而可以『盡利』矣。以變得占，以定吉凶，則人知趨避，而行事不倦，如以鼓聲作舞容，自然而然，所謂『神』也。『立象』，卦象也。『繫辭』，辭也。『變通』，變也。『鼓舞』，占也。」愚竊謂此節重在「聖人立象以盡意」一句。聖人之意，不「盡」於「言」而「盡」於「立象」，此聖人妙於以「象」爲「言」也。因而「設卦」，因而「繫辭」，「言」未嘗不「盡」，但所「言」者，「象」也。「象」之所以然者，不「言」也。雖不「言」，而卦之「變通」以「盡利」，辭之「鼓舞」以「盡神」。凡聖人所欲「言」者，又未嘗不盡乎此。是則「立象」果足以「盡」聖人之「意」也。

乾坤，其《易》之緼邪！乾坤成列，而《易》立乎其中矣。乾坤毁，則无以見《易》。《易》不可見，則乾坤或幾乎息矣。

〔一〕按，「盡變」，當爲「盡利」之誤。

《本義》於上文「立象」只主奇偶二畫言，後儒乃有概指六十四卦、陽奇陰偶者。愚竊按，此節「乾坤」二字，亦是就奇偶二畫説。承上文而言，「象」足以「盡意」，而「立象」自「乾坤」二畫始。然則「乾坤，其《易》之緼邪」，「緼」，含蓄也。二畫中含六十四卦，自一陰一陽成列，則「《易》立乎中」而可見。若有陰無陽，或有陽無陰，而「乾坤」不成列，則《易》不可見。「立」者，附著之義。「毁」者，奇偶不成列也。「乾坤」豈有「成毁」哉？《本義》曰：「『乾坤毁』，謂卦畫不立。『乾坤息』，則變化不行。」楊誠齋曰：「『乾坤』二畫，乃六十四卦之奧府，三百六十四爻之寶藏。『毁』『立』二字，言『乾坤』與《易》，不可相無也。」

是故形而上者謂之道，形而下者謂之器。化而裁之謂之變，推而行之謂之通。舉而措之天下之民謂之事業。

《黄氏日抄》云：「此言聖人用《易》致治。」愚竊謂，此夫子之妙於「言」「象」也。分「道」與「器」，「象」在其中矣。自道而象，象而形，形而器。惟器有形，惟道無形。形而上謂之道，形而下謂之器。擬議於上下之間者，象也。言之所不能盡者，形上之事也。設卦繫辭，以盡其言，形下之事也。有象則道不墮於無，器不滯於有。二句中，隱然有「象」字在。「化」是以漸而移，「變」是全體改換，聖人「化而裁之」，則名體各殊，故謂之「變」。「推」字有二義，一者因其自然，一者漸次不迫。循是以「行」，則理無有礙，勢無所阻，故謂之「通」。以此變通之道，舉而措之天下，則何事不成，何業不立哉？

張彥陵曰：「『乾坤』二節，結上文『立象』『盡意』之案。説者泥『變通盡利』句，在蓍策上説，遂把『乾坤』做二卦看。而以『《易》立乎其中』作蓍策變化，『化裁』『推行』，亦多從蓍策上説。不知本章以『立象』爲主，『象』不足，然後『卦』，『卦』不足，然後『辭』。與蓍揲全無干涉。」

是故夫象，聖人有以見天下之賾，而擬諸其形容，象其物宜，是故謂之象。聖人有以見天下之動，而觀其會通，以行其典禮，繫辭焉以斷其吉凶，是故謂之爻。

《本義》云：「重出以起下文。」顔質卿曰：「聖人作《易》之始，惟立象耳。象立而意斯盡，故得意而後得象，得象而後得爻。」愚按，此處加「是故夫象」四字，接上文，申言「象」之所由立，與前篇不同。乃是要人體認「立象」「盡意」處，上言「立象可以盡意」，似無待於卦爻，然天下之人，觀象而得意者少，不得不藉卦爻相闡發。此正申言文、周所以盡言之故，人當由辭以得其意耳。

極天下之賾者存乎卦，鼓天下之動者存乎辭。

《本義》：「卦即象也，辭即爻也。」胡雲峰曰：「窮天地萬物之象，而歸諸卦，故曰『極』。發天地萬物之理，而見乎辭，故曰『鼓』。」愚又謂卦從「極賾」而來，故「極賾」者，「存乎卦」。「辭」從「鼓動」而來，故「鼓動」者，「存乎辭」。

化而裁之，存乎變；推而行之，存乎通；神而明之，存乎其人；默而成之，不言而信，存乎德行。

《本義》：「卦爻所以變通者在人，人之所以能神而明之者在德。」愚又謂，前云「謂之變通」，此云「存乎變通」。前之「化裁推行」，作《易》也；此之「化裁推行」，用《易》也。六「存」字，一層深一層，「存乎卦」、「存乎辭」者，實指卦與辭之功用也。「存乎變」、「存乎通」，則用《易》之「變通」，而不徒聽夫《易》之「變通」也。「存乎人」、「存乎德行」，則用《易》之本領。而「卦」、「辭」、「變通」之所由以「神明」者，所謂待其人而後行也。張待軒曰：「『神明』，謂明不在見解，『默成』，謂成不在知識。『不言而信』，不待揲蓍問《易》而信其理之不誣。」胡雲峰曰：「自『形而』至『事業』，由至微推出至著。自『極天下之賾』至『德行』，由至著收歸至微。《上繫》凡十二章，末乃曰『書不盡言，言不盡意』，蓋欲學《易》者，自得於『書』『言』之外也。自『立象盡意』至『存乎辭』，《易》之『書』『言』可謂『盡』矣，末乃曰『默而成之，不言而信，存乎德行』。然則《易》果『言』

之所能『盡』哉？得於心爲『德』，履於行爲『行』，《易》之『存乎人』者，蓋有存乎身心，而不徒存乎『書』『言』者矣。」

右第十二章

此章言聖人作《易》之事，其散在六十四卦之「爻」「象」，其聚在乾坤之二卦。聖人用《易》之道，其散在天下之「事業」，其聚在一身之「德行」。

周易玩辭集解卷第十

海寧後學查慎行

下繫傳

此篇章數，諸儒亦不同。周氏、莊氏並分九章，《注疏》依之，劉瓛分十二章，歐陽、《石經》亦然，《本義》依之，今遵《本義》。

八卦成列，象在其中矣。因而重之，爻在其中矣。剛柔相推，變在其中矣。繫辭焉而命之，動在其中矣。

李衷一曰：「此章雖有『象』『爻』『辭』『變』，其實爲『繫辭』發端。」愚竊按，「八卦」者，三畫之八卦。「重」者，六畫之八卦。「剛柔相推」，言六十四卦。「繫辭」，言六十四卦《卦辭》、三百八十四爻《爻辭》。「八卦成列」，伏羲雖未有《彖》，而卦彖之「象」已在其中。「因而重之」，伏羲雖未分「爻」，而六爻之位，已在其中。「剛柔相推」，只就陰陽相錯，而卦爻之變，已在其中。「繫辭焉而命之」，只就每卦每爻，而「命」以「辭」，此時尚未「動」，而「動」之「象」已在其中。連説「在中」，見學《易》者不必外求。玩夫子語意如此。胡雲峰以「八卦」爲《先天横圖》，「因而重之」爲六十四卦。《横圖》夫子所未言，不敢信也。愚又按，重卦之義，不獨三畫之上再加三畫也，或以一卦爲主，而七卦遞加於其上，或「八卦」各自爲主，而上者復下，下者復上，總是重卦。先儒言重卦者不同，司馬遷、揚雄、皇甫謐以爲自文王始，鄭康成、淳于俊以爲神農，王弼、虞翻、孔穎達、陸德明以爲伏羲。竊意十三卦自庖犧氏説起，可見伏羲既畫八卦，便重爲六十四卦，時已易結繩爲書契，便有卦名。《淮南子》云：「伏羲爲六十四變，周室增以六爻。」此確證也。《説統》曰：「『剛柔相推』，舊注以揲蓍所值之『剛柔』言，故以『變』爲卦爻之『變』。看來此章並無『揲蓍』字，只是指『卦爻』。」見在説爲是，至若本章三個「動」字，俱屬人事，《本義》獨以爲「占者當動之爻」，破碎甚矣。

吉凶悔吝者，生乎動者也。剛柔者，立本者也。變通者，趣時者也。

愚按，「吉凶」二句，承上「動在其中」來。寂然不動，非但無「凶悔吝」，抑且無「吉」。「動」則「吉」一，而「凶悔吝」三皆從此「生」。「剛柔」四句，承上「變在其中」來。

「剛柔」各有定體，陰多陽少，則以剛爲主；陽多陰少，則以柔爲主，故曰「立本」。「變通」就「立本」中相推處見，剛變而通於柔，柔變而通於剛。卦有卦之時，爻有爻之時，本「立」於未動之先，而時「趣」於方動之際。「吉凶悔吝」之辭，亦各因時而繫耳。盧中庵曰：「『變通』或主蓍策上説。」不知卦爻有自然之「變」通，而非蓍策所能與也。

吉凶者，貞勝者也。天地之道，貞觀者也。日月之道，貞明者也。天下之動，貞夫一者也。「觀」，去聲。

愚按，上文言「吉凶悔吝，生乎動」，未曾説「吉凶」之道理，故此節提出「貞勝」二字，見得「吉凶」本於一理。「吉凶」不並立，若相制相克者然，不曰「趨避」，而曰「貞勝」，猶人定勝天云爾。禍福之來，豈可逆料？天下固有理當吉而反凶者，究竟凶不勝吉，非貞之求勝乎凶，而邪自不能勝正也。《本義》謂「天下之事，非吉則凶，非凶則吉，常相勝而不已」，似非確解。愚又竊按，「貞」字，乃一部《易經》之全旨。《卦》《爻辭》或言「利貞」「可貞」「永貞」，或言「貞吉」，或言「貞凶」，惟以「貞」爲主，所謂常勝之道也。此其道，自有造化以來，天無私覆，地無私載，日月無私照，「貞觀」「貞明」者，皆是也。「貞」者何？「貞夫一」而已。「一」字對「動」字説。天下之動，雖變化無窮，而要歸於「一」。「一」者何？即下文所謂「易簡」也。先儒或牽入「虞廷精一」「孔門一貫」，與此似無交涉。《上繫傳》於「吉」「凶」「悔」「吝」「无咎」，言之詳矣。獨未及「貞」字，故於此首發之。

夫乾，確然示人易矣。夫坤，隤然示人簡矣。爻也者，效此者也。象也者，像此者也。

《本義》：「『此』，謂上文『乾坤』所示之理，爻之奇偶，卦之消息，所以效而象之。」愚竊謂，上文只説得個「一」，不曾説「一」是何義。此復申明之。「乾」得之爲「易」，「坤」得之爲「簡」。「乾」「坤」，兩也。惟得「一」，故「易」「簡」。「乾」「坤」之示人，何其「確然」、「隤然」、彰明顯露乎！「爻」者效「此」，「象」者像「此」，兩「此」字，即指「一」而言。六爻皆出於一畫，萬象不外乎奇偶，是之謂「貞夫一」也。

爻象動乎內，吉凶見乎外，功業見乎變，聖人之情見乎辭。

「內」「外」二義，舊解不甚明了。王介甫云：「內隱而外顯。」程沙隨曰：「爻象動於《易》書之內，吉凶見乎《易》書之外。」愚竊按，此節當依《本義》，從蓍卦説爲是。「爻象動」於蓍卦之「內」，「吉凶」便見於蓍卦之「外」。「內外」二字，似當專指「爻」。凡占者有本爻，有變爻。本爻爲內，變爻爲外。「動」則「變」，猶未知所變之何卦，則「吉凶」不在本爻，而見乎「變」爻。故曰「動乎內」而「見乎外」。下文云「見乎變」，則「功業」

因「變」而見，「吉凶」皆所以成大業也。聖人繫辭，不徒言吉，言凶，而諄諄於利貞，使人玩其辭，而一歸於正。此「吉凶」與民同患之情也，故曰「聖人之情見乎辭」。

天地之大德曰生，聖人之大寶曰位。何以守位？曰人。《本義》：「今本作『仁』。」何以聚人？曰財。理財正辭，禁民爲非曰義。

胡雲峰曰：「《上繫》首章言『乾』始『坤』成，説歸『易簡』之理，《下繫》首章則由『乾』之『易』，『坤』之『簡』，説出天地大生之德。得『乾坤』『易簡』之理，如聖人乃可以成人之位。行天地大生之德，在聖人不可無『大寶』之『位』。兩『位』字不同，位乎天地之中，人所同也，而聖人能守之。『大寶曰位』，聖人所獨也，而天地實賴之。」鄭氏曰：『聚斂有經，費出有法，强豪無所肆其兼并，邦國不得擅其節制，此之謂「理財」。垂法於象魏，讀法於鄉黨，著之話言，布之典册，上言之以爲命，下守之以爲令，此之謂「正辭」。奢不得僭上，賤不得踰貴。造言者有誅，僞行者有罰，有以率其怠倦，有以勑其强梗，此之謂「禁民爲非」。』皆此義也。」李衷一曰：「此節係於『情見乎辭』之下，分明見辭所繫之重。」○愚按，此六句與本章意不甚相貫，養民生，禁民非，似以起下章之義。「庖犧」以下，皆得位之聖人；「罔罟耒耜」以下，皆聖人理財之事。先儒或謂此節當連下章讀，今從《本義》。

右第一章

《本義》：「此章言卦爻吉凶，造化功業。」愚竊按，此章似專爲《繫辭》而發。

古者包犧氏之王天下也，仰則觀象於天，俯則觀法於地，觀鳥獸之文，與地之宜，王昭素謂「『地』字上應有『天』字」。**近取諸身，遠取諸物，於是始作八卦，以通神明之德，以類萬物之情。**

愚按，朱子謂「伏羲因《河圖》而作《易》」，故於此節，但引王昭素云「俯仰遠近所取不一，不過以驗陰陽消息兩端而已」，却將經文「於是始作八卦」一句，輕輕略過。蔡虛齋有云：「聖人作《易》，正經來歷，全在此章。《河圖》不出，《易》亦須作，蓋以《傳》有明文，不可顯背也。」伏羲於未畫卦之先，窮觀極察，俯仰遠近，費多少擬議，將天地人物之理，一齊融會貫通於胸中，然後形爲一畫，遞加而成八卦。「神明之德」，於是乎「通」；「萬物之情」，於是乎「類」。夫子於畫卦之由，説得如此分明的確，則因圖作《易》之説，固不待辨而知其非矣。郭鵬海曰：「以十三卦言之，其通變神化，制器尚象，而不滯於象，則所謂『通神明之德』也。人情欲興利而爲之興，欲除害而爲之除。人情厭質，而文明以賁之；人情滋僞，而書契以信之，所謂『類萬物之情』也。」

作結繩而爲罔罟，以佃以漁，蓋取諸離。

愚按，自此以下，皆承上文「畫卦」説制器尚象之事。卦未畫，象在卦先，聖人取象以畫卦。卦既畫，則象在卦中，聖人制器，又若取卦以爲象者。自「包犧」至「堯舜」，其間制器之事多矣，略取十三卦，以見《易》道之大，精粗畢具，雖竭數聖人之耳目心思，制作總不越此。民以食爲先，上古不但不知粒食，且未知肉食。「罔罟」創自包犧，乃獲肉食之利；「佃」以取鳥獸，「漁」以取魚鼈，《尚書》所謂「鮮食」也。《爾雅翼》云：「太昊觀蜘蛛而結網。」「取諸離」者，兩目相麗，而虚其中也。「蓋」者，夫子擬議之辭。若云古人制某器，合於今日某卦之理，由後以推，蓋取此象耳。或取諸卦象，或取諸卦義，會其大意可也。

包犧氏没，神農氏作，斲木爲耜，揉木爲耒，耒耨之利，以教天下，蓋取諸益。

此《尚書》所謂「粒食」也。教自神農始，「耜」者，「耒」之首，「斲木」之鋭而爲之。「耒」者，「耜」之柄，屈木之直而爲之。古未用鐵，故皆以木，上巽下動之象。「取諸益」，「益」以興利也。

日中爲市，致天下之民，聚天下之貨，交易而退，各得其所，蓋取諸噬嗑。

先儒謂「爲市亦始於包犧氏時」。愚按，《周禮·地官》三市：「日昃」、「朝」、

「夕」，獨無「日中爲市」之文。大抵上古之民，嗜慾未開，交易而退，日一市而已。後來逐末者多，難拘日中之限矣。「蓋取諸噬嗑」，借「噬」爲市，「嗑」爲合也。

神農氏没，黄帝、堯、舜氏作，通其變，使民不倦；神而化之，使民宜之。《易》窮則變，變則通，通則久。是以「自天祐之，吉无不利」。黄帝、堯、舜垂衣裳而天下治，蓋取諸乾、坤。

《注疏》：「既云黄帝，即云堯、舜者，略舉五帝之始終，則少皞、顓頊、帝嚳在其中矣。」陳明卿曰：「堯學天，歷象日月星辰是也。舜學地，封山肇州濬川是也。蓋取乾坤，以此。」愚按，此節以「通其變」二句爲主。世運至五帝，古今一大變局也。中天之運，至此而開。洪荒之俗，至此而變。故以「變通」「神化」言之。「通其變」者，患至而爲之備，事至而爲之應。法之所未病，聖人不强易。民之所未厭，聖人不强去，要使民不倦而已。「神而化之」者，凡民不可與慮始而可與圖成，化而泯其跡，則人皆以爲便，而非驚世駭俗之舉，要使民宜之而已。不窮則不可變，「窮」者，人情之所厭也，故曰「窮則變」。不通則不能變，「通」者，人情之所便也，故曰「變則通」。制作之便於民者，雖萬世不可易，故曰「通則久」。凡此者，不能先天而强爲，不能後天而不爲，非一人所能爲，亦非一時之所可爲，皆天運之自然，聖人後天而奉天時，故曰「自天祐之，吉无不利」。自黄帝至堯舜，皆無爲而治者，故曰「垂衣裳而天下治」。上曰「衣」，下曰「裳」，取天尊地卑之義，是禮教的影子。焦弱侯曰：「制器尚象，凡十三卦，獨乾坤合而不分。上古衣裳相連，乾坤相依，君臣一體也。秦取衣裳，離而爲二，上下判隔，失古意矣。今獠川苗砦，多衣統裳，上下相連，猶是古法。」愚按，《舜典》「以五采彰施于五服」，蓋衣裳之制，至是而大備。君臣父子之倫，升降揖遜之節，禮義風俗之美，皆於是乎出，不獨辨貴賤之等威已也，故曰「天下治」。

刳木爲舟，剡木爲楫。舟楫之利，以濟不通，致遠以利天下，蓋取諸渙。

「刳」者，剖而虚其中。「剡」者，削而鋭其首。「舟楫之利」，所以「濟不通」，絶流横渡是也。又所以「致遠」，涉江浮河是也。自是兩層意。《本義》謂「『致遠以利天下』，疑衍」，似不必從。「取諸渙」者，木在水上，乘木舟虚，此象之最顯者。

服牛乘馬，引重致遠，以利天下，蓋取諸隨。

《本義》謂「上動下悦」，程子云：「『服牛乘馬』，皆因其性而爲之，亦隨之義也。」李氏曰：「舟楫因植物之性而川通，牛馬因動物之性而途通。」

重門擊柝，以待暴客，蓋取諸豫。

司馬君實曰：「『豫』，怠惰之意。『擊柝』，所以儆怠惰也。」愚又謂《詩》「不敢暴虎」，《注》：「徒搏曰暴。」豫中爻互坎爲盜，所謂「暴客」者，亦不過徒手攘物而已。「取諸豫」，有備無患之義。豫之爲卦，二陰在前，「重門」之象。一陽在下，「擊柝」之象。三陰安於内，「悦豫」之象。

斷木爲杵，掘地爲臼，臼杵之利，萬民以濟，蓋取諸小過。

耒耜，稼穡之始。杵臼，脱粟之始。《本義》以其象爲「下止上動」，則似頤而非小過矣。不若云「上震爲木，『杵』象；下艮爲土，『臼』象」。

弦木爲弧，剡木爲矢，弧矢之利，以威天下，蓋取諸睽。

「弦木」，以絲爲弦也。古未用鐵爲兵器者，矢鏃亦以削木爲之。「威天下」，因其睽乖而不服也。姚承庵曰：「『弧矢』，凶器也。曷以『利』言？威暴所以仁其良也。」

上古穴居而野處，後世聖人易之以宫室，上棟下宇，以待風雨，蓋取諸大壯。

蔡節齋曰：「『棟』，屋脊木。『宇』，椽也。」愚按，《周禮》棟尊宇卑，則吐水疾而霤遠，以隤下爲宇，故云「上棟下宇」。大壯與大過，同是四陽，文王《卦象》於大過取「棟」象，彼以本末弱而「橈」。此以陽盛而「壯」。「宫室」之象，不取「橈」取「壯」也。

古之葬者，厚衣之以薪，葬之中野，不封不樹，喪期无數，後世聖人易之以棺槨，蓋取諸大過。

張南軒曰：「君子不以天下儉其親，於此而過，無害也。」都聖與曰：「『杵臼』『棺槨』，所以養生送，死寧過於厚，養生不足以當大事，取小過之義而已。送死足以當大事，取大過之義。」

上古結繩而治，後世聖人易之以書契，百官以治，萬民以察，蓋取諸夬。

「結繩」者，以繩結兩頭，中斷之，各持其一，以爲他日對驗者也。「書契」二字有別，《世本》云「倉頡作書」，謂以刀筆畫簡爲文字，所謂六書是也。「契」者，以木刻一二三四之畫，予者執左，取者操右。《曲禮》：「獻粟者執右契。」《注》云「兩書一札，同而別之」是也，百官以此而可治，萬民以此而可察。蓋器用利便，則巧僞漸生，故終之「書契」。「取諸夬」者，明決之義。夬乃君子決小人之卦，而造「書契」者，亦所以決去小人之僞，而防其欺也。

張彥陵曰：「民生之初，與禽獸無異。天生聖人，使民別於禽獸而已。『網罟』，所以制禽獸也；『衣裳』，所以異於禽獸也。飽食煖衣之後，人欲横流，詐僞百出，則與禽獸何異？『書契』之作，不欲人相欺相詐，甘與禽獸同歸也。」

右第二章

此章首節言伏羲畫卦之由，以下十三節，言歷聖制器尚象之事。

是故《易》者，象也。象也者，像也。

此指伏羲畫卦。「是故」二字，承上章説來。聖人經世濟民之業，皆取諸卦象。《易》之爲「象」，可知矣。邵子曰：「《易》雖有體，體者，象也。假象以見體，而本無體。」鄭孩如曰：「『象』與『形』不同。『形』則確定，『象』則依稀影響，如鏡中花，水中月，皆是也。」蘇子瞻曰：「『像』之言，似也。其實有不容言者，故惟以似者告之。」愚又按，「象」即一奇二偶也。一以像陽之實，二以像陰之虚。三十二陽卦，像陽息而陰消；三十二陰卦，像陰息而陽消。《易》不可見，而假「象」以「像」之。《莊子》所謂「以有象者，象無象者，而定矣」。

彖者，材也。

此指文王《彖辭》。蘇氏《易傳》曰：「孔子所謂『彖』者，謂《卦辭》如『乾，元亨利貞』是也。『材』與『才』同。」韓康伯曰：「『彖』，言成卦之材，以統卦義。」朱漢上曰：「卦有剛柔，才也。有是象，必有是才以濟之。」《程傳》言卦「材」，《本義》言卦德。胡雲峰曰：「『材』者，象之質，其義一也。」龔括蒼曰：「『像』者，體也，以上下言。『材』者，用也，以内外言。上節言《易》之成卦如此，此句言卦之成德如此。」

爻也者，效天下之動者也。

此指周公《爻辭》。《本義》：「『效』，效也。」愚竊謂「效」者，呈露之意。有一爻，即有一爻之變。天下之動，不可勝窮，周公於每爻之下，繫之以辭，而其象顯然呈露，所謂「六爻之義，《易》以貢」也。

是故吉凶生而悔吝著也。

此句通結上文。伏羲畫卦，只是取象。「吉凶悔吝」之理，未嘗明言也。至文王繫《彖辭》，以像一卦之象。周公繫《爻辭》，以像一爻之象。「吉凶」從此而生，「悔吝」從此而著。象中之像，始發露無餘矣。俞玉潤曰：「『吉凶』，在事已顯，故曰『生』；『悔吝』，在心尚微，故曰『著』。『吉』者，『悔』之『著』；『凶』者，『吝』之『著』。原其始，『吉凶生』於『悔吝』；要其終，『悔吝著』而爲『吉凶』也。」

右第三章

此章承上章尚象之意，而并及辭占，以見象之無所不該。

陽卦多陰，陰卦多陽。其故何也？陽卦奇，陰卦偶。

愚按，震、坎、艮皆自乾來，雖多陰而爲陽卦；巽、離、兑皆自坤來，雖多陽而爲陰卦，止就六子三畫卦而言也。若從重卦推之，除乾、坤純陰純陽外，其他凡一陰之卦皆多陽，一陽之卦皆多陰。二陰二陽皆然，不獨六子也。又，除泰、否二卦三陰三陽外，凡四陰之卦，則陰多陽少，四陽之卦，則陽多陰少。五陰五陽之卦亦然。與「陽卦多陰，陰卦多陽」兩句，不盡合。故《注疏》但據六子以論陰陽也。既謂之陽卦，則宜多陽，而反多陰；既謂之陰卦，則宜多陰，而反多陽者，因「陽畫奇」而「陰畫偶」故也。陽之一畫，曰「奇」，陰之二畫，只當陽之一畫，曰「偶」。一陰對一陽，不論畫數多寡也。《本義》云：「凡陽卦皆五畫，凡陰卦皆四畫。」其意以陽卦陽一畫，陰四畫也；陰卦陽二畫，陰二畫也。如此説，則下文當云「陽一君而四民」，「陰二君而二民」，與陰卦多陽不合矣。蓋朱子求諸畫數，故云爾。所以《私記》云：「《本義》以五畫四畫解奇偶，非也。伏羲畫卦，只是以奇爲陽，偶爲陰，何曾把偶分作二畫看耶？」王輔嗣謂「少者多之所宗，一者衆之所歸」。陽卦二陰，故奇謂之君；陰卦二陽，故偶謂之君」，數語得之。愚又按，「奇偶」二字，前此未嘗並舉。至此，方以奇偶分屬陰陽。

其德行何也？陽一君而二民，君子之道也。陰二君而一民，小人之道也。

此章從「奇偶」中看出「德行」來。「德行」，即卦德、卦材。「一」，即奇之陽畫；「二」，即偶之陰畫。「君」者，成卦之主也。陽爲卦主，則陰爲民。震、坎、艮，皆「一君而二民」，是爲「君子之道」，所以陽卦多陰。陰爲卦主，則陽爲民。巽、離、兑，皆「二君而一民」，是爲「小人之道」，所以陰卦多陽。《説統》曰：「『君子』『小人』，推開在世道上説。」《困學記》曰：「此章文義，宜曰『一民二君』，以對『一君二民』。而曰『二君一民』者，以君爲重，扶陽之義也。論卦，則陰陽迭相爲主；論分，則君民斷不可少。以見卦畫不是粗跡，乃宇宙間辨名定分之書。」愚又按，《宋史·奸臣傳論》曰：「君子雖多，小人用事，其象爲陰。小人雖多，君子用事，其象爲陽。」即此義也。

右第四章

此章言八卦始於奇偶，而「陰陽」、「君民」、「君子」「小人之道」，多判於二畫中。

《易》：「憧憧往來，朋從爾思。」子曰：「天下何思何慮？天下同歸而殊途，一致而百慮，天下何思何慮？日往則月來，月往則日來，日月相推而明生焉。寒往則暑來，暑往則寒來，寒暑相推而歲成焉。往者屈也，來者信也，屈信相感而利生焉。尺蠖之屈，以求信也。龍蛇之蟄，以存身也。精義入神，以致用也。利用安身，以崇德也。過此以往，未之或知也。窮神知化，德之盛也。」

王陽明曰：「夫子釋《咸·九四·爻》義，初不言心如何感應，只言『日月』『寒暑』，

『尺蠖』『龍蛇』，使人自求而得之。上際下蟠，明如『日月』，變如四時，微如『尺蠖』，幽如『龍蛇』，種種妙用現前，所謂『神化』在此，不是以心去安排思索出來。」竊據此詳説之。夫子開口一句，直説「天下何思何慮」，先打破「憧憧」「朋從」，多少無益之用心。「同歸而殊塗」，以理之在天下者言。「一致而百慮」，以理之在人心者言。要在「同」處、「一」處看出「殊」與「百」來，不要從「殊」處、「百」處轉到「同」與「一」上去。四句中，連説三個「天下」，見人心之「憧憧往來」，無非馳騖於「天下」耳。不知天下空空洞洞，何處容我「思慮」？我亦何以「思慮」爲哉？以下又從「往來」二字，推到天地間，凡二「往」二「來」，「往」者「屈」而「來」者「信」，皆出感應之自然。以造化言之，「日月」之生明，「寒暑」之成歲，此「往來」也。以物理言之，「尺蠖之屈以求信」，「龍蛇之蟄以存身」，此「往來」也。以吾學言之，「精義入神」，用力於内，乃所以「致用」於外；「利用安身」，求利於外，乃所以「崇德」於内。只是如此做去，雖到「窮神知化」地位，莫非盛德所自致，夫豈「憧憧思慮」之所及？故曰「未之或知」。自首至尾，一百三十餘言，總發明「何思何慮」四字之義。

《易》曰：「困于石，據于蒺藜，《石經》作「蔾」。入于其宫，不見其妻，凶。」子曰：「非所困而困焉，名必辱。非所據而據焉，身必危。既辱且危，死期將至，妻其可得見邪？」

愚按，夫子於《困·六三·小象》，但言「乘剛」「不祥」，此説到「名辱」「身危」，甚且「死期將至」。三百八十四爻，不祥莫有甚於此者。張横渠云：「『六三』之凶，多由非所據而據來。困辱皆其自取，所謂『自作孽，不可活』者也。」先儒謂以下十爻皆「利用安身」之事。

《易》曰：「公用射隼于高墉之上，獲之，无不利。」子曰：「隼者，禽也。弓矢者，器也。射之者，人也。君子藏器於身，待時而動，何不利之有？動而不括，是以出而有獲。語成器而動者也。」

來矣鮮曰：「此孔子别發一意，與『解悖』不同。」愚竊謂《解·上·小象》，取「解悖」之義，今段復申明之，非别發一意也。「射隼」者，必弓勁矢强，持滿而發，發無不中。若縱隼而不擊，是養奸矣。君子之藏器於身也，如射者之韜鋒歛鍔，人莫能窺；其待時而動也，如射者之舍矢發機，人莫能拒。「括」字，從「弓矢」上來，是箭末受弦處。「不括」者，無結礙之謂。「出」，發矢也，「有獲」，即去小人而「解悖」也。末句釋「无不利」之義，器已成矣，復待時而動，豈有不利者乎？

子曰：「小人不恥不仁，不畏不義，不見利不勸，不威不懲。小懲而大誡，此小

人之福也。《易》曰：『屨校滅趾，无咎。』此之謂也。」

鄭孩如曰：「此節時解只就『小人』説，須説出聖人使民遠罪意方得。」愚按，在卦象「初」「上」，皆用刑之人，此引《爻辭》，則爲受刑之人。天下可恥者，莫如「不仁」，小人則不知「恥」；可畏者，莫如「不義」，小人則不知「畏」。必利以動之，而後向善。曰「勸」者，勸其爲仁爲義也。威以制之，而後去惡。曰「懲」者，懲其「不仁」「不義」也。小以懲於前，大以誡於後，方不至於罪大而不可解。蓋小人之心，不知有仁義，惟知有禍福，故曰「小人之福」，所謂「利以勸」之也。

善不積，不足以成名；惡不積，不足以滅身。小人以小善爲无益而弗爲也，以小惡爲无傷而弗去也。故惡積而不可掩，罪大而不可解。《易》曰：「何校滅耳，凶。」

孔穎達曰：「禍萌而後悔者，『初九』是也。過而不能止，則爲『上九』矣。」愚按，兩「小人」有別，「初」可與爲惡，可與爲善，猶不失爲中人；「上」則怙終不悛者。從來君子、小人，無一蹴而至者。君子之「成名」，由於積善；小人之「滅身」，由於積惡。其始皆從小善小惡起，小善弗爲，遂至惡積；小惡弗去，遂至罪大。到得不可掩、不可解時，小人雖欲免於刑禍，其可得歟？故曰「何校滅耳，凶」。兼言「善惡」者，以見感應之理，無往不存也。

子曰：「危者，安其位者也。亡者，保其存者也。亂者，有其治者也。是故君子安而不忘危，存而不忘亡，治而不忘亂，是以身安而國家可保也。《易》曰：『其亡其亡，繫于苞桑。』」

程子曰：「人主保身以保民。」愚竊按，上三句謂造化無權，下三句謂天命可畏。「安危」以身言，「存亡」「治亂」以國家言。識危於安，慮亡於存，憂亂於治，皆精義。以後事歸重在身安上，未有身不安而能保國家者。《否·九五·爻辭》「其亡其亡，繫于苞桑」之義如此。一說，上三句爲自恃久安長治，故召危亡之禍，其義亦可。但「安」「保」字義，終說不去。

子曰：「德薄而位尊，知小而謀大，力小而任重，鮮不及矣。《易》曰：『鼎折足，覆公餗，其形渥，凶。』言不勝其任也。」「力小」，《石經》作「力少」。

項平甫曰：「德之薄，知之小，力之少，皆限於禀而不可强。聖人豈厚責以不能哉？亦責其貪位而不量己、過分而不勝任耳。」愚又謂「薄」「小」「少」三字，乃「覆餗」張本，所謂「不及」也，不自安於「不及」，而自以爲有「德」、有「知」、有「力」，此聖人所深惡也。

子曰：「知幾其神乎！君子上交不諂，下交不瀆，其知幾乎！幾者，動之微，吉《漢書》「吉」字下有「凶」字。之先見者也。君子見幾而作，不俟終日。《易》曰：『介于石，不終日，貞吉。』介如石焉，寧用終日，斷可識矣。君子知微知彰，知柔知剛，萬夫之望。」

《注疏》：「前云『精義入神』，故此明『知幾』『入神』之事。」「知幾」之人，知其始，又知其終，故曰「神」。楊誠齋曰：「『知幾』最微，而盡於不『諂瀆』。『諂瀆』者，富貴之捷徑，而禍敗之胚胎。能絶『諂瀆』之端，乃見幾之最先者也。」愚謂「諂瀆」之輩，但知有現在，不顧其後，寧燭其先。君子非以「知幾」而「不諂瀆」，只自盡其「上交」「下交」之道，而先幾之哲，即在其中矣。天下事未至而空説道理易見，既至而顯然道理亦易見。惟事之方萌而動之「微」處，吉凶之介已分於此，非君子孰能見於幾先乎？三百八十四爻，獨於《豫·六二》發「介石不終日」之義。蓋處「豫」之境，最易溺人，非堅者不能自守，非静者不能見幾明决。「石」者，至堅、至静之物也。「介」而如「石」，寧俟「終日」，然後「見幾而作」乎？蓋凡事之理，從「微」而至「彰」，凡物之體，從柔以至剛，君子知剛於柔，知「彰」於「微」，故其「見幾而作」，爲人望所屬也。

子曰：「顔氏之子，其殆庶幾乎？有不善，未嘗不知，知之未嘗復行也。

《易》曰：『不遠復，无祇悔，元吉。』」

《本義》：「『殆』，危也。『庶幾』，言近道也。」張彥陵曰：「『庶幾』二字，承上『知幾』來。」愚按，上節言吉凶之「幾」，此言善不善之「幾」。周子所謂「幾，善惡也」，顏子未必無不善，但「未嘗不知」。既知之，則「未嘗復行」，此不貳過之學也。「殆」字，似不作「危」字解。乃夫子推許之辭，他人或不知，或知之而復行，惟顏子於幾微之間，纔動便覺，纔覺便改，所以「不遠復」，而自不至於悔也。王陽明「知行合一」之説，從此出。聶雙江云：「『未嘗不知』，明鏡纖塵；『未嘗復行』，洪爐點雪。」語雖近禪，却自明快。

天地絪緼，萬物化醇，男女構精，萬物化生。《易》曰：「三人行，則損一人；一人行，則得其友。」言致一也。

《本義》：「『絪緼』，交密之狀，言氣化者也。『化生』，形化者也」。愚按，天地以氣化言，化之統體，在損則乾坤之交也。男女以形化言，化之支分，在損則兑艮之交也。「絪緼」與「氤氲」同。《本義》釋「醇」字，謂「厚而凝」，愚竊謂「醇」旁從「酉」，似是「醞釀」之義。天地交，而萬物俱受醞釀之氣；男女交，而萬物方成生育之形。從卦變看來，損本是泰變，其未成卦也，下乾爲天，上坤爲地，天氣下降，地氣上升，即「天地絪緼」之象。其既成卦也，上坤變艮爲少男，下乾變兑爲少女，即「男女構精」之象。夫子於《損·六三》言「三則疑」，此言「致一」，其義互相發明。蓋泰之變損，内外俱在第三爻，故借「三人」以明之。「三人」而「損一人」，兩也。「一人」而「得其友」，亦兩也。兩則對，三則雜，一則專。獨陰不生，獨陽不成，「天地」「男女」，皆由兩以「致一」者也。此大化感應，自然之理。

子曰：「君子安其身而後動，易其心而後語，定其交而後求。君子修此三者，故全也。危以動，則民不與《周易舉正》「與」作「輔」。也。懼以語，則民不應也。无交而求，則民不與也。莫之與，則傷之者至矣。《易》曰：『莫益之，或擊之，立心勿恒，凶。』」

姚承庵曰：「君子一身，全是以理爲主，而養之有素。『修』者，『修』之於平日也。到得『安其身』、『易其心』、『定其交』處，自行無不得矣，故曰『全』。」《易學》曰：「從井不可以救，徒手不可以援，『安其身而後動』也。乘怒不可毁人，乘喜不可譽人，『易其心而後語』也。未信不可以勞民，不悦不可使犯難，『定其交而後求』也。『全』字兼人己説。」郭鵬海曰：「事不順理，悍然必行，爲『危以動』。不情之言，自覺惶恐，而强人從我，爲『懼以語』。恩惠未孚，驟使輸財供役，爲『无交而求』。」愚按，「三者」皆恒道也，反是，則爲「立心勿恒」矣。

愚又按，通章歷引《卦》、《爻》，以首節爲主，借《咸·四·爻》以明「屈伸」「往來」感應之理，君子以之修身，外而致用，内而崇德，其道盡於「精義入神」「利用安身」；其妙極於「窮神知化」，適還其「何思何慮」之天而已。自此至末，義不外前段中。《困·三》、《鼎·四》不能安身者也；《解·上》，利用之事也；《噬嗑·初》《上》，善惡之感應也；《否·三》，安身之事也；《豫·二》，入神之效也；《復·初》、《損·三》，精義之功也；《益·上》，失感應之道者也。以無心之「咸」始，以「立心勿恒」終，聖人以《易》垂教，深切著明如此，學《易》之君子，可不觀象玩辭，隨時隨事深加體察哉！

右第五章

愚按，《黄氏日抄》自第三章至此，合爲一章，今從《本義》，分而爲三。此章雜引十卦十一爻，亦如《上繫》第八章「擬議」之事。

子曰：「乾坤，其《易》之門邪！乾，陽物也；坤，陰物也。陰陽合德，而剛柔有體，以體天地之撰，以通神明之德。」

《黄氏日抄》云：「自此以下，《本義》亦略矣。張南軒、蔡節齋之解，多分曉；王氏之解，亦足以輔之。」愚又竊取前後諸儒之説，不專於三家也。前云一闔一闢，「乾坤」分舉，故曰「户」。此則「乾坤」並舉，故曰「門」。前言《易》之緼，六十四卦，皆包括於二畫之中。此言「《易》之門」，六十四卦皆從二畫中出。陽畫奇，陰畫偶，乾坤亦有形質而爲物矣。以二物之德言，則陰陽合；以二物之體言，則剛柔分。人知剛屬陽，柔屬陰，不知陽合於陰乃成剛體，陰合於陽乃成柔體。「體」者，卦體也。或剛上柔下，或柔上剛下，皆自「合德」中來。「撰」者，事也。以卦象言，「天地之撰」於此體；以卦德言，「神明之德」於此通。「體」者，效法之義。「通」者，發揮之義。

「其稱名也，雜而不越，於稽其類，其衰世之意邪！」

愚按，「稱名」，乃卦爻中取象之名，如卦言物類而取於蠱，言事變而取於蹇，可謂「雜」矣。然所言者，未嘗踰於陰陽剛柔之外也。但稽考其稱引之類，如「高宗」、「帝乙」、「箕子」，皆非上古之人；如「伏莽」、「乘墉」、「載鬼」、「張弧」、「焚次」、「喪僕」等辭，皆非上古醇朴之象，故曰「衰世之意」。「衰世」，正指殷之末世。文、周於卦爻之象，不得不雜引其類，其意以爲不如是不足盡人情物態之變也。

「夫《易》，彰往而察來，而微顯闡幽。開而當名辨物，正言斷辭，則備矣。」

《本義》云：「『而微顯』，當作『微顯而』，『開而』之『而』，亦疑有誤。」葉爾瞻曰：「『彰往』所以『察來』，故著『而』字。往來有顯有幽，故再著『而』字。彰察微顯，不外名物言辭，故更著『而』字。」據此，三個「而」字，多有著落，似無訛。蔡虛齋曰：「『彰往』即『藏往』也，謂明於天之道，而彰明已往之理；『察來』，即『知來』也，謂察於民之故，而覺知未來之事。」吴草廬曰：「『微顯』即『神德行』也，謂以人事之顯，而本之於天道。所以『微』其『顯』。『闡幽』，即顯道也，謂以天道之幽，而用之於人事。所以『闡』其『幽』。」張南軒曰：「『行健』爲乾之類，『當』其『名』也。『名』既『當』，則剛柔之『物』『辨』矣。言天下至賾之類，『正』其『言』也。『言』既『正』，則『辭』之所指者可『斷』矣。」蘇子瞻曰：「道未始有名，而《易》實開之、賦之以名。以名爲不足而取物，以物爲不足而『正言』之；以言爲不足而『斷』之以『辭』，『則備矣』。」蔡節齋曰：「『開』爲事物萬殊，『開而當名』也；乾馬坤牛之類，『辨物』也；『利貞』之類，『正言』也；『吉凶』之類，『斷辭』也。」王荆公曰：「聖人作《易》，所以開明未悟者，『名』舉其『當』，『言』舉其『正』，以開明之也。未形之『物』不可『辨』，必以『名』之已立者『辨』之，是謂『當名』。未然之『辭』不可『斷』，必以『言』之已驗者『斷』之，是謂『正言』。」又一説，「開」字與前「合」字相應。陰陽合而卦畫以成，陰陽開而卦爻以繫。「開」者，分也。「名」以分陰陽而「當」，「物」以分陰陽而「辨」，「言」以分陰陽而「正」，「辭」以分陰陽而「斷」。「備」字，即指「彰往察來」以下八項言。此種種發揮，皆「備」於卦爻之内。聖人所以教天下者，更無餘事矣。愚按，《本義》云：「此章多闕文疑字，不可盡通。」蓋指此節也。敬采先儒諸解以補之。

「其稱名也小，其取類也大。其旨遠，其辭文，其言曲而中，其事肆而隱。因貳以濟民行，以明失得之報。」

《説統》曰：「『其稱名也小』六句，與『雜而不越』相應。『因貳』二句，與『衰世之意』相應。」胡雲峰曰：「稱名雖小，而取類於陰陽甚大，不可以淺近卑吾《易》也。其旨雖遠，而其文經緯可見，不可以高遠荒吾《易》也。其言雖委曲，而皆中於理，《易》豈高遠之書哉？其事雖陳列，而實本於至隱，《易》豈淺近之書哉？上古之時，惟有《易》畫以明失得之報，而民無疑。至於後世，不得不因民之疑，而明之以辭矣。」《黄氏日抄》云：「『因貳以濟民行』二句，亦晦庵所不解者也。」蔡節齋云：「因民疑貳未決，而易入之物，以濟其善行，明著其失得之報。『失得』，謂吉凶也。愚又謂，天下之動貞夫一，天下之疑生於貳，吉凶未定，則民心之疑由是而生。聖人因其心中迷惑，莫知適從之際，以卦爻斷之曰，如是則爲得，而報之以吉；如是則爲失，而報之以凶。要以濟民之行事而已。報應之説，人皆闢爲異端，不知一念初萌，陰陽已判，而吉凶之報隨之，人不深於《易》理，故諱言報應耳。《書》：『惠迪吉，從逆凶，惟景響。』《坤・文言》：『積善必有餘慶，積不善必有餘殃。』天人之際若是其不爽也。學《易》者，可不明其所以然乎？」

愚按，此章説者多糾纏先天後天，謂首節是伏羲之《易》，二節是文、周之《易》，三、四節總承先天後天。惟胡雲峰云：「此章專論卦名，看章中三個『名』字，『當名』、『稱名』，俱指卦爻中事物之名言。『彰往』一節，雖指卦、爻《辭》，『辭』亦『稱名』所繫之『辭』。末節總承上二節，『因貳』二字，承『稱名』之『雜』説，末句乃所以扶『衰世』之運，而反於淳古也。」

右第六章

此章言乾坤爲六十四卦所從出，其究無非所以斷疑。

《易》之興也，其於中古乎？作《易》者，其有憂患乎？

先儒有謂此一節當在前章之末，「中古」與「衰世」相應，不必連下九卦。「憂」即「憂悔吝」之「憂」，「患」即「吉凶與民同患」之「患」，非專指文王與紂之事也。今從《本義》，屬第七章。愚按，《注疏》九卦兼卦、爻《辭》，《本義》謂「夏商之末，《易》道中微，文王拘於羑里而繫《彖辭》，《易》道復興」。遂以「《易》之興」專指《彖辭》，以三陳九卦爲文王處憂患之事。俞玉吾曰：「九卦之兩體，多取坤與巽、兑。蓋坤順巽入兑悦，皆善處憂患而不怨天尤人者也。謙，下艮上坤；復，下震上坤，取坤順者二。履，下兑上乾；損，下兑上艮；困，下坎上兑，取兑悦者三，恒，下巽上震；益，下震上巽；井，下巽上坎；巽，上下皆巽，取巽入者四，獨於離無取。蓋『憂患』之中，貴内含不貴外露也。」

是故履，德之基也。謙，德之柄也。復，德之本也。恒，德之固也。損，德之修也。益，德之裕也。困，德之辨也。井，德之地也。巽，德之制也。

胡雲峰曰：「夫子偶於上經取三卦，下經取六卦，言文王以『憂患』之心作《易》。而文王處『憂患』之道，自無非《易》也。」愚按，九卦乃修德之事，時時當如此，不必憂患；人人當如此，不必文王。人之高視闊步者，只爲基趾未立，「履」則脚踏實地，如牆之有基。人之矜己傲物者，只爲胸無執持，「謙」則卑以自牧，如器之有柄。凡人頭出頭没，只是萌蘖受傷，「復」則善端自長，如木之有本。日月一至，未足以言仁，故德以「恒」而固。忿慾未蠲，不足以言勇，故德以「損」而修。欲速助長，不足以言養，故德以「益」而裕。一身久歷險阻，天人之界自明，與人共處艱虞，真僞之情莫遁，「困」所以爲「德之辨」也。淵涵而有本，則静深之體已立，挹注而不窮，則澤物之功以成，「井」所以爲「德之地」也。入情則細微必析，隨時處置而咸宜，入理則毫髮無疑，遇事當幾而立斷，「巽」所以爲「德之制」也。此一節，言九卦之德。又按，朱子與吕東萊論九卦之次序，陸象山一一剖析之，二公嘆服，詳見《象山集》中。

履，和而至。謙，尊而光。復，小而辨於物。恒，雜而不厭。損，先難而後易。益，長裕而不設。困，窮而通。井，居其所而遷。巽，稱而隱。

先儒謂此節贊九卦之體。愚按，事之近情者易流，先王緣情制禮，「和」之中却有自然之品節，一毫增減不得，故曰「履，和而至」。凡人自卑，則品愈「尊」；自晦，則道孟「光」，故曰「謙，尊而光」。「復，小而辨於物」，即下所云「自知」也。一念之微，炯然在中，而百體從令，何辨如之。《本義》謂「陽微而不亂於群陰」，則以陽爲小矣，似非確解。「恒，雜而不厭」，《本義》謂「處雜而常德不厭」，語亦難曉。竊按，「恒」者，久於其道也，心不移於境，是以「雜而不厭」。「損，先難而後易」，謂初時勝私甚難，迨損之又損，漸漸覺不費力，《本義》所云「熟習則易」也。「益，長裕而不設」，謂德能潤身，自然心廣體胖，不假設施。《本義》所云「充長而不造」也。「窮」與「通」相反者也，「困」，則身困而心自亨，故曰「窮而通」。「井」以養人爲義，井在此，而養在彼，故曰「居其所而遷」。度量於輕重，而纖毫不失，變通於神明，而形迹不彰，「巽」入故曰「稱」，「巽」伏故曰「隱」。

履以和行。謙以制禮。復以自知。恒以一德。損以遠害。益以興利。困以寡怨。井以辨義。巽以行權。

先儒謂此節言九卦之用。愚按，九個「以」字，從每卦《大象》來。《大象》所未盡者，於此又各出一義，可見《易》理無窮，欲人沉潛觀玩，故反覆言之。前云「辨上下」、「定民志」，以嚴而定分；此以「和」而「行」遠。前云「稱物平施」，以不自滿假之心待人；此以不敢上人之心「制禮」。前以「閉關」與天下共養其静，此以「自知」還一己獨覺之天。前云「不易方」，以不變者爲「恒」；此云「一德」，以不息者爲「恒」。前云「懲窒」，以「損」爲克己之功；此云「遠害」，以「損」爲全身之道。前云「遷善改過」，以進德爲「益」；此云「興利」，以修業爲「益」。前以「致命」，盡處「困」之道；此以「寡怨」，堅處「困」之心。前以「勞勸」，收「井」之功；此以「辨義」，法「井」之德，所謂不照於流水，而照於止水也。前以「巽」「行事」，所行乃事之常；此以「巽」「行權」，所權乃事之變，所謂隨時變化，而量度以取中也。

先儒或以九卦合陽數，朱子謂讀經不必如此。《困學記》有云，「天下道理，只在聖人口頭，開口便是，偶拈此九卦指點，若復添一卦，或更少一卦，亦無不可」，可謂善於讀《易》者矣。

右第七章

三陳九卦，皆就卦名發卦德、卦用。

《易》之爲書也不可遠，爲道也屢遷。變動不居，周流六虚，上下无常，剛柔相易，不可爲典要，惟變所適。

楊誠齋曰：「人之於《易》，如水之於魚。魚不可離於水，人不可遠於《易》。君臣父子，動静語默，取舍進退，無非《易》也。」《本義》謂「『遠』，猶忘也」。愚竊謂，「不可遠」者，不可須臾離也。「屢遷」二字，是一章綱領。下文「變動」、「周流」、「无常」、「相易」、「上下」、「出入」、「内外」，總發明「屢遷」之義。「變動」者，卦爻也。「六虚」者，六位也，「初」、「二」、「三」、「四」、「五」、「上」爲位，必配以九、六而後成爻。剛柔之往來如寄，非實有也，故曰「虚」。「變動」與「居」對，九、六之「變動不居」者，由其「周流六虚」也。魏寉山曰：「六畫、六爻、六位、六虚，四者相近而不同。總而言之，畫即爲爻；析而言之，爻與畫異。畫之見者又爲位，爻之變者又爲虚，故曰『變動不居，周流六虚』。位從爻而爲虚也，曰六畫成卦，六位成章，虚從畫而爲位也。」《參同契》云：「『二用』無爻位，周流行六虚，此『用九』『用六』之道也。」愚又按：「上下」「剛柔」，其説有二：一指反對卦言，如水雷屯、山水蒙之類；一指互易卦言，如天澤履、澤天夬之類。其爲「无常」、「相易」，則同也。「典要」者，一例拘執之謂。《易》之爻位，有以陽居陽而吉者，又有凶者；有以陰居陰而吉者，又有凶者；有有應而吉者，有有應而凶者。難以一例拘執，故曰「不可爲典要，惟變所適」，惟趨於變而已。末二句，總括上文，言《易》道之「屢遷」如此。

其出入以度外内，使知懼。又明於憂患與故，无有師保，如臨父母。

《本義》謂「未詳，疑有脱誤」，竊采諸家之説以解之。「内」，下卦；「外」，上卦。「出入」，以反對看，卦有「内外」，爻有「出入」。「出」者，自内而外；「入」者，自外而内。卦之體，兩相反則爻亦變，故有於彼於此吉凶互異者。如行有「无妄」之「眚」，反則爲「天衢」之「亨」；時有「豐亨」之「遇」，反則爲「羈旅」之「凶」。又如訟，「剛來而得中」，則得中又得正；需，不正而但得中。漸之「二」、「五」，皆當位，歸妹皆不當位之類。聖人之繫辭，當出者出，當入者入，皆以一定之法度，立於内外之間，使人玩辭，而惕然「知懼」。不獨懼本卦，且當懼變卦。「懼」者，憂患也。明其可憂，又明其所以當憂之故；明其可患，又明其所以當患之故。雖欲不懼，得乎？蘇子瞻曰：「卦所以有『内外』，爻所以有『出入』者，爲之造『憂患』之端，使『知懼』也。憂患之來，苟不明其故，則人有苟免之志矣。遠『師保』，去『父母』，而不敢忘畏者，知内外之懼，明憂患之故也。」此解尤覺明快。

初率其辭，而揆其方，既有典常，苟非其人，道不虚行。

《黄氏日抄》云：「晦庵曰：上文既云『不可爲典要』，下文又云『既有典常』，都不可曉。愚恐上文言《易》道之變遷，故云『不可爲典要』，主在《易》而言，未定者也。下文言人能『率』卦爻之『辭』，而揆度事情所向之『方』，主在人而言，已定者也。」張彦陵曰：「《易》以『屢遷』爲道，則『不可爲典要』者，似乎不可捉摸。不知『辭』正所以闡其變，人第當因『其辭』以揆道之所向。凡所謂相易無常者，皆有一定之成法。其『屢遷』處，正其『典常』處。不是兩件。」愚又謂此節言用《易》者，其初由卦爻之辭而揆之於道，一卦有一卦之義，一爻有一爻之義。所云「不可爲典要」者，則「既有典常」矣。下「既」字對上「初」字説，「典常」即在變中看出，惟變所適，是其常道也。夫至變之中，而有經常不變之道，苟非通方之人，未免拘於方，道豈可「虚行」哉？末二句與《中庸》「苟不至德至道不疑」義同。先儒或以「其人」爲崇尚虚無之人，似與「道不虚行」語氣不符。

右第八章

此章專言《易》道之變，而至變之中，有不變者存，在人神而明之耳。

《易》之爲書也，原始要終，以爲質也。六爻相雜，惟其時物也。

《本義》:「質爲卦體,卦必舉其始終而後成體,爻則惟其時物而已。」胡雲峰曰:「卦有定體,故曰『質』。爻無定用,故曰『時』。」愚又謂「始終」者,卦體也。「原」之「要」之者,《卦象》也。文王之《彖》,其辭簡,故曰「質」。六爻剛柔迭用,所以云「雜」。一爻有一爻之時,一時有一時之物,周公各因其時,各辨其物,而繫之以辭。非若卦之止言大略,惟其時之不同,而其物亦異。如乾之取「龍」,一物也,而「潛」、「見」、「躍」、「飛」之不同者,時也。漸之取「鴻」,一物也,「干」、「磐」、「陸」、「木」之不同者,時也。

其初難知,其上易知,本末也。初辭擬之,卒成之終。

《說統》曰:「此承上節『原始要終』來。『易知』、『難知』,就後人觀《易》說。下二句,明所以『易知』、『難知』之故。」愚又謂,「初」、「上」以卦畫言,「初擬」、「卒成」,以繫辭言。「本末」,猶前言「始終」。一畫初立,宜剛宜柔,皆未可知,必俟中爻之是非定,而「初」之是非乃定,故「難知」。「上」則就中爻之是非決之而已,故「易知」。聖人繫辭時,亦有難易,如乾之「初九」謂其陽也,擬之以「龍」;謂其「初」也,擬之以「潛」,費多少斟酌,故曰「擬」。至「上九」,則卦終在「飛」、「躍」之後,直謂之「亢龍」,無用擬議,故曰「卒成」。

若夫雜物撰德，辨是與非，則非其中爻不備。

朱子云：「先儒解此，多以爲互體。《左傳》亦時舉此義。看來此説亦不可廢。」愚按，此節承上文「六爻相雜」來。「雜物」，即「相雜」之「時物」也。「撰德」者，或剛或柔，或中或正，於「時物」之中，「撰」而列之也。「德」既列，則有得失，有利害，有吉凶，是非不可以不辨，此非「初」「上」兩爻所能盡，須合中四爻看，所謂互卦也。如屯卦，下《震》在物爲雷，在德爲健；上坎在物爲水，在德爲險，自「二」至「四」互坤，則「雜物」爲地，「撰德」爲順矣。自「三」至「五」互艮，則「雜物」爲山，「撰德」爲止矣。蓋以「初」、「上」兩爻合之中四爻，而「是非」之義始備。

噫！亦要存亡吉凶，則居可知矣。知者觀其彖辭，則思過半矣。

《黄氏日抄》云：「晦庵云，曉不得，説一個『噫』字，都不成文章。蔡氏曰『雜物撰德』，雜陰陽二物，以爲德也。『辨是與非』，辨其德之是非也。得位則吉，失位則凶。要之以此，可以知其是與非也。聖人所以嘆之曰『噫』。」愚又按，以上言卦爻之義備矣。夫子贊《易》至此，忽發嘆曰：約而言之，《易》卦中各具存亡吉凶之理，即其居者可知矣。「居」謂爻位，不待觀其動也，更約而言之，則觀文王之《彖辭》，思過半矣。并無待觀於《爻辭》也，所要者愈約，所見者愈精。聖人深契《易》道之妙如此。韓康伯曰：

「『彖』者，舉立象之旨，該中爻之義。一以貫之，形而上者，可以觀道，過半之益，不亦宜乎！」

二與四，同功而異位，其善不同，二多譽，四多懼，近也。柔之爲道，不利遠者。其要无咎，其用柔中也。

《本義》：「此以下論中爻同功。」胡雲峰曰：「『雜物撰德』，兼言中爻之互體，此則分論中爻之本體。『二』與『四』異位也，以其皆陰，故『同功』。『遠近』，對『五』而言。」郭鵬海曰：「以『位』言，則『二』與『四』皆臣也，臣不宜偪君。『四』以近『五』，故『多懼』。以『功』言，則『二』與『四』皆柔也，柔本不宜遠，而『二』以得中，故『无咎』而『多譽』。參錯互見之辭。」歸震川曰：「知所謂『近』，則知『二』、『四』之不同者位；知所謂『柔中』，則知『二』、『四』之不同者不在位而在德。」

三與五，同功而異位，三多凶，五多功，貴賤之等也。其柔危，其剛勝邪？

此節末二句，先儒詮解多不甚明晰，愚竊以意解之。「三」與「五」異位也，以其皆陽，故「同功」。「貴」指「五」，「賤」指「三」。「等」者，等級也。凡爻，九居「三」，則剛而不中；六居「三」，則柔不當位。「三」之等賤，所以「多凶」，豈其以柔居之而危，以剛居之而勝耶？末二句，專發明「三多凶」之故。若「五」則不然，以九居「五」，則爲剛中得正」；以六居「五」，則爲柔中居尊。「五」之等貴，所以「多功」也。亦前後參錯之辭。

又按，中爻之説，《注疏》與《本義》不同。《孔疏》分内外卦，以「二」、「五」爲中爻。後儒除「初」、「上」兩爻，以「二」、「三」、「四」、「五」爲中爻。愚竊謂，正體則「二」爲内卦之中，「五」爲外卦之中。互體則「三」爲内卦之中，「四」爲外卦之中。今合六十四卦《爻辭》觀之，惟復卦「六四」一爻，益卦「三」、「四」兩爻，則以「三」、「四」爲中，其他言中者，多在「二」、「五」，不取互卦也。《左傳·莊公》二十二年，周史爲陳侯筮，「遇觀之否，曰：『坤，土也；巽，風也。』風行於土上〔一〕，山也。」杜元凱注云：「自『二』之『五』有艮象。」此用互卦占《易》之證。凡卦爻中所取之象，求之二體而不得者，求諸互體往往有合，所以云非中爻不備。但互卦去「初」、「上」兩爻，故「初」、「上」無定位，下文「二」、「三」、「四」、「五」皆一定之位也。看來「遠近」、「貴賤」，皆對「五」言，則所謂中爻者，仍當以「二」、「五」爲主。互卦雖從後儒推衍而出，亦有足以發明《卦》《爻辭》之義者，故兼取之。又按，京房《易積數》云：「『二』、『三』、『四』爲互體，『三』、『四』、『五』爲約象。」與諸家不同，先儒言互卦者，又只用中四爻互兩卦而已。吴草廬則推互

〔一〕「風行於山上」，四部叢刊本《春秋經傳集解》卷第三作「風爲天，於山上」。

卦所成爲十六卦，皆隔八而得，縮四而下，復合十六卦互體，只成乾、坤、既、未四卦以明《易》卦始終，亦宋以前諸家所未言者。

右第九章

此章專論卦爻，示人以觀六爻之法。其意通乎中四爻，而所主則尤在「二」、「五」，以其居一體之中也。

《易》之爲書也，廣大悉備。有天道焉，有人道焉，有地道焉。兼三才而兩之，故六。六者非他也，三才之道也。「才」，《石經》作「材」。

《説統》曰：「通章『廣大悉備』句提綱，首節是論卦之六位，次節是論爻之六位。」愚竊謂，此章專贊重卦。「廣大」者，統體渾淪；「悉備」者，條理詳密。可見《易》之爲書，無所不有。「天道」、「地道」、「人道」，三畫中已具三個「有」字，是夫子反覆觀象，而知三畫之必兼而用六者，以此故也。天能覆地，能載，人能參天地者，才也。不重則陰陽孤而無偶，必兼兩而爲六。天、地、人，各有陰陽，然後其道全而不偏。分六畫看，上二畫，天也；中二畫，人也；下二畫，地也。合六畫看，陰或居上，安知地之不爲天？陽或居下，安知天之不爲地？「五」爲君，則天道爲人道矣。「二」爲臣，則地道爲人道矣。複言「六者非他」，不是贅語，聖人把畫作道看，以明畫卦之指歸，道當如是也。項安世曰：「言其道之至，謂之三極。言其質之定，謂之『三才』。或云，静而能動曰極，以主宰言；獨而能兼曰才，以作用言。」

道有變動，故曰爻。爻有等，故曰物。物相雜，故曰文。文不當，故吉凶生焉。

蘇紫溪曰：「此節見『三才之道』無所不有，而《易》之書無所不備。」吴草廬曰：「三畫不謂之爻，既有六畫而爻見焉。『爻』，交也，以交而變也。」愚按，「道」字承上文來。「等」者，爻位也。「物」者，陰陽也。「雜」者，交錯也。陰陽交錯，猶玄黄相間，而「文」見焉。「文」字，對前章「質」字説。前言卦之體，故曰「質」；此言爻之用，故曰「文」。《孔疏》以「文不當」爲「不當於理」，《本義》云：「爻不當位。」蓋謂以陰居陰、以陽居陽爲當位。陰居陽位、陽居陰位爲不當。「吉凶」之占，從當位不當位而生也。愚又細玩六十四卦，亦有不盡然者。如屯之「初九」當位而吉，「九五」雖當位而凶；蒙之「六三」不當位而凶，「六五」雖不當位而吉。此處所云「吉凶」，只在「文不當」中，未指《辭》。蓋本章是贊爻畫，非贊《爻辭》也。「不當」二字，要活看，猶云「不能皆當」也，兼當與不當説，於經旨始合。

或問，必陰陽相錯乃謂之爻，然則乾、坤重卦，純陽純陰，於交錯之義何居？按，程子曰：「卦之變，皆自乾、坤來。」朱子亦云，「效乾、坤之變化而生六爻」。愚又謂，純卦中，各有「三才之道」，則六爻自有陰陽，如「初九」陽居陽位，「九二」陽居陰位之類，便是相錯之象，非必内外二體交錯也。

右第十章

上章析論《爻辭》，此章統論爻畫。

《易》之興也，其當殷之末世，周之盛德邪！當文王與紂之事邪！是故其辭危。危者使平，易者使傾。其道甚大，百物不廢。懼以終始，其要无咎。此之謂《易》之道也。

季彭山曰：「非末世則情僞不如是之滋，非盛德則《易》道無自而興。當紂之事，正處憂患而作《易》也。」愚又按，夫子原《易》之作，則指伏羲；原《易》之興，則專屬文王，而不及周公。前言「《易》興於中古，作《易》者，其有憂患乎」，此章承「憂患」說來。蓋文王當殷之末世，所遇之時乃危時，所處之地乃危地，故玩其《卦彖》，往往多儆惕之辭。此「辭」字專指《彖》。「辭危」，非一己之憂患，乃憂紂之傾危也。猶冀其轉危而爲安，故云「危者使平」，此周之所以爲盛德也。知其「危」，則「危」者可使之「平」；不知其

「危」，而以爲「易」，則可使之「傾」。此其「道」自一身推之家國天下，無物不然，故曰「甚大」。「懼以終始」，《易》，懼之也，如朝乾夕惕之義，不特文王一生與憂患相終始，其要使天下後世皆知免咎之道在「危懼」之中。「危」者，文王演《易》之時；「懼」者，文王演《易》之心。二字乃一章眉目，《易》而曰「道」，中有挽回之方，不欲人諉之於數也。○周用齋曰：「常人始於憂，卒於怠。故《易》之懼，人不以始爲難，而以終爲貴。不曰『懼以始終』，而曰『終始』，欲人慎終如始也。」○張彦陵曰：「『無邪』者，《詩》之教；『无咎』者，《易》之教。其旨同也。『无咎』二字，是千聖涉世之心法；『懼』之一字，是千聖寡過之心法。」

右第十一章

此章發明文王演《易》之本旨。

夫乾，天下之至健也，德行恒易以知險。夫坤，天下之至順也，德行恒簡以知阻。能説諸心，能研諸侯之《本義》：「『侯之』二字衍。」慮，定天下之吉凶，成天下之亹亹者。

《説統》曰：「此以『健』『順』二字，發明『易簡』之理即在人身。其意重在『知險阻』上，表聖人作《易》之深衷也。」愚竊按，《上傳》首章言「乾」「坤」易簡之德，《下傳》末章言「乾」「坤」之所以易簡，由於「至健」「至順」也。「阻險」二字，從上文「憂患」「危懼」説來。「乾」之德「健」，則遇險亦易，故曰「恒易」。「坤」之德「順」，則遇阻亦簡，故曰「恒簡」。「易簡」中本無險阻也，險阻之境，皆人心所自造。在我既無荆棘，世上那有坎坷，即有之，正爾不須逆億，自然先覺。「知險」「知阻」，皆從「易簡」中來。所以衆人遇險阻則心苦，而「易簡」者道理融洽，「能悦諸心」。衆人遇險阻則慮棼，而「易簡」者臨事精詳，「能研諸慮」。直使「天下之吉凶」，由此而「定」；「天下之亹亹」，由此而「成」。自「能」字起，直貫到「者」字住。所謂「易簡而天下之理得」矣，非「至健」「至順」，其孰能之！

愚按，《本義》「『侯之』二字衍文」，其説本於王弼。蔡節齋徑去「侯之」二字，而以「悦諸心」、「研諸慮」並言。《黄氏日抄》云：「古本原有此二字，讀者自以義理而讀之可也，竟删去二字，不可也。」

是故變化云爲，吉事有祥。象事知器，占事知來。

《本義》云：「『變化云爲』，故象事可以知器；『吉事有祥』，故占事可以知來。」余德新云：「『變化』二句，不假象占者也。『象事』二句，求諸象占者也。」愚竊謂，四句不宜兩分說。「變化云爲」，乃從「險阻」推開說，即下文「吉事」、「象事」、「占事」是也。「變化云爲」，事非一端，豈但知險阻而已哉？於「吉事」，則知「有祥」；於「象事」，則知制器；於「占事」，則知未來。皆「易簡」中自然之理，惟悦心研慮者方知之耳。即「至誠之道，可以前知」之意。

天地設位，聖人成能。人謀鬼謀，百姓與能。

張彦陵曰：「此節舊主卜筮說，然照下『象告』、『情言』看，當指作《易》說。」愚按，說作《易》，則卜筮亦在其中。上言「易簡」之德，無所不知。此承上文言，「易簡」之所以能無不知者，豈有他哉？自「天位」乎上，「地位」乎下，而萬象森然，「天地」之能，畢效於聖人之前。聖人因之作《易》，體「乾坤」之德，以「成」其「能」，人爲之謀於明，鬼爲之謀於幽，下至百姓之愚，「與能」於日用飲食之際。健順之德行，至此而能事畢矣。以卜筮言之，古人亦未有廢人事而專聽命於鬼神者。舜傳位於禹，曰：「朕志先定，詢謀僉同，鬼神其依，龜筮協從。」《洪範》云：「謀及乃心，謀及卿士，謀及庶人，謀及卜筮。」亦皆先「人謀」，後「鬼謀」，而「百姓與能」者也。

八卦以象告，《爻》《彖》以情言，剛柔雜居，而吉凶可見矣。

《本義》：「『象』，謂卦畫。『爻彖』，謂卦辭。」愚按，此節言「聖人成能」之事，所以使「百姓與能」者也。伏羲六十四卦，只以「象告」，未有辭也。至文、周繫辭，而《爻》《彖》之情出焉。《乾·文言》曰：「六爻發揮，旁通情也。」又曰：「利貞者，性情也。」是《爻》《彖》皆以情言。情不出象之外，但上古即象而知其情，後世必言之，而情始見。此非聖人之情，乃《彖》《爻》中自具之情也。「八卦以象告」，則剛柔雜居矣。「《爻》《彖》以情言」，則「吉凶可見」矣。「居」者，位也，對下「變動」言，與第九章「居可知」義同，謂不待動而吉凶之理已著也。

變動以利言，吉凶以情遷。是故愛惡相攻而吉凶生，遠近相取而悔吝生，情僞相感而利害生。凡《易》之情，近而不相得，則凶。或害之，悔且吝。

《説統》：「此節『吉凶以情遷』句最重。」愚又謂，「變動」句承上「彖」字來，「吉凶」句承上「爻」字來。卦體本以變化而成，《彖辭》多以利言者，如乾、坤、屯、蒙之類。亦有以不利言者，如訟、否、剥、无妄之類，故曰「變動以利言」。自《爻辭》觀之，據逐爻之情以處事，故有在《彖》爲主爻，而在本爻則凶者，如《履·六三》、《震·九四》之類，則「吉凶」又與《彖》異，而以「情遷」矣。「利」亦自「情」而生，《彖》亦有「情」，《爻》亦有「利」，互文也。「愛惡相攻」以下，乃「吉凶以情遷」之事。「遠近」者，六爻之位也。「愛惡」「情僞」，相攻相取，相感相得者，六爻之情也。「吉凶」、「悔吝」、「利害」者，六爻之占也。爻有應有比，應者遠而比者近，皆宜「相得」者也。今只據近比者言，以其「愛惡」、「情僞」、「吉凶」、「悔吝」、「利害」之情，尤易見也。情之「不相得」者，謂「近」不「相取」。「惡相攻」、「僞相感」，則「近相取」；「愛相攻」、「情相感」者，爲情「相得」可知。「不相得則凶」，「害」「悔吝」，其「相得」則吉。「利」「悔」亡，無咎無吝可知。言「近」者之「不相得」，則「遠」而不相應者可知。夫子所已言者半，所未言者半，在讀者參互體會之耳。張元岵曰：「情莫切於『愛惡』。『遠近』者，所居之地。『情僞』者，『愛惡』中之變態。『攻』者，欲入而中之也。『取』者，欲得而致之也。『感』者，有所觸動也。凡人之情，愛之極，非獨近『相取』，且遠而『相取』矣。『取』而不得則『惡』，『惡』則『情僞』起。『情僞』一起，則將有不可言者，故曰『利害生』。原其初，止『愛惡』之念爲之胚胎，故以『愛惡』始，以『情僞』終，而遠近則中間往來之路。大抵《易》之情既不『相得』，『遠』之猶可，『近』之必『凶』。『利』之猶可，『害』之即未至於『凶』，亦『悔且吝』。」又曰：「凡爻，皆有『愛惡』、『遠近』、『情僞』也。惟近不得，則惡而不愛，僞而不情，感通絶而相攻之釁生矣，故曰『凶，或害之，悔且吝』。夫近亦適逢之會，何故招尤若此哉？地偪則嫌易生，習久則情易厭。遥聞聲而相思，日進前而不御，古來如此，其奈之何？」

將叛者其辭慚，中心疑者其辭枝，吉人之辭寡，躁人之辭多，誣善之人其辭游，失其守者其辭屈。

《注疏》謂「《易》中有此六種之辭」，愚竊以爲不然。《易》之道以辭顯，「聖人之情」以辭盡。前聖人繫辭以斷吉凶，後之人玩辭以知趨避。《大傳》二十四章，贊辭之用不一，至末又從人情險阻中舉此六種之辭，謂人之情因辭而顯，胡雲峰所云「使人由《易》以知言」是也。自「天地設位」以下，皆用卜筮而知者，此六句，不用卜筮而知者。「將叛者」口與心背，故「慚」。「疑者」言多兩岐，故「枝」。「躁人」心粗氣浮，口不擇言，故「多」。「誣善」者敗人，毀而失實，故「游」。「失守」者自敗，遁辭必窮，故「屈」。惟「吉人」之「辭寡」，言必有中，「易簡」故也。事從「易簡」爲吉事，言從「易簡」爲「吉人」。余德新曰：「《上傳》以默而成之，不言而信存乎德行爲吉；《下傳》亦言德行，而以諸辭之不同者爲結。『吉人辭寡』，其默成之次歟！」李衷一曰：「世上風波無如言，惟『吉人之辭』可居其善，餘皆不善之言，皆能起釁生災。君子之寡言，亦遠險阻之大作用也。」

程敬承曰：「通章以『易簡』二字提綱，『知險』『知阻』，正是『易簡』中自具之靈明。悅之、研之者，『易簡』也。定之、成之者，『易簡』也。象之、占之者，亦『易簡』也。『成能』『與能』，使人就『易簡』之歸，而出『險阻』之途也。以下反覆發明『情遷』之義，蓋『情』即『險阻』之『情』。『吉人之辭寡』，即『易簡』之理。但天下『吉人』恒少，其餘五種，皆『險阻』之類也。『吉凶』、『情遷』，無非教人從人情中知『險阻』耳。『易簡』理得，則聖人作《易》以教人之本也。」李衷一曰：「此《下繫》之卒章也。可與『乾坤成列』章參看。首章爲聖人之命辭言，故先言吉凶，曰『貞一』，曰『義』，曰『聖人之情』，皆『易簡』也。法『易簡』於天地，此『聖人成能』之事也。末章爲聖人教人玩辭言，故先言『易簡』，曰『知器』、『知來』，曰『情遷』，皆吉凶也。知吉凶於險阻，此『百姓與能』之事也。」

《經繹》曰：「《大傳》是天人貞一之統也，二《傳》之首，原天地之知能，一神明之德，而贊其『易簡』。『易簡』者，天地之至德也。確然隤然，貞一爲觀，以知始而作成，卦以象此，爻以效此，而聖人之知能出焉。進而本諸天也。二《傳》之終，極卦爻之法象，盡變通之利，而歸之德行。德行者，聖人之『易簡』也。『至健』、『至順』，『知險』、『知阻』，以神明而默成，象卦所象，效爻所效，而天地之至德成焉，反而約之身也。」

右第十二章

此章自「夫乾」至「百姓與能」，「易簡」之能事已盡，「八卦以象告」至末，又發明

《象》《爻》之情辭，而終以人情之險阻。

説卦傳

愚按，《隋書·經籍志序》："秦焚書，《周易》以卜筮得存，惟失《説卦》三篇。後河内女子得之。"吕東萊《家塾論》云："至後漢荀爽集解，乃得《八卦逸象》三十有一。韓康伯《説卦》乃止一篇，而别出《序》、《雜》。"

昔者聖人之作《易》也，幽贊於神明而生蓍。

愚按，前言伏羲畫卦之由，故直云仰觀俯察。此論重卦之後，故先言"生蓍"，後言"立卦"、"生爻"。"生蓍"者，天地也。"用蓍"者，聖人也。天地能"生蓍"，而不能用蓍，若非聖人"幽贊於神明"，則舉凡草木俱腐爾。"贊"字，即《中庸》"贊化育"之義，猶云"助"也。聖人因《河圖》之中數，用"蓍"以衍之，如下文"參天兩地"之事，非謂先有"蓍"，而後作《易》也。《本義》因《史記·龜策傳》"天下和平，王道得，而蓍莖長丈，叢生滿百莖"以釋"生蓍"之義。《黄氏日抄》云："此章正言聖人用蓍，恐未必説到蓍未生前，聖人贊化而致蓍生之事。"《孔疏》謂："聖人深明神明之道，而生用蓍策卦之法。」程子云「『生蓍』者，用蓍以求卦，非生出蓍而後畫卦」是已。《説文》：「蓍，蒿屬，生千歲，三百莖，《易》以爲數。天子蓍九尺，諸侯七尺，大夫五尺，士三尺。」

參天兩地而倚數。

先儒於此句，多從揲數説，但「參兩」之義，訓釋各不同。馬氏、王氏謂「天得三位，一、三、五也。地得二位，二、四也」。鄭氏云：「天地之數備於五十，乃參之以天，兩之以地，以倚托大衍之數五十。天三載，地二覆，欲極其數，庶得吉凶之審也。」孔氏云：「揲蓍所得，取奇於天，取偶於地，而立七、八、九、六之數。」張氏云：「不以一目奇者，以三中含兩，有一以包兩之義。明天有包地之義，故天舉其多，地舉其少。」蘇氏云：「自一至五，天數三，地數二，數止於五。自五以往，皆相因而成者也。」楊龜山云：「參之爲九，兩之爲六。」王魯齋云：「數由一起，天開於子，其體圓而虚；地闢於丑，參於天中，其數爲二，故曰『參天兩地』。今合而論之，要不出《河圖》中五數而已。聖人觀圖而布策，自一至五，五行之生數也。『參天兩地』，合而成五，居圖之中，乃五行之發端。天三位，參之，則三三得九，是爲老陽。地二位，兩之，則二三得六，是爲老陰。蓍數倚之以起，『倚』者，依也。此立卦生爻之本，從此推之，過揲之數，四九三十六，三個十二也。四六二十四，兩個十二也。均之爲十二，參之則三個，兩之則兩個矣。再推而爲乾之策，二百一十有六，乃三個七十二也。坤之策，百四十有四，乃兩個七十二也。總上、下二篇之策，乾六千九百十二，乃三個二千三百四也；坤四千六百八，乃兩個二千三百四也。此皆《河圖》生數自然之妙。若夫七、八，亦乾、坤之策，但二、五爲七，三、四爲七，是一地一天，故不得謂之『參兩』。一、三、四爲八，一、二、五爲八，是一地二天，亦不得謂之『參兩』矣。」○《説統》云：「按《河圖》天地之數，一、三、五謂天數，三積之而爲九；二、四爲地數，兩積之而爲六。聖人本《圖》數制蓍數，分揲、掛、扐之法行，而七、八、九、六之數，倚此而起，故曰『參天兩地而倚數』。《本義》『圍三圍四』之説，却是朱子另外添來，其實與圖數無預。」愚竊按朱子之説本於《周髀算經》「數之法出於方圓」，注云「圓，徑一而圍三；方，徑一而圍四」。《本義》引此，脱去兩「徑」字，而添「三各一奇」、「四合二偶」云云，似屬强爲牽合。

觀變於陰陽而立卦，發揮於剛柔而生爻，和順於道德而理於義，窮理盡性以至於命。

《本義》謂「此聖人作《易》之極功」。愚竊按，「立卦」「生爻」，非謂作《易》，乃揲蓍所得之「卦爻」也。自天「生蓍」，圖數顯，其爲數也，自具「陰陽」之「變」。其爲「變」也，自有「剛柔」之爻。聖人倚數，以「觀變」而「立卦」，用九、六，以「發揮剛柔」而「生爻」，於蓍卦之德，因其自然，而不參以己見，是爲「和順於道德」。於卦爻之義，處之各得其條理，是爲「理於義」。「窮理」者，窮其變也。「盡性」者，盡其變也。「至於命」，則變而不知其所以變矣。《困學記》曰：「『和順』、『道德』，統言一卦之體。『理於義』，分言六爻之用。『和順』是渾融之語，未必能『理於義』，故中間着一『而』字。『至命』，全在『窮』『盡』處得力，是一串事，故中間着一『以』字。」張南軒曰：「『義』在我也，『命』在天也。天下之人，皆知『義』『命』，則聖人之《易》可不作矣。惟不知義，不知命，此聖人不得已而『生蓍』、『倚數』、『立卦』、『生爻』，凡以爲不知義命者設也。」

愚按，程子云：「理則須窮，性則須盡，命不可以言窮言盡。只是『至於命』而已。横渠昔嘗譬命是源，『窮理』與『盡性』是穿渠引源。然則渠與源是兩物。」胡敬齋云：「程、張所論不同，朱子於《或問》論之詳矣。然亦各據自己分上説。程得之易，故其言快；張得之難，故由經歷次第上説。」以上云云，多是言學《易》工夫，又揲蓍求卦之本領。

右第一章

此章專贊聖人用蓍之妙。

昔者聖人之作《易》也，將以順性命之理。是以立天之道曰陰與陽，立地之道曰柔與剛，立人之道曰仁與義。兼三才而兩之，故《易》六畫而成卦。分陰分陽，迭用柔剛，故《易》六位而成章。

前章言用蓍，此章言畫卦。先儒或云，序次當在「幽贊生蓍」之前，蓋先畫卦而後有蓍數也。今按，夫子語氣，乃承前章末句説來，故云「將以順性命之理」，序次故不紊也。在天謂之「命」，在人謂之「性」，總是一理。然所謂「性命之理」，即「陰陽」「剛柔」「仁義」是也。「順」者，自然而然，無勉强安排之意，「陰陽」「剛柔」，文王、周公所未言，夫子於每卦《彖傳》，或言「陰陽」，或言「剛柔」，皆以陽剛屬「天道」，陰柔屬「地道」。至此乃錯舉之，「天道」亦有「陰陽」，「地道」亦有「剛柔」。「立」者何？立此「陰陽」「剛柔」之體也。「立」之者誰？畫卦之聖人也。韓康伯注：「以氣言『陰陽』，以形言『剛柔』。」《孔疏》：「以形爲『陰陽』，以氣爲『剛柔』。」其説相反，韓注得之。「陰陽」「剛柔」，夫子言之亦屢矣，此則以「仁義」爲「人道」，以配天地。觀三個「與」字，見彼此相爲用，不可舉一而廢一也。「三才之道」，非兩不立。伏羲畫卦時，兼而兩之，分而迭用之，無非「順性命之理」。「六畫」者，卦之體也。「六位」者，爻之用也。卦兼上下二體，故曰「成卦」；爻則九六互用，故曰「成章」。先儒多以「分陰分陽」屬卦畫，「迭用柔剛」

屬爻位。其實，「六位」既成，「陰陽」「剛柔」便間雜而「成章」，似不必更爲分析。前段言「陰陽」「剛柔」「仁義」，後段不言「仁義」，以見用天地之道者在人，此正兼三爲兩處。

右第二章

此章明爻位自然之理。

天地定位，山澤通氣，雷風相薄，水火不相射，八卦相錯。

先天後天之説，本於邵康節，《本義》於此引之，所謂「先天之學」也。愚竊按，朱子《答王子合書》云：「康節以乾南坤北爲伏羲八卦，大概近於傅會。」又，《答王樞》云：「八卦圓圖，其所列方位，皆無所祖述。蓋讀『定位』四語，而想像爲之者。」觀此，則朱子似亦以邵説爲未當。顧於此節，乃專主邵説，以爲伏羲先天圖八卦方位也。夫八卦方位，夫子於「帝出乎震」一章明言之，今先天圖方位易置，乃與聖言不合。楊龜山於先天之説，闕而不論，蓋有所疑也。《黄氏日抄》力辨其非，今詳録之，云：「『天地定位』者，天尊而上，地卑而下，其位一定而不易。《易》取其象，於卦爲乾、坤，譬之父母，實主乎一家而居尊者也。『山澤通氣』者，一高一下，水脈灌輸，而其氣相通，通之爲言，貫也，《易》取其象，於卦爲艮、兑。『雷風相薄』者，一迅一烈，氣勢翕合，而其形相薄，薄之爲言，偪也，《易》取其象，於卦爲震、巽。『水火不相射』者，一寒一暑，宜若相息，而下然上沸，以成既濟之功，乃不『相射』，《易》取其象，於卦爲坎、離。凡六者，皆天地之氣爲之，譬如六子迭相運用，而悉出於父母者也。此章釋八卦之義，不過如此而已。歷漢、唐以至本朝，伊洛諸儒，未有外此而他爲説者。惟邵康節得陳希夷數學，創爲先天圖，移《易》卦之離南坎北，爲乾南坤北，曰『此取《易》之「天地定位」也』。然《易》曰：『離也者，明也，南方之卦也。』『坎也者，水也，北方之卦也。』則離南坎北，經有明文矣。『天地定位』，經未嘗明言其爲南北也，何以知此爲先天之卦位耶？康節既移乾坤於南北，又移艮以居西北，兑以居東南，曰『此取《易》之「山澤通氣」也』。然《易》曰：『艮，東北之卦也。』又曰：『兑，正秋也。』則艮居東北，兑居正西，經有明文矣，未嘗言艮爲西北，兑爲東南也，何所考而指爲先天之卦位耶？康節既移東北之艮於西北，遂移震於東北，而移巽於西南，曰『取《易》之「雷風相薄」也』。然《易》曰：『震，東方也。』又曰：『巽，東南也。』則震居東方，巽居東南，經有明文矣，未嘗言震爲東北，巽爲西南也，何所考而指此爲先天卦位耶？康節既移坎離之位，以位乾坤，乃移離於正東，移坎於正西，曰『此取《易》之「水火相射」也』。然南方爲離，北方爲坎，經文萬世不磨，若『水火不相射』，特言其性相反，而用則相資耳，於經未嘗明言離爲東方之卦，坎爲西方之卦也，康節又何所考而指爲先天卦位耶？《易》畫於伏羲，演於文、周，繫於孔子，傳之天下萬世，惟此一《易》而已，未聞有先天後天之分也。康節特托《易》以言數，諸儒未有以此言《易》者也。晦庵以理學集諸儒之大成，原聖人因卜筮而作《易》，始兼康節之説而言之，若門人所録《語類》，乃因康節之先天而反有疑於文、周、孔子之《易》，及有疑於伊川之《易傳》，且有疑於《易經》。此章八卦之位，未必盡當時之真也。蓋《易》所言者，道也。而康節所言先天者，數也。康節雖賢，不賢於文王、孔子也，康節欲傳伊川以數學，伊川不從，不可以數學而反疑《易》學也。」

竊謂此一節，只就卦象對待説，天地間無一非對待之象，故《易》以乾、坤象天地，艮、兑象山澤，震、巽象雷風，坎、離象水火。「天地」合德而「定位」，「山澤」異體而「通氣」，「雷風」相助而「相薄」《漢書・天文志》：「氣往迫之爲薄。」〔一〕，「水火」相爲用而「不相射」，皆造化一定之理。「天地」之上爻「相錯」即「山澤」，下爻「相錯」即「雷風」，中爻「相錯」即「水火」，一氣周流，毫無間隔，可以此卦錯諸彼卦，可以彼卦錯諸此卦，絶不費安排布置。豈若先天圖之説，先有乾而後生兑，先有兑而後生離，先有震、巽、坎、艮，而

〔一〕按，四庫全書本闕此條小注。

後生坤耶？今據所謂先天圖推之，南與坎對，東與西對，東北與西南對，西北與東南對，一陰對一陽，二陰對二陽，三陰對三陽，爻爻「相錯」。「相錯」之象，不待互易，而在對待。其所列八卦方位，只就三畫看，與經文亦可配合。而康節乃以八卦爲三畫卦，以八卦之上各加八卦爲「相錯」，則是以「相錯」爲相重矣。凡此往彼來，謂之錯；加增其上，謂之重。以「相錯」即相重，訛矣！

數往者順，知來者逆，是故《易》，逆數也。

愚按，《朱子文集》云：「自震四至乾一，爲『數往者順』。自巽五至坤八，爲『知來者逆』。」一圖之中，逆順分行，更不可曉。而《本義》乃以「起震而歷離、兑，以至於乾」爲指圓圖，「數已生之卦」。「自巽而歷坎、艮，以至於坤」爲指横圖，「推未生之卦」。其實，釋經者多不主此説。竊謂夫子所云「順逆」，只承「八卦相錯」説來。以乾、坤六子論，乾錯坤而有震、坎、艮，坤錯乾而有巽、離、兑。自乾錯坤，而生三男，「順」也，合三男而成其爲乾，「逆」也。自坤錯乾，而生三女，「順」也，合三女而成其爲坤，「逆」也。以人事論之，凡事，數已往則順而易，度將來，則逆而難。《易》之占，爲「知來者」設，故曰「逆數」。「數往」句，只是引起下句。兩「數」字，先儒有作上聲者，有作去聲者。蘇氏《易傳》曰：「道德之變，如江河之日趨乎下也，沿其末流。至於『立卦』、『生爻』、『生蓍』、『倚數』，而萬物之情備矣。聖人以爲立於其末，則不能識其全而識其變，是以泝而上之，反從其初。六十四卦，三百八十四爻，皆據其末，而反求其本者也。故爲『逆數』。」朱康流曰：「『數往』者，數已成之卦；『知來』者，知未定之卦。已成者，以位之先後爲序，故『順』。未定者，以策之升降爲序，故『逆』。《易》之理本『順』，所以用之者貴『逆』也。」萬以忠曰：「有六子，便已盡《易》天地之位。天位於上而錯於下交，地位於下而錯於上交。便已不相順而相逆，故以言其『逆』。乾逆坤，爲震、坎、艮；坤逆乾，爲巽、離、兑。單就八卦言之，已是相錯，已都爲逆數也。」張彦陵曰：「此節只上句摘一『數』字，下句摘一『逆』字，便見一、二、三、四與五、六、七、八相合爲用。有乾、兑、離、震以爲『往』，當有巽、坎、艮、坤以爲『來』。若使都以順數，便不交不變矣，故曰『逆數』也。」一説，「往」謂已畫之八卦，「來」爲未重之六十四卦。《易》之爲數，先有八卦，而餘卦以次相錯。伏羲亦莫測其所以然，故不徒曰「逆」，而曰「逆數」，以見天道無端，惟數可以推其機；《易》道至妙，因數可以明其理。理因數顯，數從理出也。又一説，自乾一順至坤，從天墜到地矣。《易》「逆數」，便要從地仍舊上天。又一説，《易》之爲書，教人卜未來吉凶，要在盡人事，以回造化，若逆挽而進之者，故曰「逆數」。以上諸説雖不同，各有理解，除却先天圖之説，不妨並行也。

《說統》云：「此章説者紛紛，都緣『八卦相錯』一句，欲做六十四卦圓圖看，故『數往』一節，説來説去，畢竟無着落。只因不識『錯綜』二字，故以爲相交而成六十四卦。不知此專説八卦『逆數』方得『相錯』，非言六十四卦也。八卦不相錯，則陰陽不相對待。『天地』、『雷風』、『山澤』、『水火』，俱不得一位矣。」愚又按，「八卦相錯」，而成六十四卦，本康節之説也。今據所謂先天圖推之，乾、兑、離、震，前四卦爲「往」；巽、坎、艮、坤，後四卦爲「來」。「往」者「順」，乾一至震四，皆用「順」數；「來」者「逆」，巽五至坤八，皆用「逆」數。「數往」者之「順」，而知「來」者之「逆」，所以巽五不次於震四，而次於乾一。若巽五即次震四之後，則八卦不相錯矣。「相錯」，單就八卦言，其説猶可通，所以蔡虚齋云：「以順逆分判八卦，八卦之位既定，則一卦各管八卦，而六十四卦在其中矣。但不可以『相錯』者爲六十四卦皆逆數也。」

右第三章

此章言八卦對待之體，有相錯之象，順逆之數，皆出乎自然。

雷以動之，風以散之。雨以潤之，日以晅《注疏》作「烜」。之。艮以止之，兑以説之。乾以君之，坤以藏之。

蔡節齋曰：「『雷風』二句，言生物之功；『雨日』二句，言長物之功；『艮兑』二句，言收物之功；『乾坤』二句，言藏物之功。」愚又按，此章卦象相對與上章同，序次先後則異。先「雷風」者，初畫也；次坎、離，中畫也；次艮、兑，上畫也；乾、坤居三畫之全，六子之功，皆乾爲之「君」，「坤以藏之」者也。胡雲峰曰：「自『動』至『晅』，物之出機；自『止』至『坤』，物之入機。出無於有，氣之行也，故以象言；入有於無，質之具也，故以卦言。」愚又按，天之生物、成物，「動」者出而「藏」者入，五行惟土爲善藏，當其發也，百昌咸遂；及其斂也，一物無有。及遇震，則藏者復出，此化裁之終始也。故首「雷」而終坤焉。

右第四章

前章言八卦相資爲用，此章言八卦各效其功。

帝出乎震，齊乎巽，相見乎離，致役乎坤，説言乎兑，戰乎乾，勞乎坎，成言乎艮。

《本義》引邵子曰：「此卦位乃文王所定，所謂後天之學也。」愚按，圖之言方位者，惟此則有據。《坤·彖》：「西南得朋」，「東北喪朋」；《蹇·彖》：「利西南」，「不利東北」，此文王所明言。震東，巽東南，離南，乾西北，坎正北，艮東北，此夫子所明言。不知乾南坤北，先天方位之説，從何而來？邵子既以先天圖爲伏羲之《易》，遂以此爲後天方位。其實文王所闡發，即伏羲之《易》，豈有先、後天之分耶？蘇氏《易傳》以「帝出乎震」一節，爲古有是語；「萬物出乎震」一節，是孔子從而釋之，理或然也。愚又按，此章八卦之次，與前章又不同。先儒謂此乃五行相生、四時流行之序也。以兩儀言，則乾坤爲天地；以八卦論，則乾坤與六子各一其用。首言「帝」者，震爲長子，以其主宰爲之「帝」震。巽爲木，離爲火，坤爲土，兑、乾爲金，坎爲水，水生木，於時爲春。木生火，於時爲夏。火生土，於時爲夏秋之交。土生金，於時爲秋。金生水，於時爲冬。五行周而復始，繼以艮土者，水非土亦不能以生木。循環無窮，而四序流行於其中，孰主宰之？帝是也。

萬物出乎震，震，東方也。齊乎巽，巽，東南也。齊也者，言萬物之潔《石經》作「絜」。齊也。離也者，明也，萬物皆相見，南方之卦也。聖人南面而聽天下，嚮明而治，蓋取諸此也。坤也者，地也，萬物皆致養焉，故曰致役乎坤。兑，正秋也，萬物之所説也，故曰説言蘇氏《易傳》：「『言』字衍文也。」乎兑。戰乎乾，乾，西北之卦也，言陰陽相薄也。坎者，水也，正北方之卦也，勞卦也，萬物之所歸也，故曰勞乎坎。艮，東北之卦也，萬物之所成終而所成始也，故曰成言乎艮。

愚按，此八卦方位，夫子所明言者。朱子於此章卦義，自言「多未詳」，其《答袁機仲書》云：「文王八卦，某嘗以卦畫求之，縱横反覆，竟不能得其所以安排之意。」又曰：「《易言》『齊乎巽』？不可曉。坤在西南，不成東北無地，『乾西北』亦不可曉。如何陰陽來此相薄？西方肅殺之氣，如何言『萬物相悦』？」竊采先儒之説，一一析之。此節把八卦方位次第推出，分明四時代更之義。雷於天地爲長子，以其統類萬物爲出入也。雷出地，百八十三日而復入，則萬物皆入。入地，百八十三日而復出，則萬物亦出，「震」之動物，皆春分之前，萬生之初，故位居東方。巽位東南，當春夏之交，萬物畢出，氣色鮮新，故曰「潔齊」。離位正南，至四五月，則萬物長養暢茂，如重相見，非「離明」得位之象乎？「坤也者，地也」，「地」字只當「土」字看。土居中央，土之位。夏將秋，火欲克金，有土則火生土，而土生金，克者又順以相生矣。不言西南者，坤土旺於四季，不止西南一方也。言「致役」者，帝君也；坤，臣也；言「致養」者，坤，母也；萬物，子也。兑爲西方之卦，不言可知。秋乃萬寶告成之時，物情如何不悦？朱子嘗釋乾卦「利貞」之義，云：「利者，生物之遂，物各得宜，不相妨害。於時爲秋，而得其分之和，非即悦之義乎？」乾位西北，主立冬以後，冬至以前。自巽而坤而兑，皆陰卦，至此忽與陽遇，陰疑於陽，故「相薄」而戰於乾之方，與《坤・上六》「龍戰」義同。坎位正北，兼言「水」者，冬乃水歸其壑之候，萬物芸芸，各歸其根，如歲終息老物，休田夫，有慰勞之義，故曰「勞卦」。艮居東北，主冬春之交，萬物於此成收藏之終，即成發生之始，故曰「成言乎艮」。此皆四時流行自然之序。八卦實與四時合其序，何嘗有所安排乎？東南西北，各一其方；春夏秋冬，各一其時，木火土金水，各一其氣。經文於方位獨遺西，於四時獨言秋，於五行獨言水，舉一卦，而他卦可互推也。

右第五章

此章推言八卦流行之用。

神也者，妙萬物而爲言者也。動萬物者，莫疾乎雷。撓萬物者，莫疾乎風。燥萬物者，莫熯乎火。説萬物者，莫説乎澤。潤萬物者，莫潤乎水。終萬物始萬物者，莫盛乎艮。故水火相逮，雷風不相悖，山澤通氣，然後能變化，既成萬物也。

鄭申甫曰：「伏羲八卦以配八物，不以配五行。若文王卦圖，直以配五行，不作八物看矣。東西南北，五行正位。四隅爲五行之交，此亦據圖而言也。」愚按，八卦無所謂先天後天，只有對待流行之理。「定位」章言對待之體，「雷動」「出震」二章，言流行之用，此則合對待流行而言。「神」字乃贊「乾坤」之妙，非去「乾坤」而專言六子也。鄭康成云：「『乾坤』共成萬物，不可得而分，故合而謂之『神』。」張横渠云：「一故『神』，兩故『化』。蓋『乾坤』合稱謂之『神』。」胡雲峰曰：「言『神』則『乾坤』在其中，蓋六子之功，皆『乾坤』之功；六子之『神』，皆『乾坤』之『神』，『乾坤』雖不言可矣。若云『去乾坤』，則首句如何着落？『雷動』、『風撓』、『火燥』、『澤悦』、『水潤』、『艮終』，始則分言六子流行之用，『水火相逮』以下，又説到六子對待之體，以見流行之妙，多自對待中來。前云『山澤通氣，雷風相薄，水火不相射』，以次陰陽之交合。此云『水火相逮，雷風不相悖，山澤通氣』，以次陰陽之變化。惟其交合如此，然後能變化而成萬物如此。孰非『乾坤』之神妙，運於其中而能然哉！『故』字，『然後』字，『能』字，極有力。」孔仲達曰：「上云『水火不相射』，此云『相逮』者，既不相射，又不相及，則無成物之功；上云『雷風相薄』，此云『不相悖』，若相悖則相傷，亦無成物之功也。」

張待軒曰：「『定位』章，首乾、坤，而即繼以艮、兑，次震、巽、坎、離；『雷動』章，先震、巽、坎、離，繼以艮、兑、乾、坤，既與『定位』章異矣。『出震』章，首震終艮，等乾、坤於六子，中間位次，參錯不齊，又與『雷動』章異矣。『神也者』章，先震、巽，次離、兑，次坎、艮，置乾、坤於不言，與前三章又迥然不同矣。想見聖人胸中，造化《易》理，渾淪融洽，見到即書，無非妙義，沾沾然此爲先天，此爲後天，又變其説，此爲《連山》，此爲《歸藏》，不亦愈枝而愈遠乎？」

右第六章

此章言八卦流行之用出於對待之中。

乾，健也。坤，順也。震，動也。巽，入也。坎，陷也。離，麗也。艮，止也。兑，説也。

吴幼清曰：「此章以八字斷八卦之德。」愚又謂，夫子欲推廣八卦之象，先言八卦之德。此作《彖傳》之本領也。乾，純陽，故「健」；坤，純陰，故「順」；震得乾之初體，故爲「動」；巽得順之初體，故爲「入」；坎，一陽在二陰之中，有摧鋒陷陣之象；離，一陰在二陽之中，爲上下附麗之象；艮，陽在上，前無所往，故「止」；兑，陰在下，情有所發，故「悦」；「乾健」，「坤順」，「艮止」，「兑説」，四卦《彖傳》所已言。《坎·彖》言「險」而不言「陷」，《離·彖》言「麗」而兼言「明」，「震動」，不言於本卦，而見於《屯·彖傳》；「巽入」，不言於本卦，而見於《序卦傳》。自此以下，皆以乾、坤及六子長中少爲次，又可見先天圖乾一兑二離三震四巽五坎六艮七坤八之説，爲不足憑也。

右第七章

《本義》：「此言八卦之性情。」

乾爲馬，坤爲牛，震爲龍，巽爲雞，坎爲豕，離爲雉，艮爲狗，兑爲羊。

《埤雅》：「乾陽，故馬蹄圓；坤陰，故牛蹄拆。馬，陽物也。起，先前足；卧，先後足。牛，陰物也。起，先後足；卧，先前足。龍，蟄物也，遇陽則奮。雞，羽物也，遇陰則入。豕，性剛躁，陽在内也。《漢書·五行志》：「坎爲豕，大耳而不聰察。」〔一〕雉，羽文明，陽在外也。内柔而附人，外剛而善禦者，狗也。内剛而喜觸，外柔而樂群者，羊也。」愚又按，夫子取象，有從文、周《卦》《爻》者，如「乾龍」「坤馬」之類；有自引《大象》例者，「離電」「巽木」之類；又有於《説卦》别取者，若「坤牛」「震龍」「艮狗」之類，只從遠取諸物，會其大意可也。先儒有云，周公以乾爲龍，夫子以爲馬；文王以坤爲馬，夫子以爲牛。象之不必泥如此。愚又竊以爻象及中爻互卦求之，乾爲馬，則取諸大畜之「良馬逐」，内卦

〔一〕按，四庫全書本闕此條小注。

乾體也。巽爲雞，則取諸中孚之「翰音」，外卦巽體也。坎爲豕，則取諸睽之「豕負塗」，中爻互坎也。離爲雉，則取諸旅之「射雉」，外卦離體也。兑爲羊，則取諸夬之「牽羊」，外卦兑體，又取諸大壯之「羝羊」「喪羊」，中爻互兑也。

右第八章

《本義》：「遠取諸物如此。」

乾爲首，坤爲腹，震爲足，巽爲股，坎爲耳，離爲目，艮爲手，兑爲口。

愚按，人身皆具此八體，而不知其與八卦合。夫子説卦至此，要人反而求之，一身之中，無非《易》也。「乾爲首」，諸陽所聚，尊而居上也。「坤爲腹」，諸陰所積，大而能容也。震剛在下爲「足」，艮剛在上爲「手」，兩陽卦相對也。巽陰下開爲「股」，兑陰上開爲「口」，兩陰卦相對也。「耳」之能聽，以其竅空也，空屬陽，坎外陰而内陽，故爲「耳」。「目」之能視，以其睛黑也，黑屬陰，離外陽而内陰，故爲「目」。手能指揮而使之行，亦能執持而使之止，一行一止之官也。口能納茹而使之入，亦能吐露而使之出，一出一入之官也。細觀取象，亦不離卦爻中。「乾爲首」，於乾「用九」得之；「坤爲腹」，於明夷「六四」得之。「震爲足」，於大壯「初爻」得之。「巽爲股」，於咸「九三」互體得之。「坎爲耳」，於噬嗑互體得之。「離爲目」，於歸妹「九二」得之。艮不爲背而爲手，對震足言也，於蒙「上九」得之。「兑爲口」，於咸「上六」得之。胡庭芳謂「惟腹、股、口三象與卦合，餘則夫子自取」，蓋未嘗細玩《爻辭》耳。

張待軒曰：「八卦以身取象，獨不言心，何也？無心，則耳、目、手、足竟安用耶？學《易》者可憬然悟矣。」

右第九章

《本義》：「近取諸身如此。」

乾，天也，故稱乎父。坤，地也，故稱乎母。震一索而得男，故謂之長男。巽一索而得女，故謂之長女。坎再索而得男，故謂之中男。離再索而得女，故謂之中女。艮三索而得男，故謂之少男。兑三索而得女，故謂之少女。

《尚書序》云：「八卦曰八索，言八八相索也。」《注疏》云：「索者，以乾、坤爲『父母』，而求其子也。得父氣者爲男，得母氣者爲女。」蔡伯静云：「『一索』、『再索』、『三索』者，以初、中、終三畫，而取此長、中、少之序也。」姚承庵曰：「玩『故稱』、『故謂』語氣，見『父母男女』原有此名，夫子特詳釋之，以明其義，各有攸當耳。」愚按，此章主畫卦説，以明乾坤六子八卦之次序。「索」者，陰陽相求。三男，本坤體，各得乾之一陽而成男，陽求陰也。三女，本乾體，各得坤之一陰而成女，陰求陽也。男女分於所得之陰陽，少長别於所得之先後。蓋於八卦既成之後，方見得有父母男女之象，非初畫時即有此意也。《本義》：「謂揲蓍以求爻。」胡雲峰曰：「此章乃朱子未改正之筆，若專言揲蓍求卦，則無復有此卦序矣。」

右第十章

此章言八卦中父母男女之序，以下八節，次第因之。

乾爲天，爲圜，爲君，爲父，爲玉，爲金，爲寒，爲冰，爲大赤，爲良馬，爲老馬，爲瘠馬，爲駁。一作「駮」，《經典釋文》作「駹」。**馬，爲木果。**

程伊川曰：「此所謂類萬物之情也。」程沙隨曰：「八卦之象，皆物充其類，所謂百物不廢。」愚按，以下八節取象，凡一百一十二，今於諸家訓詁中，采其就文作解者，分註本條下。「圜」，古「圓」字。《吕氏春秋》云：「天道圓，地道方。」胡雙湖曰：「無所不統爲君，變生六子爲父。」愚按，乾六爻，無臣位，君道也，即父道也。《見易》曰：「『玉』『金』，取《文言》贊象之辭，『玉』以象其粹，『金』以象其精。乾居亥位，西北之卦，陰極矣。故『爲寒』，『爲冰』。『大赤』，盛陽之色也。陽生於子，極於午，『寒』『冰』在子，以陽之始言；『大赤』在午，以陽之終言。」吴草廬曰：「『馬』加『良』『老』『瘠』『駁』四字：『良』以其純陽，『老』爲老陽，健之最久者；『瘠』謂多骨少肉，健之最堅强者；『駁』，獸名，能食虎豹，健之最威猛者。」胡雲峰曰：「乾爲木果，結於上而圓。」愚按，剥之一陽在上，爲「碩果」，即此義。

坤爲地，爲母，爲布，爲釜，爲吝嗇，《經典釋文》作「遴嗇」。**爲均，爲子母牛，爲大輿，爲文，爲衆，爲柄。**一作「枘」。**其於地也，爲黑。**

徐進齋曰：「坤之德，動闢而廣生，故『爲母』，『爲布』，『爲均』。虚而容物，故『爲釜』。」錢融堂曰：「『吝嗇』者，陰之性，女子小人，未有不吝者。」進齋又曰：「性順而蕃育，故『爲子母牛』。厚而載物，故爲『大輿』。」愚按，坎惟二畫虚，亦爲輿而不言大。胡雲峰曰：「『爲文』者，物生於地，雜而可見也。」楊止庵曰：「偶畫多，故物之生於地上『衆』也。」余息齋曰：「『柄』也者，有形可執，或云在下，而承物於上，故爲『柄』。」愚按，「柄」一作「枘」，即《莊子》「枘鑿」之義。乾性圓，坤性方，不相入者也。孔氏曰：「地有五色，以黄爲中，黑爲正。」

震爲雷，爲龍，《經典釋文》作「駹」。**爲玄黄，爲旉，爲大塗，爲長子，爲决躁，爲蒼筤**

《釋文》作「琅」。竹，爲萑《釋文》作「雚」。葦。其於馬也，爲善鳴，爲馵足，爲作足，爲的顙。或作「駒顙」。其於稼也，爲反《釋文》作「坂」。生。其究爲健，爲蕃鮮。

李資始曰：「龍，君象也。乾爲君，震爲儲君，皆得稱龍。」《孔疏》：「玄黃雜而成蒼色。」吳草廬曰：「乾坤始交而生震，故兼有天地之色。『旉』與『華』同，花蒂下連而上分也。」「大塗」，《孔疏》謂「一陽動於下，而二偶開通，前無擁滯也」。龔括蒼曰：「『長子』，繼乾父之事，有傳正統之義。」張彥陵曰：「陽生於下，而進以决陰，躁者陽之動也。『蒼』者，東方之色。『萑葦』，下本實，而上幹虛。」愚按，《埤雅》云：「『蒼筤』，幼竹也。『萑』似『葦』而小。」《字書》「蘆始生曰虇」，《莊子》：「欲，惡之孽爲性，萑葦蒹葭始萌，以扶吾形，尋擢吾性。」以上皆取初生之象。雷出地而奮，於馬爲「善鳴」之象。草廬曰：「『馵足』『作足』，皆言下畫之陽。」愚按，《玉篇》：「馬立，一足懸起，曰『馵』。馬行，兩足騰起，曰『作』。」草廬曰：「『的顙』，言上畫之虛。」愚按，《毛詩傳》：「白顛曰的顱。」「的」者，白也。草廬曰：「『反生』，萌芽自下而生，反勾向上，陽在下也。『蕃鮮』，爲春生之草，下一根，而葉分開於上。」愚又按，震爲「决躁」，「其究爲健」，陽長必終於乾也。巽之「究爲躁卦」，反對震也，巽終亦變乾也。獨於二卦言「其究」者，震、巽，剛柔交之始也，始必究其終。

巽爲木，爲風，爲長女，爲繩直，爲工，爲白，爲長，爲高，爲進退，爲不果，爲臭。其於人也，爲寡《釋文》作「宣」。髮，爲廣《釋文》作「黄」。顙，爲多白眼，爲近利市三倍，其究爲躁卦。

徐子與曰：「物之善入者莫如木，氣之善入者莫如風。坤爲母，明其爲乾之配。巽爲長女，明其爲震之配。『繩』，糾木之曲，而取直者。『工』，引繩之直，而制木者。巽德之制，故有此象。」胡雲峰曰：「一卦中有相因取象者，巽『爲繩直』，因而『爲工』。」姜鳳阿曰：「『白』，所以受采，亦巽入之義。」錢融堂曰：「『爲長』者，風行也。『爲高』者，木性也，木下入而上升。」《説統》曰：「『爲進退』，行多遲迴。『爲不果』，心無決斷。總是陰性多疑。」吴草廬曰：「凡物有聲色臭味，聲臭屬陽，色味屬陰。巽，二陽外達，故爲『臭』。」愚又按，《月令》五臭，香居其一，春而「臭羶」，明庶風也；夏而「臭焦」，景風也；秋而「臭腥」，閶闔風也；冬而「臭朽」，廣莫風也。臭以風而傳。又按，郊祭之禮，商人尚聲，未祭之先，奏樂所以求陽。周人尚臭，未祭之先，焫蕭所以求陰。巽言臭，則震爲聲可知，正以下一陰一陽之分耳。草廬又曰：「以頭言，陰血盛者髮多，陽氣盛者髮少。以顙言，陽體盛者額廣，陰體盛者額狹。以眼言，白者爲陽，黑者爲陰。離目，上下白而黑者居中；巽目，上中白而黑者在下。又白多於黑也。」張彦陵曰：「陽奇爲三乾，有美利利天下，而巽二乾，陽畫是三之倍者。」又一説，南方離，日之中爲市，巽居東南，與離相近，一陰下爲巽主，而二陽皆其所有也。「躁卦」，解見震下。震、巽，陰陽之始，故皆以「究」言之。

坎爲水，爲溝瀆，爲隱伏，爲矯輮，《釋文》作「揉」。爲弓輪。其於人也，爲加憂，爲心病，爲耳痛，爲血卦，爲赤。其於馬也，爲美脊，爲亟《釋文》作「極」。心，爲下首，爲薄蹄，爲曳。其於輿也，爲多眚，爲通，爲月，爲盜。其於木也，爲堅多心。

來矣鮮曰：「陽畫爲水，二陰夾之，故爲『溝瀆』。陽匿陰中，爲柔所掩，故爲『隱伏』。」楊升庵曰：「行水用溝，停水用瀆。」愚按，《爾雅》「水注谷曰溝」，「水注澮曰瀆」。坎爲通流之水，故爲「溝瀆」，與澤之止水不同，恐無停水之象。徐子與曰：「陽在陰中，抑而能制，故爲『矯輮』。『矯』者，矯曲而使之直；『輮』者，輮直而使之曲。『弓』與『輪』，皆『矯輮』所成也。『心』『耳』，皆以虚爲體。坎中實則爲『憂』、爲『病』、爲『痛』。氣爲陽，血爲陰，血在形，如水在天地間，故爲『血卦』。」愚按，「赤」者，血色也，亦相因之象。子與又曰：「『脊』居馬體之中，故爲『美脊』。又以陽陷陰中，故在人爲『心病』，在馬爲『亟心』。『亟』者，性急難御也。上畫柔，故爲『下首』。『下』者，垂也。下畫柔，故爲『薄蹄』，又『爲曳』，足無力也。」「輿爲多眚」有三説，柔在下而不任重，一也；坎中滿而下無力，一也；坎陰陷而多阻礙，一也。《説統》曰：「坎水利舟楫，水行則利涉，故『爲通』。」龔深父曰：「月爲水之精，故方諸取水於月。坎受乾爲體，與月借日爲光同。」張元岵曰：「太玄以水『爲盜』，陰陽家以玄武『爲盜』，皆屬坎，心在內，節在外；心在中，節在上。坎爲中陽，『堅多心』也。艮爲少陽，堅多節也。兩卦之分如此。」

離爲火，爲日，爲電，爲中女，爲甲冑，爲戈兵。其於人也，爲大腹，爲乾《釋文》作「幹」。**卦，爲鼈，爲蟹，爲蠃，**《釋文》作「螺」。一作「蠡」。**爲蚌，**《釋文》作「蜯」。**爲龜。其於木也，爲科**《釋文》作「折」。**上槁。**「乾」音「干」。「槁」，《釋文》作「稾」，一作「熇」。

張彦陵曰：「『火』外明而內暗，『日』者，火之精。『電』者，火之光。」蔡伯靜曰：「內暗外明者，火與日也。離，內陰外陽，故『爲火』，『爲日』。陰薄陽則有光，故『爲電』。再索得女，故爲『中女』。陽在外而堅，故爲『甲冑』。陽在上而鋭，故爲『戈兵』。中虛，故『於人』『爲大腹』。」愚按，坎離者，乾坤之中氣，坎中畫乾也，故乾爲首，坎「爲下首」。離中畫坤也，故坤爲腹，離「爲大腹」。《説統》曰：「水流濕，故坎『爲血卦』。火就燥，故離『爲乾卦』。」胡雲峰曰：「離『爲乾卦』，以見坎之爲濕；坎『爲血卦』，以見離之爲氣。《爾雅》龜鼈，外剛內柔。」愚按，凡介蟲之屬，皆外剛內柔，故爲「鼈」、「蟹」、「蠃」、「蚌」、「龜」。龔深父曰：「『科上槁』，中虛而外乾也。」愚按，《孔疏》云：「科，空也。」凡科生者，莖多中空，如禾黍之類。「上槁」者，離火炎上也。

艮爲山，爲徑路，爲小石，爲門闕，爲果蓏，《釋文》作「墮」。**爲閽寺，**《釋文》作「濫」。**爲指，爲狗，爲鼠，爲黔**《釋文》作「黯」。**喙之屬。其於木也，爲堅多節。**《釋文》：「一本爲『多節』，無『堅』字。」

吴草廬曰：「徑路之小者，艮與震反。高山之上成蹊，非如平地之大塗也。『小石』，小而剛，在坤土之上。『闕』者，門之出入處。上畫連亘，中下二畫爲峙，而虛似闕也。」愚又按，「門」以固其出入，時止則止也。「闕」以通其出入，時行則行也。張彦陵曰：「『果』者木實，『蓏』者草實。乾純剛，故爲『木果』；艮一剛二柔，故爲『果』又爲『蓏』，小而實者也。」耿希道曰：「《周官》『閽人，掌王宮中門之禁』，止物之不應入者。『寺人，掌王之内人及宮女之戒令』，止物之不得出者。『閽寺』，皆取止義。艮爲手，其用在指。」郭子和曰：「坎之隱伏，在君子『爲隱』，在小人『爲盜』。艮之利則『狗』，害則『鼠』。皆一義而二象。」愚按，狗之禦人以牙，剛在前者。晉卦中爻互艮，「九四」言「鼫鼠」，鼠之用亦在齒牙。吴草廬曰：「『黔』字與『鈐』通，以鐵持束物者。『黔喙之屬』，山居猛獸，齒牙如鐵，能食生物者也。」愚按，「黔」，東北之色，青黑雜也。艮位東北，其色黔。口之鋭者爲喙，亦剛在前者。剥「六五」，艮體，取「魚」象，即「黔喙之屬」。震陽動於下，故爲足；坎剛動於中，故爲心；艮剛動於上，故爲喙。「堅多節」者，剛不中也。郭子和曰：「剛在中爲心，不中則爲節。」張元岵曰：「三陽惟艮不言馬者，艮止，故無馬象。」

兑爲澤，爲少女，爲巫，爲口舌，爲毁折，爲附決。其於地也，爲剛鹵，爲妾，爲羊。《釋文》作「羔」。

《説統》曰：「坎上下皆虚，爲陽水；兑上虚下實，爲陰水，故以壅於地者『爲澤』。三索得女，故『爲少女』。」胡雲峰曰：「一卦之中，有相因取象者，坎『爲隱』，因而『爲盗』；艮『爲門闕』，因而『爲閽寺』；兑『爲口舌』，因而『爲巫』。」愚按，《周禮》：「女巫，掌歲時祓除。」《國語》：「在男曰覡，在女曰巫。」皆以歌舞降神，口舌之官也。雲峰又曰：「巽『爲長』『爲高』，反而兑則『爲毁折』。長且高者，陽之上達；毁而折者，陰之上窮也。」愚按，兑，西方之卦，秋氣肅殺，兑主之，草木黄落，「毁折」之象也。徐子與曰：「柔附於剛，剛乃決柔，故爲『附決』。陽在下爲剛，陰在下爲鹵。『鹵』者，水之死氣也。坎水絶於下，而澤見於上，是以爲『鹵』。」愚按，「鹵」，鹹土也。《説文》：「東方曰斥，西方曰鹵。」東方之斥，在濕地而柔；西方之鹵，在燥地而剛。兑位在西，故爲「剛鹵」。張元岵曰：「『爲少女』，女子之未嫁，以兄弟言。『爲妾』，女子之既嫁，以嫡娣言。」錢田間曰：「八卦皆取象於木，獨兑無木。庚者，木之仇也。『剛鹵』之地，口食不生，皆殺氣也。」

《本義》於「乾爲天」以下八節，一無發明，但據陸德明《經典釋文》引《荀九家》添註。愚按，劉歆《七略》有《九師道訓》二十篇，馬端臨《文獻通考》引陳氏説，以爲漢淮南王所聘明《易》者九人，荀爽嘗爲之集解。今考《淮南子》九師有《道訓》二篇，《釋文序録》列九家姓名，爲京房、馬融、鄭玄、宋衷、虞翻、陸績、姚信、翟子玄，併爽而九，不知何人所集。稱荀者，以爲主故也。則《荀九家》，非淮南之「九師」可知，馬氏誤矣。又按，《文中子》有言「九師興，而《易》道微」，不知朱子何所取義而引之。宋儒何北山謂「《本義》於《大傳》太略，别采諸儒之説以補之，名《大傳發揮》，自爲之序」。文載《金華正學》編中。

《黄氏日抄》曰：「晦庵云此章『廣八卦之象，其間多不可曉者』。愚恐此是古者占卜之雜象，如今卦影各有不一之象，占得其象者，即知其爲某卦。故於每卦總言之。」胡雲峰曰：「廣八卦之象，可解者解之，不可解者不必强解。」愚按，所謂不可解者，如「乾馬」，「坤牛」，「震龍」，「艮狗」，「兑羊」，前已説過，此則重舉，何以不及「巽雞」、「坎豕」、「離雉」？乾言「爲圜」，「爲君」，「爲父」，坤何以不言「爲方」，「爲臣」，「爲母」？

震稱「長子」，坎、艮何以不言「中男」、「少男」？前言離「爲目」，此何以於巽云「爲眼」？蓋夫子推廣八卦之象，語大語小，觸類引伸，或舉隅掛一，或層見疊出，初無義例可尋。姑就夫子所取之象，與文、周《卦》、《爻》互異者，略舉數端。如《坤·卦象》言「馬」，《爻辭》言「冰」，今皆取爲乾象。蒙言「金夫」，困言「金車」，鼎言「金鉉」「玉鉉」，卦中初無乾體，此皆於乾言之。乾於爻爲「龍」，此則入震象。賁「四」「上」兩爻言「白」，卦中無巽體也，此則於巽言之。坎初用事，稱「雲」，稱「雨」，稱「泉」，此則以坎爲月，配離爲日，日反爲陰，月反爲陽乎？頤言「靈龜」，損、益言「十朋之龜」，未嘗有離體，《爻》有「兑月」、「兑雨」，而兑象不言。巽之「用巫」，鼎之「得妾」，皆言於長女之爻，此則於少女言之。凡若此類，不可悉舉。又自坤而降，或曰「其於人」，「其於地」，「其於馬」，「其於輿」，「其於稼」，「其於木」，惟乾獨不言，蓋物不足以盡卦，則正言「爲天」、「爲地」之類；卦不足以盡物，則有「其於木」、「其於人」之類。乾之爲道，萬物無不周徧，偶舉一物，不足以盡之也。

右第十一章

《本義》：「此章廣八卦之象。」

序卦傳

韓康伯云：「《序卦》非《易》之藴也，託象以明義，不取深藴之義。」程沙隨名迥，字可久。直以《序卦》非聖人之書。朱子《與孫季和書》亦云：「《序卦》若便以爲孔子之筆，恐無是理。」其説蓋本於沙隨。愚竊按，六十四卦，反者八卦，對者二十八卦。先後之序本定。夫子恐後人紊亂其序，特從取用於人事者起義，先後貫穿之。上、下二篇，以八卦爲終始，中間言「然後」、「而後」者十九，言「不可」者十七，言「不已」者三，言「必」者二十四。大約不出相反、相因二義。只是發明文王六十四卦所以相次之故耳。《文中子》曰：「大哉《序卦》！時之相生也。達者可與幾矣。」張横渠曰：「《序卦》不可謂非聖人之藴。」來矣鮮曰：「《序卦》非爲理設，乃爲象設。謂爲聖人之至精，可也。」

胡雲峰曰：「上經三十卦，一百八十爻，陽爻八十六，陰爻九十四；下經三十四卦，二百四爻，陽爻一百六，陰爻九十八。陰陽多寡，參差甚矣。今以反卦計之，則上經以十八卦成三十卦，下經亦以十八卦成三十四卦。上經五十二陽爻，五十六陰爻；下經五十六陽爻，五十二陰爻。共用三十六卦，成六十四卦，不齊之中，條理精密，又如此。」

有天地，然後萬物生焉。盈天地之間者唯萬物，故受之以屯。屯者，盈也。屯者，物之始生也。物《周易舉正》云：「『物』字當作『始』。」生必蒙，故受之以蒙。蒙者，蒙也，物之穉也。物穉不可不養也，故受之以需。

上下《繫傳》以及《説卦》，言《易》之爲書，多出於乾坤，既反覆詳盡矣。至此，以「有天地」三字將乾坤二卦揭過，從屯卦説起。剛柔始交，而萬物生。「盈」者，充滿也。「受」者，繼也，後卦與前卦有承受之義。「屯」者，草木始生之象。沈氏曰：「物之初生，必有蒙之者，或胎或卵，或苞或甲。爲其『穉』而謹護之，天地之仁也。人生而『蒙』，亦天地之仁也。早慧非福，暴長非壽，不養不可也。故漸爲之飼食，以長其體；漸爲之教訓，以長其智，不可一日而成，必以『需』焉。」

需者，飲食之道也。飲食必有訟，故受之以訟。訟必有衆起，故受之以師。

水在天上爲雨，所以潤萬物，乃物所必需者。人之於飲食，亦猶是也。但飢者甘食，渴者甘飲，急不能待，則失其道矣。豈知「飲食」之中，固有「需」之道乎？「道」者，養正之謂也。「訟」，未必盡因飲食。然乾餱以愆，亦其一端。大者爭國，次者爭名、爭利。由聖人觀之，皆簞食豆羹之類而已矣。「訟」，必挾衆以爭勝，後世朋黨之禍始於此，兵端亦始於此，「故受之以師」。

師者，衆也。衆必有所比，故受之以比。比者，比也。比必有所畜，故受之以小畜。物畜然後有禮，故受之以履。

三軍不可無帥，國不可無侯，天下不可無王。人衆而有主，則争可息，「故受之以比」。「比」者，親暱之意。人各有所依止，非大通之道，僅可「小畜」而已，「故受之以小畜」。「畜」而止之，則上下各循其分，故有「禮」。項平甫曰：「『履』不訓『禮』，人之所履，未有外乎禮者。」

履而泰，《本義》云：「鄭本無『而泰』二字。」然後安，故受之以泰。泰者，通也。物不可以終通，故受之以否。物不可以終否，故受之以同人。

人有禮則安，無禮則危，故曰「履而泰然後安」。張南軒曰：「治亂相循，如環無端。物安有久通者乎？天下無久泰之理，亦無終否之理。」愚竊謂，據氣運則「不可以終通」，論人事則「不可以終否」。胡庭芳曰：「乾、坤十變方泰，何其難？泰一變即否，何其易。」韓康伯曰：「『否』則思『通』，人人同志。故出門同人，不謀而合。」

與人同者，物必歸焉，故受之以大有。有大者不可以盈，故受之以謙。有大而能謙必豫，故受之以豫。

同人於野，能通天下之志，故天下歸心，近悦遠來。「大」者皆爲吾所「有」。所有既大，易至滿盈。故戒在「盈」。《老子》曰：「功蓋天下，守之以謙。」所謂「有大而能謙」也。虚懷接物，全是一團和氣，如何不「豫」？

豫必有隨，故受之以隨。以喜隨人者，必有事，故受之以蠱。

「隨」生於「豫」，和樂之應也。「蠱」生於「隨」，宴溺之漸也。肯做事者在「喜」字做，壞事亦在此「喜」字。《史記》齊救趙擊魏，「魏太子申爲上將軍，過外黄，徐子謂太子曰：『太子自將攻齊，大勝，不過有魏，貴不益爲王。若不勝，則萬世無魏矣。』太子曰：『諾！請必從公之言而還。』客曰：『彼勸太子攻戰，欲啜汁者衆，太子雖欲還，恐不得矣。』」此所謂「以喜隨人」，而好有事者也。啜汁之衆，如群蠱蝕心，「蠱」之所由致也。

蠱者，事也。有事而後可大，故受之以臨。

「蠱」字乃蟲食器之象，非事也。「事」因壞而起，故以「蠱」爲「事」。功崇惟志，業廣惟勤，「有事而後可大」也。

臨者，大也。物大然後可觀，故受之以觀。可觀而後有所合，故受之以噬嗑。嗑者，合也。物不可以苟合而已，故受之以賁。

蘇子瞻曰：「『大』不足以盡『臨』之義。」項平甫曰：「凡以上臨下，以大臨小，皆大者之事，故以『大』釋之。」張南軒曰：「天下皆山也，惟泰山『可觀』；天下皆水也，惟海『可觀』。大觀在上，下觀而化，上下相合也。」朱漢上曰：「上無『可觀』，斯下引而去矣。」愚按，《記》曰：「無辭不相接，無禮不相見。」凡朋友之合，必先執贄；男女之合，必先受幣。無贄無幣，「苟合」而已。蘇子瞻曰：「直情徑行，謂之『苟』；禮以飾情，謂之『賁』。苟則易合，易合則相瀆，瀆則易離，賁則難合，合則敬，敬則久矣。」

賁者，飾也。致飾然後亨，則盡矣，故受之以剥。剥者，剥也。物不可以終盡，剥窮上反下，故受之以復。

「飾」者，文飾也，專事文飾之謂致。竭力於虛文，全無實意，所云彼此相亨者，亦索然無餘味，故曰「亨，則盡矣」。「剥」者，剥落殆盡也。聖人常欲留有餘，以還造化，故曰「物不可以終盡」。花落則果生，果爛則仁生，數已盡而氣存，時已極而物反，窮於上者反於下，陰陽之恒性，天地之常道。復所以次剥也。徐魯齋曰：「自賁而剥，以人事言；自剥而復，以天道言。」

復則不妄矣，故受之以无妄。有无妄然後可畜，故受之以大畜。物畜然後可養，故受之以頤。

此三段皆學問之事。張待軒曰：「『比』而『畜』，其『畜』也小；『无妄』而『畜』，其『畜』也大。『復』則不妄，何等直捷？『无妄』然後可畜，何等鄭重？『畜』與『養』有辨。《乾·文言》曰：『學以聚之』，『寬以居之』，『畜』是學聚工夫，『養』是寬居工夫，故曰『物畜然後可養』。」愚又謂，「養」者，優游涵泳之意，是畜德以後工夫，故「受之以頤」。

頤者，養也。不養則不可動，故受之以大過。物不可以終過，故受之以坎。坎者，陷也。陷必有所麗，故受之以離。離者，麗也。

閻彦升曰：「『養』者，君子所以成己；『動』者，君子所以成物。君子處則中立，動則中行，豈求勝於物哉？及其應變，則有時而過，『故受之以大過』。」愚按，「頤養」之義，與「需」不同。「需」當生物之初，如兒之待乳於母。「頤」當畜聚之後，萬物交致其養。蔡虚齋曰：「『物不可以終通』、『終否』、『終盡』、『終過』，以理之自然言也。『有大者不可以盈』，『不養則不可動』，以理之當然言也。」來矣鮮曰：「『大過』者，以大過人之才爲大過人之事，非有養者不能，然過而不已，則陷溺於過矣，『故受之以坎』。坎一陽陷於二陰之間，『陷』之義也。陷於險，則必有所附麗，庶可資其才力而出險，『故受之以離』。離一陰麗於二陽之間，附麗之義也。」季彭山曰：「處險久則困心衡慮而能生明，故離次坎。」

右上篇

有天地然後有萬物，有萬物然後有男女，有男女然後有夫婦，有夫婦然後有父子，有父子然後有君臣，有君臣然後有上下，有上下然後禮義有所錯。

先儒謂上經首乾、坤，天道地道之始；下經首咸、恒，人道之始。愚又按，上經首天地而不言乾、坤，下經首夫婦而不言卦名。夫婦，一小天地也。先言男女者，有夫婦之所由；後言父子、君臣、上下者，有夫婦之所致也。先儒又謂，咸、恒以配乾、坤二卦，愚謂，咸一卦，足以配乾、坤矣。此節連延説下，明下經所以首咸之義，重在「有夫婦」三字。下文「夫婦之道」，即咸也。

夫婦之道，不可以不久也，故受之以恒

夫婦，人之終始也。故「恒久」之義歸焉。但以情合者，或色衰而愛弛，道則「不可不久」，所以制其情，使不變也。

恒者，久也。物不可以久居其所，故受之以遯，遯者，退也。物不可以終遯，故

受之以大壯。

男女居室，人之大倫，如何「不可久居其所」？鄭孩如曰：「夫婦之終爲父母，父母既老，乾退西北，坤退西南矣，此『不久居其所』之義。」愚又謂此句不專指夫婦，乃是泛論物理。所謂盛名之下，勿久居也，「故受之以遯」。「遯」者，時可以退也。有退必有進，故「不可以終遯」。「壯」者，尚往也。鄭孩如曰：「父母退遯，長子壯而用事。大壯者，震承乾之卦。」

物不可以終壯，故受之以晉。晉者，進也。進必有所傷，故受之以明夷。

崔憬曰：「陽盛自取『觸藩』，宜柔進而上行，受茲『錫馬』。」姜廷善曰：「大壯在遯後晉前，介乎進退之間。退而方止，止而未進者也。故《雜卦》曰：『大壯則止』。識止之義，則識進之機。」或問，壯與晉何別？朱子曰：「不但如此壯而已，必更須進一步也。」愚又按，晉與漸同爲「進」義，此恃「壯」以「進」，故「必有傷」；彼「漸」次以「進」，故得所歸。

夷者，傷也。傷於外者，必反其家，故受之以家人。家道窮必乖，故受之以睽。睽者，乖也。乖必有難，故受之以蹇。

閻彦升曰：「以利合者，迫窮禍患害相棄也。以天屬者，迫窮禍患害相保也。明夷之傷，豈得不反於家人乎？」愚又謂疾痛則呼父母，亦反於家之一義。「家道窮」，非家貧之謂也，由治家無法來，身不行道，則家法蕩然，雖有教亦窮於無所施。婦人爲政，父子兄弟必致乖離。周子所云「家人離，必起於婦人，故睽次家人」是已。積不善之家，必有餘殃。難自内作，豈但乖睽而已乎？

蹇者，難也。物不可以終難，故受之以解。解者，緩也。緩必有所失，故受之以損。

「屯」者，始生之難；「蹇」者，所遇之難。君子有終身之憂，無一朝之患。「蹇難」外來，不可急求出險。居易俟命，終有解散之時。「緩」乃解難之良法，但用於未解之先，是謂和緩之「緩」，可釋煩擾之害。用於既解之後，是謂待緩之「緩」，又開叢脞之端矣，故「必有所失」。

損而不已必益，故受之以益。益而不已必決，故受之以夬。夬者，決也。決必有所遇，故受之以姤。

損益爲盛衰之始，「損不已必益」，「益不已必決」。淺而言之，與財散則民聚、財聚則民散之義略同。以國事言，漢文帝日用減省，而國家富庶，此「損」之必「益」也。唐德宗瓊林大盈，日充日積，而有奉天之難，此「益」之必「夬」也。「損」欲其「不已」，「益」

懼其「不已」，其幾在我，不可以不決。郭鵬海曰：「夬者，以君子決小人也。小人既去，則君子之朋必至而相遇。韓康伯所云『以正決邪，必有善遇』是也。」

姤者，遇也。物相遇而後聚，故受之以萃。萃者，聚也。聚而上者，謂之升，故受之以升。升而不已必困，故受之以困。困乎上者必反下，故受之以井。井道不可不革，故受之以革。革物者莫若鼎，故受之以鼎。

張彦陵曰：「決主開，遇主合。開則必合，決則必遇。物相遇合，然後聚而成群。」愚又謂相遇而非順以悦，則遇猶不遇，旋即散矣。遇之所以能聚者，由坤順而兑悦也，「故受之以萃」。《説文》：「萃，草貌。」草木在土中，無不上升者，「故受之以升」。以人事言，凡升者必自下而上，不能不用其力，「升而不已」，則力竭矣，「故受之以困」。「困」者，窮也。一陽窮上而反下，則爲復，一陰決於上而反下，則爲姤。「受之以井」者，專取下爲義，至下者莫如井也。《管子》曰：「鑽燧改火，抒井易水。」《漢書・禮儀志》引古禮曰：「立秋，浚井改水。」《淮南子》曰：「八方風至，浚井，取新泉。」蓋井以日新爲功，久則穢濁，所謂「井道不可不革」也。革物之器，變生爲熟，去故取新，「莫若鼎」，「故受之以鼎」，以世道言，則爲變法。「鼎」，取更新之義，亦取調和之義。明變法者，不宜過於矯激也。

主器者莫若長子，故受之以震。震者，動也。物不可以終動，止之，故受之以艮。

「鼎」，重器也，宗廟用之。「主器莫若長子」，繼世主祭者也。「震」者，動也。「物不可以終動」，動則宜止之以静，「故受之以艮」。《别傳》曰：「聖學以知止爲歸宿，此段明動止相因之理，正示人以善動之方。於方動之時，即寓知止之義。止不在既動以後也。」張待軒曰：「『止之』二字，有摧撞折牙、永息機用、如收奔馬、如息烈焰、萬鈞之力。」

艮者，止也。物不可以終止，故受之以漸。漸者，進也。進必有所歸，故受之以歸妹。得其所歸者，必大，故受之以豐。豐者，大也。窮大者必失其居，故受之以旅。

《别傳》曰：「艮後繼之以漸者，處動欲其善止；處止又不欲其遽動。此止至善之學。」愚按，「艮」之義，原取時止時行，其初能止者，其進必以「漸」。學問之道，最忌躐等，漸進不已，必有義理歸宿之地。「受之以歸妹」者，夫子特借卦名「歸」字，以論其序，非明卦旨也。進必有傷，以壯而進也。進必有歸，以漸而進也。朱漢上曰：「大有次同人，曰『與人同者，物必歸焉』，言處大之道。豐次歸妹，曰『得其所歸者必大』，言致大之由。」諸子相曰：「『窮大』而『失居』，親寡旅也。如唐明皇、宋徽宗，一入蜀，一入燕，亦旅人之象。」

旅而無所容，故受之以巽。巽者，入也。入而後説之，故受之以兑。

不善處「旅」者，與人相拒而不相入。相拒則無所容，相入則兩相悦。悦心之境，非深入其中者不知。

兑者，説也。説而後散之，故受之以涣，涣者，離也。物不可以終離，故受之以節。

以人情言，憂則鬱結，悦則發舒。「散」者，舒其鬱結之氣也，故曰「悦而後散之」。以人事言，「涣」則「離」，「離」則不可無以防閑聯絡之，「故受之以節」。

節而信之，故受之以中孚。有其信者必行之，故受之以小過。

《説文》：「節，竹約也。」「節」之取義不一，此以符節言。古者，用以守國，半在内，半在外，有事則合之。《荀子》云：「合符節，所以示信也。」中孚卦體似之，「節而信之」者，言無節則無信也。「有其信者」，以此自負而有之也。自恃其信，其行必果。而過於中，其能免於「小過」乎？

有過物者必濟，故受之以既濟。物不可窮也，故受之以未濟。終焉。

「過物」猶云「有過人之才」也，只就卦名「過」字取義。「窮」字，即卦象終止則亂、其道窮也之義。「不可窮」一句，括盡全《易》之旨。「終」者，六十四卦之序，至未濟而畢也。鄭申甫曰：「『物不可以終窮』句，括盡全經之旨。」項平甫曰：「坎、離之交，謂之既濟，此生生不窮所由出也。聖人猶以爲有窮，又終之以未濟，此即咸感之後，繼以恒久之義也。蓋情之交者，不能久而無弊，必以分之正者終之。人之心腎，何嘗不交？而心必在上，腎必在下，不可易也。觀此，可以知既濟、未濟之道矣。」《吕氏要指》云：「上經乾、坤，天地也。坎、離，水火也，以體言。下經咸、恒，夫婦也。既、未濟，水火之交不交也，以用言。三才之間，坎、離最爲切用，故上、下經，皆以坎、離終焉。」

右下篇

雜卦傳

愚按，「序卦」者，次序言之也。「雜卦」者，錯綜言之也。夫子既詮釋其序，又恐後世拘守《序卦》，而失反對變通之意，故序乾、坤二卦之外，不論先後次第，但取兩兩反對相反之象，加以韻語，或仍取《彖傳》之義，或另發一義。至末并將反對卦亦拆開説，以見《易》道之變通如此。張南軒曰：「《雜卦》言卦畫反對，各以其類，於雜之中，有不雜者存焉。」《易臆》曰：「『雜卦』有二義，曰『相對』、『相反』。有二例，曰『相錯』、『相綜』。『錯』者，二卦並而相錯，乾、坤、坎、離、大過、頤、小過、中孚八卦是已。『綜』者，一卦倒而相綜，比師等五十六卦是也。五十二卦，其實二十八卦。上經錯卦六，綜卦十二；下經錯卦二，綜卦十二。其實皆十八卦也。」來矣鮮主此説，然本於韓康伯。

乾剛坤柔，比樂師憂。

六十二卦皆剛柔相錯，惟乾坤純剛純柔，故以二字歸之。以氣言爲陰陽，以德言爲健順，以畫言爲奇偶，總不外剛柔之體也。閻彦升曰：「比順動故樂；師行險故憂。」吴草廬曰：「『比』『九五』居上，爲顯比之主；師『九二』居下，爲行險之主。憂樂之分以此，皆指坎中陽爻。」

臨觀之義，或與或求。

《本義》：「以我臨物曰『與』，物來觀我曰『求』。或曰：二卦互有『與』『求』之義。」愚按，兩「或」字，「與」非專屬臨，「求」非專屬觀，當從後説。居上臨下，有「與之」之義，然「與」所以應其「求」；自下觀上，有「求之」之義，然「求」所以視其「與」，其義如此也。

屯見而不失其居，蒙雜而著。《舉正》「雜」作「穉」。

《孔疏》：「屯以『初』言，蒙以『二』言。」愚竊謂蒙之坎，上而爲屯「九五」，陽剛得位，故「見而不失其居」；屯之坎，下而爲蒙「九二」，雜於二陰之間，爲發蒙之主，故「雜而著」，以坎之上下言。

震起也，艮止也。

震一陽起於初，艮一陽止於上。天道之「起」「止」，皆主陽爻言，此主化機説。

損、益，盛衰之始也。

上經自乾坤至泰否十二卦，下經自咸恒至損益十二卦，《雜卦傳》除乾坤外，自比師至損益十卦，自咸恒至否泰十卦。愚按，損益者，否泰之變，盛衰轉關，在陰陽反覆之介。時有消息，否泰盡之；事有因革，損益盡之。故他卦皆分舉，此四卦皆合言，以見盛衰無常，反復甚速。「盛」者，衰之始；「衰」者，盛之始。互文也。

大畜，時也。无妄，災也。

止其不當止，適然之「時」。得所不當得，偶然之「災」。沈德培曰：「偶獲之福不足喜，當思所以杜其萌。偶值之災不足懼，當思所以善其動。」余息齋曰：「止有静中之得，故大畜曰『時』。動有意外之失，故无妄曰『災』。」

萃聚而升不來也。

蔡節齋曰：「澤聚而下，木升而上。『不來』，謂升而不下也。《易》例以上爲往，下爲來。」

謙輕而豫怠也。

謙之心虚，近乎自「輕」；豫之志逸，失諸自「怠」。「輕」作自卑之義，敬心也。「豫」作逸樂之義，肆心也。

噬嗑，食也。賁，無色也。

噬取其合，去中間而可合。賁取其文，相間而後成文。一説頤中有物，食其所有，白賁無色，文其所無。

兑見而巽伏也。

楊誠齋曰：「柔，一也，居於上爲『見』，處於下爲『伏』。」項平庵曰：「屯『見』而蒙『雜』，皆指陽爻。兑『見』而巽『伏』，皆指陰爻。」

隨，無故也。蠱，則飭也。

隨時而行，不主於故常，遇蠱，「則飭」，不忘所有事。項平庵曰：「隨以無故而偷安，蠱以有壞而修飭。故聖人不畏多難，而畏無難。」

剥，爛也。復，反也。

徐子與曰：「剥爛則陽窮於上，復反則陽生於下。猶果爛而墜於下，則可種而生矣。」一説，「爛」如果之潰壞於枝杪；「復」如芽之反生於地上。《説統》曰：「此以陽道消長言。」

晉，晝也。明夷，誅一作「昧」。**也。**

孫奕《示兒編》云：「『誅』當作『昧』。」郭白雲曰：「晉與明夷，朝莫象也。故言明出地上，明入地中。」愚按，「誅」與「昧」，字體相近，其説似可從。若以「傷」訓「誅」，與「晝」字似無反對之義。

井通而困相遇也。

韓康伯曰：「『井』，物所通用而不吝；『困』，安於所遇而不濫。」葉爾瞻曰：「澤及於物，不求通而通；德揜於邪，非所遇而遇。」項平庵曰：「以『通』與『遇』爲反對，則『遇』爲相抵而不通之象。巽上一陽，塞坎之上源，而井之坎，乃出巽上，所以通。兑下一陽，塞水之下流，而坎適在兑下，正遇其塞，所以困也。」

愚按，自乾坤至此，凡三十卦，正與上經之數相當。而下經亦以咸恒爲始，以此見《卦傳》雖以「雜」名，而上下經之首，則未嘗雜也。

咸，速也。恒，久也。

程敬承曰：「虚以受故『速』，方不易故『久』。」愚又按，理之「速」者，莫如感應；情之「久」者，莫如夫婦。「咸」非訓「速」，「咸」必「速」也。「恒」非訓「久」，「恒」必「久」也。

涣，離也。節，止也。解，緩也。蹇，難也。

吴草廬曰：「涣『九二』，坎水在巽風之下，爲風所離散；節『九五』，坎水在兑澤之上，爲澤所節止。解『九二』，坎陷在内，震則出險而動於外，内險已解緩也。蹇『九五』，坎險在外，艮則見險而止於内，外險方艱難也。」

睽外也，家人，内也。

關子明曰：「明乎外者物自睽，明乎内者家自齊。」吴幼清曰：「睽『六五』在外，爲主；家人『六二』在内，爲主。」錢田間曰：「『内』『外』，以離言。火在外則氣散，火在内則神凝。」張待軒曰：「『外』，疏之也，故二女二心；『内』，戚之也，故一家一心。」愚又謂，二女志各有行，故曰「外」，二女正位乎内，故曰「内」。《序卦》先家人而後睽，《雜卦》先睽而後家人者，外以乾坤並列爲主，内以乾坤交合爲主，故家人之後，即受之以否泰。

否、泰，反其類也。

邵堯夫曰：「泰則君子養小人，否則小人傷君子，故云『反其類』。」愚竊謂以内外卦言，泰則内陽而外陰，否則内陰而外陽，固相反矣。以卦變言，隨卦否，「初」、「上」兩爻之變也。蠱卦泰，「初」、「上」兩爻之變也。亦相反之義。

大壯則止，遯則退也。

蘇子瞻曰：「大壯則小人自止，遯則君子當退。」吴幼清曰：「大壯四陽盛長，恐後陽之恃其壯，故不欲『九四』之進，而欲其『止』。遯二陰浸長，恐前陽之不及遯，故不欲『六二』之進，而欲其退。」《像象》曰：「君子以一剛要『壯』終，遂成大有之衆，皆『壯止』之力。以一剛原『遯』始，無失同人之親，皆『遯退』之功。」

大有，衆也。同人，親也。革，去故也。鼎，取新也。小過，過也。中孚，信也。

張彦陵曰：「所有大者，勢統於尊，而曰『衆』。與人同者，情通於一，而曰『親』。」一説，人歸於我，無衆不容；我同於人，必擇所親。愚又按，大有同人，皆以離之中爻爲主，在上，則人歸於我；在下，則我同於人。項平庵曰：「革以火鎔金，故爲『去故』；鼎以木鑽火，故爲『取新』。」吴草廬曰：「小過陰盛能過，陽衰不及也；中孚陽實能感，陰虚能應也。」一説，過而小方是過，孚由中，方是信。

豐，多故。親寡，旅也。離上而坎下也。

錢田間曰：「『故』即故舊也，『故』與『親』對，『多』與『寡』對。『豐』時則爲故舊多，『旅』時則爲親戚寡。此世情也，文特參錯。」項平庵曰：「火，陰物也。離中畫陰，附於陽，故炎上。水，陽物也。坎中畫陽，藏於陰，故就下。如人之心上而腎下，腎之精，升而爲氣，則離中之陰；心之精，降而爲液，則坎中之陽。」

小畜，寡也。履，不處也。需，不進也。訟，不親也。

小畜以一陰畜下三陽，欲止而不能止，陽得尚往，陰「寡也」。履以一陰躡上三陽，「三」不宜進而躁進，至於被「咥」，陰「不處也」，皆主陰爻言。需之乾，止坎之下，安分待時，故「不進」。訟之乾，違坎而上，越理求勝，故「不親」，皆主乾言。李隆山曰：「乾上離下爲同人，離爲火，火性炎上，而趨乾，故曰『親』。乾上坎下爲訟，坎爲水，水性就下，與乾違行，故『不親』。」

大過，顛也。姤，《石經》於此獨作「遘」。遇也，柔遇剛也。漸，女歸待男行也。頤，養正也。既濟，定也。歸妹，女之終也。未濟，男之窮也。夬，決也，剛決柔也，君子道長，小人道憂也。

《本義》云：「自大過以下，卦不反對，或疑其錯簡，未詳何義。」蘇氏《易傳》改大過與頤對，既濟與未濟對，歸妹與漸對，夬與姤對。蔡節齋依之。胡雙湖亦有「頤與大過對」之説。胡雲峰則云：「此指中爻互體而言，先天圖，左互復、頤、既濟、家人、歸妹、睽、夬、乾八卦，右互姤、大過、未濟、解、漸、蹇、剥、坤八卦。此則於右取姤、大過、未濟、漸四卦，於左取頤、既濟、歸妹、夬四卦，各舉其半，於《雜卦》中取互卦，又其最雜者也。」以上諸説，今皆不取，取其就《傳》作解者，《田間易學》曰：「不用反對，此所以爲雜也。細按之，皆扶陽抑陰之義。首揭乾坤，以明剛柔並用，至大過，以剛過乎柔而顛，聖人恐人遂以剛之不可過柔，而未知柔之難制也，則舉始之一柔而忽之矣。於是舍頤而言姤，明柔之遇剛，雖五剛不能制一柔也。夫世豈有剛而廢柔，男而廢女者，故繼之以漸，如漸之『女歸』，待男行，貞女也，可娶也。若姤以柔遇剛，則邪女也，不可娶也。漸後繼之以頤，言飲食男女之事，無不以正爲其道也。頤以『養正』，如是而剛柔可交矣，故繼之以既濟。六爻陽居陽位，陰居陰位，止而不動，故曰『定』。女不歸男則無家，故歸妹『女之終也』。男不交女，則無後，故未濟『男之窮也』。男女剛柔，豈可偏廢乎？所惡於柔者，遇剛之柔，將至於滅剛也，不得不以『夬』治之。夬之『剛夬柔』，『決』此遇剛之柔也。有夬之『決』，而後乾剛坤柔，可並行於天地間矣。」胡雲峰曰：「《雜卦》上三十卦，終之以困，柔揜剛也。下三十四卦，終之以夬，『剛决柔』也。柔揜剛，君子不失其所亨」，剛決柔，『君子道長，小人道憂』矣。天地間剛柔每每相雜，至若君子之爲剛，小人之爲柔，決不可使相雜也。《雜卦》之末，特分别君子、小人。聖人之旨微矣。」愚按，夬以五陽決一陰，不曰「小人道消」，而曰「小人道憂」者，蓋必上、下交而志同，如泰之時，然後小人之道消。若以五陽決一陰，惟能使小人憂而已。如元祐之世，衆君子盈朝，一變而爲紹述，小人有憂，君子可不深慮哉！

王介甫曰：「《序卦》先後有倫，《雜卦》則揉雜衆卦，以暢無窮之用。」《黄氏日抄》云：「《序卦》之後有《雜卦》，猶既濟之後有未濟，以見《易》之無窮。」

陸務觀跋《朱氏易傳》曰：「《易》道廣大，非一人所能盡。堅守一家之説，未爲得也。元晦尊程氏至矣，然其爲説，亦已大異，讀者當知之。」

天台董氏楷曰：「朱子於《詩傳》，自以爲無復餘憾，而意甚不滿於《易本義》。蓋先生之意，只欲作卜筮用。而先儒説道理者多，終是翻這窠臼未盡，故不能不致餘憾云。」按，董氏所纂，有《程朱氏傳義附録》。〔一〕

〔一〕按，四庫全書本闕此條小注。

成城跋

《周易玩辭集解》〔一〕參酌群言，歸於至當，所謂「不敢偏徇一解，亦非敢妄立異〔二〕同，平心易氣，字字求著落、詮釋」者，所以訓□□□□□□，蓋不獨《周易》爲然也。予嘗反復研究，更取《御纂周易折中》參觀而互證之，其言雖或有殊，而爲功於經傳則一。譬諸《爻辭》之旨，不必同於《卦辭》，《彖傳》、《大象》之旨，不必同於《卦》、《爻》，惟其是而已矣。就中論卦變不主朱子十九卦之説，論《易》非因《河圖》而作，論八卦方位不取邵子先天圖，尤□足以破千載之疑，質諸聖人而不易！此書出吾知其與《周易折中》并壽，無疑也。嗚呼！「九師興而《易》道微」，《易》學之不明久矣！安得人有其書，使羲、文、周、孔之精

〔一〕此六字破損，據文意補。

〔二〕此六字破損，據《周易玩辭集解自序》補。

藴昭然於天壤之間。沈椒園先生既集工刊於東萊，嘗手授城，乃爲校讎□□誤，以復於先生改正之，庶幾天下後世之讀是書者無憾矣。

乾隆甲戌春三月，仁和後學成城謹識。

附録　四庫全書總目提要

《周易玩辭集解》，國朝查慎行撰。慎行字初白，號悔餘，海寧人。康熙癸未進士。官翰林院編修。慎行受業黄宗羲，故能不惑於圖書之學。卷首《河圖説》二篇，一謂《河圖》之數聖人非因之以作《易》，乃因之以用蓍，自漢唐以下未有列於《經》之前者。一謂《河圖》出於讖緯，而附以朱子亦用《河圖》生蓍之證。次爲《横圖圓圖方圖説》，論其順逆加減、奇偶相錯之理。次爲《卦變説》，謂卦變爲朱子之《易》，非孔子之《易》。次爲《天根月窟考》，列諸家之説凡六，而以爲老氏雙修性命之學無關於《易》。《辟卦説》二，一論十二月自然之序，一論陰陽升降不外乾、坤。次爲《中爻説》，以孔穎達用二五者爲是。次爲《中爻互體説》，謂正體則二五居中，互體則三四居中，三四之中由變而成。次爲《廣八卦説》，謂《説卦》取象不盡可解，當闕所疑。其言皆明白篤實，足破外學附會之疑。《經》文次序用注疏本，《乾卦》之末有注曰：「案，胡雲峰《本義通釋》，乾、坤二卦，自《文言》起至末，别爲一卷，編在《説卦》之前。竊意《本義》原本當如是，而《通釋》遵之。今原本不復見矣」云云，蓋未見劉容刻本者。案，容之舊刻，聖祖仁皇帝特命開雕，慎行侍直内廷，何以不見，其理殆不可解。然其説經則大抵醇正而簡明，在近時講《易》之家，特爲可取焉。